中文社会科学引文索引（CSSCI）来源集刊
中国学术期刊综合评价数据库来源期刊（中国知网，CNKI）
超星学术期刊『域出版』来源期刊

倫理學術

伦理自然主义与规范伦理学

邓安庆 主编

2022年春季号
总第012卷
上海教育出版社

本书获评

“复旦大学哲学学院源恺优秀著作奖”

由上海易顺公益基金会资助出版

《伦理学术》*Acadēmia Ethica*

克勒梅:德国哈勒大学教授

Heiner F. Klemme: Professor of Martin-Luther-Universität Halle-Wittenberg

理查德·伯克:剑桥大学历史系与政治系教授,英国国家学术院院士,剑桥大学政治思想史研究中心负责人

Richard Bourke: Professor of the History of Political Thought, Fellow of King's College

李文潮:德国柏林勃兰登堡科学院波茨坦《莱布尼茨全集》编辑部主任

Li Weichao: Chief Editor of *Leibnitz Edition Set* by Berlin-Brandenburgische Akademy by Potsdam

廖申白:北京师范大学哲学系教授

Liao Shenbai: Professor of Philosophy, Beijing Normal University

林远泽:台湾政治大学哲学系教授

Lin Yuanze: Professor of Philosophy, National Chengchi University

刘芳:上海教育出版社副社长

Liu Fang: Vice President of Shanghai Educational Publishing House

罗哲海:德国波鸿大学中国历史与哲学荣休教授,曾任德国汉学协会主席

Heiner Roetz: Emeritus Professor at the Department of History and Philosophy of China, Ruhr-Universität Bochum, Former President of the German Association of Chinese Studies

孙向晨:复旦大学哲学学院教授

Sun Xiangchen: Professor of Philosophy, Fudan University

孙小玲:复旦大学哲学学院教授

Sun Xiaoling: Professor of Philosophy, Fudan University

万俊人:清华大学哲学系教授

Wan Junren: Professor of Philosophy, Tsinghua University

王国豫:复旦大学哲学学院教授

Wang Guoyu: Professor of Philosophy, Fudan University

杨国荣:华东师范大学哲学系教授

Yang Guorong: Professor of Philosophy, East China Normal University

约耳·罗宾斯:剑桥大学社会人类学系特聘教授,剑桥马克斯·普朗克伦理、经济与社会变迁研究中心主任,三一学院院士

Joel Robbins: Sigrid Rausing Professor of Social Anthropology; Director of Max Planck Cambridge Centre for Ethics, Economy and Social Change; Fellow of Trinity College

【总序】

让中国伦理学术话语融入现代世界文明进程

邓安庆

当今世界最严重的危机是世界秩序的日渐瓦解。美国作为西方世界领头羊的地位岌岌可危,而之前把欧盟作为世界平衡力量之崛起的希冀也随着欧盟的自身难保而几近落空。中国作为新兴大国的崛起,却又因其缺乏可以引领世界精神的哲学,非但自身难以被世界接纳,反而世界感受着来自中国的不安和焦虑。因此,今日之世界,说其危机四伏似乎并非危言耸听,文明进步的步履日渐艰难,野蛮化的趋向却显而易见。

所以,当今世界最为迫切的事情莫过于伦理学术,因为伦理学担负的第一使命,是以其爱智的哲思寻求人类的共生之道。哲学曾经许诺其思想即是对存在家园的守护,然而,当它把存在的意义问题当作最高的形而上学问题来把握和理解的时候,却活生生地把存在论与伦理学分离开来了,伦理学作为道德哲学,变成了对道德词语的概念分析和道德行为规范性理由的论证,从而使得伦理学最终遗忘了其"存在之家"。哪怕像海德格尔那样致力于存在之思的哲人,却又因不想或不愿涉及作为人生指南意义上的伦理学,而放任了存在论与伦理学的分离。但是,当代世界的危机,却不仅是在呼唤存在论意义上的哲学,而且更为紧迫的是呼唤"存在如何为自己的正当性辩护",即呼唤着"关于存在之正义的伦理学"。"伦理学"于是真正成为被呼唤的"第一哲学"。

不仅欧美与伊斯兰世界的矛盾正在呼唤着对存在之正当性的辩护,中国在世界上作为新兴大国的崛起,中国民众对于现代政治伦理的合理诉求,都在呼唤着一种为其存在的正当性作出辩护的伦理学！

然而，当今的伦理学却无力回应这一强烈的世界性呼声。西方伦理学之无能，是因为在近一个世纪的反形而上学声浪中，伦理学早已遗忘和远离了存在本身，它或者变成了对道德词语的语义分析和逻辑论证，或者变成了对道德规范的价值奠基以明了该做什么的义务，或者变成了对该成为什么样的人的美德的阐明，总而言之，被分门别类地碎片化为语言、行为和品德的互不相关的分类说明，岂能担负得起为存在的正当性辩护的第一哲学之使命？！

中国伦理学之无力担负这一使命，不仅仅表现在我们的伦理学较为缺乏哲学的学术性，更表现在我们的伦理学背负过于强烈的教化功能，在一定程度上损伤了学术的批判品格和原创性动力。但是，为存在的正当性辩护而重构有意义的生活世界之伦理秩序，发自中国的呼声甚至比世界上任何地方都更为强烈地表达出来了。

如果当今的伦理学不能回应这一呼声，那么哲学就不仅只是甘于自身的“终结”，而且也只能听凭科学家对其“已经死亡”的嘲笑。

我们的《伦理学术》正是为了回应时代的这一呼声而诞生！我们期望通过搭建这一世界性的哲学平台，不仅为中国伦理学术融入世界而作准备，而且也为世上的“仁心仁闻”纳入中国伦理话语之中而不懈努力。

正如为了呼应这一呼声，德国法兰克福大学为来自不同学术领域的科学家联盟成立了国际性的“规范秩序研究中心”一样，我们也期待着《伦理学术》为世界各地的学者探究当今世界的伦理秩序之重建而提供一个自由对话和学术切磋的公共空间。中国古代先哲独立地创立了轴心时代的世界性伦理思想，随着我们一百多年来对西学的引进和吸纳，当今的中国伦理学也应该通过思想上的会通与创新，而为未来的“天下”贡献中国文明应有的智慧。

所以，现在有意义的哲学探讨，绝非要在意气上分出东西之高下，古今之文野，而是在于知己知彼，心意上相互理解，思想上相互激荡，以他山之石，攻乎异端，融通出“执两用中”的人类新型文明的伦理大道。唯如此，我们主张返本开新，通古今之巨变、融中西之道义，把适时性、特殊性的道德扎根于人类文明一以贯之的伦常大德之中，中国伦理学的学术话语才能真正融入世界历史潮流之中，生生不息。中国文化也只有超越其地方性的个殊特色，通过自身的世界化，方能“在—世界—中”实现其本有的“天下关怀”之大任。

【General Preface】

Let the Academic Expressions of Chinese Ethics Be Integrated into the On-Going Process of the World Civilizations

By the Chief-In-Editor Prof. Deng Anqing

To us the most serious crisis in the present world is the gradually collapse of the world order. The position of America as the leading sheep of the western world is in great peril, meanwhile the hope that the rising European Union can act as the balancing power of the world is almost foiled by the fact that EU is busy enough with its own affairs. It is true that China is a rising power, but due to the lack of a philosophy to lead the world spirit, it is not only difficult for the world to embrace her, but also makes the world feel uneasy and anxious instead.

Thus, the most urgent matter of the present world is nothing more than ethical academic (acadēmia ethica), since the prime mission taken on by ethics is to seek the way of coexistence of the human beings through wisdom-loving philosophication. Philosophy once promised that its thought was to guard the home of existence, but when it took the meaning of existence as the highest metaphysical issue to be grasped and comprehended, ontology and ethics were separated abruptly from each other, resulting in such a fact that ethics as moral philosophy has being becoming a conceptual analysis of moral terms and an argument for the normal rationale of moral acts, thus making ethics finally forget its "home of existence". Even in the case of the philosopher Martin Heidegger who devoted himself to the philosophical thinking of existence, because of his indisposition or unwillingness to touch on ethics in the sense as a life guide, he allowed for the separation of ontology from ethics. However, the crisis of the present world is not merely a call for a philosophy in the sense of ontology, but a more urgent call for "a self-justification of existence", that is, call for "an ethics concerning the justification of existence." Consequently "ethics" truly becomes the called-for "prime philosophy".

Not only does the conflict between Europe and America on one part and Islamic World on the other call for the justification of their existence, but also China as a new rising great power, whose people cherishing a rational appeal to a modern political ethic, calls for a kind of ethics which can justify her existence.

Alas! The present ethics is unable to respond to the groundswell of such a call voice of the world. The reason of western ethics' inability in this regard is because ethics has already forgotten and distanced itself from existence itself with the clamor of anti-metaphysics in the past nearly a century, thus having become a kind of semantic analysis and logic argumentation, or a kind of foundation-laying of moral norms in order to clarify the duty of what should be done, even or a kind of enunciation of virtues with which one should become a man; in a word, ethics is fragmented under categories with classification of language, act and character which are not connected with each other; as such, how can it successfully take on the mission of the prime philosophy to justify existence?!

The disability of Chinese ethics to take on this mission not only show in the lack of philosophical academic in a sense, but also in our ethics has on its shoulder comparatively too much stronger functions of cultivation, thus injuring the critical character of academic and the dynamics of originality. However, it is much stronger the call sounded by China than that sound by the world to justify existence in order to reconstruct the ethical order of the meaning world.

If the present ethics fails to respond to such a calling voice, then philosophy not only allows herself to be close to "the end" happily, but also let scientists to laugh at her "already-dead" willingly.

Our *Acadēmia Ethica* is just born in time to respond to such a call of the times. Through building such a worldwide platform, we are wishfully to prepare for the Chinese ethical academic to be integrated into that of the world, and try unremittingly to incorporate the "mercy mind and kind exemplar" in the world into Chinese ethical terminology and expression.

To responded to such a call, just as Frankfurt University of Germany has established an international Center for Studies of Norm and Order for the federation of scientists and scholars from all kinds of academic fields, we hope the brand new *Acadēmia Ethica* to facilitate a common room for those scholars who investigate the issue of reconstructing the ethical order of the present world to dialogue freely and exchange academically.

Ancient Chinese sages originated independently a kind of world ethical system in the Axial Age; with the introduction and absorption of the western academic in the past more than a hundred years, the present Chinese ethics should play a role in contributing the wisdom of Chinese civilization to the future "world under the heaven" by thoughtful accommodation and innovation.

Thus, at present time the meaningful philosophical investigations are definitely not to act on impulse to decide whether the west or the east is the winner, whether the ancient time or the present time is civilized or barbarous, but to know oneself and know each other, understand each other in mind, inspire each other in thought, with each other's advice to overcome heretic ideas, thus making an accommodation of a great ethical way of new human civilization, "impartially listening to both sides and following the middle course". Only out of this, we advocate that the root should be returned to and thus starting anew, the great changes of ancient and modern times should be comprehended, the moral principles of west and east should be integrated into each other, any temporary and particular moral should be based on great permanent ethical virtues of human civilizations, so and so making the academic expressions of Chinese ethics with an everlasting life integrated into historical trends of world history. Only through overcoming the provincial particulars of Chinese culture by her own universalization can she "in the world" undertake her great responsibility ——"concern for the world under heaven".

目　录

【规范秩序研究】

【比较伦理学研究】

Contents

【主编导读】

儒家伦理与伦理自然主义问题

邓安庆[1]

2021 年 7 月 12 日，对于研究儒家道德哲学的人而言是一个重要的日子，因为在这一天，为了纪念时任哈勒大学副校长[2]克里斯蒂安·沃尔夫(Christian Wolff,1679—1754)用拉丁文发表《中国人的实践哲学演讲》300 周年，德国哈勒大学“启蒙运动哲学—沃尔夫学会”、哈勒大学哲学研讨班/国际康德论坛、“欧洲启蒙运动跨学科研究中心”以及哈勒沃尔夫故居/城市博物馆联合举办了纪念活动。之所以如此隆重地纪念 300 年前关于中国儒学伦理的一个讲话，原因不言自明，我们依然生活在启蒙运动所开启的现代性之中。而在启蒙运动轰轰烈烈进行之时，儒家伦理哲学在莱布尼茨—沃尔夫学派的话语谱系中，作为依赖“自然理性”而无须依赖宗教(无论是自然宗教还是启示宗教)就能建构起和谐有序、文明知礼、富裕繁荣的东方文化典范，欧洲人对此充满了好奇与想象，因而儒家伦理在西方起到了反对基督教神学统治、弘扬自然的世俗理性的“激进启蒙”的作用。当然，沃尔夫万万没有想到，他的这一演讲不仅冒犯了他的继任者、神学家朗格(Joachim Lange)，而且激怒了整个大学神学系乃至普鲁士国王威廉·腓特烈一世，引火烧身，使得“启蒙理性”与“正统神学”的尖锐斗争具体化为沃尔夫主张的儒家自然理性与虔敬派神学信念之间的斗争，结果真是像“火星落入了火药之中那样立刻爆发出愤怒的火焰”，“激起了民

---

① 主编简介：邓安庆，复旦大学哲学系教授，博士生导师，主要研究领域为德国哲学、西方伦理学通史和应用伦理学。

② 当时的“副校长”相当于现在的“校长”，因为“校长”当时仅仅是个“虚名”，由时任的君主兼任。

众、宫廷，乃至整个德国对沃尔夫先生的愤怒”①。国王无法忍受沃尔夫所谓“自然理性”之“邪说”，动用他手中的至上“威权”，于 1723 年 11 月 8 日下令沃尔夫必须在 48 小时内滚出普鲁士王国，否则上绞刑架处死。沃尔夫“秀才遇到兵”，连夜仓皇出逃，在黑森-卡塞尔公爵的庇护下任教于马堡大学。

我们的儒学研究者一直不太重视莱布尼茨—沃尔夫关于儒家伦理思想的研究，尤其没有对儒家伦理哲学对欧洲启蒙运动在观念上和信念上的建设性影响做深入研究，这是非常遗憾的事。如果我们至今依然热衷于只把儒家哲学视为我们先人阐发的一套关于中国古人安身立命的学问，一种仅仅具有中国特色的“地方知识”，而看不到也不重视儒家哲学曾经有过的世界历史意义，认识不了它在 17—18 世纪参与欧洲现代转型中所起到的激进引导作用，我们自己也就会失去让儒学参与国际学术对话的能力和视野，会因我们自己的眼界而把儒家狭隘地归于一种“保守主义”，从而蒙蔽和贬低了儒家本有的世界关怀所体现出的普遍大道和崇高伦理精神。无论是莱布尼茨还是沃尔夫，他们不是狭隘而偏私地依据自己的个人喜好而赞美儒家，而是以他们所把握的数学工具发现与建构儒家经典中存在的普遍的“道德语法”，从而把儒学放在世界文明进程中来理解和把握；他们也远远不是仅仅考察一个秉持儒家伦理的理性人如何道义地行动的原理，而是探究在儒家的“自然理性”基础上如何按照数学的方法发展出一套“普遍实践哲学”。这恰恰是我们当代学者不得不具备的哲学视野与功夫。

我们《伦理学术》密切关注了哈勒大学举办的这次盛会，我们也凭借这次盛会的学术负责人克勒梅（H. F. Klemme）教授和重要的主旨报告人、著名汉学家罗哲海（Heiner Roetz）教授担任《伦理学术》“学术委员”之便，让他们把会议论文交给我们“首发”，并得到了他们的欣然同意。我们在上一期发表了克勒梅教授的主旨报告《依赖与治权：笛卡尔与康德之间的沃尔夫〈中国人实践哲学演讲〉（1721 年）》②，我们在这一期继续发表罗哲海教授在会议之后专门为我们精心修改过的主旨报告：《“道德不要主人”——论克里斯蒂安・沃尔夫对儒家伦理学的解释》。前者通过比较笛卡尔的“临时性道德”与沃尔夫通过儒家自然理性证成的普遍实践哲学，阐明“无信仰的”中国人的实践哲学具有和有信仰的普鲁士人的实践哲学同样的“自由和无畏”，把理性的自由法则视为源自自然法，儒家道德哲学发现：

① Johann Christoph Gottsched, *Historische Lobschrift des weiland hoch-und wohlgebohrnen Herrn Christians, des H. R. R. Freyherrn von Wolff*, Halle: Rengerische Buchhandlung, 1755, S. 57.转引自本卷钱康译文。

② ［德］H. F. 克勒梅：《依赖与治权：笛卡尔与康德之间的沃尔夫〈中国人实践哲学演讲〉（1721 年）》，李娟译，邓安庆主编：《美德伦理的重新定位・伦理学术 11》，上海：上海教育出版社，2021 年，第 12－24 页。

> 理性人的行动出自对善的洞见,非理性人的行动则出自“对主人的畏惧”。克里斯蒂安·沃尔夫确信:理性是“自由之理由”,独立与自治权是自由之本质特征;这一点虽由他——沃尔夫,才第一次被明确表达出来,但早已被古代中国人预见到。“若一个人行善乃是出自对善的明确知识,避恶乃出自对恶的明确知识,那么他的行善避恶就出自完全的自由。”①

国内许多为儒学辩护的学者至今也秉持一种意见,说如果儒学基于自由就不是儒学了。但只要我们承认儒学是一种道德哲学,那么说道德不基于自由是无论如何也解释不通的。沃尔夫恰恰就是把他心目中崇高的儒家实践哲学建构在“自由”的基础上。他赞美儒学的理由,既不是认为儒家有一套道德形而上学,也不认为儒家有一套清晰的概念系统,相反,他恰恰认为,儒家依赖于对善的直觉性知识而可通达“自由”。关于善的直觉,对儒家而言,确实是最为根本的,儒家先哲不认为概念上清晰是思想的美德,反而总是让弟子们在生命体悟中去切身地感受模糊不清的概念之含义,直觉地把握概念蕴含的自然天道,从而知道“善恶”是如何运行的。真正的自由,对儒家而言,不是意志的任意选择,而是对天道(自然法则)的“顺从”。

这也就是罗哲海教授《“道德不要主人”——论克里斯蒂安·沃尔夫对儒家伦理学的解释》的基本思路,他清晰地认识到,“对沃尔夫来说,中国是一个用来证明自然的‘内在动因’以及与之相关的自然力量能够走得多远之试验的例证”。这是用自然理性去体悟自然法则(天道)的伦理自然主义进路。在沃尔夫的道德形而上学中,宗教的框架虽然作为“背景”而保留了下来,“伦理善”从而具有了绝对命令性的形式,但同时在实践上成为“多余的”东西,因为中国的“榜样”使他明确地看到,善的秩序并非来自上帝的命令,“自然机制本身就足以‘实践美德并避免罪恶’”,理性自由的自律足以担保善的律法:“因为我们通过理性知道自然法则的意志;因此一个有理性的人不需要其他的法律,而是仅仅通过他的理性本身,他自己就是自己的法律。”②

于是,我们通过这两篇探讨沃尔夫的儒家道德哲学阐释的论文,深刻感受到伦理自然主义和伦理建构主义之间的张力,在解决当今全球伦理失范中的意义与限度。正是受此

---

① 转引自[德]H. F. 克勒梅:《依赖与治权:笛卡尔与康德之间的沃尔夫〈中国人实践哲学演讲〉(1721年)》,李娟译,邓安庆主编:《美德伦理的重新定位·伦理学术11》,上海:上海教育出版社,2021年,第13－14页。

② Wolff, Vernünfftige Gedancken von der Menschen Thun und Lassen: zur Beförderung ihrer Glückseeligkeit (Deutsche Ethik), 5. Auflage, Frankfurt/M. und Leipzig: Rengerische Buchhandlung, 1736.转引自本期钱康译文。

触动，本期《伦理学术》聚焦“伦理自然主义与规范伦理学”，以两个专栏为核心。一个是由西南大学毛兴贵教授主持的“霍布斯道德哲学研究”专栏，刊登了英国霍华德・沃伦德的《霍布斯的道德观》（陈江进译），汤姆・索雷尔的《霍布斯的道德哲学》（文雅译）；美国伯纳德・格特的《霍布斯与心理利己主义》（高雪、毛兴贵译），琼・汉普顿的《霍布斯与伦理自然主义》（曹钦译）；以及王博的《霍布斯自然法的明智解释与道德解释之辩》五篇文章。

在道德哲学史上，正如毛兴贵教授所言，霍布斯在何种意义上具有道德哲学，他的道德哲学论证采取“何种进路”，这些问题实际上在我们伦理学界都没有得到深入的研究。本专栏所发表的这四篇翻译论文是国际知名专家们精深研究的最新成果，霍华德・沃伦德认为，霍布斯的政治哲学要解释“国家”这个庞大政治强权的合法性来源，无论这个强权有多邪恶，只要它具有统治的效力，那么必然在某种意义上是得到了公民“自愿服从”的某种“信约”的，这种解释因其反抗了一般民众心理而具有强大刺激性。因为对国家强权表达服从，每个人可能或多或少都有亲身体会，出于“恐惧”，出于“怕死”，或出于某种聪明的利益算计，这是一般弱民们“服从”的心理基础，但要说服从政治强权的统治，是得到了我们自愿同意的“信约”，则大多数不能认可。但霍布斯恰恰试图让人相信：“被征服者之所以有义务服从，不是因为被更强的力量征服了，而是因为他已经通过信约表达了服从。”这一步跨越为他的论证增加了困难。霍华德・沃伦德试图证明，霍布斯恰恰是通过阐明，公民“基本盘”无论出于何种理由产生了“他们应该服从主权者”这一“信约”，政治权力就获得了其“统治”的有效性，因而在探讨如何“应该”服从政治权威的意义上，霍布斯就可以被视为一位“道德主义者”。他的整个政治哲学虽然拒绝了自由意志的基础，强调的是基于理性算计后的“同意”与“信约”，也拒绝考虑同意背后的“动机”，但他最终依据的是自然法解释。他使自然法的解释具有了形式化的特征，最少化的自然法条目都源自对人的自然本性的经验假设。在此意义上，把霍布斯的道德哲学进路视为“自然主义”就是合理的，也是其自然法极具创新之所在。

这也就让人们不能不把霍布斯的道德哲学与“心理的利己主义”算计联系起来。伯纳德・格特在其《霍布斯与心理利己主义》中明确反对了霍华德・沃伦德对霍布斯道德哲学做心理利己主义的解释，他说，“心理利己主义”在哲学上的吸引力就在于，它主张人们从不会为了利他而行动，或者因为相信某种行为在道德上是正确的而行动。但是，心理利己主义的“成功”，必须满足于哲学上的普遍性论证要求，仅仅说大多数人的大多数行为由自利动机驱动，并没有提出任何哲学问题，真正在哲学上令人感兴趣的是要证明，所有人的所有行为完全都是由自利驱动的。心理利己主义或利己主义人性观在道德哲学上的正确性，取决于对全称判断的利己动机的科学证明。伯纳德·格特要证明的却是，他并不否认霍布斯持有一种悲观的利己的人性观，但他否认霍布斯秉持的就是一种利己主义心理学，相反，霍布斯的政治哲学与心理利己主义并不相容。这种“辩证”对于我们无疑具有特别重要的意义。

无论人们是否承认上述两篇文章中的具体观点，他们似乎都同意，霍布斯的道德哲学进路是“自然主义”的。琼·汉普顿的《霍布斯与伦理自然主义》对这一自然主义进路作了非常清晰而合理的阐明。霍布斯建构了“道德科学”这一概念，把“道德哲学的科学”（a “science” of moral philosophy）视为同伽利略、开普勒和哈维所推进的物理科学并驾齐驱的“科学理论”，这使得霍布斯的道德哲学秉持鲜明的伦理自然主义的进路而不断被人所追随。但琼·汉普顿这篇文章新颖地试图证明，霍布斯“伦理自然主义”进路的“表面合理性”绝非因为把一切事实最终还原为可经验的“物理事实”这一“物理主义”，而恰恰取决于把自己宣称要绕开的“形而上学无稽之谈”悄悄地吸收了进来。因此，这篇文章的意义也不能从文章标题的表面含义来解读，它不是简单地为霍布斯的道德哲学提供一种伦理自然主义的辩护，相反，它试图阐明，伦理自然主义进路本身具有很强的误导性。与霍布斯有着同样的“形而上学顾虑”的当代道德理论家，他们也都与霍布斯一样，在如下问题上被误导了：在何种程度上，伦理自然主义能够避免把它认为不恰当的形而上学“无稽之谈”偷偷地吸收进来？所以他宣称，这篇论文不是反对伦理自然主义本身，而仅仅是反对这种进路的霍布斯版本，因为恰恰是霍布斯的进路所具有的问题，严重到足以使任何伦理自然主义者担忧的地步。

有意思的是，汤姆·索雷尔的《霍布斯的道德哲学》避免了霍布斯阐释中伦理自然主义与隐蔽的形而上学之间的矛盾，直接从“美德论”来阐释。而这种美德论也不是当今美德伦理学的那种进路，它没有宣称以美德为元概念，也不是以一个有美德的人出发论美德。相反，霍布斯是遵从自然法的“行动”来定义美德：“按照这些和其他有助于我们保存的自然法行动的习惯，我们称之为美德；而与之相反的习惯，则称之为恶品。比如，正义就是我们遵守信约的习惯，相反的，不正义就是恶品；公道就是我们承认天性平等的习惯，傲慢则是恶品；感恩就是我们借以得到他人好处和信任的习惯，忘恩负义则是恶品；节制是使我们戒除一切会导致我们毁灭的事物的习惯，无节制则是恶品；明智和一般的美德是一样的。”可见，霍布斯的道德哲学即包含了义务论的内容，也包含了美德论的内容，它们都可以从伦理自然主义获得支持，但伦理自然主义必须找到某种处理形而上学问题的框架，否则伦理的自然性和伦理的绝对道义性之间的矛盾是不可能获得充分阐释的。

由此我们可见，如同一般“自然主义”一直含义不清一样，“伦理自然主义”同样很难让人清晰地知道其含义的边界。某人的思想如果被人指称为“自然主义”，一般是指这种思想或者是从“自然性”或“自然的事实”出发解释所有的现象，它将一切与“自然”相对的“人为的”“价值的”和“精神的”现象也一同纳入“自然的东西”来解释，即把所有现象最终都还原为“自然的基础”；或者仅仅秉持自然主义的方法论，认为人类在寻求自然知识的过程中，除了依靠自然科学提供方法论之外，根本不存在任何别的可靠的方法论能对自然的、伦理的、历史的、精神的现象做出科学的解释。前一种“自然主义”也被称之为“形而上学的自然主义”，是“强自然主义”，认为世界上除了“科学”（指的是自然科学）所揭示的“自然实体”之外，不存在任何非自然的与超自然的实体；后一种被称之为“方法论的自然主义”，是相对较弱版本的自然主义，后来在分析哲学中进一步被“弱化”为一种“研究进路”，而不必是一种方法论理论。

由于早期探讨宇宙本原的哲学家同时都是科学家，“科学”就在“哲学”中，因而对世界本原的解释，实际上就是对世界“科学的”解释，在此意义上，哲学与“自然主义”同根同源。但自从苏格拉底创立了“伦理学”之后，伦理知识的核心是人类的存在机制，人类共存相生的德性知识，这些知识源自“认识你自己”的人性，是“属人之善”。显然“人性”不是“自然的物性”，人性也要从“自然出发”加以解释，因为“人的自然”即“人的本性”，“本性”即“自然”。但是，毕竟人的“本性”不是“自然造化”就可完成的，它是一个未完成时，需要在人类社会、伦理、历史的进程中不断自我造化来完成，所以伦理之知，不可能完全从“自然”来解释，德性也不能全然是“自然主义”的。总之，随着“伦理学”的出现，也就出现了一种不同于物理之知的伦理和德性之知，这是两种不同类型的知识，这一点非常明确地被我们认识到了。

到了亚里士多德，人类知识才从整体上被分类。亚里士多德作为古典时代百科全书式的哲学家，本身就是许多“科学”的创始者。在他那里，“哲学”依然就是“科学”，所有的知识都是关于事物“原因”的解释。但是，在亚里士多德那里出现了被 20 世纪的自然主义所反对的“第一哲学”观念，“哲学”被他规定为关于所有事物“第一因”的研究，因而在“理论知识”或“理论哲学”中就有一门“科学”是研究“存在者之为存在者”的学问，它不探究时间、空间中的“自然事物”“是什么”，“是什么原因”使之成为该事物，而是探究“是”之为“是”的学问。“第一哲学”于是作为最高的“思辨科学”成为哲学的代名词，具有了对于所有“科学”的优势地位。而这是 20 世纪的“自然主义”所极力反对的。

但在20世纪“自然主义”尚未兴起之前，亚里士多德的“第一哲学”一直被视为区分“哲学思维”与“科学思维”的门槛，古代哲学或多或少都具有某种“自然主义进路”，但自从休谟提出从“事实”（自然的东西）推导不出“价值”以后，“强自然主义”就遭受到“危机”。伦理学上，英国哲学家、伦理学家G. E. 摩尔在其1903年出版的《伦理学原理》中，首次提出“自然主义伦理学”和“形而上学伦理学”之划分，“伦理自然主义”就与“伦理形而上学”对峙了起来：

> 自然主义伦理学的“效力”（Geltung）归功于这一假定：能够被定义为“善的”是同一种“自然的对象”相关联的。我认为这种理论以这一章的标题所使用的表达，称之为“自然主义的伦理学”（Naturalistische Ethik）。需要注意的是，我为定义“形而上学伦理学”（Metaphysichen Ethik）引出了那个错误推理，按类型说是同样的，我给予这种错误推理一个唯一的名称，叫“自然主义的谬误”（Naturalistischer Fehlschluß）。①

但这种区分本身是有很大问题的，因为被称之为“自然主义的伦理学”的可能同时也是包含“形而上学”论证的，譬如亚里士多德伦理学，它的整个论证的基础是“自然主义的目的论”，而自然主义目的论的成功论证又是与他的“是其所是”从“潜能到实现”的第一哲学（形而上学）联系在一起的。因此，在摩尔批评“形而上学伦理学”犯下“自然主义谬误”之后，20世纪伦理学在科学哲学和分析哲学短暂地“拒斥形而上学”之后，在20世纪上半叶，对杜威的实用主义伦理学，R.W.塞拉斯、拉蒙特等人的自然主义伦理学产生了重大影响。而在蒯因（W. V. Quine）1968年在题为“自然化的认识论”的公开演讲之后，分析哲学内部发生了所谓的“自然主义转向”或“自然主义革命”，伦理自然主义成为一个被视为没有“自然主义谬误”的伦理学进路得到许多人的高度认同，尤其是摩尔开辟的语言分析的元伦理学或者走向直觉主义，或者走向情感主义，难以解决现实生活中重大的伦理困境，而生物学、遗传学、心理学等自然科学的发展反倒让人们对伦理问题有了重大的认识上的推进，这更促成了伦理自然主义的复兴。

但是，无论自然科学在“说明”世界时具有多么重要的特权，也无法掩盖这样一个基本事实，伦理现象不可能“还原”为“物理事实”而得到透彻的解释，因为人生、人性乃至人

---

① G.E.Moore: *Principia Ethica*, philipp Reclam Jun. Stuttgart, 1984, S.76.

类的伦理生活不可能源自“物理事实”而只能源自“理性事实”。因此,我们从康德伦理学中就可以看出,他一方面继承了苏格兰启蒙运动时期从斯多亚主义那里继承下来的逻辑学、物理学和伦理学三分的知识结构,但另一方面他完全避开了休谟发现的从“自然”推导不出“价值”的困难,重建了“道德科学”的“形而上学”基础,在超越休谟的过程中他发现伦理学的核心问题,不是从“自然”推导出“价值”,而是如何从“价值”变成“有效规范”,即那些不可认识,却具有先天立法功能的超验的本体价值(自由、灵魂和上帝)如何具有立法的规范有效性问题。所以,他才通过将传统逻辑学改造为“先验逻辑”,以“先验论证”解决“应该做什么”的自由基础和道德性标准,伦理法则的规范有效性和绝对命令性的特点由此得到合乎自然的阐明。伦理学变成了与物理学探讨自然因果性相对的、探讨自由因果性的“道德哲学”,才对人如何成为一个人,如何活出人本该具有的尊严和正义的自由生活,做出了最为经典的理论阐明。因此,在康德这里,伦理自然主义被改造成为伦理的理性建构主义,是不再具有“自然主义谬误”而同时又不再依赖于超自然实体来阐释伦理价值与规范的自然正当性基础。

所以,本期《伦理学术》另一个核心是对康德伦理学的研究。除了德国波恩大学著名哲学家克里斯托夫·霍恩为本刊撰写的《康德论普遍意志:定言命令之功能的对等物?》之外,我们还刊发了德国特里尔大学的诺伯特·欣斯克的《康德的人类学理念》,德国弗赖堡大学米夏埃尔·帕夫利克的《康德的魔鬼民族及其国家》,以及国内学者张广的《康德“学院—世界”的哲学概念:世界公民智慧的启蒙》、钟锦的《〈判断力批判〉与柏拉图伦理学》和马彪的《康德意念思想发微》,这些文章都给我们提供了对康德伦理思想的新的阐释。

同时本期还有五篇非常值得重视的文章,黄丁的《再论伊拉斯谟与马丁·路德关于自由意志的辩论》将我们带到了宗教改革时代伊拉斯谟与马丁·路德关于意志是否自由的长期争论之中;曾云的《布伦塔诺:伦理的自然约束和情感明察》也非常切题地将现象学伦理学的奠基人布伦塔诺的伦理思想展示在我们面前;蒋益的《普遍意志的两次建构:论“耶拿精神哲学”中的社会与国家》探讨了黑格尔耶拿时期精神哲学的伦理基础建构;刘松、邹天雨的《20 世纪下半叶以来西方汉学视野中的墨家伦理学书写》介绍了我们并不重视的西方汉学家对墨家伦理学的研究;尤其要提到的是陈家琪教授对德国电影《阴谋》中艾希曼等纳粹分子关于对犹太人最终解决方案会议的道德、法与政治的哲学解读。作为《伦理学术》的主编,我非常感谢所有作者和译者给中国伦理学术提供了一场思想盛宴。

【原典首发】

“道德不要主人”

——论克里斯蒂安·沃尔夫对儒家伦理学的解释

[德]罗哲海[①](著)

钱　康[②](译)

【摘要】 克里斯蒂安-沃尔夫在1721年发表的那场关于中国人实践哲学的演讲,让他失去了教席职位,这是启蒙时代的关键事件之一。沃尔夫将这些通过耶稣会士的翻译而为人所知的中国文本解读为一个例证,以证明有德性的生活和良好的政治秩序在没有宗教的情况下的可能性。就这样,他与儒家思想的联系为一种不受神学家长制的自律伦理学的进路提供了准备。沃尔夫也以这种方式使中国成为开创现代性道路的参与者。然而,这个跨文化哲学的伟大时刻已经从西方的历史记忆中被抹去了。这篇演讲的300周年纪念是一个让我们再度回顾它的机会。

【关键词】 克里斯蒂安-沃尔夫,启蒙,儒家伦理学,自然神论,孟子

每当哲学界庆祝某个日期的时候,这个日期通常都是某位伟大的哲学家的生日或忌日。只有在很少的情况下,哲学界才会去纪念其他事件。而在我看来,克里斯蒂安-沃尔夫(Christian Wolff, 1679—1754)在1721年7月12日作为哈勒大学副校长[③]在向其继任者约阿希姆-郎格(Joachim Lange)交接时发表的演说无疑就属于这些例外。沃尔夫选择了一个主题来为他与哈勒虔敬派[④]旷日持久的争论添上全新的也是最后的一笔:他讨论

① 作者简介:罗哲海(Heiner Roetz),德国波鸿大学中国历史与哲学系荣休教授,曾任德国汉学协会主席。

② 译者简介:钱康,德国哈勒-维腾贝格大学哲学博士,复旦大学哲学学院青年副研究员,研究方向为康德哲学和西方伦理学。

③ 副校长(Prorektor)是当时哈勒大学中实际上的最高职位,因为校长职位在形式上是由普鲁士国王担任的。——译者注

④ 关于这一争论可以参考 Anna Szyrwińska, „Die Pietisten“, in: Robert Theiss und Alexander Aichele, Hg., *Handbuch Christian Wolff*, Wiesbaden: Springer VS, 2018, S.283-404。

了中国人的实践哲学。①

① 对沃尔夫的这一演说有许多研究和解释,仅列举一些德语和英语研究文献:Donald F. Lach, „The Sinophilism of Christian Wolff (1679—1754)“, in: Journal of the History of Ideas 14.4, 1953, S. 561 - 574 (auch in: Alexander Lyon Macfie, Hg., Eastern Influences on Western Philosophy: A Reader, Edinburgh: Edinburgh University Press, 2003, S. 69 - 82); Artur Zempliner, „Die chinesische Philosophie und J. Ch. Wolff“, in: Deutsche Zeitschrift für Philosophie 10, 1962, S. 758 - 778; Julia Ching, „China und die Autonomie der Moral: Der Fall des Christian Wolff (1679—1754)“, in: Hermann Haring und Karl-Josef Kuschel, Hg., Gegenentwürfe: 24 Lebensläufe für eine neue Theologie, München: Piper, 1988, S. 187 - 196; Julia Ching und Willard G. Oxtoby, Hg., Moral Enlightenment: Leibniz and Wolff on China, Nettetal: Steyler Verlag, 1992; Gerhard Sauder, „Vollkommenheit. Christian Wolffs Rede über die Sittenlehre der Sineser“, in: Frank Grunert und Friedrich Vollhardt, Hg., Aufklärung als praktische Philosophie: Werner Schneider zum 65. Geburtstag, Tübingen: Niemeyer, 1998, S. 317 - 334; Mark Larrimore, „Orientalism and Antivoluntarism: On Christian Wolff's 'Oratio de Sinarum Philosophia Practica'“, in: Journal of Religious Ethics 28.2, 2000, S. 189 - 219; Lee Eun-Jeung, „Christian Wolff und der konfuzianische Staat Chinas“, in: Martin Kühnel, Walter Reese-Schäfer und Axel Rüdiger, Hg., Modell und Wirklichkeit. Anspruch und Wirkung politischen Denkens. Festschrift für Richard Saage zum 60. Geburtstag, Halle 2001, S. 33 - 49; Lee Eun-Jeung, „Konfuzianischer Idealstaat. Konfuzianismusrezeption in der frühen Aufklärung in Deutschland, in: Gerhard Krebs, Hg., Preußen und Japan, München 2002, S. 31 - 52; Lee Eun-Jeung, „Anti-Europa“. Die Geschichte der Rezeption des Konfuzianismus und der konfuzianischen Gesellschaft seit der frühen Aufklärung. Eine ideengeschichtliche Untersuchung unter besonderer Berücksichtigung der deutschen Entwicklung. Münster: LIT, 2003, S. 84 - 110; Werner Lühmann, Konfuzius: Aufgeklärter Philosoph oder reaktionärer Moralapostel?, Wiesbaden: Harrassowitz, 2003, S. 55 - 68; Gregor Paul, „Christian Wolffs Oratio de Sinarum philosophia practica oder Rede über die praktische Philosophie der Chinesen“, in: DCG Mitteilungsblatt 02/2008, S. 61 - 68; Thomas Fuchs, „Christian Wolff und das China-Bild der Aufklärung“, in: Jürgen Stolzenberg u. Oliver-Pierre Rudolph, Hg., Christian Wolff und die europäische Aufklärung, Bd. 5, Hildesheim: Olms, 2010, S. 397 - 409; Günter Zöller, „Die Modernität der Alten. Christian Wolffs Rede über die praktische Philosophie der Chinesen im sino-europäischen Kontext“, in: DCG Mitteilungsblatt 2010, S. 40 - 47; Wenchao Li, „Konfuzius in der deutschen Frühaufklärung“, in: Hans Feger, Hg., Fate of reason. Contemporary Understanding of Enlightenment, Würzburg: Königshausen & Neumann, 2012, S. 69 - 84; Volker Gerhardt, „Exemplarische Ethik in globaler Verantwortung. Das Beispiel Christian Wolffs“, in: Hans Feger, Hg., Fate of reason. Contemporary Understanding of Enlightenment, Würzburg: Königshausen & Neumann, 2012, S. 131 - 146; Henrik Jäger, „Konfuzianismusrezeption als Wegbereitung der deutschen Aufklärung“, in: Allgemeine Zeitschrift für Philosophie 37, 2, 2012, S. 165 - 189; Henrik Jäger, „Konfuzius als Katalysator der Aufklärung“, FAZ 11.8.2012, S. Z 2; Henrik Jäger, „Die Verwebung der Textkulturen: Wie die konfuzianischen Klassiker zur Quelle der europäischen Philosophie wurden“, in: DCG Mitteilungsblatt 56, 2013, S. 62 - 66; Peter Park, „Leibniz and Wolff on China“, in: Joanne Miyang Cho und David Crowe, Hg., Germany and China: Transnational Encounters since the Eighteenth Century, New York: Palgrave Macmillan, 2014, S. 21 - 37; Andreas Pečar, Holger Zaunstöck und Thomas Müller-Bahlke, Hg., Die Causa Wolff: Ein epochemachender Skandal und seine Hintergründe, Halle: Verlag der Franckeschen Stiftungen, 2015; Steffen Martus, Aufklärung. Das deutsche 18. Jahrhundert - ein Epochenbild, Hamburg: Rowohlt, 2015, Kap II. 4; Juan Li, Metaphysik zwischen Tradition und Aufklärung: Wolffs Theologia naturalisim Kontext seines Gesamtwerkes, Bern: P. Lang, 2016, Kap. 8.3; Meng Chen, „Der Aufbau der China-Rede von Christian Wolff und die Struktur der konfuzianischen Kanonbücher“, in: Wenchao Li, Hg., Leibniz and the European Encounter with China. 300 Years of Discours sur la théologie naturelle des Chinois, Stuttgart: Steiner, 2017, S. 231 - 238; Daniel Purdy, „Chinese Ethics within the Radical Enlightenment: Christian Wolff“, in: Carl Niekerk, Hg. Chinese Ethics within the Radical Enlightenment: Christian Wolff, Leiden: Brill, 2018, S. 112 - 130; Jaewon Ahn, „Is Confucius a Sinicus Cicero?“, Berlin: De Gruyter, 2019, open access; Bretislav Horyna, „The Idea of Care for Reason in Chinese Philosophy and its Influence on German Enlightenment: The Reception of Confucianism in the Moral Philosophy of Christian Wolff“, in: Knowledge Cultures 9 (2), 2021, S. 7 - 43. - Einen Überblick über Wolffs Ethik gibt Clemens Schwaiger, Eintrag „Ethik“ in Theiss und Aichele 2018, S. 253 - 268; s. a. Schwaiger, Eintrag „Wolff, Christian“ in Heiner F. Klemme u. Manfred Kuehn, Hg., The Dictionary of Eighteenth-Century German Philosophers, London, New York: Bloomsbury, 2010, vol. 3, S. 1290 - 1297。

正如沃尔夫在自己的生平传记中所说,从他的"第一个童年"开始,他就已经注意到了"路德教派和天主教派彼此之间无休止的争斗"。他开始自问:"神学中的真理难道就不可以清晰地、无矛盾地被展示出来吗?"他在数学中找到了这种可能的模式。数学是"如此确定"地证明它的对象,以至于"每个人都必须将它们认知为真的"。① 明确性和确定性——回首他的一生,沃尔夫始终都基于这两个想法将自己的生命奉献给启蒙运动的事业,而且之后出版的德文版中国演说(Oratio de sinarum philosophia practica)的前言也是以这样的一个自白开始,即沃尔夫"从童年开始就一直渴望清晰地认识真理"②。这标志了一种走向理性神学的路线,而这迟早会使沃尔夫与那些坚持上帝启示的不可解释性的神学家们发生冲突。

从 1707 年起,沃尔夫就在哈勒大学教授数学和物理学,但他逐渐更多地转向哲学的论题,尤其是形而上学和伦理学。他很快成为非常受欢迎的老师,学生们从沃尔夫的其他同事那里被吸引到沃尔夫的课堂上,而这些学生又带着他们在沃尔夫这里学习到的东西去其他课上挑战那些讲师们,亦即要求他们提供"解释和证明"。③

沃尔夫在哈勒大学这个虔敬派的大本营里犹如身在虎穴,而且他的对手们,尤其是奥古斯特-赫尔曼-弗兰克(August Hermann Francke, 1663—1727)和约阿希姆-郎格(Joachim Lange, 1670—1744)很快就盘算着要解决他们眼中这个对于宗教来说既麻烦又危险的竞争者。1721 年 7 月 12 日的演讲是这场斗争的临界点。作为见证者的戈特希德(Gottsched, 1700—1766)在 1755 年为沃尔夫写作的颂词中写道,沃尔夫的这场演讲的作用就像是"火星落入了火药之中,它立刻就会爆发出火焰",这场演讲"发出了比我们这个时代的任何一场演说都要更大的声音"。④

沃尔夫究竟说了什么,引起了如此大的愤怒,以至于用戈特希德的话说,他的对手"计划让民众、宫廷乃至整个德国反对他"⑤? 沃尔夫将中国,或者更准确地说是将儒家的伦理学作为能够证明道德和一个秩序井然的社会在没有宗教(而且不光是没有启示宗教,甚至都没有自然宗教)的情况下同样是可能的一个例证。除此之外,沃尔夫还将此作为他自

① *Christian Wolffs eigene Lebensbeschreibung*, herausgegeben mit einer Abhandlung über Wolff von Heinrich Wuttke, Leipzig: Weidmann'sche Buchhandlung, 1841, S.121.

② Wolff, *Rede von der Sittenlehre der Sineser*, in: Wolff, *Gesammlete kleine Schrifften*, Bd. 6, Halle: Rengerische Buchhandlung, 1740, S.3.

③ Wolff, *Eigene Lebensbeschreibung*, S.147.

④ Johann Christoph Gottsched, *Historische Lobschrift des weiland hoch-und wohlgebohrnen Herrn Christians, des H. R. R. Freyherrn von Wolff*, Halle: Rengerische Buchhandlung, 1755, S.56 u. 57.

⑤ Ebd., S.57.

己的哲学的确证，并结合这种异教学说来反对当时的主流神学。在这一点上他也符合了17世纪以来的一个趋势，因为欧洲的启蒙思想家们发现（具有讽刺意味的是，这一发现需要归功于耶稣会士对儒家文本的报道与翻译）中国是他们在反对基督教启示的垄断主张时的盟友。不过，迄今为止都还没有人像沃尔夫那样将来自中国的对基督教的挑战变得如此尖锐，至今也没有任何一位启蒙运动的重要代表人物像他那样坚决甚至挑衅地站在中国一边。他的理论散发着斯宾诺莎主义、无神论，或者至少是一种形式上的自然神论气味，尽管如此，沃尔夫本人也确信他为基督教信仰甚至上帝启示提供了直接的证据：因为如果上帝所命令的"善"与一种甚至不需要对上帝的认知的"自然"是相符的，那么就可以摆脱上帝是一个任意的命令者的形象——这就是沃尔夫的论证的神学背景。然而，它很容易就能从这个背景中脱离出来并促进一种世俗化的倾向。这也解释了为什么沃尔夫及其演说会遇到如此激烈的抵抗。

沃尔夫的演说令学生们深受鼓舞，但对于他的反对者来说，现在他们有充足的理由和方法将沃尔夫从哈勒大学驱逐出去。他们得到了普鲁士国王弗雷德里希-威廉一世的命令：沃尔夫是败坏青年学生之人，他必须在48小时内离开普鲁士，否则将被处以绞刑。[①]此外，国王还封禁了沃尔夫所有形而上学和伦理学的著作。约翰-克里斯蒂安-埃德尔曼（Johann Christian Edelmann，1698—1767，安内格雷特-沙佩尔就他的"对基督教的漫长告别"完成了一篇博士论文[②]）在他1751年的自传中不无讽刺地评论道：

> 然而，迷信的做法是将一切与它不一致的东西都视为危险的和无神论的。沃尔夫先生命中注定会被当作无神论者而被驱逐出哈勒大学，他也能够因为这种无可逃避的必然性而容易获得满足吧。[③]

沃尔夫在马堡大学找到了教职，这一决定是由卡尔-冯-黑森-卡塞尔侯爵在当地教授们的抵制之下仍然推动执行的。现在，就像戈特希德写的那样，德国到处都与哈勒大学的虔敬派们团结一致，"路德宗的神学家们开始对他采取行动"，至于整个欧洲，则有"超过

---

① Kabinettsorder an den Etatsminister von Printzen, 8. 11. 1723, in: Werner Frauendienst, „ Christian Wolff als Staatsdenker", *Historische Studien Heft* 171, Berlin 1927, S.190.

② Annegret Schaper, *Ein langer Abschied vom Christentum. Johann Christian Edelmann (1698—1767) und die deutsche Frühaufklärung*. Dissertation Universität Freiburg i. Br. 1995.

③ Johann Christian Edelmann, *Selbstbiographie* (1752), Stuttgart: Frommann-Holzboog, 1975 (Faksimile Neudruck der von Carl Rudolph Wilhelm Klose veranstalteten Ausgabe Berlin 1849), S.43.

70 位作家作为他的反对者出现”。[①]不过沃尔夫的众多支持者们也并未沉寂,他们也发挥了自己的影响力,并最终得以改变宫廷的意见,沃尔夫也得以在 1740 年恢复他在哈勒大学的工作。他的传记作者海因里希-伍特克(Heinrich Wuttke,他之后成为法兰克福国民议会的成员)在一个世纪之后写下了这段尽管在我们今天看来有些过分乐观的话:

> 就这样,沃尔夫的胜利,同样也是哲学研究从神学的统治中获得的自由,得以确立了。这种此前只有一些顿悟的精神才享有的自由,从今以后成为有教养的德国宝贵的共同财产。而这一成果使得我们得以摆脱偏见的魔力并为美好的未来播下希望的种子。[②]

由“启蒙运动的赞助人”[③]恩斯特-克里斯托夫-冯-曼特夫尔(Ernst Christoph von Manteuffel)所发起,并于 1737 年在柏林成立的“爱真理者协会(Societas Aletophilorum, Gesellschaft der Wahrheitsliebenden)”为沃尔夫铸造了一枚纪念章以恢复其名誉。在纪念章的正面印着莱布尼茨和沃尔夫的双头像,以及格言“敢于认识(sapere aude)”“敢于理性(erkühne Dich, vernünfftig zu seyn)”的铭文。在“爱真理者六法规(Hexalogus Aletophilorum)”(即“爱真理者协会的法规表”,德国启蒙运动中在简洁明了这方面最令人印象深刻的文件之一)的第二条戒律中写道:“只要没有任何充分的理由去相信,那就不要认定它是真的,也不要认定它是假的。”

这恰恰就是沃尔夫的态度,也是他教给他学生的态度,也正是因此而导致了他被逐出哈勒大学。沃尔夫已经成为启蒙运动的一个标志。约翰-克里斯蒂安-埃德尔曼(Johann Christian Edelmann)在同一年用沃尔夫的姓氏暗喻道:“狼人主义(Die Lycanthropie, Wolfsmenschentum,沃尔夫的姓氏‘Wolff’与狼‘Wolf’的拼写相近)”已经成为德国的“时髦哲学(à la mode Philosophie)”,并且在“所有的学者,甚至女性中”[④]流行。

就这样,沃尔夫事件成了通往现代的对话文化(Diskussionskultur)之路上关键的一步,

---

① Gottsched 1755, S.30.

② Heinrich Wuttke, „Über Christian Wolff den Philosophen. Eine Abhandlung“, in: *Christian Wolffs eigene Lebensbeschreibung*, herausgegeben mit einer Abhandlung über Wolff von Heinrich Wuttke, Leipzig: Weidmann'sche Buchhandlung, 1841, S.34 f.

③ Johannes Bronisch, *Der Mäzen der Aufklärung. Ernst Christoph von Manteuffel und das Netz-werk des Wolffianismus*, Berlin: de Gruyter, 2010.

④ Gerhard Biller, „Biographie und Bibliographie“, in: Robert Theiss und Alexander Aichele, Hg., *Handbuch Christian Wolff*, Wiesbaden: Springer VS, 2018, S.6.

而中国则在其中间接地参与了——这让事情变得更有趣了,因为关于这一文化的认可在之后的中国政治中遇到了巨大的阻力。无论如何,关于沃尔夫的激烈争论表明,在欧洲,甚至在学术领域内,要争取这样一种对话文化有多么困难,在这种文化中你不会在异议者身上看到敌人,而是看到一个讨论的伙伴。

沃尔夫的中国演讲于 1726 年在美因河畔的法兰克福佐以丰富的注释出版,戈特利布-弗里德里希-哈根(Gottlieb Friedrich Hagen)也为 1740 年在哈勒大学出版的沃尔夫的哲学著作小集(Gesammlete kleine philosophischen Schriften)第六卷准备了一个德语版本,我在本文中引用的文本正是来自这里①。中国痕迹贯穿沃尔夫作品的几乎所有部分,而这些痕迹并没有全部被发现。②

沃尔夫的演讲标志着那场自 17 世纪末以来席卷欧洲批判性知识分子的"中国热"浪潮迄今为止的顶峰,这就是乔纳森-伊斯雷尔(Jonathan Israel)在其同名书③中所描述的那场"激进启蒙运动"。④ 接下来我想简要地考察一下这一发展,然后再讨论沃尔夫的中国演讲中的一些核心观点。

除开马可·波罗对中国的报道,在启蒙时代以前,中国从未真正成为西方人特别感兴趣的对象。不过这种情况随着中世纪秩序(ordo)思想的崩溃而改变,而这种崩溃又是由一系列因素造成的,其中主要是自然科学知识的进展、欧洲殖民扩张进程中对新世界的"发现",以及宗教改革和反宗教改革的过程对基督教文明统一性的撕裂。中国在欧洲的世界观的重新定位中扮演了特殊的角色,因为对于东方的报道更进一步地冲击了根植于圣经传统中的历史、道德和宗教观念。同时,新的知识也与人们长期以来的一些认识相结合,并落在了不安定的欧洲这片肥沃的土壤上。具体来说,在沃尔夫的作品中所看到的结果正是耶稣会士在中国传教的一个矛盾的后果。

耶稣会士自 16 世纪末以来开始在中国传教,他们得到了中国方面的宽容,并且取得

---

① 中国演讲的中文翻译参见[德]沃尔夫:《中国人实践哲学演讲》,李鹃译,上海:华东师范大学出版社,2016 年。——译者注

② 参见 Michael Albrecht, Einleitung zu Wolff, *Oratio de Sinarum philosophia practica. Rede über die praktische Philosophie der Chinesen*, übersetzt, eingeleitet und herausgegeben von Michael Albrecht, Hamburg: Meiner, 1985, S.LXXXVII – LXXXVIII. Henrik Jäger (2013, S.64)认为沃尔夫在中国演说之后故意删除了一些痕迹以避免"更多的不满"。

③ Jonathan Israel, *Radical Enlightenment: Philosophy and the Making of Modernity 1650—1750*, Oxford: Oxford UP, 2001.

④ 关于这些发展的概览可以参见 Adolf Reichwein, *China und Europa. Geistige und künstlerische Beziehungen im 18. Jahrhundert*, Berlin: Oesterheld, 1923, David Martin Jones, *The Image of China in Western Social and Political Thought*, Basingstoke: Palgrave, 2001, Kap.1, und Heiner Roetz, „The Influence of Foreign Knowledge on Eighteenth Century European Secularism", in: Marion Eggert und Lucian Hölscher, Hg., *Religion and Secularity. Transformations and Transfers of Religious Discourses in Europe and Asia*, Leiden: Brill, 2013, S.9 – 34。

了一定程度的成功。作为西方知识的传授者,他们甚至能够在北京的宫廷中享有特殊的待遇和尊敬。他们同时也反过来通过对中国历史的描述以及儒家经典的翻译使中国在欧洲为人所知。①

耶稣会士们将这个接纳他们的国家描绘成一副极为积极的样子,沃尔夫就像他那个时代的所有欧洲学者一样,都在谈到中国的时候参考了这些耶稣会士们的工作。他们不光在受过教育的阶层中,而且在整个欧洲社会中点燃了真正的"中国热",尤其是在法国大革命之前的一个世纪里,欧洲社会都崇尚这种中国风。特别是被认为是"中国的哲学家"的孔子在欧洲享有非凡的盛名。不过,"中国热"并不仅仅是基于基督教传教工作,它的交流基础是以中国为中心之一的世界经济市场,一切可能的事物都通过这个市场在全球范围内进行交易,这其中也包括各种思想,无论是建筑、园艺、流行时尚甚至是哲学,也都得到了传播。

到底是什么让欧洲人,尤其是启蒙思想家们对中国如此着迷?中国的这种魅力首先在于,正如莱布尼茨所说,中国是作为一个"欧洲的对照物"的形象出现的,它是一个在积极的意义上既陌生而又类似的"文明世界",尽管中国与欧洲在许多重要的方面并无共性,尤其是在宗教方面,但中国在最关键的问题即道德问题上,与欧洲站在同样的高度,而这使得"不光是商品和制造业,同时还有光明和智慧的互通"成为可能。②

用伏尔泰的话说,自1644年以来由满人创建的清朝被认为是"世界上组织得最好的帝国"③,是开明君主制的典范,直到法国大革命之前,大部分的欧洲知识分子,包括沃尔夫都不曾质疑这一点。与欧洲相比,中国在他们眼中是没有宗教压迫的——在持久的对传教的宽容之后,耶稣会士甚至在1692年获得了清朝皇帝康熙(1661—1722年在位)颁

---

① 与此相关的一些重要的文献例如:Nicolas Trigault, *De Christiana expeditione apud Sinas suscepta ab societate Jesu* (...), Amsterdam 1615, Martino Martini, *Novus Atlas Sinensis*, Amsterdam 1655, und *Sinicæ Historiæ Decas Prima*, München 1658, Philippe Couplet, Prospero Intorcetta, Christian Wolfgang Herdtrich und François de Rougemont, *Confucius Sinarum Philosophus, sive scientia Sinensis latine exposita*. Paris: Horthemels 1687(以及其他儒家著作如《论语》《大学》和《中庸》的翻译), Francois Noël, *Sinensis Imperii Libri Classici Sex*, Prag: J. J. Kamenicky, 1711, Nachdruck Hildesheim: Olms, 2011, mit einer Einleitung von Henrik Jäger (*Lunyu*, *Daxue*, *Zhongyong*, *Mengzi*, *das Xiaojing* und die von Zhu Xi veranlasste Kompilation *Xiaoxue* = „Parvulorum Schola"), und Noël, *Philosophia Sinica tribus tractatibus*, gleichfalls Prag: J. J. Kamenicky, 1711. 关于 Noël 可以参考 Henrik Jäger, „Mit Aristoteles die Sishu lesen: Das sinologische Werk von François Noël SJ", in: Wenchao Li, Hg., *Leibniz and the European Encounter with China. 300 Years of discours sur la Théologie Naturelle des Chinois*, Stuttgart: Steiner, 2017, S.129－145。

② Gottfried W. Leibniz, „Leibnizcus Denkschrift in Bezug auf die Einrichtung einer Societas Scientiarum et Artium in Berlin vom 26. März 1700, bestimmt für den Kurfürsten", in: *Geschichte der Königlich Preussischen Akademie der Wissenschaften zu Berlin*, im Auftrag der Akademie bearbeitet von Alfred Harnack, Zweiter Band, Berlin 1900, S.81.

③ Voltaire, *Über den Geist und die Sitten der Nationen*, übersetzt von K. F. Wachsmuth, Leipzig: Otto Wiegand, 1867, Sechster Band, S.208.

布的正式的宽容诏书。① 这个消息在欧洲是令人震惊的,因为路易十四在不过数年前的1685 年刚刚废除了亨利四世在 1598 年颁布的关于宗教宽容的《南特敕令》。

与多明我会和方济各会等其他修会不同,在中国十分受欢迎的耶稣会士们追求的是一种包容且适应当地的传教方法,亦即尽可能地不把传教目标的文化当作异教来对抗,而是尝试将其吸纳,并且容忍那些似乎与基督教的绝对要求差不多可以相容的部分。这些耶稣会士以明显的不容忍态度对待被他们认为是偶像崇拜的佛教,但与此相对地,他们在儒家思想中发现了与基督教思想交汇的可能性,中国传教活动的奠基人利玛窦(Matteo Ricci,1552—1610)就致力于这种交汇的努力。不过这也会遇到一些问题,包括儒家一直以来重视的祖先崇拜的传统在传教过程中很难被禁止,因此祖先崇拜就被视为是一种文化习俗而不是迷信或宗教式的习俗而被容忍,亦即祖先崇拜只是一种尊重性的纪念,而不是对死者的精神崇拜。

这实际上不过是一种战术上的策略,但却在之后演变成了一个战略的失误。一方面这是因为梵蒂冈在 1700 年左右下达谕令禁止教徒进行祭祖祭孔的仪式(史称"礼仪之争",Ritenstreit),而作为中国人的愤怒反击,下一任清帝雍正皇帝很快禁止了基督教在中国的传教。不过从另一方面来看,这一事件所导致的后果从长远来看更加具有灾难性:耶稣会士的论证在欧洲演变为了一种不再可控的动力,它极大地促进了启蒙运动的激进化,并且最终助力了基督教会垄断权利的倒台。

耶稣会士为他们对儒家礼仪的迁就辩解说,他们认为,可以与之合作的儒家思想一方面并不是一种宗教,另一方面它又确实有充分的宗教性的规定,并且对上帝有一个模糊的形象,从而与儒家是能够建立起联系的。多明我会士与方济各会士(同时也包括一些耶稣会士)则对这副过于粉饰的形象提出了指责,他们认为事实上在儒家中国里流行的是无神论——而这却发生在一个被耶稣会士以最美好的颜色去描绘的国家里。沃尔夫在他的演说的注释中饶有兴趣地抓住了这个论点。②

以上提及的这些论争和种种信息使包括沃尔夫在内的许多启蒙思想家们感到兴奋。他们反对基督教会的不宽容,认为这导致了对所有异见者的压制和"宗教战争的血腥野蛮"③,启蒙思想家们追寻一种更为自由的宗教形式,或者更激进地,追求从宗教中解放出

① Claudia v. Collani, „Das Toleranzedikt von Kaiser Kangxi vom 22. März 1692“, in: *China heute* XI, 1992, col. 50-51.

② Wolff 1740, S.113, Anm. 54.

③ Voltaire, a.a.O., S.266.

来。中国在这两方面都提供了一种吸引人的选择,因为显而易见,它是一个不需要教会的领导就能运作的繁荣的国家,并且证明了一个无须启示宗教的良好秩序的可能性。在那个时代看来,中国成为纯粹"自然宗教"或者以非宗教的方式展现"自然理性"之有效性的有力证明,而这二者都是启蒙运动的纲领性的斗争概念。伴随着自然的概念,那些异域、古老的东西也就当然变得有趣了起来。

因此,这种从基督教教派之争中脱胎出来的论点,与那种自切尔伯里的爱德华-赫伯特(Edward Herbert of Cherbury, 1581—1648)开始的针对基督教启示之排他性的决定性攻击正好落在了同一条轨道上。爱德华是自然神论(Deismus)之父。任何一个自然神论的重要代表人物都未曾忽视过对中国的明确辩护,并且把孔子与苏格拉底、斯多亚派等其他著名的、伟大的异教哲学家相提并论,甚至挑衅性地与耶稣本人相提并论——这也正是沃尔夫遭受指责的地方。沃尔夫在理论上也十分接近自然神论,尽管他近乎可疑地、高调地努力与之保持距离——他甚至主张禁止公开传播自然神论①。然而沃尔夫的作品中充斥着自然神论的主题,其中也包括他对儒家的倾慕。

自然神论者将上帝移出了这个世界,将他移到了创世之初,在那里,上帝就像钟表匠那样作为运动的原因(causa causarum)设定了一个运动的进程,随后就放任自然的法则自行运行,而不再施加神力的干预。自然神论者完整地保存了对最高存在者的信仰,只不过在当时那个大环境下,任何对于教派的表述都只能是对宗教性理性的"正常真理(Normalwahrheit)"②的成问题的扭曲。这种想法不仅符合新兴自然科学对世界的新的机械主义解释,而且也符合那种对于来自基督教组织的过渡干涉的厌倦。正如休谟之后说的那样,"宇宙中唯一的自然神论者"就是"中国的文人,或者说儒家的门生"③。查尔斯-布朗特(Charles Blount, 1654—1693)引用来自中国的耶稣会的报道作为证据,证明启示宗教不能够声称它具有普遍性④,而约翰-托兰(John Toland,1670—1722)将孔子列为"为人师表、品行高尚的古人,可以通过将他们视为榜样并向他们学习从而使我们受益"⑤。

---

① Günter Gawlick, „Christian Wolff und der Deismus", in: Werner Schneiders, Hg., *Christian Wolff, 1679—1754. Interpretationen zu seiner Philosophie und deren Wirkung*, Hamburg: Meiner, 1983, S.139 - 147, hier S.140.

② Ernst Troeltsch 就是这样批评自然神论的:*Gesammelte Schriften von Ernst Troeltsch*, *Vierter Band*, *Aufsätze zur Geistesgeschichte und Religionssoziologie*, Tübingen: Mohr, 1925, S.429 - 487。

③ David Hume, „Of superstition and enthusiasm", in: Hume, *Essays and Treatises on Several Subjects in Two Volumes*, Bd. 1, Edinburgh 1825, S.71.

④ 参见 Gerald R. McDermott, *Jonathan Edwards Confronts the Gods: Christian Theology, Enlightenment, Religion and Non-Christian Faiths*, Oxford: Oxford University Press, 2000, S.210。

⑤ John Toland, *Pantheisticon: Or, the Form of Celebrating the Socratic Society*, London: Paterson, 1751, S.64.

在马修-廷达尔(Matthew Tindal, 1656—1733)的作品《与创世一样古老的基督教,还是说福音只是自然宗教的翻版》中,一种英国自然神论的圣经确认了以下观点:

> 我并不认为孔子和耶稣的箴言有什么不同;我甚至认为,在前者那里简洁明了的箴言有助于说明后者那更为晦涩的箴言。①

最后,托马斯-戈登(Thomas Gordon, 1691—1750)希望"所有狂热的天主教徒和偏执者都能转变为理性、清醒的中国人"。自然神论者伏尔泰曾经与沃尔夫有过数次会面——他们显然都在为得到腓特烈二世的青睐而互相讨好对方——伏尔泰称赞孔子是"单纯美德的有益的阐释者,他总是以智者而不是先知的身份说话",而且他放弃基督教的官方教义的那种故弄玄虚,而是"启蒙世人的精神而不蒙蔽他们"②。伏尔泰认为,中国的宗教避免了愚蠢的东西,它与基督教不同,"没有任何的迷信和野蛮"③。伏尔泰说:"孔夫子的学说从来没有描述神迹,也未曾被争吵和流血所玷污。"④

伏尔泰将中国作为反对宗派主义(Konfessionalismus)和教会主义(Ekklesianismus)的论据,他反对的是那种神秘主义的宗教,但他捍卫孔子免受无神论的怀疑。而启蒙运动的其他倡导者则将矛头指向了宗教本身。皮埃尔-贝尔(Pierre Bayle)借助上述中国基督教传教士中的争端在这个方向上进行了第一次大规模的尝试。⑤

贝尔在他的《历史批判词典》中提到了耶稣会包容的反对者,他们在修会中属于少数。贝尔引用他们的话说,"这些(儒家)学者大多是不承认上帝的人",他们"不相信任何精神上的东西"——因此他们必须是斗争而非拥抱的对象。利玛窦在古代中国人那里看到一种伴有不明确的一神论上帝观念的原始基督教,他们用"天"来指涉这个不明确的上帝观念。但是,根据利玛窦的说法,这种观念已经在佛教的影响下渐渐消失了,并且在后来的新儒家思想中也找不到了。贝尔提到了利玛窦的批评者说,利玛窦所认为的真正的上帝实际上"只不过是唯物主义的天",而中国人所说的"大地、河流和山脉的精神"也只

---

① Matthew Tindal, *Christianity as Old as Creation, or the Gospel a republication of the religion of nature*, London 1730, Nachdruck Stuttgart-Bad Cannstadt: Frommann, 1967, S.342.

② 引自 Friedrich Melchior von Grimm 和 Denis Diderot 的 *Grimm's und Diderot's Correspondenz, von 1753 bis 1790, an einen regierenden Fürsten in Deutschland gerichtet*. Brandenburg: Wiesike, 1820, S.251。

③ Voltaire 1867, Erster Theil, S.63 und 62.

④ Voltaire 1867, Sechster Band, S.206.

⑤ 参见 Bayle Selusi Ambrogio, *Chinese and Indian Ways of Thinking in Early Modern European Philosophy: The Reception and the Exclusion*. London: Bloomsbury Academic, 2021, Kapitel „Pierre Bayle and the Oriental Spinozism"。

不过是“这些自然体的活跃力量罢了”。贝尔引用在利玛窦之后继任耶稣会中华省会长龙华民(Nicolò Longobardi, 1565—1654)的话说,孔子“在道德和政治治理方面说得很好,但是在真正的神以及他的法的方面,孔子却跟其他人一样的盲目”。①

贝尔引用这些话并不是为了附和对“无神”的儒家的攻击,恰恰相反,他以儒家为例战略性地暗示一种由无神论者组成的社会的可想象性。作为贝尔最强劲的哲学对手,莱布尼茨与贝尔相对地想要为基督教赢回中国。莱布尼茨提出的单子学说认为,在宇宙的每一个部分都能找到完善性的痕迹,这一学说实际上是受到与启蒙运动对宗教批判所类似的那种世俗的兴趣所驱动的。不过对莱布尼茨来说,这同样也意味着可以证明中国哲学,尤其是利玛窦相比于古代儒家而贬低的新儒家,尽管不符合启示宗教的原则,但是它们不仅能够与“自然宗教”的原则相符,甚至也能够符合“自然神学”的原则。② 这也是那些为了防止圣经传统在地理和历史上的相对化而力图使从中国流传过来的东西与圣经传统保持一致的许多尝试之一。为了这一目的,耶稣会士白晋(Joachim Bouvet, 1656—1730, 他曾与莱布尼茨通过信)和傅圣泽(Jacques Foucquet, 1665—1741)发展出了一种冒险性的“索隐主义的”(figuristisch,或译为“符象派”)诠释学,他们试图在中国的文本和文字中寻找启示的密码痕迹——他们取得了成功。这不仅影响了宗教和哲学,而且还大规模地影响了历史学和历史编纂。

因为一个特别的、重要的问题在于,中国所宣称的自身文明的久远历史将基于《圣经》的世界纪年表置于质疑之下。基于《创世纪》(Genesis)及其推定的作者摩西的一个广为流传的假设认为,世界是在基督诞生前4000年(更准确地说,在公元前4004年10月23日上午8点,这是来自詹姆斯·乌舍尔③的计算);但是如果中国将他们的第一位统治者的时间记为公元前3000年(这事实上缺乏史学依据,但他们还不知道),那么这一假设不可能是真的。因为这样一来中华帝国的起源早在大洪水之前的几个世纪就已经存在,而中国也不会首先由诺亚的后裔定居。“摩西和中国——哪个更可信?”这是帕斯卡尔在他的《思想录》的一篇以“中国的历史(Histoire de la Chine)”命名的残篇(Fragment 592)中提出的决定性的问题。帕斯卡尔为基督教提出了一个论战性的辩护,仿佛他怀疑宗教不仅

---

① Pierre Bayle, *Dictionnaire Historique et Critique* [1695—97], Paris 1820, Bd. 10, Eintrag „Maldonat", S.169 f., deutsch Johann Christoph Gottsched, *Herrn Peter Baylens Historisch-critisches Wörterbuch* [1741], Bd. 3, Nachdruck Hildesheim und New York: Olms, 1977, S.298.

② Gottfried Wilhelm Leibniz, „Abhandlung über die chinesische Philosophie" (Brief an de Remond, 1715), *Antaios* 8, Nr. 2, Juli 1966.

③ 詹姆斯·乌舍尔(James Ussher),18世纪爱尔兰圣公会主教。——译者注

仅会失去对纪年法的解释权,甚至也会丢失对整个世界的解释权。因为如果存在一个圣经启示之外或之前的世界,那么这就会威胁到基督教并使它可能沦为仅仅是地区性的东西。相反,如果中国确实像儒家所孜孜不倦地强调以及耶稣会士所传递的那样古老,那么它必定仍然处在这一文化的创始者所开创的传统中,那么我们也就能够从中听到那种尚未被历史所影响的自然的声音。正是这种组合为沃尔夫的研究提供了基础,亦即让中国成为纯粹自然理性力量的见证人。

因此,当沃尔夫在他演说的第一句中就探讨中国的久远历史时,这并不是一个顺带的对主题的国情介绍的引子,而是直接引出了他的理论核心。在我看来,这其中不是对于历史的兴趣(像人们一般会推测的那样①),而是对于一种还没有被历史所玷污的自然的兴趣。沃尔夫提到的孔子的第一句话,恰恰就是孔子的那句自白:他不是某种新生事物的发起者,而只是一个传承者②。在这里,沃尔夫不想表明孔子是一个顽固的传统主义者或是道德的某种特定的历史形式的代表,就像"非历史性的"18 世纪之后的习惯那样,当时启蒙运动中对中国的正面形象大部分是让位于负面形象的。相反,沃尔夫想的是将孔子作为纯粹的、普遍的理性的一个客观的传道者,因为上古之人接近自然,并且,对于许多启蒙思想家而言,这也意味着更加接近于真实。"自然"(Natur)是在"世界公民"(Kosmopolit)之外的又一个流行于启蒙的 18 世纪的核心口号③——这些概念不光基于斯多亚派,同样也是基于中国的。这两者,即自然和世界主义,都是沃尔夫的兴趣所在。

与他的良师益友莱布尼茨不同,但是与贝尔相似的是,沃尔夫并没有试图在无神论的指控方面为儒家思想辩护。尽管他并没有公开主张中国人是有意识的无神论者——他的论点不在于中国人否认上帝,而是在于说他们根本就不认识上帝——沃尔夫本人也绝不是一个无神论者。但是他确信,上帝要被理解成一种可测度的理性,而不是一种不可测度的意志;因此,一经上帝所确立的自然就已经是如此的完美,以至于人们只需要符合自然,即使没有对上帝的礼拜也能够成为一个好人。这一"成善"的行为应该能够从纯粹的反

① Anton Bissinger, „Zur Wolffschen Ethik", in: Werner Schneiders, Hg., *Christian Wolff*, 1679—1754. *Interpretationen zu seiner Philosophie und deren Wirkung*, Hamburg: Meiner, 1983, 148—160, hier S.156, stellt fest, „wie wenig Wolff Zugang zu geschichtlichem Denken gefunden hat". „Die Beschäftigung mit Ethik und Philosophie der Chinesen", so Bissinger weiter, „könnte auf einen entsprechenden Sinn hinweisen; aber nur das der Vernunft Zugängliche, das Allgemeine, wird beachtet."

② *Lunyu* 7.1 述而不作, *A Concordance to the Analects of Confucius* (*Lunyu yinde* 论语引得), Harvard-Yenching Sinological Index Series, Suppl. 16, Taipei: Chengwen, 1972。

③ 参见 Wilhelm Feldmann, „Modewörter des 18. Jahrhunderts", *Zeitschrift für deutsche Wortforschung* 6, 1904, S.101 - 119。

思中产生:如果我们只从对于幸福和完善的自然追求出发,那么我们就不需要来自更高阶存在的奖赏和惩罚,也就不需要一种外在的帮助。因为对沃尔夫而言,采取德性行为的动因在于对善和恶的认识,这种认识只能从自然中独立地获取,而不是在任何外部强制中。这也就是沃尔夫伦理学真正的启蒙之处。十分值得注意的是,正是在这一点上,沃尔夫发现了与儒家思想的亲缘关系,而这也与之后占据主导地位的观点形成鲜明对比,即将中国视为是一个单纯地依靠外在的力量所统治的帝国。

在《中国人实践哲学演讲》的序言里简短地包含了沃尔夫所设想的通往德性的道路:

> 毫无疑问,尽管有德行的行为是通过身体被完成的,但德性却住存于心灵而非身体。外在的行为必须相应与灵魂之欲求;欲求产生自动机;当下的动机则来自对善恶的明确知识;由于善恶引起完满和不完满,因此善恶之区别在于我们状态的完满和不完满;对完满之感受引起欲望,对不完满之感受产生厌恶;从善中感受到欲望的人,也爱善;从恶中感受到厌恶的人,也恶恶。一切最终都源自对善恶的明确知识,并且意志通过知性之明敏而得以完善。①

沃尔夫在儒家的文本中所发现的正是这样一种层层递进式(kaskadische)的方案,尽管它并没有像在沃尔夫这里被那样清晰和详细地执行,但在原理上是一致的。因此,这些文本可以被视为一个成功的文化实验,它能够作为一个经验上的例证表明,只要拥有正确的知识,那么即使没有宗教也能够导向有德性的行动。

为此,沃尔夫必须证明“中国人的实践哲学”事实上是对于自然的确真的代表。而关于这一点首先要提的就是之前提到的,作为沃尔夫最重要的引用来源的孔子关于自己述而不作的提示,亦即他不是一个创新者,而是一个最古老智慧的传承者。他的学说堪称一种从一开始就没有宗教的文化之典范。沃尔夫用孔子的语气说:“我们所讨论的古代中国人,他们不知道创世者、没有自然宗教,更是很少知道那些关于神圣启示的痕迹。”②他在中国发现了一个很高的道德观,但是人们在“中国所有关于道德学的书中”都找不到“任何对上帝的认识、对上帝的爱、对上帝的恐惧、对上帝的崇拜、对上帝的祈祷,也找不到对上帝的信仰”③。尽管并非全无历史性的阻断,但通过道统延续的保证,使得中国人一直

---

① Wolff 1740, S.238-239.

② Wolff 1740, S.238-239.S.151 f.

③ Wolff 1740, S.188, Anm. 54.

都知道,“除了那种不基于任何上帝崇拜①的自然力量之外,对德性的促进和践行不再需要其他的任何东西”②。在注释中沃尔夫补充道:中国人(在最初的两千年中)也没有“与其他民族交往与贸易”,因此“我们当然没有比这更好的例子来说明自然的力量能够有多强大”。③ 索隐主义者(Figuristen)声称中国传统的第一位文化英雄——伏羲(沃尔夫称之为“Fohi”,沃尔夫认为伏羲是中华帝国的创始人,并在一个注释中对他进行了详细的赞扬④)事实上是《圣经》中向东出走的族长以诺(Enoch)。与此相对的是,沃尔夫认为中国文化有一种原始的同质性,并且在没有外来影响的情况下保存了很长的时间——直到“佛陀”被引入⑤。因此,中国文化至少就古典文献而言可以被如此单纯地解读为“自然的能力”⑥。并且,沃尔夫认为中国人“在所有其他民族之前”就已经“完整地保存了”⑦自然的力量,他们就是这些力量最古老的证据。

沃尔夫将这些证明了自然力量有效性的、特定的关于中国的特别见解与他自己在伦理学上发现的东西视为具有广泛的、一致性的。在这里,试图区分沃尔夫本就已经意识到的东西和他受到中国文献的知识而启发得出的东西是徒劳的,而且关于中国的讨论也早就已经持续了很长时间。坚持认为中国只是为沃尔夫早已知道的东西提供了一个实验性的确证⑧,这是不太可信的,即使沃尔夫自己是这样认为的;他断言自己之所以能掌握这些文本的含义,是因为这些文本与他自己已有的一些“发明”是相符的⑨。无论如何,沃尔夫都承认中国在他发现自己的伦理学基本思想方面具有历史的优先权。这样一来,他也就同样可以“证明中国人的道德学的内在性质与我的伦理学是一致的”⑩。不过这在之后被以特殊的方式遭到了指责。卡尔-冈瑟-卢多维奇(Carl Günther Ludovici, 1707—1778)指责沃尔夫,如果把一个基督教哲学家,即沃尔夫自己,放在与一个异教徒相同的层面上,这就会使他自己失去一切信用,因为正是上帝启示造成了基督教哲学家和异教徒两者之间决定性的区别。卢多维奇认为,“尽管理性与启示绝不能混为一谈,但是,尤其是在

---

① 在拉丁语的原文中是:“*ab omni religione puris*”,亦即不依赖任何宗教。Wolff 1985, S.26(301f.)。

② Wolff 1740, S.112-125.

③ Ebd., S.125, Anm. 56, und S.171, Anm. 83.

④ Ebd., S.31 f., Am. 7.

⑤ Ebd., S.160, Anm. 78.

⑥ Ebd., S.171, Anm. 83.

⑦ Ebd., S.123, Anm. 55, vgl. S.123, Anm. 55.

⑧ Hornya 强烈主张沃尔夫实际上并没有从儒家典籍中学到任何东西,他只是为了自己的目的而一知半解地了解了这些典籍(2021)。

⑨ Wolff 1740, S.223 f.

⑩ Wolff 1740, S.9.

实践的事物上，如果一种基督教的哲学家所标榜的只不过是一些与世俗的哲学家完全相似的东西，那这个基督教哲学家的哲学就是糟糕的”①。阿道夫-弗里德里希-霍夫曼（Adolph Friedrich Hofmann，1703—1741）认为，沃尔夫因为将“孔子、基督、摩西和穆罕穆德置于同一层面”的这一“厚颜无耻”的行为而招致怨恨。霍夫曼戏谑地补充道：“既然这已经是一个如此花里胡哨的名单，那他当然也可以把自己作为‘德国人的孔子’或是‘欧洲人的孔子’也放进这个名单里。”②

沃尔夫对于这些试图轻蔑他的企图并不在意。他在儒家文本中发现了他所称之为“自然权利的基础”的一种早期形式，亦即作为“小世界（微观世界）”的存在者的人的“自由行动”应该根据自然的“大世界（宏观世界）”的“普遍根据”得到确立。③ 而这之所以应当是可能的，是因为——正如沃尔夫在提到儒家思想时说到的那样，不过这在斯多亚的精神里也是有的——自然法则已经“写在了人的心里”，因此“他们自己就能看到什么是善的”。④ 这种认为微观世界是对宏观世界的反映的观点并不会导向一种盲目地将个人置于整体之下的伦理学。恰恰相反，自然人就是有道德的人，这一事实使他能够在没有外部干预，尤其是没有既定的教派干预的情况下自律地变得成熟。沃尔夫认为，“中国人除了根据他们所理解的那些与人类理性（也就是自然理性）最相符的东西之外，并不会对任何人类行动下达命令，而且不会编造任何德性和伦理的规训”。⑤他们“首先强调的便是，要正确地养习理性，因为人必须获得对善恶的明确知识，从而才无须因畏戒长上、希求长上奖赏而致力于追求德性”⑥。“也就是说，一个人，若其行为由对长上的畏敬或对奖赏的希求决定，而其所欲求的却正好相反，那么他就还不是在自由地做与其理性相一致之事，中国人也认为这并不属于德性。”⑦

一个人不需要任何主人，因为他天生就能够知道善与恶的区别——这就是启蒙哲学家沃尔夫的信念，他认为这一信念也在中国得到证实。那种人凭借自己的理性力量所能看到的行动的“内部”理由优先于一切仅仅是外在行动的理由——就像沃尔夫认为宗教

① Eintrag „Wolf“, in Johann Heinrich Zedler, Hg., *Grosses vollständiges Universal-Lexicon Aller Wissenschafften und Künste (1731—1754)*, Bd. 58, Sp.574 und 575.

② Adolph Friedrich Hofmann, *Beweisthümer dererjenigen Grund-Wahrheiten aller Religion und Moralität / welche durch die in der Wolfischen Philosophie befindlichen Gegensätze haben geleugnet, und über den Haufen geworfen werden wollen*, Franckfurt und Leipzig 1736, S.46.

③ Wolff 1740, S.175 f., Anm. 84.

④ Ebd., S.147, Anm. 71.

⑤ Ebd., S.103 f.

⑥ Ebd., S.210 - 211.

⑦ Ebd., Anm. 142.

所提供的那样。然而沃尔夫试图至少在政治上限制这种思想的解放性要素,这会使他更彻底地、矛盾地接近古代儒家。这个问题我将留在之后讨论。

对沃尔夫来说,中国是一个用来证明自然的“内在动因”以及与之相关的自然力量能够走得多远之试验的例证。① 毫无疑问,他的论证也是出于神学上的动机——对沃尔夫来说,如果对善的追求仍然需要被命令,而不是在对于完善性的追求中就已经存在了,那这种情况就不符合沃尔夫关于已经被上帝完善地确立起来之自然的形象。不过沃尔夫也强调,这种自然的机制完全不需要在一种信仰行为中被生效,仅仅通过这种自然机制本身就足以“实践美德并避免罪恶”②。宗教的框架被作为背景而保留了下来,但同时它又被沃尔夫给突破了;宗教启示既得到了珍视,但同时也被宣布在实践上是多余的。

在儒家思想的鼓励下,沃尔夫能够在他的《德语伦理学》的第 24 节中(该书在 1720 年,亦即与《中国人实践哲学演讲》差不多同时出版,并且对德国的启蒙运动产生了类似的影响)宣扬了一种世俗的自律原则,认为他关于“中国人的实践哲学”的描述在一种不受到主人强迫之自我决定的概念上是一致的:

> 因为我们通过理性知道自然法则之所欲;因此一个有理性的人不需要其他的法律,而是仅仅通过他的理性本身,他自己就是自己的法律。③

通过理性进行自我立法,这个启蒙主义的核心思想在沃尔夫对于儒家思想的吸纳中成熟了,或者至少也是得到了增强,而这一思想也预示了之后的康德伦理学。④ 不过康德只吸纳了其中的理性部分,而没有接受那种他认为与自律原则不相容的自然部分,因为康德没有吸纳前一个启蒙时代的那种斯多亚式的宇宙整体主义,并且用他自己的批判哲学夺走了那个时代的中国风尚的本体论基础。这也就是 18 世纪对中国哲学的热情在沃尔夫之后很快就持续性地崩溃了的原因之一(其他主要原因还有法国大革命)。中国在启

---

① Wolff 1740, S.171, Anm. 83, und S.219.

② Ebd., S.152.

③ Wolff, *Vernünfftige Gedancken von der Menschen Thun und Lassen: zur Beförderung ihrer Glückseeligkeit* (*Deutsche Ethik*), 5. Auflage, Frankfurt/M. und Leipzig: Rengerische Buchhandlung, 1736.

④ 关于儒家对于康德的可能的影响可以参见 Zempliner 1992 und Martin Schönfeld, „From Confucius to Kant — The Question of Information Transfer“, *Journal of Chinese Philosophy* 33/1, 2006, S.67 – 81. Die Unterschiede zwischen Wolff und Kant betont nachdrücklich Heiner Klemme, „Christian Wolff und die Europäische Aufklärung“, in: Jürgen Stolzenberg und Oliver-Pierre Rudolph, Hg., Akten des 1. *Internationalen Christian-Wolff-Kongresses*, Halle (Saale), 4 – 8. April 2004, Hildesheim, Zürich, New York: Olms, 2007, Teil 3, S.163 – 180。

蒙运动中的角色后来就几乎被从西方的历史记忆中抹除了。

能够体现这种记忆缺失的一个令人印象深刻的例子就是在查尔斯-泰勒的鸿篇巨制《世俗时代》中,他将"对人类内在的仁爱之源的发现"视为是转向现代的"世俗时代"的决定性转折点。① 泰勒将此归功于英国的自然神论,完全不提及儒家思想(以及沃尔夫),尽管在自然神学的文献中不间断地,而且事实上是完全不容忽视地提及作为他们理论的证明人的孔子。② 事实上,从自然神论者、贝尔、沃尔夫以来,甚至可能自斯宾诺莎以来的欧洲启蒙运动就一直是一项跨文化的事业,他们不会仅仅从希腊文化和《圣经》中汲取养分。但是这一事实完全没有进入泰勒的视野——泰勒所写就的是另一部纯粹西方式的现代历史。顺便提一下,在对泰勒的众多研究文献中,就我所见,并未有人对此表示不满。③

泰勒的书就是一座关于西方人之自负的真正的纪念碑,这种自负的根源之一是一种防御态度,是对源自儒家思想并通过沃尔夫等人传达出来的对于基督教世界观的评论中所感受到的危机感。在西方广为流传的那种将哲学理解为"对柏拉图的注脚"的狭隘见解也要被归结于当时针对中国崛起的排外反应。④ 这同样也是启蒙运动时代复杂的遗产的一部分。即使在今天,那些希望在德国大学发展其学术生涯的哲学家们也被谨慎地建议不要过多地讨论"异域"的主题。

但是,沃尔夫与儒家思想的结盟是否只不过在当时看来戏剧性的、但回过头来看却又充其量只是一个古怪的插曲?与中国的接近还剥夺了他的哲学的信誉,正如他怀疑的同时代人卢多维奇所看到的那样?而且,他所预设的那种他自己的哲学与儒家之间的亲缘关系到底是否真的存在?抑或这只不过是一种世俗化—虚构性的幻想的产物?

事实上,17、18 世纪欧洲的亲中作家们甚至在他们那个时代就经常受到指责,他们对儒家文本的处理被批评为是基于糟糕的语言学和揣测。这种论断在当时是为了否定对中国的研究,虽然在某些情况下确实是对的,但是我认为它有些夸大其词了。无论是柏应理还是卫方济的团队都对汉语有十分出色的理解,无论是当时的口语还是古典语言。但是他们并没有始终如一地将翻译与阐释性的评论区分开来。其中卫方济的翻译(正如沃尔

① Charles Taylor, *A Secular Age*, Cambridge Mass.: Harvard UP, 2007, S.257.

② Roetz 2013 (Secularism), S.9 – 34, hier S.25.

③ 一个例外是 Elmar Holenstein, „China — eine altsäkulare Zivilisation", in: Holenstein, *China ist nicht ganz anders*, Zürich: Ammann, 2009, S.41 – 98。

④ Axel Rüdiger, „China als philosophiehistorisches Problem zwischen *Philosophia perennis* und frühaufklärerischem Eklektizismus", in: Rolf Elberfeld, Hg., *Philosophiegeschichtsschreibung in globaler Perspektive*, Hamburg: Meiner, 2017, S.195 – 230, und Selusi Ambrogio, *Chinese and Indian Ways of Thinking in Early Modern European Philosophy: The Reception and the Exclusion*. London: Bloomsbury Academic, 2021.

夫提到的那样，他的演说正是基于卫方济的译本，他后来才发现柏应理的更老的译本）比起柏应理的翻译更少地过度解释；但是，如果人们像沃尔夫一样知道该如何富有成效地处理他们之间的差异，那么我们仍然能够从这两个译本中得知儒家思想的根本。此外，之后的那些在材料上更为全面的汉学研究也绝不是没有一些成问题的判断，而沃尔夫应该为其中的一些判断辩护。沃尔夫在很多地方的理解是正确的——比如儒家确立了教育和成绩优先于出身，而这在封建的欧洲绝对不是什么理所当然的事情——然后就是高阶的教育是为了给在低阶的教育中所学的东西寻找“理由”①，教条与实践生活的统一，美德榜样的重要性，统治者应当通过这种榜样而不是制度性的强制来影响臣民，使其完成自我教化的任务，以及一种统治者对于公共福利所负有的义务。所有的这些都可以在儒家的文献中找到证据。并且沃尔夫认识到，在这些某种程度上有些繁杂的文本的表面（康德认为这些文本只包含了“日常规范的粗糙混合物”②）之下，却是系统性的思想，而他又想借助自己的系统为这些思想赋予更加清晰的概念和更好的形式。对他而言，一种不仅仅关注“反思”而且同样也关注“践行”的学说③，并不像在后来学院化的哲学概念中那样被以“非哲学”的标签给污名化了。同时，值得注意的是，他也成功地提升了简单之物的地位——这又是一个自然神论的动机——这不是为了说明我们不需要一种哲学化的思索，而是对于宗教的故弄玄虚和神秘化的放弃。我认为沃尔夫也正确地认识到了与此相关的儒家伦理基本的世俗特征——而这在今天是一个极具争议的话题。人们也可以从沃尔夫之后常常从自由主义的视角出发所提及④的“先天权利（jus connatum）”与那种每个人都拥有且“不能被剥夺的”“先天的约束性（oblatio connata）”⑤之间的关系中找到一些儒家的影子。至少在儒家的一条进路中，人权——现代之前的儒家还不认识这个概念——只有在一个前提之下才是合理的，即人被设想为是一个道德的存在（*ens morale*），或者说，人可以履行道德义务。“如果没有约束性，那也就不会有权利”⑥——儒家也会赞同这句话。而且，如果人们将权利者还原为一种仅仅是策略上的占有性个人主义者（possessive individualist）的

① 关于这一点可以在朱熹（1130—1200）的作品中找到最简洁明了的表述：“小学者，学其事；大学者，学其小学所学之事之所以”（黎靖德编，《朱子语类》7，学一，小学，Taipei：Wenjin，1986，Bd. 1，S.124）。

② Zit. nach Helmut v. Glasenapp, *Kant und die Religionen des Ostens*, Beiheft zum Jahrbuch der Albertus-Universität Königsberg/Preußen, 5, Kitzingen-Main 1954, S.97.

③ Wolff 1740, S.200, Anm. 106, S.207, Anm. 111.

④ Hasso Hofmann, „Recht und Staat bei Christian Wolff“, *JuristenZeitung* 59, Nr. 13, 2. Juli 2004, S.637 - 643, hier S.639，提到了在沃尔夫那里的“不可逾越的自由边界”。

⑤ Wolff, *Grundsätze des Natur-und Völkerrechts*, Halle: Rengerische Buchhandlung, 1754, §74.

⑥ Ebd., § 46. 对沃尔夫而言，权利就是“一种去践行或克制某种行动的道德(!)的能力”（同上）。

话,那我们就很难看出如何为人权提供理论依据。对权利的要求,从而使道德行动不至于成为一种强加的苛求,是更有道理的。值得注意的是,这并不意味着享有权利要与事实上履行了义务的证明挂钩(这会导致一种道德警察的出现)——一种与人类有关的,而非具体个别意义上的对与义务的可履行性的证明就已经足够了。①

在之前提到的这些相似性和相通之处以外,我也认为沃尔夫关于儒家的说法中有一些误解。比如他将他自己的哲学中关于追求幸福的最终目的也附加在了儒家伦理学之上,他认为这种追求在动机的效力方面跟对名望的追求是相似的。但事实上,在我的印象中,儒家思想应该是更接近于康德的义务概念,亦即将善与幸福主义的期望区分开来。而且在对于沃尔夫而言是核心问题的认知论、理性知识的作用问题上,儒家思想内部也绝不像沃尔夫所看到的那样统一。

与之后那种将儒家视为是单纯的他律伦理学的观点相比,沃尔夫对儒家的理解显得十分与众不同。那种观点在黑格尔和韦伯的追随者们中传播,不过在 18 世纪中就已经有了一些根基,其中就包括孟德斯鸠。② 沃尔夫是仅有的将儒家伦理学解读为是对自律的表达的几位伟大西方哲学家之一——无论在他的宇宙论框架内,尤其是在他的社会和政治思想中以及在儒家思想的框架中,自律具体意味着什么。我在这里使用自律这个概念首先是为了与一种作为外在规定性的他律作对比,因为我认为儒家伦理学并不能在关于他律的诠释基础上达成一致的理解,更不用说为其辩护了。

沃尔夫以敏锐的嗅觉阅读儒家文本,并且明确地反对了翻译者的观点③,并认为在这里有一种意义深刻的、需要被严肃对待的道德的内在化,这导致人不再使自己受到外界的桎梏(其背景是春秋战国时代传统和遗存的统治关系的深刻危机,而这正是中国哲学出现的根本原因)。沃尔夫从儒家中看到了那种与他自己的哲学类似的自然主义基础,但他不知道的是,这种自然主义基础只在儒家其中一支有影响力的道统中才得到体现,那就是后来被誉为孔子本人之后的儒家的"亚圣"孟子的脉络。人们在生活中所应当遵守自然的规范——沃尔夫称其为自然的"法则"——是"被写在了心中"的,因此"他们自己就能看

---

① 与此相关的讨论可以参见 Heiner Roetz, „Menschenpflicht und Menschenrecht. Überlegungen zum europäischen Naturrecht und zur konfuzianischen Ethik“, in: Konrad Wegmann, Wolfgang Ommerborn und Heiner Roetz, Hg., *Menschenrechte: Rechte und Pflichten in Ost und West*, Münster: LIT, 2001, S.1-21, hier S.18 f., und Heiner Roetz, „Ein Problem der Politik und nicht der Kultur: Menschenrechte in China“, in: Kurt Seelmann, Hg., *Menschenrechte. Begründung, Universalisierbarkeit, Genese*, Berlin: De Gruyter, 2017, S.102-125, hier S.121。

② 参见 Heiner Roetz, *Die chinesische Ethik der Achsenzeit*, Frankfurt/M.: Suhrkamp, 1992, S.22 f。

③ Wolff 1740, S.259.

到什么是善的”[①]，这恰恰反映了《孟子》一书中伦理学的核心（该书由卫方济翻译过来，但柏应理并没有翻译这本书）。孟子说，仁义礼知（在道德知识的意义上）“不是被从外面灌输给我的，我内心原本就有这些东西，只是我没有想到它们”[②]——这非常接近沃尔夫的方案，即要求人们去意识到那已经自然地存在的善。根据孟子的观点，在一切的社会化和学习之前，人类本性就已经有善的知识（良知）和善的能力（良能）[③]了，这使他能够在道德上进行判断和行动，并且可以得到进一步的发展。而关于这一点，之后的儒家学者王阳明（1472—1529）也说，如果他经过自己的判断表明孔子的话是错误的，那么他也会在必要的时候反驳孔子本人。[④] 这种对于权威的保留态度（praejudicium autoritatis[⑤]）也是沃尔夫自己所主张的，他也是这么教导他的学生的，以及他们应该要追问事物的原因。沃尔夫在对儒家的解读中嗅出了这种态度，尽管他不知道，我们从《荀子》（公元前 3 世纪）中就已经能找到最明确的证据了[⑥]，但是这本书是在 20 世纪才被翻译成西方语言的。沃尔夫认为，孔子在根据古人们的教诲来指导自己的行动之前就已经“仔细地审查了”它们。[⑦] 沃尔夫确信，一种违背“人类知性的本性”从而也是违背道德的命令是不应当被服从的[⑧]，而这似乎也被他认为是同样适用于中国人的。孟子确信自己是以人性本性的名义发声的，这使他有骨气对那个时代的统治者发起尖锐的攻击，他毫无例外地将这些统治者们称为强盗和杀人犯，而且他把由德性而来的威望置于阶层的威望之上。[⑨]

与沃尔夫的认知不同的是，宗教在历史上也参与了儒家伦理学，尤其是孟子的人类学的发展。不过这只是在表面上与沃尔夫关于儒家思想的非宗教性的论述相矛盾而已。孟子的伦理学是一个世俗化过程的结果。数百年前被视为由作为神明的“天”（耶稣会士对此有诸多讨论）所赋予的外在规范（用沃尔夫的术语来说是德性的“外在原因”）在孟子那

---

① Wolff 1740, S.147, Anm. 71.

② Mengzi 6a6“仁义礼智非由外铄我也，我固有之也，弗思耳矣。” Harvard-Yenching Sinological Index Series, *A Concordance to Meng Tzu*《孟子引得》. Taipei 1973。

③ *Mengzi* 7a15, Roetz 1992, S.214.

④ Wang Yangming, *Chuanxilu*《传习录》2, *Wang Yangming quanji*《王阳明全集》, Taipei: Zhengzhong, 1976, Bd. 1, S.62:“求之于心而非，虽其言之出于孔子，不敢以为是也”；参见 Roetz 1992, S.280。

⑤ Wolff 1841, S.136.

⑥ 《荀子·解蔽篇》：心者，形之君也，而神明之主也，出令而无所受令。自禁也，自使也，自夺也，自取也，自行也，自止也。故口可劫而使墨（默）云，形可劫而使诎申，心不可劫而使易意，是之则受，非之则辞。故曰：心容，其择也无禁，必自现，其物也杂博，其情之至也不贰。又见《荀子·子道篇》：父有争子，不行无礼；士有争友，不为不义。故子从父，奚子孝？臣从君，奚臣贞？审其所以从之之谓孝、之谓贞也。

⑦ Wolff 1740, S.92, Anm. 39, in der Übersetzung Albrechts in Wolff 1985, S.131: „einer Prüfung unterzogen“.

⑧ Wolff 1740, S.93 f.

⑨ 《孟子》公孙丑下 2,“天下有达尊三：爵一，齿一，德一”章。

里被作为一种“内在原因”而被视为是人的先天本性(亦即“性”),从而使得宗教被转化成了一种自然主义的伦理学,并且与宗教保持了距离。① 在《中庸》(传统上认为这是来自孔子孙子、孟子的老师子思的作品)的开头中就有这样的记载:“天命之谓性,率性之谓道(正确的路,沃尔夫使用柏应理的翻译为‘规则’,*regula*),修道之谓教。”

沃尔夫提到过这段话。② 这里对于早期宗教中的“天”的道德核心所进行的人类学化,与沃尔夫的那种将原初是上帝所创造的自然规范性强化是完全对应的。

不过沃尔夫还是倾向于过度地考虑儒家思想与他本人思想的对应性,而且在一定程度上也是受到了解释性的翻译所推动③,因而过快地将中国文献中的自然(Natur)、理性(Vernunft)、善(das Gute)以及微观和宏观的世界混为一谈。沃尔夫不可能知道的是,关于这些范畴间的关系,在古代儒家中也存在着尖锐的争论,并且其中就有一些与沃尔夫的想法并不完全相符的部分:孟子将善定义为是自然的,这一点与沃尔夫完全一样,但是他也认为善是根源于一种前反思的冲动。而对于他在儒家思想内部的批评者荀子来说,善是理性慎思的结果,这跟沃尔夫也一样,但是荀子却认为善因此是一种人为的东西,而与自然正相反。这两者指向的都是人的“心”,沃尔夫也提到心,但孟子认为心是道德情感所处的位置,而荀子却认为心只是理性思维的所在地,只有通过一种首先是反自然的反思和学习才能找到向善之道。从沃尔夫当时所能接触到的材料中就已经能够找到我们在这里所展现的这两条脉络了,不过它们在之后的讨论中变得更加清晰了。而且,被沃尔夫当作儒家伦理学中对知识的重视以及“认知主义基本特征”④的核心证据也在之后以孟子精神(被王阳明)重新解释,即《大学》(耶稣会士将其翻译为“schola adultorum”,成年人的学校)提到的通过对事物的研究(格物,沃尔夫:“对事物的性质和原因的调查”)所获得的“致知”(沃尔夫:“理性的推理”)。⑤ 对沃尔夫有利的一点是,孟子的情感主义伦理学中也有一个认知主义的面向:自然的道德冲动必须要通过我们对它的有意识的强调才能够起效,而且道德冲动的

---

① 参见 Heiner Roetz, „Die Internalisierung des Himmelsmandats. Zum Verhältnis von Konfuzianismus und Religion“, in: Walter Schweidler, Hg., *Transcending Boundaries. Practical Philosophy from Intercultural Perspectives*, Sankt Augustin: Academia, 2015, S.145 - 158。

② Wolff 1740, S.91 f., Anm. 39.

③ 柏应理将之前提到的“心”翻译为自然理性(natura rationalis, Couplet u.a. 1687, S.40),沃尔夫在一个注释中采用了这个翻译(Wolff 1740, S.91, Anm 39: „vernünfftige Natur“),而实际上沃尔夫更加信任的卫方济将这个词正确地翻译为“自然”,而没有赋予它具体的理性主义色彩(Noël 1711, S.41)。

④ Günter Zöller, „Die Modernität der Alten. Christian Wolffs Rede über die praktische Philosophie der Chinesen im sino-europäischen Kontext“, *DCG Mitteilungsblatt* 2010, S.40 - 47, hier S.46.

⑤ Wolff 1740, S.215 f.; 些许不同的措辞可以参见 Anm. 151 (S.244)。

效果应该在心理上转移（“推”）到缺乏冲动的直接触发器的而必要道德行动的情况。①

不过，在儒家的每一条“道统”中，沃尔夫的论断仍然是有效的：究其根本而言，人“不需要主人”就能够达到善。而在每一种情况下，这都在儒家思想中导致了对现实统治的激进批判，甚至能包括对于弑杀暴君的合法化以及反抗权，这与沃尔夫和格劳秀斯所承认的那种反抗权②相比，甚至有过之而无不及③。这在孟子那里，就跟沃尔夫一样，与对于自然规范性的强化以及对每个人身上天生那种用以对抗主人强制的向善力量是密不可分的。

孟子早期的批评者荀子和董仲舒指责孟子的学说意味着对教育、传统和政治的拒斥，并且会导向无政府主义，因为如果孟子是正确的，那么所有人就都只需要遵从他们自己的自然自发性即可。④ 但事实上，在孟子的人类学基础上，我们可以在不同的历史条件下设想与君主制的等级制度完全不同的政治秩序，孟子用“仁治”的理念将君主制人性化了，不过他并不打算质疑君主制。直到 20 世纪的启蒙儒学才在民主的方向上去思考孟子。

在这里，我们又能看到沃尔夫与孟子之间的另一个相当含糊的平行关系：沃尔夫看上去也不愿意越过他自己亲手拆毁的藩篱，他让人们成为自己的主人，但最终还是让人们处于君主统治的掌控之下。沃尔夫认为《大学》是一本“在古代哲学家的著作中”无人能及的“珍贵的小册子”⑤。他把大学视为是“中国人”的自我统治的指南，“自由地”而不是通过强制去做值得赞美的事情，因为沃尔夫认为“中国人更愿意生活在自由中，而不是被别人统治”。⑥ 这一文本之所以对沃尔夫来说特别重要，是因为我们能够在其中找到一个论证链，这个论证链恰恰就是在沃尔夫思想中的充足理由律意义上的，在其中世界的秩序（“天下平”）所依赖的是个人在矫正心灵（正心）、端正意志（诚意）和格物致知方面的自我教化（修身），因此一个促进个体的、同时也是世界的道德化方案就立足于一种认知性的努力中，这一点跟在沃尔夫那里是一样的。⑦ 但是沃尔夫把这个由他的智识主义所驱动的方案仅仅限制在精英阶层的自我教育上。而那些头脑简单的人“生来就注定是要作为臣属的”，“他们生来就是奴仆”，这些人应该被排除在“大学”之外，因为他们的知性能

① 参见 Roetz 1992, S.342。

② 参见 Christoph Link, „Die Staatstheorie Christian Wolffs“, in: Werner Schneiders, Hg., *Christian Wolff, 1679—1754. Interpretationen zu seiner Philosophie und deren Wirkung*, Hamburg: Meiner, 1983, S.171 - 192, hier S.176 - 178。

③ 参见 Roetz 1992, S.122 f. Wolff zitiert Mengzis Rechtfertigung des Tyrannenmordes (*Mengzi* 1B8) nicht。

④ 参见《荀子 · 性恶篇》：“今诚以人之性固正理平治邪，则有恶用圣王，恶用礼义哉？”《春秋繁露 · 实性》：“今谓性已善，不几于无教而如其自然，又不顺于为政之道矣。”

⑤ Wolff 1740, S.210.

⑥ Ebd., S.192 und 191.

⑦ 可以参考 James Legge 的翻译：*Confucian Analects*, *The Great Learning*, *and The Doctrine of the Mean* (*The Chinese Classics*, Band 1), Oxford: Clarendon, 1893, S.357 f。

力不足，并且他们“原本就倾向于顺从”。[①] 尽管我们也不能否认儒家有一种精英主义的意识，但是对《大学》的这种解读绝对不是符合原文之义的。无论如何，尽管沃尔夫是支持自律伦理学，并削弱了一种权威主义的信仰模式，他说“因为别人说某件事情是真的而被要求相信它是真”是“奴役性”，[②]他从中没有得出社会和政治关系的等级组织较低的结论。[③] 值得注意的是，沃尔夫仅仅引用了儒家黄金守则（金律）与生活世界的不平等等级制度保持一致的一个版本[④]，而不是《论语》中的那种原始的、无语境的抽象形式（己所不欲，勿施于人）[⑤]。显然，沃尔夫的主张[⑥]，即所有人“作为自然的人是相互平等的”——黄金法则由此而来——并不意味着排除了社会的障碍。[⑦] 必须要记住的是，沃尔夫的哲学对手之一的托马修斯（Thomasius）认为，黄金守则不能适用于不平等者之中。[⑧] 与此相对地，沃尔夫的学生乔治-伯恩哈德-比尔芬格（Georg Bernhard Bilfinger，1693—1750，他也由于对中国的热情而失去了职位）在之后写道：他“在欧洲还没有看到过”黄金法则是“从平民到公爵都适用的”，也就是说在政治上有约束力的黄金法则。不过在中国也是同样的情况，在中国，国家的“柱石”是人民和统治者之间的“汇票”（指合同）。[⑨]

沃尔夫毕竟还是同情一种父权主义[⑩]，而这在任何情况下都不像是在践行“人自己就是法律”这样的格言，人们推测，这或许也是他从儒家那边借鉴而来的。那么他是否着迷

---

① Wolff 1940, S.193 und 195.

② Wolff, *Des weyland Reichs-Freiherrn von Wolff Ausführliche Nachricht von seinen eigenen Schriften, die er in deutscher Sprache herausgegeben*, Frankfurt/M.: Andreäische Buchandlung, Dritte verbesserte Auflage 1757, § 41, S.132 f.

③ Lt. Achim Vesper, „Selbstdenken und Zeugnis anderer in Georg Friedrich Meiers Vernunftlehre“, in: Gideon Stiening und Frank Grunert, Hg., *Georg Friedrich Meier (1718—1777). Philosophie als „Wahre Weltweisheit“*, Berlin: De Gruyter 2015, S.145 - 162，在第 149 页里指出，直到沃尔夫主义者乔治-弗雷德里希-迈耶才将思想自由从哲学领域的限制（这一限制也可以在沃尔夫那里找到）中解放出来，现在，思想自由才明确地被认为是适用于所有人的。

④ 《中庸》第十三章，参见罗哲海：《轴心时期的儒家伦理》，陈咏明，翟德瑜译，郑州：大象出版社，2009，第 177 - 178 页。——译者注

⑤ 《论语》15.24, 12.2. 参见 Heiner Roetz, „Überlegungen zur Goldenen Regel. Das Beispiel China“, in: Jens Ole Beckers, Florian Preußger und Thomas Rusche, Hg., *Dialog — Reflexion — Verantwortung. Dietrich Böhler zur Emeritierung*, Würzburg: Königshausen & Neumann, 2013, S.221 - 240。

⑥ 参见 Alexander Aichele, „Naturrecht“, in: Robert Theiss und Alexander Aichele, Hg., *Handbuch Christian Wolff*, Wiesbaden: Springer VS, 2018, 269 - 290, hier S.284 f。

⑦ Wolff, *Grundsätze des Natur-und Völkerrechts* § 70 und § 73.

⑧ 参见 Heinz-Horst Schrey und Hans-Ulrich Hoche, „Regel, goldene“, in: Karlfried Gründer, Hg., *Historisches Wörterbuch der Philosophie*, Bd. 8, Basel: Schwabe, 1992, S.255, Anm. 50。

⑨ Georg Bernhard Bilfinger, Rede zum Geburtstag von Karl Alexander, Herzog zu Württemberg und Teck, Tübingen 24.1.1737, in: Bilfinger, *Varia in fasciculos collecta*, Stuttgart 1743, S. 291 und 285. — Vgl. zu dieser Idee des politischen Vertrags im Konfuzianismus Heiner Roetz, „Klassischer Konfuzianismus: Lunyu, Mengzi und Xunzi“, in: Gregor Paul, Hg., *Staat und Gesellschaft in der Geschichte Chinas*, Baden-Baden: Nomos, 2016, S.2 - 50, hier S.46 - 48.

⑩ 对此的一个区分性的介绍可以参见 Frauendienst 1927, S.104。

于儒家那种将优秀统治者称为父亲(沃尔夫在演说中提到了这一点[①]),以及着迷于类似的那种将哲学王[②]视为是理想的统治者的形象?(这一形象不光来自柏拉图,同样也是古代中国理念化的上古君主)我们不能排除这样的可能性,但是这也不会切断沃尔夫和儒家之间的联系。如果人们从善意的角度出发来解读——这同样适用于儒家——那么就可以说,不是下层的人被剥夺了能力,而是上层的人被鼓励以身作则,并且有义务为大众谋取福利。我们可以把沃尔夫和儒家的社会保守主义解读为一种占位符,它是为了更有说服力地确保那种在后来独立的个人主义中被抛弃的东西——自由与集体利益的联系。尽管沃尔夫并没有用当代的哲学语言表述出来。

如果是这样的话,那么儒家,尤其是孟子的学说,就跟沃尔夫的学说一样,具有一种典型的过渡性的地位。它们都指向了自身之外,但也都仅仅止步于他们自己的结论,并且催生了之后的进一步发展——同时是顺应它们的也是反对它们的——只不过沃尔夫为此只等待了数十年,而孟子却必须要等上两千年。其中的一个原因或许在于它们对被视为完善之自然的规范性指涉是一把双刃剑:它可以成为抵制"不自然的"现实关系的源泉,但可能也标志着一个边界,如果超过这个边界的话,思想就会变得是有风险的。[③] 从沃尔夫所精心设计的纯粹演绎中根本不能推演出任何新的东西。它限制了那种被未知事物所闯入的空间,而这个空间曾一度被宗教启示所占据。虔敬派指责沃尔夫用他的数学方法限制了意志自由,这确实是有一定道理的。[④]

尽管沃尔夫在以上意义上仍然是前现代的,但我们仍然有十分充足的理由将沃尔夫的中国人演说作为一个具有前瞻性的、世界主义哲学罕见的闪耀时刻来庆祝,并且将它从西方在沃尔夫之后自负的淡忘中重新把握住——在那之后就很少有哲学家能够有类似的

---

① Wolff 1740, S.35 f., Anm. 7. Vgl. Wolff, *Vernünfftige Gedancken von dem Gesellschafftlichen Leben der Menschen und insonderheit Dem gemeinen Wesen* („*Deutsche Politik*"), Frankfurt/M. und Leipzig: Rengerische Buchhandlung, 5. Auflage, 1740, S.200, §264: „Regierende Personen verhalten sich zu Unterthanen wie Väter zu den Kindern."

② S. Wolffs Rede von 1730 *De rege philosophante & Philosopho regnante*, in: Wolff, *Horae subsecivae Marburgenses Anni MDCCXXX*, Frankfurt/M. und Leipzig: Rengerische Buchhandlung, 1732, S.563 - 632, deutsch *Von den Regenten, die sich der Weltweisheit befleissigen, und von den Weltweisen, die das Regiment führen*, in: Wolff, *Gesammlete kleine philosophische Schriften*, Halle Rengerische Buchhandlung, 1736—40 (Nachdr. Wolff, *Gesammelte Werke*, Hildesheim: Olms 1981, I, 21, S.529 - 622), englische Übersetzung in Ching und Oxtoby 1992.

③ 关于完善性与边界之间的关系可以参见 Hans Schelkshorn, „Entgrenzungen als Signatur der Moderne", in: Hans Schelkshorn und Jameleddine Ben Abdeljelil, Hg., *Die Moderne im interkulturellen Diskurs. Perspektiven aus dem arabischen, lateinamerikanischen und europäischen Denken.* Weilerswist: Velbrück Wissenschaft, 2012, 218 - 248, hier S.228; zu Wolff vgl. ebd. S.230。

④ 这是 Szyrwińskas (2018)关于沃尔夫与虔敬派之冲突的讨论中的核心观点。然而,担心对于中国的褒扬会导致基督教地位的削弱并且可能会促进无神论,这才是反对沃尔夫的更为重要的动机。

对异域文化的开放性并且敢于平视地阅读它们。沃尔夫与儒家之间的联系不仅有助于将伦理学从神学的家长制中解放出来,使它在这个意义上成为自主的,而且也将伦理学从内容上带上了通往自律的道路。①

这项成就的意义完全无法被低估,甚至对中国而言也是如此。因为沃尔夫因此使中国成为开拓通往现代性道路的不折不扣的参与者。儒家哲学家张君劢曾说过:既然中国曾帮助沃尔夫和康德激发出了理性主义,并最终导致了伟大的人权宣言,那么我们自己的民主又有何难?②

"Morality Does Not Need a Master"
— On Christian Wolff's Interpretation of Confucian Ethics

Heiner Roetz

【**Abstract**】 Christian Wolff's speech on the Chinese practical philosophy (Oratio de sinarum philosophia practica) in 1721, which brought him the loss of his professorship, is one of the key events of the Age of Enlightenment. Wolff read the Chinese texts, which became known through Jesuit translations, as evidence of the possibility of a virtuous life and a well-ordered political system even without religion. Thus, his liaison with Confucianism prepared the path for an autonomous ethics without being patronized by theology. In this way, Wolff made China a participant in the opening of the road to modernity. However, this great moment of transcultural philosophizing has been eliminated from the western historical memory. The 300th anniversary of the speech is an opportunity to recall it.

【**Keywords**】 Christian Wolff, Enlightenment, Confucian ethics, Deism, Mengzi

---

① 参见 Zöller 2010, S.47。

② Zhang Junmai, *Zhong Xi Yin zhexue wenji*(《中西印哲学文集》), Bd. 1, Taipei: Xuesheng shuju, 1981, S.386。

康德论普遍意志:定言命令之功能的对等物?

[德]克里斯托夫·霍恩[1](著)

贺　腾　王博韬[2](译)

【摘要】 在康德看来,法律正当性的标准在于拟议的法律是否符合人民的"普遍意志"。本文将探讨康德所概述的测试程序是否与定言命令的程序相似。若相似的话,那么它们在多大程度上是相似的呢?本文的结论是,两种测试程序,即定言命令测试(根据普遍规律公式)和普遍意志测试虽然具有一定相似性,但它们只是在理想和非理想的规范性关系中相互关联。

【关键词】 康德,政治哲学,公意,理想和非理想的规范性

众所周知的是,康德相信,人们是能够借助于某种特定形式上的程序来区分国家法律的合法性和非合法性的。关于法律之合法性标准对于康德而言,就是一种拟议的法律是不是符合人民的"普遍意志"。检验的问题是:人民能不能对这个特定的法律议案表示同意?本文将探讨的问题是,康德所概述的检测程序是否,以及如果是的话在多大程度上与定言命令(KI)的程序相对等。本文得出的结论是,两种检测程序,即定言命令检测(KI-Test)(根据普遍法则公式)和普遍—意志—检测(AW-Test)事实上等同,但仅仅处在理想和非理想的规范性相互关系中。以此方式,在拙著《非理想的规范性》(2014)一书中所建议的康德解释(以此方式)得到了一种受人欢迎的支持。[3]

拙著《非理想的规范性》旨在从两种最通常得到讨论的解释中采取一条中间阐释路径,以理解康德的法权规范性与政治规范性。许多解释者持有一种依赖论,据此,法权—政治规范性可被简单地理解为定言命令在外部(国家)关系中的应用。与此相反的观点

---

① 作者简介:克里斯托弗·霍恩,波恩大学哲学系古代哲学及实践哲学讲席教授,主要研究方向为柏拉图主义、康德政治哲学及当代政治哲学。

② 译者简介:贺腾,复旦大学青年副研究员,主要研究方向为教父哲学;王博韬,德国吉森大学政治哲学与思想史博士生,主要研究方向为正义理论、商谈理论与批判理论。
特别感谢:汤佩丰,暨南大学法学院讲师,主要研究方向为康德法哲学。

③ 可参看 Christoph Horn: *Nichtideale Normativität. Ein neuer Blick auf Kants politische Philosophie*(《非理想的规范性——对康德政治哲学的一种新阐释》), Suhrkamp Verlag, Berlin, 2014。

是分离论,据此,法权—政治规范性在康德那里构成一种独立的现象。拙著《非理想的规范性》则与它们相反,认为一种中间路线才是正确的:一方面,康德的文本表明,他明确认为这两个规范性领域相互处在一种派生关系中,但这仅作为一种较弱的联系才可构想。因为另一方面,这两种规范性的类型彼此之间是极其明显地区别开来的。如果我们把康德的政治—法权规范性,理解为是由定言命令的程序所派生的完全规范效力(Normgeltung)的非理想的变体,这个困境就可以得到解决。完全规范性的弱化如此显著地证明了自身,以至于法权合法化的程序,也即普遍意志的检测,在其所有重要特征上都与定言命令的程序相区别——尽管普遍意志检测对定言命令程序是有所依赖的。

接下来我将首先表明,定言命令—程序和普遍意志—检测之间的差异事实上是多么的巨大(I)。这一评价是将目光投注到《法权论》①及《学科之争》的重要文本上才找到其证明(II)。最后,特别重要和深入的证明,出自《永久和平论》中的一段文本,在此文本中康德比在其他任何地方都更为准确地赋予了他所认为的程序的特征(III)。最终我将表明,康德的法权理念一贯地有一个疑难,普遍意志检测只是确保公民的外部自由必须有规可循;但它并不担保特定的基本权利都是得到保障的。

一

首先,我想对定言命令程序和普遍意志检测程序做一比较。众所周知,"定言命令"的普遍法则公式可见如下文本:

> 要只按照你同时能够愿意它成为一个普遍法则的那个准则去行动。(《奠基》IV.421,7-8)②

这一突出的表述汇集了道德法则的四个基本特征:(a)一个准则的(积极被考察的)内容关涉到一个无条件(定言的)被履行的义务;(b)该义务非时间——普遍地适用于所有(限定在经验条件上的)理性存在者;(c)所有理性存在者应该出于内在动机(出于义务,而不是"合乎义务")来履行义务;(d)负有义务的人将自己置于理性的诫命下,他既是

① 德文"Recht"一词既有法的意思,亦有权利的意思。法强调客观的方面,而权利则与个人有关。出于学界的习惯,本文使用"法权论"这一译名。但在具体的段落,则根据上下语境对这一概念做出相应的翻译,特此说明。——译者注

② 李秋零主编:《康德著作全集》第4卷,北京:中国人民大学出版社,2005年,第428页。

法律的接受者,又是法律的作者(自律的想法)。我们把这四个方面分别称为:(a)定言性方面;(b)普遍性方面;(c)内在动机方面;(d)自律性方面。

现在,康德道德构想中的这四个概念的特点没有一个出现在法权概念的全部范围中;毋宁说,它们明显被削弱了。同时,还存在一个重要的共同之处:因为康德的规范性法权理念,和在《道德形而上学奠基》中的普遍法则公式一样,包含了规则形式上的可普遍化原则。其核心表述如下:

> 所以,法是一个人的任性能够在其下按照一个普遍的自由法则与另一方的任性保持一致的那些条件的总和。(《法权论》VI.230,24-26)①

根据上述引用的法权定义,法具有如下的特点:使用自由任意的个人空间必须借助正当的法律,合规地(形式上)并以可普遍化的方式("按照一个普遍的自由法则")得以互相兼容。简言之,康德在此的想法是:对外部自由的使用加以规制的规范,将借此被视为可接受的法律,即这些规范被证明为形式上被正确选择的、普遍规则,这些规则是以客观—中立的方式协调行为人的个人自由空间。

如果我们现在把上面阐述的(a)-(d)四个方面与康德的法概念的特点进行比较,我们就确定,所有个人自由空间的合规形式上可普遍化的法的合法性理念,都没有在完整的意义上保留这些方面,(以下几个方面)适用于康德的法理念:(a′)国家法律并非无条件地发生效力。只有当它们不是直接违背道德时,它们才有效②;(b′)法总处于时空限制中(它总是具体的历史性的单个国家的法律),因此不要求具有完全普遍性的适用范围;

---

① 李秋零主编:《康德全集》第6卷,北京:中国人民大学出版社,2007年,第238页。此处的"Recht"为"法"的意思。

② 在《宗教》中,康德提到四种不同的法律义务履行:(1)每一种自然义务都是上帝的诫命;(2)规章性的法则类似于上帝的诫命。义务服从的例外在于,(3)康德把与道德"相抵触的"国家的要求排除在忠诚的诫命外;"我们必须服从上帝,胜于服从人"(《使徒行传》5:29)。这句经文可能同样也意味着这个情形。基本上(1)和(2)适用于国家及道德诫命被视为是神圣地被赋予的情形。(4)所强调的是,人在所有道德中立的情形中应当保持政治上的忠诚。为此,康德强有力的表述是,即便这个诫命是一种"属人的立法者的纯然任性赋予的义务",人们必须将其视为"上帝的诫命"并且服从之。参看:《宗教》VI.99, 26-38。"一旦某种东西被认作义务,即使它是由一个属人的立法者的纯然任性赋予的义务,顺从它也同时就是上帝的诫命。虽然不能把规章性的公民法则称作上帝的诫命,但是,如果它们是合法的,那么,遵守这些法则也同时就是上帝的诫命。'顺从上帝,不顺从人,是应当的',这个命题仅仅意味着,如果人们要求某种自身恶(直接违背道德法则)的东西,那么,就不可以也不应该顺从他们。但是,反过来说,如果对于一个政治公民的、自身并非不道德的法则,用一个被视为诫命的上帝的规章性法则去和它对立,那么,就有理由把后者看作强加于人的,因为它同一种明确的义务相抵触。但是,即使它确实是上帝的诫命,也绝对不能凭借经验的特征充分使人相信,以便允许根据它去践踏一种平时已存在的义务。"参看李秋零主编:《康德全集》第6卷,北京:中国人民大学出版社,2007年,第99页。

(c′)法不要求内在动机(毋宁说,对法律的外在服从就足够了);(d′)法不要求且不允许对行为人内容上正确性加以专门独立的检验。法在没有法律服从者共同积极参与的情况下被建立,而且被允许外在强制地执行——这是康德所一贯主张的规范性的他律的特点。

康德一方面把国家法秩序看作是实践理性的诫命,另一方面他又对法的政治规范性与道德的理想规范性作出区分,这怎么可能呢?必须澄清的是,通过定言命令程序和普遍意志检测之间的对比而展现出来的道德和法之间的关系,绝不是仅仅基于外部的"家族相似性"。在维特根斯坦的家族相似性概念中,例如在戏剧(Schauspiel)、足球比赛(Fußballspiel)和小孩的游戏(Kinderspiel)等词语中的共同成分"Spiel"并不具有实质性的语义共同性。相比之下,定言命令程序和普遍意志检测在实质上是相互依存的,如果后者保留了规范有效性的重要残余。与之相比,可能在"目的的理智王国中"得以实现的完全的规范有效性的特点可能借此被描述,即(这个王国的)居民绝对地遵守所有的道德诫命,只要这个诫命证明为普遍有效的,也就是说,它出于内在的动机并处于理性的完全自律的维护下。

让我们通过下面的并列对比,再一次清楚地表明这种对比的尖锐性。

道德规范性	法律规范性
(a) 我们应该无条件且无例外地追随道德义务; (b) 道德义务适用于所有时空下的所有人(理性存在者); (c) 道德义务是对内在动机的无条件的追随; (d) 道德义务建立在作为自律的个人自由的基础上,每一个服从道德律的个体同时也是道德的创造者(自我立法的想法)。	(a′) 我们应该仅在大体上无条件且无例外地追随法的义务; (b′) 法的义务适用于此时此地的所有的国民; (c′) 对于法的遗物而言,因外在的因素而服从法律,在原则上是足够的; (d′) 法的义务建立在作为任意(消极自由概念)的自由的及立法机关(通常是君主)之立法的基础上,法的主体不用参与。

康德法律概念的一个重要后果在于,法律关系没有给现实的全面性奠基——这一全面性所指的是所有人彼此间都处于法律关系中。而实际上被奠定的仅是一个受区域和时间限制的多边性状况。

但是,康德这位主张道德的定言性、普遍性、内在动机和自律的理论家,如何可能满足如此不完整的法的——政治规范性?对这个问题的一个看似合理的答案来自非理想规范性的理念。如果外在的关系只允许以较小的方式规范性诫命得以实现,人们必须考虑如何尽可能地保留其内核。这就恰恰出现在康德对法权的构想中。他确信,人在通往完满的内在道德化的道路上需要外部的法律化;人一旦生活在稳定的法律关系下就更容易使道德实现。而如果在国家层面上有坚实的共和制法律结构,那么可以预见的是,一个国际联盟,或者说一个以自由为导向的国家间的联盟将会出现。①

现在我们得展示,康德是如何通过普遍意志的检验来保留的这种剩余规范性的意义,从而实际上是符合非理想性理念的?为此,我们需要来看一下当代的讨论。在此我们可以通过引用迈克尔·菲利普斯这位提倡非理想规范性的理论家的一段文本来理解"非理想规范性":

> 对直接与某一价值相关的行动和为了某一价值的行动加以区分是重要的。就相关价值进行实例化的行动列表而言,我们可以对上述区别的特征加以描述。尊重人的清单可能包括"说实话""遵守承诺""不要胁迫"等。当我们的行动符合清单上的某个条目,我们的行动就直接与某个价值相关;当我们的行动旨在创造一个该价值得到更为广泛传播的世界时,我们就是为了某个价值而行动。②

康德一方面为道德辩护(直接为某一价值而行动),另一方面旨在促进与道德一致的行动的增加(为某一价值而行动)。那么,非理想规范性表述了这样的状态,即我们不仅可以直接也可以间接地追求我们的价值。这正是康德对法律的构想。

二

现在我们可以通过探讨"普遍意志"(德语为 Allgemeine Wille 或 Gemeinwille)这一概念,来对法律作为一种非理想规范性的理念进行进一步研究。康德以卢梭为样本也提出了两种互相对立的政治的意志集合的理念:众所周知的是,在卢梭那里,意味着人民的真正的共同取向的"公意"(volonté générale)和被理解为仅仅是部分一直总和的"众意"(volonté des tous)被对立起来。康德也区分了"偶然的"与"先天因而必然的"普遍意志(《法权论》VI.263)。但除此之外,卢梭和康德所使用的概念之间就没有(其他)共同之处。与卢梭不同,康德把普遍意志理解为来自实践理性的规范性(的派生物),并把它作为国家合法性的前提。此外,与卢梭不同的是,康德不是将人民,而是将君主——作为扮演立法者角色——看作是有主权的。在康德关于"人民主权"的理解中,他局限于共同意志应当成为针对正当的法律的检测方法。因此,统治者受到普遍意志原则的约束。这一

① 参看 Christoph Horn: *Nichtideale Normativität. Ein neuer Blick auf Kants politische Philosophie*, Suhrkamp Verlag, Berlin, 2014,第五章。

② M. Phillips, Reflections on the Transition From Ideal to Non-Ideal Theory, in: Noûs 19 (4), 1985, pp.551–570,565.

意志被康德视为检验标准。这一理解主要基于《法权论》中的一段引文。

> 立法权只能归于人民的联合意志。因为既然一切法都应当出自立法权，立法权就必须绝对不能通过其法律对任何人行不义。现在，如果有人对另一个人发号施令，那么，就总是有可能他由此对此人行了不义，但绝不是在此人关于自己所决定的事情上（因为 volenti non fit iniuria，对自愿者不会有不义）。所以，只有所有人的一致的和联合的意志，就每个人关于所有人，并且所有人关于每个人决定同样的事情而言，因而只有普遍联合起来的人民意志，才能是立法的。（§46，VI.313 f.）①

如果人们认为“联合起来的意志”是国家法律秩序的正当性基础，那么人们也可以根据“普遍意志”来为个别法律和政治的规定来辩护。因此，康德用普遍意志这一概念来确定政治秩序规范性恰当与否。他不是简单的法实证主义者，相反，他肯定持有这样的立场，即认为具体的国家是法律秩序且要服从规范性准则。从中我们可以看出，康德所主张的国家与强盗团伙、一个非法的和压制性的社会的暴力集体之间的区别：一方面是普遍意志，另一方面仅仅是单边意志。国家凭借以普遍意志为基础的法律秩序而区别于其他社会组织。②在他看来，现存的国家必须始终参照国家理想来使自己正当化，并且随着时间的推移不断向这一理想靠近。

《法权论》中一处引人注目的细节是，康德将他从卢梭那里借来的普遍意志概念与一种具有霍布斯意味的政治意志论联系起来，这种意志论的内容正如上述文本中“对自愿者不会有不义”这一公式所表明的那样③。他以此表明，他抛弃了特定的神圣—永恒的法律的自然法理念，所有这些自然法都遵循奥古斯丁所说的规则：“不正义的法并非法。”（lex iniusta non est lex）相反，根据霍布斯的法律权威理论，只要立法者与法律主体的意志一致，任何事情都可以被确立。因此，这就意味着“不是真理而是权威，制定法律”，为此需要进行普遍意志检测。

---

① 李秋零主编：《康德全集》第 6 卷，北京：中国人民大学出版社，2007 年，第 324 页。

② 可参看《法权论》§ 8，VI.256：“现在就一个外在的，因而偶然的占有而言的单方面的意志不能用作对每一个人的强制法则，因为这样的强制法则会损害根据普遍法则的自由。所以，只有一个赋予每个其他人以责任的、因此是集体普遍的（共同的）和掌握权力的意志，才是能够向每个人提供那种安全的意志。——但是，在一个普遍的、外在的（亦即公共的）、伴有权力的立法之下的状态是公民状态。所以，唯有在公民状态下，才能有一种外在的‘我的’和‘你的’。”李秋零主编：《康德全集》第 6 卷，北京：中国人民大学出版社，2007 年，第 264 页。

③ 在契约自我义务的意志论的构想这一背景下，霍布斯在《论公民》3.7 发展了这一原则。关于霍布斯与康德的关系的研究，可见 Herb/Ludwig 1994。

康德在几处重要文本中使用了普遍意志检测，其中比较重要的文本出自《纯然理性限度内的宗教》(VI.98)，《法权论》(VI.263)或《论俗语》(VIII.304)中。也许最突出的段落出自《什么是启蒙》(VIII.39)。

关于一国人民，能够通过决议产生出来作为法律的一切，其试金石在于如下问题：一国人民是否能够让自己承担这样一种法律呢？①

但这一对统治者(作为立法者)的要求意味着他要进行一种作为思想实验的私人和主观的检测；立法者仅在内在——道德上，而不是在外在——法律上受到普遍意志检测的约束。康德的普遍意志概念的另一个困难在于：仍然不清楚的是，康德到底是会像卢梭那样把普遍意志这一概念理解为 voluntas generalis，还是会将其理解为 voluntas universalis。鉴于康德通常对严格的普遍(universalitas)和经验的普遍性(generalitas)之间做出决定性的区分，这便造成了两者间存在着一个相当大的差异。如果(这里)指的只是经验的普遍性——例如 18 世纪末普鲁士公民的那种经验的普遍性(事实肯定是如此)，那么恰恰没有法的普遍主义。这正是康德的意思，法的普遍主义只有在历史进步的过程中才会出现。

因此，我们可以借此通过(e—e′)这一点的比较来扩展我们的表格，即通过意志的严格普遍性和受空间——时间限制的意志的冲突。

道德规范性	法律规范性
(e) 当准则通过了(严格)普遍的意志矛盾的检测时，定言命令程序就是成功的。	(e′) 当准则通过了(经验)普遍意志的矛盾冲突的检测时，普遍意志的验证过程就是成功的。

但是，难道一些文本不是表明康德看起来更像是奥古斯丁传统中的自然法理论家，而不是霍布斯主义者？为此，让我们考察一个重要的例子。在《学科之争》中，康德如此表述了法律——政治规范性的想法：最优的政体应被理解为“柏拉图式的理想”及“本体共和国”(*respublica noumenon*)，形成“一切一般而言的公民宪制的永恒规范”(VII.91，3－5)。因此，康德的规范性立场似乎和较古老的自然法传统一致，并因此也接近现代自由国家的自然法传统。因此，现存的国家可能处于不断地证明合理性及优化的压力下。②该引文如下文所示(VII.90 f.)。

① 李秋零主编：《康德全集》第 8 卷，北京：中国人民大学出版社，2010 年，第 44 页。

② 参看《法权论》VI.340 f,《论俗语》VIII.306，《反思》8077 XIX.609 f。

一种与人的自然法相吻合的宪制的理念，亦即从法律的人们联合起来，同时也应当是立法者，这是一切国家形式的基础：而按照这个理念通过纯粹的理性概念所设想，叫做一种柏拉图式理想的那种共同体（respublica noumenon［本体共和国］），并不是一个空洞的幻影，而是一切一般而言的公民宪制的永恒规范，并且消除一切战争。按照这个理念组织起来的一个公民社会，是这个理念按照自由法则，通过经验中的一个事例的展现（respublica phaenomenon，现象共和国），而且唯有在经过各种各样的争斗和战争之后才能艰难地获得；但是，这个社会的宪制一旦大致实现，就有资格成为一切宪制中最好的宪制，以便远离战争这个一切善的事物的摧毁者；因此，进入这样一种社会是义务，但（由于这不会很快实现）君主的义务暂时是：虽然以专制的方式统治，却以共和的方式（不是以民主的方式）治理，也就是说，按照符合自由法则精神的原则（就像具有成熟理性的人民会为自己规定的原则那样）来对待人民，尽管在字面上看不会征询人民的赞同。①

该文简明扼要地发展出适当的法律——政治规范性的观念，即正确的宪制的理念。它被描述为“与人的自然法相吻合的”。这里一定是指康德在《法权论》（VI.237）中所论述的“与生俱来的自由权利”。文本明确指出，普遍意志应被理解为这种自由权利的表达。因此，当普遍意志检测被用作为法律和法律议案的正当性的标准时，国家就在柏拉图式的可理知的共和国的意义上，也即“本体共和国”意义上有合适的规范性。

康德现在明确指出，为了产生一个用法来保障公民自由的、恰当的“现象共和国”，一个“临时”的阶段是必要的——在这个阶段，由于理想的宪制“不会这么快出现”，贯彻普遍意志检测乃是“君主的义务”。在康德看来，君主（作为立法者的角色）可以进行“专制地统治”；但这仅限于“共和式地（而不是民主地）统治”。这反映了《论永久和平》中的一个重要区分——康德在其中区分了（始终合法的）君主制的“统治的形式”（forma imperii）和（唯一合法的）共和制的“政府的形式”（forma regiminis），并认为两者是相互兼容的（VIII.349 f.；而民主制被看作是不合法的）。显然，康德在此又一次预设了一个目的论式的历史进程，正如他在《世界公民观点之下的普遍历史观念》（1784）中首次勾勒的那样。这将通过国内的法律化和国际和平秩序最终导向人性的全面道德化，并且由此使人性的才能得到全面发展。

① 李秋零主编：《康德全集》第7卷，北京：中国人民大学出版社，2008年，第88页。

因此，虽然文本中对“本体共和国”和“现象共和国”所做出的区分看起来让人以为适当的法律必须直接来源于道德，但我们看到，进一步来说它显然指向的是我所主张的非理想性解释。道德和法律只有间接的关系。康德承认君主“暂时的”独裁，并明确指出，柏拉图式的、为维护稳定和平状态的理想法律秩序“唯有在经过各种各样的争斗和战争之后才能艰难地获得”。然而，其中最重要的是，它没有直接征询人民的同意。毋宁说，君主可以私下主观地运用普遍意志检测，以便他只颁布“按照符合自由法则精神的原则（就像具有成熟理性的人民会为自己规定的原则那样）”的法律；与此同时，“在字面上看，人民的赞同不会被征询”。

在康德普遍意志检测的大多数的表述中，到底哪一种测试程序可能被想到了，这个问题很大程度上是悬而未决的。立法者在什么时候能够认为，人民假定的同意已经被授予了，什么时候不能？至少有四点是明确的：第一，要建立允许个人任意自由的规则；第二，它必使得所有个人的任意使用得以协调；第三，它必须借助强力来执行，即仅限于外部行为而且要求足够明确；第四，它必须具有法权法则的效力形式（即与颁布、持续性的效力、事实上的执行、正确的可诉性等相关）。但这四个标准肯定不够明确，以致在规范性上无法令人满意。上述标准的使用并没有充分地得到足够的明确的限定。因为“在政治、社会和经济生活中，男性应优先于女性”这一规则也可能满足上述所有要求：它们也协调所有人的自由的任意使用，它们在外在是可以被强制的，而且它们可以法律的形式强制执行。（事实上，康德并没有设想男女权利完全平等——就像我们对有选举权和无选举权的公民一样）。

那么，康德拒绝的理由可能是什么呢？如果其处于某一群体特权的“非道德”之中，那么所有国家的规范就必须直接来自本体人，但这恰恰不是康德想说的。但是，什么能保护人们免受有问题的法律规则（的影响）呢？

三

此外，让我们看一下康德最详细地描述和证明普遍意志检测的那段文本。《论永久和平》的“附录二”（VIII.381 - 386）涉及“依据公法的先验概念论政治与道德的一致”的问题。据此，每条立法准则都必须与公开性原则相一致。与我们的观点相关的段落是（VIII.381 f.）。

依据公法的先验概念论政治与道德的一致。

如果我像法律教师们通常设想的那样，抽掉公法律的所有质料（按照人们在国家中或者还有各国相互之间不同的经验性给定的关系），则给我剩下的还有公开性的形式，任何一种法律要求都在自身中包含着这种形式的可能性，因为若无这种形式，就不会有任何正义（正义只能被设想为可公开宣布的），因而也不会有只是来自正义的任何法律。

任何法律要求都必须拥有这种可公开性，因此，既然能够易如反掌地评判在一个发生的事例中是不是具有这种可公开性，也就是说，它是不是能与行动中的原理相结合，故而这种可公开性就必然是一种使用方便的、可以先天地在理性中发现的标准，使人在没有这种可公开性的事例中仿佛是凭借纯粹理性的实验立刻认出上述要求（praetensio iuris［法律要求］）的虚假性（违法性）。

在这样抽掉国家法和国际法概念所包含的一切经验性的东西（这类东西就是人的本性的邪恶成分，它使得强制成为必要的），人们就可以把如下命题成为公法的先验程式：

一切与其他人的权利相关的行动，其准则与公开性不相容者，皆是不法。

这个原则不仅可被看做伦理的（属于德性学说），而且可被看作为法学的（关涉人的权利）。因为一个准则，我不可以张扬它而不由此使我自己的意图同时破灭，它要达到预定目的就必须完全保密，而且我不可能公开奉行它而不由此必然激起所有人来抗拒我的意图，其之所以引起所有人对于我的这种必然且普遍的，因而可以先天地看出的反应，无非是由于它借以威胁着每个人的那种不义。

它像一个公理那样不证自明，此外也易于运用，这可从公法律的如下事例看出。①

上述较长的选段是普遍意志在“公法的先验概念”的标题下被讨论。使得道德和政治互相连接的东西，是一种通过普遍同意原则为所有法权行为进行辩护的理念。

与康德所有其他关于普遍意志的引文相比，这段引文的独特之处在于更为精确地解释了普遍意志的检测，即公开性检测。除了经验性特征，“对我来说只剩下公开性的形式”的这一事实表明，康德把普遍意志检测如定言命令程序一样设想为先验的理性形式的程序。康德在此说——他将这个公式看作为“先天地在理性中发现的标准”。借助这个

① 李秋零主编：《康德全集》第8卷，北京：中国人民大学出版社，2010年，第386－387页。

标准，人们“可以凭借纯粹理性的实验立刻认出上述要求（praetensio iuris，法律要求）的正确性、虚假性及违法性”。在引入这一原则所使用的措辞也表明它是一个类似于定言命令过程的程序：“一切与其他人的权利相关的行动，其准则与公开性不相容者，皆是不法。”康德觉察到，检测标准只能以消极的方式被使用；它击倒式—检测的形式排除了所有不合理的法律议案。

那么，统治者可以公开宣布他的法律准则吗？如果君主要公开他自己的企图，那么——康德似乎假定——这可能导致公民的抵抗？立法者也许必须隐瞒他的企图才会成功。鉴于康德没有为合法的公民不服从或政治反抗留下任何空间这一事实，人们不禁要问，康德在此可能想到的公民的反应有哪些。因为他可能顶多允许疑虑的表达。正如他在《论俗语》里规定的那样，这种疑虑能够基于“言论自由”而针对法律议案得以表达。或者，立法者应该想象他何时会招致不受控制的民愤？在第一种情况下，如果他说的公民的反应就是“所有人对我［即君主］的意图的抵抗”，就显得太过分了；因为这一疑虑肯定与一种普遍的抵抗无关。然后，康德没有明确告诉我们，他是否想要让立法者承担原则上事先公开宣告他的法律议案这一义务，以等候公民测验程序中的反应。上述的普遍意志检测只有在被确立为形式的、基于宪法的法定程序时才有意义。但即使如此，人们对这一检测的成果并不确定；在一个恐怖的政权中，也许即便公开宣布不正义的法律也不能引起抗议，因为没有人敢于抵抗。先验的公式已经基本上预设了它所要实现的目标：一个以法律为导向的国家——它有一个防卫性的立法者和一个批判性的公民社会。

但是我们不仅应带着怀疑看到公意检测在程序上的不透明，还应看到验证程序中需要“代为感知”这一事实及验证程序在政治上的不可控性。但如果一个规范的检测程序既不是由人民自己执行，也不受第三方控制，那么统治者就不可能遵守程序的精神。在此，我们只能同意库伦坎普（J.Kulenkampff）的判断：“当然，历史和政治问题在于，可能没有任何东西能迫使现有国家的立法权［……］从共和制原则的角度来理解自己并据此行事。”①

四

通过对普遍意志检测与定言命令程序比较，我们可以从康德的法律—政治规范性的构想中学到什么？大家首先想到的当然是：法律可被看作是规范性的一种不完美的形式，

① Kulenkampff, Jens 2008: Über die Rolle des ursprünglichen Vertrages in Über den Gemeinspriuch: Das mag in der Theorie richtig sein, taugt aber nicht für die Praxis, in: Jahrbuch für Recht und Ethik 16, 165－181, 180.

它只能在以权力和暴力为基础的国家的非理想的既定条件下，尽可能实现目的王国的理想规范性。如果立法者只坚持这个原则，即所有法律主体的自由空间都要根据形式上的普遍原则被规定，那么他就符合了这种想法，以此他也如此少地想要符合道德律的全面的要求。

但与此同时，康德的法律形式主义也产生了一个问题：普遍意志检测不产生对个体有利的、原初自由权利有约束的效力，这里不存在如在基本权利和人权等现代观念中的个人保护或权利的效力。毋宁说，个人的自由权仅仅在普遍意志的范围内才起到建构性作用。

在此进行一定澄清是重要的，因为这一观点经常以不同的方式得到解释。比如哈贝马斯在《在事实与规范之间》中对此进行了简要表述。在哈贝马斯看来，康德的社会契约观主张“对平等的主观的行动自由这个唯一的‘先天权利’的建制化”（1992：122）。但这一说法在我看来并不准确。康德恰恰并非从主观的个人权利出发，而是在共同意志的基础上构建法律秩序。这里涉及的是任意自由的空间，而不是主观的个人权利——如意见自由、良心自由、宗教自由及身体不受侵害的权利。相反，库伦坎普的批评才更切中要点。他正确地指出，康德虽谈到了“人民的权利”，但是——与以往的契约论的代表者不同——他完全没有规定这些权利。因为他的国家构建性的契约不意味着一种约束君主的行动，并且这些权利是不可诉诸履行的。①

在他的法律思想的结果中，康德明确拒绝任何关于什么是不法行为的内容的确定。在《永久和平论》中，我们再次读到证实这一点的文本：

> 法律上的（因而外在的）自由不能像人们通常会做的那样，通过如下权限来定义，即只要不对任何人行事不义，就可以为所欲为。因为什么叫做权限？就是一个行动的可能性，如果人们通过该行动不对任何人行事不义。因此，解释应当是：自由就是不使人们对任何人行事不义。人们就不对任何人行事（不论人们做什么事情），因此，这是空洞的同义反复。——毋宁说，我的外在的（法律上的）自由应当这样来解释：它是除了我已经能够同意的法则之外不服从任何外在法则的权限。——同样，一

① 库伦坎普指出：“人民和统治者的权利和义务可以通过原初的契约得到确定。”这是康德所没有给出答复的，因为他仅仅从契约中得出仅仅指派了立法者这一观点。在康德来看，如果存在如下的情形——只有那个将自己理解为“仿佛是通过原初的契约而成为公民的正当的联合的意志”的立法者才能正确地行动，那么人们必须探清：“从这种非现实的虚拟的可能的观察中，不存在人民的现实的权利，尤其是没有以正义的法律为基础的权利。”库伦坎普也认为不存在任何的起诉的可能；若没有起诉审级，就没有任何权利。参见 Kulenkampff, Jens 2008：Über die Rolle des ursprünglichen Vertrages in Über den Gemeinspriuch：Das mag in der Theorie richtig sein, taugt aber nicht für die Praxis, in：Jahrbuch für Recht und Ethik 16, 165 – 181，p.178。

个国家外在的(法律上的)平等是国家公民们的这样一种关系,依据它,没有人能够在法上责求别人做什么事情,而不同时服从能够被后者转而以同样的方式也责求的法则(法律上的附属性的原则既然已经蕴含在一般而言的国家宪政的概念之中,就不需要解释了。(VIII.350,9－23)①

我们再次看到,康德持有意志论的观点(从霍布斯那里借来的),不法应被理解为没有通过同意检测行为,而不应该被理解为,当不法出现时,同意检测总是得出关于行为的消极的(评价)结果。我们不必将康德的这种反现实主义解读为犬儒主义;康德这一做法的背景无疑是他的形式主义和对建立在人类学与利益理论基础上的法律构想的反对。但这无疑会产生诸多成问题的后果;人们不禁要问,康德为什么不支持一种基于自由的政治理论? 在这种理论中,不法将被定义为一种不被允许的对自由限制的形式。这一理论在其基础上可以是形式——普遍的,但并不因此而变成空洞和反现实的。

相反,康德再次援引了霍布斯的原则,即"自愿者不会有不义"(volenti non fit iniuria)。然而,这并不合理,因为许多个体可能会误解自身及他们的基本利益,也有可能深受关键信息不足之害。另外,事实上的同意可能也是公开的或至少是潜在的压迫的结果,更不用说教育、环境、媒体等暂时或永久的操纵了。尽管如此,康德还是以这样的方式延续了这一思想,他将普遍意志描述为唯一正当的规范性生成的过程。

更深入地来看,康德在他的普遍意志概念上遇到了两百年后与哈贝马斯在商谈概念上所遇到的类似的一个困难。其中一个的问题是,人们不得不问康德,他的自愿原则所意指的是现实—具体的还是反事实—理想的同意行为。显然,他的回答必然是后者;因为他指的是一个特定的立法者所进行的思想实验,而不是一个所有个人意志都被阐述和汇总的程序。然而,这一澄清使得康德现在得承认,普遍意志检测没有任何约束效力;因为在思想实验中,彼得虽然想象他得到了保罗的同意,保罗当然不对任何东西负有责任,保罗在事实上明确地对彼得表示同意时,同意的内容才有效力。另一个问题是,康德可能被问及,根据他的自愿原则,究竟是个人的每一个任意构想的自身义务—宣告,还是在特定的意义条件下的(自身义务—宣告)才有约束力。这也许必须列出一个商品清单,人们以此就可以知道参与者会选择或不会选择什么;在任何情况下,主观的因素算得上是这些意义条件,如(理想的)信息的畅通、心理健康、足够的自尊、无暴力干涉的情形、无操控及所有

① 李秋零主编:《康德全集》第7卷,北京:中国人民大学出版社,2008年,第355页。

人自身义务的等同性和对称性等。如果彼得只是想象保罗选择了什么,他至少要知道他的选择原则及其个性特征,并要求助于一个基本的商品清单。康德不可能在这里肯定一种基于想象的决断论——其类似于这样一种程序,在其中人们把自己看作为决断者的一群人。他们能确定某事,并且以此做出一个有道德约束力的选择。然而康德给人的印象恰恰是这样。

康德在法律秩序中涉及法与不法内容上的规定这一问题上的保留,是他必须为一种普遍的法律形式主义付出的代价。因为形式主义意味着意志论。他一以贯之地把公共的法律秩序的建立规定为"其余一切外在义务的至上义务条件[必要条件](conditio sine qua non)"①(GTP VIII 289,24 f.)。人们对这一点的强调还不够明确:康德在此把现存的公民秩序解释为一切进一步的外在义务的必要条件;因此这些义务首先是在法律秩序中产生的。我们在此看到康德并非一位将道德的规范性嫁接到政治规范性上的政治的道德家。政治是一种源于道德的现象(尽管是非常非理想的),它经过历史的发展可再次达至完满的道德性。

Kant on the General Will:
An Equivalent to the Function of the Categorical Imperative?

Christoph Horn

【Abstract】 For Kant, the criterion for the legitimacy of law is whether a proposed law corresponds to people's general will. This article explores whether and to what extent the test procedure outlined by Kant resembles the Categorical Imperative (CI) procedure. This paper concludes that the two test procedures, i.e., the CI-test (according to the universal law formula) and the general-will-test (AW-test), are indeed similar but stand to each other only in the ideal and non-ideal normativity.

【Keywords】 Kant, political philosophy, general will, Ideal and non-Ideal normativity

① 李秋零主编:《康德全集》第8卷,北京:中国人民大学出版社,2010年,第292页。

【霍布斯道德哲学研究】

导语[①]：

霍布斯作为“现代政治哲学之父”，其政治哲学历来受到很大关注。众所周知，在霍布斯的哲学体系中，道德哲学与自然哲学、政治哲学一起构成了一个整体，但学者们对其道德哲学的关注度远远低于其政治哲学。无论这三个部分在霍布斯的哲学中是否如他所言的那样构成一个严密的逻辑体系，道德哲学在霍布斯哲学中的地位都是不可低估的。从伦理学的发展历程来看，霍布斯的道德哲学在从以行动者为中心的古典美德伦理学向以行动为中心的现代规则伦理学的转变过程中发挥了至关重要的作用。霍布斯的道德哲学有许多需要澄清和深入研究的问题。比如，霍布斯究竟有没有一种道德理论？如果有的话，它究竟是一种道义论、后果论还是美德伦理学？霍布斯究竟坚持价值主观主义还是价值客观主义？其人性论究竟是不是一种心理利己主义？自然状态是不是一种道德真空状态？自然法究竟是道德规则还是明智规则？道德在霍布斯那里究竟是由主权者所创造的还是独立于主权者？正义在霍布斯的道德哲学中究竟处于何种地位？对于这些问题，有的可以在霍布斯那里找到确定的答案，但很多问题却比较复杂，甚至可以有完全不同的回答。比如，霍布斯虽然想竭力摒弃亚里士多德传统，但又在很多地方受到亚里士多德的影响。霍布斯的道德哲学可以被诠释为自然法理论、神命论、契约论等不同版本的道义论，但有学者却认为霍布斯在某种意义上是康德伦理学的先驱；霍布斯也通过影响休谟而与功利主义有着一定的联系，但也有学者将其道德哲学诠释为规则利己主义，甚至有人认为霍布斯的道德哲学本质上仍然是一种美德伦理学。本专栏选取了五篇直接或间接处理这些问题的论文，希望以此提高国内学界对霍布斯道德哲学的关注与重视程度，深化对霍布斯道德哲学与政治哲学的研究。

---

① 本栏目主持人简介：毛兴贵，西南大学哲学系教授，博士生导师，西南大学西方马克思主义研究所研究员，主要研究方向为西方政治哲学与道德哲学。本栏目的五篇文章皆系栏目主持人所主持的国家社科基金项目“霍布斯政治哲学著作翻译与研究”（项目编号：18BZX090）的阶段性成果。

霍布斯的道德观

[英]霍华德·沃伦德(著)①
陈江进(译)②

【摘要】 人们通常认为,霍布斯的政治理论蕴含着道德与政治的分离,它最终表达的是强权即公理。实际上,霍布斯的政治理论建立在一系列的规定性原则之上,这些原则与自我利益或权宜之计完全不同。霍布斯的这些原则确实构成了道德体系,但这种道德体系建立在一种特殊的人性观之上,它是以"政治人"为模型而设计的道德体系。

【关键词】 霍布斯,自然法,权力,权威

人们通常认为,霍布斯的政治学说最终表达的是:强权即公理,或者权力可以自我证成。本文认为,这种评价基本上是不恰当的。实际上,霍布斯的政治理论建立在一系列的规定性原则(prescriptive principles)之上,而且霍布斯认为这些原则构成了道德体系,并将它们看成是道德的本质。霍布斯所讲的这些规定性原则确实呈现了一些独特的、有争议的特征,使它们难以归类到我们通常所使用的范畴中去。不过,我们将得出如下结论:最恰当的做法就是认为这些原则确实构成了道德体系,尽管这种道德体系是与"政治人"(political man)概念相关联的一种特殊体系。③

一

霍布斯虽用一些惊人的隐喻描绘了利维坦的力量和恐怖,但是,从他的学说中真正显

---

① 作者简介:[英]霍华德·沃伦德(Howard Warrender, 1922—1985),谢菲尔德大学政治理论教授,霍布斯研究专家。本文译自 Howard Warrender, "Hobbes's Conception of Morality", *Rivista Critica di Storia della Filosofia*, 1962, 17(4): 434-449。

② 译者简介:陈江进,武汉大学哲学学院教授、博士生导师,马克思主义理论与中国实践湖北省协同创新中心研究员,主要研究方向为西方政治哲学与道德哲学。

③ 在本文的前面部分,我概述了拙著《霍布斯的政治哲学》(*The Political Philosophy of Hobbes*, Oxford, 1957)中所给出的诸多详细论证,如果没有特别说明的话,参考的都是这本书。关于我在这本书中对霍布斯学说的处理,许多人认为我的任务是要表明它包含了某种形式的道德义务。事实上,我并没有做出这样的论断;我只是阐明了所给出的解释到底哪一个代表了霍布斯所认为的道德,同时也试图详述霍布斯所提出的那些命题。不过,本文并不局限于阐释性工作,它将进一步提出霍布斯哲学包含了一种道德理论,尽管这种道德理论属于一种较为奇特的类型。

现出来的却是主权者的内在软弱。每个人都可以轻易地杀死他人,或被他人杀死,当然这也包括主权者,无论主权者是单个自然人还是由诸多自然人组成的群体。只要政治研究与这一点有关,也就意味着人并非天然就是利他的,而且每个人在力量上是平等的。政治权力本质上是一种为得到自己想要的结果而驱使他人意志的能力,可悲的是,这种权力乏力且不稳定,这正是人的自然困境的一部分。

霍布斯非常清楚地看到,实际存在的政治权力是否能够控制住人易于冲突和破坏的自然倾向,这取决于绝大多数公民的选择或同意。政治权力虽然会制裁公民,但政治权力也是由他们随时创造与维系的,如果没有这些公民,主权者便是无力的,无法实施任何惩罚。即使是最专制的独裁者也必须依赖于一些臣民在某种意义上觉得自己应该服从他。正如霍布斯所言:"……因为如果人们认识不到自己的义务,还有什么能强迫他们遵守法律呢?你或许会说,军队可以。但是我们又用什么来强迫军队呢?英国民兵团不就是军队吗?土耳其禁卫军不就是军队吗?可是,不正是禁卫军不久前在君士坦丁堡的王宫里杀死了奥斯曼二世吗?"①

因此,国家的存在就要求一些公民坚持如下主张,即他们应当服从主权者。至少在这种意义上,霍布斯是一位道德主义者。

如果我们从主权者的权力问题转到权威问题,我们会发现霍布斯以类似的方式来处理这个问题。在霍布斯学说中,主权权威的来源有时会被人错误地阐释,霍布斯确实认为,当主权者失去了保卫臣民的权力时,他也就失去了要求臣民服从的权利。这一立场源于每个人在极端情况下都有捍卫自身的不可剥夺的权利,这也是我们将在下面要考虑的一个特殊问题。然而,服从的权利如何获得与如何失去,其方式并不相同。对臣民而言,主权者之所以是权威,这是因为臣民通过政治信约(covenant)给主权者的行为进行"授权"。除上帝的权力这种特殊情况外,霍布斯从不承认更高的权力造就服从的权利。霍布斯关于以力取得的主权(sovereignty by conquest)的所有论述都证实了这一观点:"因此,并非由于胜利而产生了对被征服者的统治权,而是因为他的信约。也并非因为他被征服了,所以他就有服从的义务……而是因为他走过来,向征服者表示臣服……"②

因此,被征服者之所以有义务服从,不是因为被更强的力量征服了,而是因为他已经通过信约表达了服从;一个人即便被锁链锁住,他对俘获者也没有义务臣服,除非俘获者

① *Behemoth*, E.W., vol. 6, p.237. 同时参见 ibid. p.184。
E. W. 是《霍布斯英文著作全集》的缩写。——译者注

② *Leviathan*, E.W., vol. 3, p.189; 同时参见 Warrender, pp.122 ff。

已获得他的信赖。在其他诸多地方,霍布斯区分了合法主权者和篡位者,区分了社会中的最高权力和统治的权利。因为权力只有在臣民授权的情况下才会成为权威,霍布斯将操纵未获授权的权力的人描述为“敌人”。

霍布斯对成功的反叛者这种情况的处理确实复杂,但它与我们上面的解释是一致的。反叛永远是一种罪恶,即使是成功的反叛,即反叛者变得比主权者更强有力。然而,当反叛者成功确立自己的统治时,这并不必然是一种新的罪恶,那些已经授权给他的公民将有义务服从新的主权者,因为现在新的主权者给予他们以保护。然而,正如在任何征服中一样,权威的获得不是来自反叛者的权力,也不是来自他的胜利,而是来自臣民所立的服从之约,这种权威只延伸到那些立了该约的人身上。因此,在涉及人的权力这一问题上,霍布斯的学说中总是存在着权力与权威或强权与公理的区别。

因此,在霍布斯的学说中,政治权威和政治权力的存在同样取决于同意的行为,抑或某种信约或谈判,其中皆涉及信任的因素,即要取得部分或大部分公民的信任。当然,霍布斯所做的是拒绝评估同意背后的动机。他拒绝了自由意志论证,他认为意志是由行动者的欲望和厌恶所决定的,而这些欲望和厌恶只会随具体的问题和环境而变化。在他看来,自由就是能够根据意志行事,不管相关的欲望和厌恶是什么,在此背景之外,自由没有任何意义。我们能够选择,但却不能选择是否去选择或意愿是否去意愿。因此,如果某个人为了避免预期的死亡而承诺服从,这便是一种自愿的选择,他的信约便会对他有约束作用,如果还有其他令其更满意的选择,他也本可以做出其他选择。以力取得的主权与按约建立的主权具有相同的道德后果,因为在这两种情况下,臣民的意志起决定作用。有人反对说,如此一来,被吓得跳海和被推下海就没有什么区别了;霍布斯会回答说,两者之间有很大的区别,一个是自愿行为,而另一个不是,在他看来,道德正是建立在这一区别之上。

二

霍布斯基本上是一个自然法哲学家。他的体系的核心就是,个体处处都有遵守自然法的义务,无论是在自然状态还是在公民社会中,如若没有这一点,他的理论就谈不上有什么论证。霍布斯学说中的自然法是一些理性原则,它们为所有具有正确理性的人所知晓,并且无论人们生活在哪个国家、信仰什么宗教,这些原则也都适用于他们。这些原则是“寻求和平”放弃统治自己的权利,只要能确保其他人也这样做,“遵守你的信约”,“避免侮辱和傲慢”,等等,所有这些原则都属于“己所不欲,勿施于人”的一般准则。霍布斯的创新之处在于,他的自然法具有形式化的特征,或者说,人们通常把它们描述为包含最少内容的自然法。它们源于对人的本质的某些经验假设①——无休止地寻求满足自己的欲望、有限的利他主义、不断追求权力的满足、人与人之间的相互恐惧、人异常脆弱,等等。然而,它们适用于所有人。②

通过政治信约这一媒介(无论主权是按约建立还是以力取得),公民就使自己负有了服从主权者的义务,这也是由服从自然法的这一基本义务所支持的——首先,它来自"寻求和平"这一不确定的义务;其次,它来自要恪守自己所订立的有效信约这一更具体的义务。因此,主权者的权力主要源于臣民不愿违背自然法。

然而,霍布斯学说中的这种立场被许多限定与条件掩盖起来了。虽然这些限定与条件并没有改变其中的根本论证,但它们确实使这种立场变得含混不清,这就要求我们做进一步思考。

(一)自卫的自然权利和义务的有效性条件

霍布斯有时给人的印象是,自然状态是没有道德原则的;从根本上讲,道德是由主权者和由他的制裁所实施的市民法创造的。然而,如果详加考察的话,这种印象是有误导性的。

根据霍布斯的理论,个人在极端状态下有保存生命的自然权利,无论是在自然状态还是在市民社会,这种自然权利都是他永远不能放弃的;而且,这种自然权利对他有可能承担的义务构成了某种限制或约束。霍布斯对这一点的论证尽管复杂,但我们可以将之归纳为如下论断,即只要个人有对自卫的真诚诉求,他便可以从义务之中解脱出来。

霍布斯认为,在自然状态中,自然法始终在良心上有约束力,③但它们也只有在确保安全的情况下才会要求个人按照它们的指令行事。该观点在《利维坦》的一个重要段落里表达如下:

> 自然法在内心范畴中(in foro interno)是有约束力的。也就是说,它们只要出现时便对一种欲望有约束力。但在外部范畴中(in foro externo),也就是把它们付诸行动时,就不总是如此。人本应保持谦逊、温驯、守信,但在有些时间与地点,如果其他人并不这样去做,而他本人依旧这样去做,这无异于让自己成为别人刀板上的鱼肉,

① 我们在后面考察霍布斯的"政治人"这一概念时,对这里的论断进行了拓展与限定。

② 在霍布斯看来,尽管自然法支持主权者的权威,但是与某些版本的自然法不同,它们并不能限制主权者的行为,就像议会或全民大会可以监督主权者的行为那样。霍布斯认为,主权者在自然法之下会负有对上帝的义务,但无论如何,公民无权解释这些义务并借这些义务来反对主权者。

③ 见该页侧方的小标题,*Leviathan*, E.W., vol. 3, p.145。

这肯定会导致自己的毁灭。这与自然法的根据是相违背的，因为自然法要求人们要自我保存。与此同时，如果某人足够安全，其他人也已经遵守了自然法，而他自己却不遵守，那么他所寻求的就不是和平，而是战争；最终他也将为暴力所毁。①

霍布斯在其不同作品中对他的立场均做了如下解释。我们始终有义务保持服从自然法的美好倾向。这大概包括，在和平切实可行的情况下争取和平的意图，并且乐意支持任何确保全面遵守和平的体制。在其他地方，霍布斯也说我们总是有义务“意向(endeavour)”和平。② 要求人们寻求和平的第一条自然法是无条件的，因为仅仅寻求和平并不会增加我们的危险。

然而，除此之外，按照自然法行事的义务(就外部范畴而言)是以安全为条件的。不过，应该指出的是，霍布斯并没有声称自然法就外部范畴而言不产生约束力，他只是说，自然法并非总是产生约束力。同时，他对自己的观点做了拓展。在他看来，当个人有足够的安全保障时，他有义务执行法律所规定的外部行为；但当法律之履行可能会将他置于致命的危险之中时，这种义务便不再成立。自然状态的问题不是说不存在义务性的行为，而是说，哪些行为能带来自我保存必须依赖于对每个人做出真诚的评估，根本就不存在普遍的方法可以将某个具体行为排除掉。正如霍布斯所言，人们根据自己的恐惧以及对情境的评估，总是能够找到对自己有帮助的或认为合理的东西。忽视自然法可能是一个好的借口，但这并不意味着所有的行为都能找到借口。此外，霍布斯还认为，有些和平的行为(避免不必要的挑衅和侮辱)总是可以实施的。这件事只需留给个人良心和上帝即可。③

同样，当霍布斯处理自然状态下的信约时，他并不认为所有的信约都是无效的。他声称，订立信约的双方，只要有一方已经在履行自己应当承担的份额，这些信约便是有效的。然而，一般而言，在自然状态下的信约可能因其订立后发生的某件事而失效，因为这件事

① *Leviathan*, E.W., vol. 3, p.145. 同时参见 *De Cive*, E.W., vol. 2, pp.45 - 46; L.W., vol.2, pp.194 - 5; *De Corpore Politico*, E.W., vol. 4, p.108。

L.W.是《霍布斯拉丁文著作全集》的缩写。——译者注

② “意向”一词似乎与霍布斯的物理学相关，它通常被用来描述趋向于某物的初步运动。因此，这不仅只是意向和平的某种义务，而且也要在追求和平的道路上试探性地采取行动。

③ 参见 Warrender, Ch. IV。

使一方有理由怀疑另一方不履行信约。① 这里又一次涉及对每个人的真诚评估。因此,自然状态并不是一种道德真空;只是在这种状态下,只要人们真诚地判断出存在着不安全,便可以正当地中止遵守自然法并进而恪守信约的义务。②

在公民社会中,由主权者的制裁所维持的市民法机构消除了合理恐惧的借口,因为人们可以安全地期待法律保护。但也存在一些受限的情境。面对生命受到直接攻击,或者当主权者明显失去保护他的权力时,公民可以采取任何他认为能最好地保护自己的行动。

自然状态与公民社会之间的原则始终是一致的。个人总是有义务寻求和平,但从来不需要成为一个和平主义者。根据这一规则,不同的环境将使不同的行动成为可能。然而,这并不妨碍我们在特定的情境中可以非常清楚地知道意向和平与不意向和平之间的区别,这一义务正是霍布斯政治体系的基础。

对霍布斯来说,权力确实与道德有关联——这不是因为权力创造了道德,而是因为市民法背后的主权者以实施制裁的方式创造了安全。个体公民在自己面对的不同环境中总是能够意识到道德原则的存在,但他们是否觉得安全反过来会影响到这些道德原则的应用?③

(二) 主权者在为公民规定道德规则和宗教教义方面的角色

霍布斯认为,人对善恶的看法各不相同,每个人都把当下使自己满意的东西称为善,把自己所厌恶的东西称为恶。我们无法从对象本身中发现关于善恶的规则。尽管人们的价值判断具有多元性和主观性,但有一点是所有人都同意的,即对每个人来说,自保为善,自毁为恶。这一点之所以为真,并非只是因为生命本身是善的,而且也因为人们为了获得所渴望的大多数东西,他们首先必须活下来。

在公民社会中,霍布斯赋予主权者通过市民法来确定道德体系的权利,也赋予主权者颁布公民认为真实可信的宗教教义的权利。然而,值得注意的是,即使在公民社会中,这也并没有穷尽整个道德领域。在内在的良心领域,个人仍旧要对自己负责,霍布斯坚持认为,主权者关心的只是臣民的言行,而非他们的思想。同样地,尽管主权者为公共目的而

---

① 人们有时这样来反对霍布斯,"如果自然状态中的信约是无效的,人们又如何通过有效的信约确立了主权者呢?"正如上面所指出的,霍布斯的学说并没有讲自然状态中的所有信约都是无效的,它只是说,如果在人们订立契约后所发生的事使得一方能够合理地怀疑另一方将不会守约,那么有效的信约也将变得无效。确立主权者的政治信约具有如下特征,即由它所产生的权力足以排除这种合理怀疑,主权者有能力迫使那些桀骜不驯的公民变得顺从。

② 参见 Warrender, Ch. III。

③ 参见 Warrender, Chs. V - VII。

规定的宗教教义会被公民所认信，但霍布斯谨慎地指出，最终的拯救取决于内心的信仰，这是上帝的恩典，而非主权者的命令。因此，主权者的规定只能在特定的公共行为领域才可以取代对道德或真正宗教的各种解释。霍布斯之所以允许主权者有这种权利，不是因为主权者的判断特别聪明或敏锐，而是因为人们在这些问题上的观点分歧需要一个公共的解决方案，而主权者的裁决正是与秩序相一致的解决方案。

不过，从根本上讲，主权者并没有创造出道德。公民服从主权者的基本义务本身并非由主权者的命令创造出来的。正如霍布斯清楚阐述的，遵守政治信约的义务先于主权者所颁布的一切；否则，我们没有必要理会主权者命令的任何东西，包括他关于道德或宗教的观点。“市民法应当禁止反叛（即反对主权者基本权利的所有做法），但作为市民法，它并非义务，它只是根据自然法禁止对信仰的违背；如果人们不知道自然的义务，他们也就不知道主权者制定任何法律的权利。就实施惩罚而言，被惩罚者只是不得不承受它，但他们会把惩罚看成是一种敌对行为；当他们认为自己有足够的力量能避免惩罚时，他们就会以彼之道还施彼身。”①

同样的观点也出现在《论公民》的一段话中：“依据自然法，罪就是背叛，但它是对自然法的僭越，而不是市民法……但是，如果某位君王颁布了一条‘你不应当反叛’的法律，他相当于什么都没有做。除非臣民以前已经有了服从的义务，即不要反叛，否则一切法律都是毫无效力的……”②

对每个人来说，服从主权者的基本义务建立在私人的道德领域之上，即服从他自己所解释的自然法的义务。正是这个私人的道德领域决定了公民在什么程度上可以离开国家而没有违背义务。当主权者不再具有保护他的权力时，他有权拒绝服从，而这样的决定最终只能由个人根据自己对情势的真诚评估而做出。这是霍布斯明确承认的。另外，所有人一致认为，自保是善，暴死是恶，这无论如何都不依赖主权者的看法。因此，存在着两个道德领域，一个是由主权者为公共目的而决定的内壳；另一个是由每个人的自我阐释而形成的外壳，这个外壳为每个人提供了遵守主权者所确立的公共道德的义务，同时也规定了这种义务的限度。正是这个先于且独立于主权者的外壳承载了霍布斯的政治理论。③

（三）上帝在霍布斯学说中的地位

霍布斯在他的自然法体系上建立了一个上层建筑，引入了上帝以及他的奖惩。霍布

① *Leviathan*, E.W., vol. 3, pp.323 – 324.

② *De Cive*, E.W., vol. 2, pp.200 – 201. 同时也参见 ibid., p.190; L.W., vol.2, pp.328 – 329。

③ 参见 Warrender, Ch. VII。

斯有时似乎说,自然法之所以是有约束力的,因为它们是上帝的命令;有时又似乎说,它们之所以能约束人是由于神的制裁,神会根据人们是否遵守自然法而决定是否在来世生活中制裁他们。虽然霍布斯似乎很重视这一上层建筑,但我们还是有可能将其从他的理论中完全排除掉,我们只需要从自然法出发就足够了。引入上帝及其制裁会在两个方面对霍布斯的学说产生错误的认识,即通常讲的权力与道德的关系,以及道德与权宜之计(expediency)的关系。

在霍布斯的作品中存在着上帝的权力和人的权力之间的类比,我个人认为这一类比颇具欺骗性,虽然霍布斯偶尔会提及这个类比,但他其实并没有遵循这个类比来构建他的理论。根据霍布斯的看法,义务虽然总是与权力相关,但是义务似乎也与制裁紧密相关,只要人们清楚把握了这种制裁,制裁便总是能发挥充分作用。这也就是说,一种制裁将对同一个人永久地发生作用,对另一个人来说,只要他具有相应的知识与反思,制裁也同样会发生作用。既然只有上帝才能行使这样的制裁,那么可以产生义务的唯一力量就是上帝的权力,而绝不是人的权力。① 因此,所有的义务都是出于上帝的权力和他的命令(即自然法)。② 设想某种情形,某人在特定时间向另一个人实施了足以迫使他服从的制裁,我们只需说受害人完全处于他的对手的权力之下,就完全可以把这种情形与义务区别开来。但是,依靠权力将他人置于自己的掌控之中,这种状态随着时间的推移都不会长久,征服者可能会沉睡而被人杀死,或遭人背弃;因此,它必定不能牵制住各方,它需要一些额外的东西才能够产生长久的控制。霍布斯并不认为通过全面尝试发展这种关系能够将国家建立起来以及维持下去。因此,在政治义务的问题上,霍布斯不得不进一步论证公民有服从的义务或有责任去服从。

根据霍布斯的学说,上帝以三种方式统治世界:(a)通过自然科学中研究的规则统治所有存在者——不过,这不是当前的兴趣所在;(b)自然王国,上帝通过理性的行为原则(自然法)统治所有人,无论是基督徒还是异教徒——这是唯一与霍布斯的政治哲学密切相关的王国;(c)先知的王国,在《圣经》中记载的某些时代,上帝通过实证法和启示以更个人化的方式进行统治。

人的权力和神的权力之间的真正类比只存在于先知的王国中,而不是自然王国中。

---

① 霍布斯从来没有说过更高的力量(superior force)创造了义务。例如,他说的是,“不可抗拒的(irresistible)权力能证成一切行为……而较小的权力(less power)则不能”。(着重标记是我自己加的)由于上帝事实上是唯一不可抗拒的权力,由此我们可以推论,义务源于上帝的权力(然而有待进一步阐释),而非源于人的权力。请同时参见上面已经指出的霍布斯关于以力取得的主权的相关论断。

② Warrender, pp.287 ff.

在先知的王国中,一方面,上帝被认为在某些时期以一种特殊的和个人的方式来统治犹太人,发布命令和实施惩罚。然而,这种语境对实践目的就不再重要,因为在这种语境中,上帝的权力便能够统治人类,而不需要一个额外的主权者,也不需要将上帝的权力与人的权力进行比较。

另一方面,在自然的上帝之国中,上帝的统治完全是通过一套理性原则、自然法以及由它们建立或维持的主权者来行使的。在这种情况下,上帝的权力除了为这些理性原则提供某种权威之外没有任何作用,赋予更多期待是毫无意义的。这是一种建立在理性知识基础上的权威体系,理性的局限划定了它的边界。理性告诉我们自然法,但可能除了解释自然法的地位所必需的某种假设之外,它并没有告诉我们更多的东西。这个假设可以由个人根据他的信仰和宗教(基督教或其他宗教)来填充,只要它支持自然法的命题;或者,人们也许更喜欢简单地从自身便具有权威的某个自然法开始。但无论哪种情况,它都不能论证,人们行使的权力能够创造义务。

同样,如若上帝的奖惩造就了人们遵守自然法的义务,这最终只会将义务转变成某种形式的利己主义。但是,我们在这一领域没有任何理性知识,从理性权威体系的角度来看,这些解释可能被视为神话,因为它们事实上是什么样子不重要,它们能起什么作用更为重要。在其他语境下,这些信念可能有自己的价值,但在这里,它们的本质是服务于一种功能,即支持自然法,尽管它们没有为自然法添加任何内容。如果我们把自己局限于霍布斯的理性权威体系,那么这些因素便只能作为一种合乎传统习俗的答案而被采纳。①

三

人们普遍认为,服从自然法一般来讲总是符合日常的自我利益——这也就是说,将在今生起作用的世俗因素以及在来世会被实施的神圣制裁都纳入考量总是符合人们的利益。然而,如果纯粹从日常的自我利益来看,普遍利益和个人利益之间会出现不一致。个人有时会从反叛中获益,正如过去许多人所做的那样。由于日常的自我利益存在这种不一致性,霍布斯便进一步论证,公民有义务服从自然法,并因此也有义务服从主权者,除非这种服从已经危及自己的生命。因此,他可以为了拯救自己的生命而反抗,但不能为了拯救其他人的生命或仅仅为了自己的蝇头小利而反抗。

设若我们想对这里的“义务”一词进行重新解释的话,霍布斯的学说为此留下了不少

① 针对这一部分的论证所做的拓展,参见 Warrender,“The Place of God in Hobbes's Philosophy”, *Political Studies*, vol. VIII, Feb. 1996. 同时参见 Warrender, Chs. XIII – XIV。

遐想空间。一种可能是根据神在死后的奖惩来解释。日常的自我利益虽然存在前面所讲的不一致性，但个人仍然应当遵守自然法，因为神的制裁会使这样做仍然符合他的利益。这似乎把霍布斯的体系变成某种审慎或权宜之计。然而，在这一点上，如上所述，我们对神的制裁或来世没有任何理性知识，它们只能作为一种合乎传统习俗的答案而被采纳。进言之，无论我们从神的惩罚还是从自然法的诸命题去理解霍布斯的体系，它与只考虑世俗制裁的日常的权宜之计均是截然不同的，它给政治义务提供了一种不同的限制。

严格来讲，霍布斯学说中的自然法并非个人自保的规则。在霍布斯看来，个人自保不是义务，而是权利；个人自保不会使行为成为义务性的，而是使个人免于采取本应是义务性的行为。虽然自然法（寻求和平、守约等）一般来讲是人类保存自己的法则，但个人有时可能以最靠不住的方式保全自己的生命。① 因此，针对这种状态，所需要的准则不是"保护你自己"（尽管这总是可允许的），而是"去做使所有人都能得到保护的行为，除非这与你的自保相抵触"。这种规定性原则不能仅仅从个体日常的自我利益中得到，只要承认这一点就足以达到了我们的目的。霍布斯的自然法属于"己所不欲，勿施于人"这样的原则，它们具有普遍性，它们与权宜之计是完全不同的。然而，它们建立在一种特殊的人性观之上，也许看待它们的最佳方式是，将它们看成是以"政治人"为模型而设计的道德体系。

霍布斯对人性的描述大致如下：人无休止地寻求欲望满足而不能自拔，且这一过程绵延无期；他们吃着碗里望着锅里，并乐此不疲。霍布斯所描述的人类的主要特征是骄傲、贪婪、野心和对死亡的恐惧，在自然状态下，他们必定不断发生冲突。每个人不仅希望超越他的同伴，而且希望保留他所拥有的一切，并会先发制人，以免自己在其他场合处于不利地位。霍布斯把生活比作一场竞赛，在这场竞赛中，人类的情感本质上只有两种，即胜利的喜悦或失败的沮丧。每个人都是他人的敌人，同时他们又是足够平等的，因此，任何人都可以杀死他人或被他人杀死。幸运的是，人们都有对死亡的恐惧，尽管这种恐惧完全是以自我为中心的，但它却能够被用来保护人类，并推动人们去组建社会。考虑到人类所具有的这些动机，霍布斯的理论本质上就是在寻求一些理性原则，这些理性原则将提供一种足够强大的政治权力，以控制住人们走向毁灭的自然倾向。

---

① 根据霍布斯的学说，这在真正极端的情况下是可允许的，但它不是义务。霍布斯的说法如下：这是"……一种戒律或普遍的理性规则，任何人都应当意向和平，只要他有希望能够获得和平；当他无法获得和平时，他就应当寻求并利用一切帮助来谋求战争的利益。这条规则的第一部分包含的就是自然法第一条款，即寻求和平并信守和平。第二部分是对自然权利的归纳，即尽我们所能保卫自己"。*Leviathan*, E.W., vol. 3, pp.116－117. 同时参见 *De Corpore Politico*, E.W., vol. 4, pp.222－223。

人显然比霍布斯的模型更高尚，也更不理性，这一点霍布斯自己也是承认的。在谈到宽宏大量时，他承认有些人不屑于把生活建立在恐惧之上，他显然钦佩这样的人。但他坚持认为，这种人实属罕见；即使这种人为数不少的话，由他们来维持国家，国家也只会危如累卵。同样地，人们也可能在鸡毛蒜皮的小事上，因为自吹自擂或仅仅一次侮辱而被激怒，从而以命相搏。霍布斯认为，他对人类性格的刻画对于研究政治是必不可少的。

为了思考现实，有必要对研究领域进行抽象化和系统化。在政治伦理学中，如果要做我们认为最好的事情，同时又要超越单纯的直觉判断，那么我们就必须进行抽象化和系统化，其中可采取的一种形式就是阐述“政治人”的概念。这似乎就是霍布斯所做的。尽管霍布斯本人深受欧几里德几何模型的影响，但为了更清楚地看清他所做工作的本质，我们或许可以将其与古典经济学家试图阐明经济人概念并建立现代形式的经济学理论的尝试展开比较。①

让我们简要回顾一下经济学理论的起源，它始于英国的亚当·斯密（Adam Smith）的著作。给斯密带来巨大冲击的经济特征是经济交换，个人在交易货物时既增进了他人的利益，也增进了自己的利益，虽然他们都没有有意为之。他提出了世界市场论和利益自然和谐论。这一结论无疑是乐观而肤浅的，但也正是这一结论（或许几乎是偶然的）导致了整个经济理论风格的改变。斯密和古典经济学家开始以一种普遍的形式来阐述他们的经济政策，这也就是说，我们都应期待这些原则（无论正确与否）是追求互利的人都能遵循的。如果我们将这些原则与之前的重商主义经济学家所列举的原则进行比较，我们就会看到重商主义者所关心的规则强调一方只能在损害另一方的情况下才能获益。如此一来，重商主义关注的是如何利用他人的经济学，而斯密和古典经济学家已经开始研究如何将经济学理性化，从此以后，经济学坚持将提供普遍理性主义的建议作为其核心任务。

如果我们现在转向政治研究，我们会看到类似的运动在大约一个世纪前就开始了。文艺复兴和宗教改革削弱了习俗和宗教权威，人们开始为政治事务中的建议寻找新的来源。马基雅维利也许是第一个严肃地做出尝试的人，他试图通过考察政治权力来研究这个问题。从整体上看，马基雅维利的政治著作有诸多保留，马基雅维利无疑会说自己不是一个马基雅维利主义者。不过，他本质上只是依据一些不能普遍化的原则来关注权力问题——他关心的是如何利用政治权力，这可能是为了好的目的，也可能是坏的目的。然而，当我们读到霍布斯的著作时，我们看到了这些原则开始发生转变，这种转变路线已经在经济理论中提到过。霍布斯关注的是权力的理性化，这些原则是所有人都能够同时赞同的。

---

① 我在1961年3月8日于贝尔法斯特女王大学（Queen's University of Belfast）发表的就职演说的结论部分提到了这一话题。

对霍布斯来讲，个人可以通过武力或欺诈来保护自己，但这不是政治理论的一部分；对于经济学家来讲，例如个人可能通过抢劫获得财富，但这不是经济学理论的一部分。其中的原因并不是个人做坏事可能会被发现，因而抢劫最终可能会损害他的利益；而是因为，抢劫不能与为所有人获取财富的制度相适应。

这两种体系还有更深层的共性，它们通常被认为关注的是一种中性价值或二阶价值，即某种并不因其本身而有价值的东西，它只是实现有价值东西的一种必要手段。① 经济学家指出，理性人只追求自己财富的最大化，至于将这些财富用于好的目的还是坏的目的，则完全由自己来做决定。霍布斯也以同样的方式建议理性人要做的就是保全自己的生命。他认为，人的价值是多元且主观的，我们从对象本身中发现不了任何规则。不过，人们要保证自己活下去则是必需的，至于活下来以后想要去做什么，则完全由每个人自己来做决定。作为一种道德体系，霍布斯的理论乃是基于某种抽象，它处理的只是生活的一个侧面，但这是一个非常重要的侧面。

人们常说，自马基雅维利以来，道德和政治就分离了。但只要这句话暗示的是霍布斯，它就不是真实的。其实存在着两种与个人道德相关的主要理论，霍布斯式的政治制度只属于其中一种。

为方便起见，我们可以把一种道德理论传统称为动机主义伦理学，它主要涉及行为的动机问题和行动者的道德价值。我们把另一种传统称为功利主义伦理学，它主要关注行为的结果，它对动机的兴趣最终源于行为产生的结果。这两种伦理体系永远不会琴瑟和谐，一方总是另一方的坚定批判者。②

霍布斯的政治体系属于功利主义传统。作为自由意志问题上的决定论者，他关心的是对行为结果的赞扬和责备，而不是对个人的道德价值做任何基本评价。因此，对他来说，反叛是一种罪，但对于成功的反叛者来说，它未必是一种新罪。这一命题的两个部分本质上都依附于他的结果伦理学。

在政治领域，这种基于结果的道德观主要是为批判直觉主义而服务的。例如，在日常的个人伦理中，我们应该经常把所谓的马基雅维利主义者视为人性中最坏的类型；然而，

---

① 霍布斯似乎认为，人总有欲望，因此也就想要活下去。在他看来，自杀是某种形式的癫狂。

② 在 18 世纪中叶，休谟以怀疑主义的方式对这一问题进行了探究。在此之后，康德做了一次勇敢的尝试，试图将伦理学的这两个分支结合起来。但是，令人遗憾的是，康德的理论将问题搞混淆了。我们只指出该混淆的一个侧面，康德试图把伦理学中的可普遍化原则变成一个关于逻辑一致性与矛盾性的问题。霍布斯在这里似乎反而立基于一个更好的根据——道德哲学背后的可普遍化原则其实是“己所不欲，勿施于人”的形式，它并不是一种逻辑原则。

在政治上，从基于结果的道德观角度来看，一个政治家如果以一种冷静和精于算计的方式为追求国家的最佳利益而服务，那么他无论如何都不会被看成是国家的负累。政治上更危险的人物则是我们所说的绝望的浪漫主义者，这种人随时准备牺牲自己，整个世界也为之殉葬，而从私人道德上讲，这种人反而甚至可能获得一些同情。① 不过，从结果伦理的角度来看，发动一场你能打赢的战争比发动一场你赢不了的战争更有道德。如果各国都能够基于对自身能力的客观评估而采取行动，那么至少世界上的权力关系慢慢就有合理化的可能性，哪怕国际政治再不确定，它也有可能慢慢迎来和平的曙光。

现代世界的问题是如此的新和复杂，如果我们孤立无助地面对这些问题，我们的本能反应很可能在很大程度上是错误的。让我们举个经济领域的例子：面对一个处于贫困时期的家庭，我们本能地认为通过节约可以改善其处境。与之类似，西方政府首次通过限制消费来应对两次世界大战之间的大萧条。然而，今天很少有人不谴责这种政策，尽管他们可能会对细节有所争论，但他们会支持扩张主义纲领。即使是现在，我们仍然觉得凯恩斯主义的解决方案有些“不自然”；当然，这并不意味着它们是不正确的。

除了引导我们仔细审视行动的结果之外，霍布斯模型还引导我们尽可能地掏空政治。它建议我们寻找个人的和非政治的途径来实现一些人们所认为的根本目标或者放弃。无论是在政治、宗教还是艺术创作领域，人们认为，那些就其自身而言就有价值的伟大价值最终都是多元的、主观的和不相容的；霍布斯认为，当它们与生存的价值相冲突时，它们都只是隶属于生存价值的二阶价值。从历史上看，这是在灾难性战争之后的疲劳时期人们对人的普遍看法，霍布斯将其写入了政治理论。在我们当下的世界里，共产主义和西方民主彼此分立，更无须说，许多其他形式的政治、道德和宗教都视自己为公理——如果我们要避免灾难性的解决方案，我们必须尝试以某种方式像霍布斯那样追寻所有人或多或少同等关心的问题。②

---

① 事实上，导致战后世界稳定的一个主要因素是俄罗斯采取了如下行为模式，即除非它认为自己能够胜利，否则它就不会发动战争，而且它的政治家们在对这一问题进行评估时似乎也格外现实。

② 国际事务当前由两个主要因素所主导：毁灭性武器的出现和世界人口的急剧增长。在这种情况下，我们很容易得出这样一种立场，即只要能够解决肉身继续存在的问题，所有持不同信仰的人都应准备为“意识形态”问题寻求一种私人解决方法；在这个世界中，光有最好的意愿是不行的，人们没有办法让这些意愿变得切实可行。（无论如何，在任何国家肯定都存在着不少这样的人，他们对我们通常所说的那些基本的经济与政治问题更感兴趣，远超过对所谓的政治领袖的英明决策的兴趣。）因此，我们应当尽其所能寻找人的政治保守性的一面，这是十分可取的。像原子弹这样的大规模毁灭性武器的增长引发了人们的猜想，我们很快就会达到如此境地：最小的国家都能成为最大国家的致命威胁。在这种事件中，我们看到，国家与国家之间的处境已经达到了霍布斯那里自然人与自然人之间的处境——不断追寻权力或双方同等害怕。根据霍布斯的假设，组建世界政府应该就是理性的，当然，至于人们事实上会不会这么去做，则是另外一回事。

无论肯定还是否定霍布斯的体系是一种道德体系，这些说法本身都是难以理解的。我们首先要问的是："判断它是不是一种道德体系，到底是相对于何种道德理论来说的?"我们倾向于假设，存在着许多这样的道德理论，而且霍布斯的学说可以和这些理论并驾齐驱。如果是这样的话，霍布斯就可以归入其中某一种道德理论中去。然而，问题的真相往往是，我们很少考虑生存、和平和战争等此类宏大的道德问题。这些问题往往让人困惑不解，我们没有处理这些问题的道德体系，只能靠仓促的判断。

我已试图表明，霍布斯提出了一个关于人类生存的理性体系；这一体系的本质特征很容易被伪装成一种审慎或权宜之计。我也已经试图阐明能以这种方式思考的重要性。撇开霍布斯的理论本身是否正确或恰当的问题不谈，仅就霍布斯的理论风格来讲，我们可以得出这样的结论：如果这都不算道德体系，那还有什么可以算做道德呢? 即使它真的不是道德，我们也应当把它看成是道德。

Hobbes's Conception of Morality

Howard Warrender

【**Abstract**】 It is often held that Hobbes's political theory implies the separateness of morality and politics, and ultimately expresses that might is right. In fact, Hobbes's political theory is grounded upon a number of prescriptive principles that are quite different from self-interest or expediency. These principles do constitute a system of morality, but they are based upon a particular conception of human nature, and the best way to look at them is as a system of morality for a model of "political man".

【**Keywords**】 Hobbes, Natural Law, Power, Authority

霍布斯与心理利己主义

[美]伯纳德·格特①(著)

高　雪　毛兴贵②(译)

【摘要】霍布斯长期被误解为一个心理利己主义者。实际上,霍布斯并不持心理利己主义,且他的政治理论与利己主义并不相容。霍布斯所持的是一种同义反复利己主义和悲观人性论。尽管霍布斯著作中的某些论述似乎是在支持某种形式的心理利己主义,但总体来看霍布斯的著作有着这样一种趋势,那就是不断远离利己主义。此外,霍布斯在建构其政治理论的过程中,的确强有力地诉诸自利,尤其是自我保存,但实际上他也诉诸道德,并且认为人性是可塑的。

【关键词】霍布斯,心理利己主义,同义反复利己主义,道德

无论是对哲学家来说还是对政治科学家来说,霍布斯都是持利己主义人性观的人物之典范。在这篇文章中,我将试图表明一个几乎得到一致认可的观点是错误的,即认为霍布斯持心理利己主义;并且表明霍布斯的政治理论并不需要一种利己主义心理学,相反,其政治理论与心理利己主义并不相容。③ 我并不认为霍布斯是完全前后一致的;事实上,我将表明,从霍布斯的著作来看,他在不断地远离利己主义心理学。但我的确认为,霍布斯政治理论的主要框架,也就是他对自然法、自然权利、法和信约所施加的义务以及公民和主权者的权利和义务的阐述,从本质上说,在《法的原理》《论公民》和《利维坦》中都是一样的。因此,我认为,即便在他最早的著作《法律要义》(唯有对于这本书,我们指责他持利己主义是无可非议的)中,其政治理论也不依赖于利己主义。但有待确立的第一个也

① 作者简介:伯纳德·格特(Bernard Gert,1934—2011),著名道德哲学家,生前为美国达特茅斯学院哲学系教授,著有《霍布斯》《道德:其本质与证成》《共同的道德》等著作。本文译自 Bernard Gert, "Hobbes and Psychological Egoism", *Journal of the History of Ideas*, Vol. 28, No. 4, 1967, pp.503-520。本文原文没有分小节,为方便阅读,译者做了分节。本文受到国家社科基金项目"霍布斯政治哲学著作翻译与研究"(项目编号: 18BZX090)和 2022 年度西南大学创新研究 2035 先导计划(项目编号: SWUPilotPlan018)的资助。

② 译者简介:高雪,西南大学哲学系研究生,主要研究方向为西方政治哲学;毛兴贵,西南大学哲学系教授,博士研究生导师,西南大学西方马克思主义研究所研究员,主要研究方向为西方政治哲学与道德哲学。

③ 在之前的一篇文章中,我曾指出:"无论如何理解霍布斯的机械人性论,都不能有效地从中推出心理利己主义。""Hobbes, Mechanism, and Egoism", *Philosophical Quarterly*, XV(Oct. 1965), p.341。

是最重要的一个观点就是,霍布斯并不持一种利己主义心理学。①

在我开始表明霍布斯不是一个心理利己主义者之前,值得说明的是,霍布斯的心理学几乎完全独立于其机械论。霍布斯的心理学主要是试图定义或分析各种心理学概念,如希望、恐惧、慎思。根据霍布斯的观点,内省是得出这些分析的恰当方法:“当一个人‘思考’‘构思’‘推理’‘希望’‘恐惧’等的时候,无论是谁,都会对自己进行反省,考虑他所做的事情,以及做这些事情基于什么理由;从而他就可以了解并知道其他所有人在类似场合下的思想和情感。”②因此,在《利维坦》中,他提出了以下定义(据说是基于内省):“欲望,如果人们认为能达成,就称为希望;如果人们认为不能达成,就称为失望。嫌恶,如果人们认为其对象会造成伤害,就称为畏惧。”③但根据他的机械论解释,欲望和嫌恶是不能通过内省而获知的,因此,如果他的机械论解释是正确的,我们将永远无法通过内省去发现希望或恐惧是什么样子。此外,这种机械论解释并未对上述定义中的“认为”一词给出任何说明,因而根据这种机械论解释,我们无法区分希望和失望。虽然霍布斯的确对欲望和嫌恶提供了一种机械论解释,然而他在分析更为复杂的心理现象时,却完全忽略了这种解释。并且,尽管他认为我们可以从物理学中建立起一门心理学,但他并没有认真地去做这样的尝试,并且他非常清楚这一点:“心灵运动的原因,不仅是通过推理来了解,而且也通过每一个用心观察其自身心灵运动的人的经验来了解。”④

霍布斯被指责将人视为机器,⑤但有趣的是,他自己从未将人比作机器。他问道:“我们为什么不能说,‘自动装置’(像钟表一样靠发条和齿轮自己运行的引擎)也具有人造的生命呢?”⑥他还称心脏为发条,称神经为带子,称关节为齿轮。他的这些说法并非在谈论

① 这里引用的霍布斯著作文本见于《霍布斯英文著作集》(*English Works of Thomas Hobbes*)和《霍布斯拉丁著作全集》(*Opera Latina*),二者的主编都是威廉·摩尔斯沃思爵士(Sir William Molesworth)(London, 1840)。然而,对于《利维坦》和《论公民》的英文版,我也标注了相应引文在其他版本中的页码。就《利维坦》来说,我引用的是迈克尔·奥克肖特(Michael Oakeshott)编辑的版本(Oxford,1967);就《论公民》来说,我引用的是斯特林·P. 兰普雷希特(Sterling P. Lamprecht)编辑的版本(New York, 1949)。引用《利维坦》和《论公民》时,脚注中前面的页码对应的分别是奥克肖特和兰普雷希特编辑的版本,放在括号里的页码对应的是摩尔斯沃思编辑的版本。之所以这样标注,是因为只有这两个版本比摩尔斯沃思的版本更容易找到。在《霍布斯英文著作集》中,《论物体》是第一卷;《论公民》是第二卷;《利维坦》是第三卷;《人性和论政治体》(*Human Nature and De Corpore Politico*)是第四卷,通常将其称为《法的原理:自然的和政治的》(*Elements of Law: Natural and Politic*)。《论人》(*De Homine*)在《霍布斯拉丁著作全集》的第二卷。

② Thomas Hobbes, *Leviathan*, p.6(p.XI).
此处译文参照了《利维坦》商务印书馆中译本,并略有改动,下文不再一一说明。——译者注

③ Ibid.,p.34(p.43).

④ Thomas Hobbes, *De Corpore*, p.73.

⑤ 参见迈克尔·奥克肖特为《利维坦》写的“导论”,p.xxx, n.1。

⑥ Thomas Hobbes, *Leviathan*, p.5(p.IX).

一种人造人,而仅仅是在谈论一种人造动物。根据霍布斯的说法,当"艺术更进一步,就是在摹仿大自然理性的和最杰出的作品——'人'",艺术创造的不是机器,而是"叫作国家的伟大的利维坦"。[①] 在这方面,霍布斯追随柏拉图,这并不奇怪,因为当时他认为柏拉图是"希腊最好的哲学家"。[②] 但霍布斯也在很大程度上受到亚里士多德影响,列奥·斯特劳斯已经表明,比起力学这一新科学,亚里士多德对霍布斯心理学的影响更大。[③] 80 年前,乔治·克鲁姆·罗伯逊(George Croom Robertson)这样评价霍布斯:"他的整个政治学说……一点儿也不像是从其哲学的基本原则中阐发出来的……毫无疑问,当他还只是人类和行为的观察者,还不是一个机械论哲学家的时候,其政治学说的主要思路就已经确定了。"[④]因此,在发现霍布斯的心理学独立于他的机械论这一点上,我并不声称自己有任何独创性;我的独创之处就在于主张霍布斯的心理学不是利己主义。本文的其余部分将致力于证明这一说法。

一

在我能够表明霍布斯的心理学不是利己主义之前,我必须对心理利己主义做出一些解释。这并不像看起来那么容易,因为心理利己主义虽然常常受到明确的攻击,但似乎并没有哲学家明确地为之辩护。心理利己主义在哲学上的吸引力就在于,它主张人们从不会为了利他而行动,或者因为相信某种行为在道德上是正确的而行动。仅仅说大多数人的大多数行为由自利驱动,这并没有提出任何哲学问题,尽管它陈述的是一种或许得不到事实证明的悲观人性观。在哲学上令人感兴趣的是所有人的所有行为完全是由自利驱动这一主张;只有当这一主张以一种全称命题的形式提出来的时候,将其称为心理利己主义或利己主义人性观才是正确的。我并不否认霍布斯持一种悲观的人性观,但我否认他持一种利己主义观点。

虽然把利己主义人性观与悲观人性观区分开来并不困难,但如何澄清利己主义人性观仍然是个问题。以下事实就表明了这一点:尽管评论家们一致认为霍布斯的人性论是利己主义的,但是在这一点对霍布斯道德哲学的影响上,他们有着重大分歧。泰勒(A. E. Taylor)在他的重要文章《霍布斯的伦理学说》中说道:"霍布斯严格意义上的伦理学说

---

① Thomas Hobbes, *Leviathan*, p.5(p.IX).

② Ibid., p.438(p.668).

③ Leo Strauss, *The Political Philosophy of Hobbes, Its Basis and Its Genesis*, translated by Elsa M. Sinclair, Chicago: University of Chicago Press, 1952.

④ George Croom Robertson, *Hobbes*(Philadelphia, 1886), p.57.

是与利己主义心理学脱节的，而且它与这种心理学没有任何逻辑上必然的联系，是一种非常严格的道义论。”①显然，泰勒并不认为持有利己主义心理学会妨碍霍布斯提出一种比较正统的伦理理论。然而，霍华德·沃伦德（Howard Warrender）在《霍布斯的政治哲学》一书中认为，霍布斯的利己主义心理学使他有必要提出一种伦理理论，在这一理论中义务必然与自利相一致。② 最后，还有人一直主张，霍布斯的利己主义人性论妨碍了他提出任何伦理理论。③ 在霍布斯的利己主义和他的道德哲学之间的关系问题上的这种尖锐分歧，尽管反映的是关于道德本质的分歧，但它也凸显了认真研究利己主义的必要性。

如果我们认为心理利己主义意味着，“为什么你要做出那个（自愿）行为？”这个问题的诚实回答总是“我认为这是我的最佳利益”，那么心理利己主义显然是错误的。我们常常以明知与我们自己的最佳利益相悖的方式行事。屈服于诱惑是一种常见的现象，例如，在我们知道自己应该学习时却去看电影，在我们知道自己应该注意体重时却要再吃一份食物。霍布斯明确地说：“大多数人宁愿失去生命……也不愿遭受侮辱。”④这清楚地表明，他认为违背个人利益行事是常有的事。他总是哀叹人们的激情常常导致他们违背自己的最佳利益行事。⑤ 因此，如果认为霍布斯是一个心理利己主义者就意味着，他主张人总是出于自利的动机行事，那么，当然不能认为他是一个心理利己主义者。

如果心理利己主义要想有一点点道理可言，它就必须既包括出于自利而行动，又包括根据个人激情、野心、欲望等行动。尽管这种扩展看起来异乎寻常，但它并没有对心理利己主义的主要观点造成实质性的影响。虽然心理利己主义是以肯定的方式被表述的，即它认为所有人总是出于自利的动机行事，但若以否定的方式来表达，可以将其观点表达得最清楚，即它否认存在着某些类型的动机。意识到这一点，就可以弄清楚为什么心理利己主义相对而言可以避免遭受巴特勒（Butler）所提出的某些批评。⑥ 指出因饥饿、口渴和野心而行动并不是按照自利的动机而行动，这仅仅具有学术价值。我的确不否认，没能在这之间做出区分可能会使本就混乱的局面更加混乱，但即便做出了区分，也无法令人摆脱心

① A. E. Taylor, “The Ethical Doctrine of Hobbes”, *Philosophy*, XIII (October 1938), p.408.
中译文见泰勒：《霍布斯的理论学说》，毛兴贵译，《哲学评论》2019 年第 2 期，第 79 页。——译者注

② Howard Warrender, *The Political Philosophy of Hobbes*, London, 1957, p.277.
中译文见霍华德·沃伦德：《霍布斯的政治哲学：义务理论》，唐学亮译，上海：华东师范大学出版社，2022 年，第 292 页。——译者注

③ 参见 Thomas Nagel, “Hobbes's Concept of Obligation”, *Philosophical Review*, LXVIII(January 1959), p.81。

④ Thomas Hobbes, *De Cive*, p.49(p.38).

⑤ Thomas Hobbes, *De Cive*, pp.55 - 58(pp.45 - 48);Thomas Hobbes, *Leviathan*, pp.180 - 194 (pp.262 - 284).

⑥ Joseph Butler, *Five Sermons*, New York, 1950, p.24, note 5.

理利己主义的诱惑。如果一个心理利己主义者在被告知饥饿和自利动机之间的区别后，就判定心理利己主义是错误的，那他就是一个很罕见的心理利己主义者。① 要想让心理利己主义者相信他错了，就要去发现一种出于真正的仁慈而去做的行为，或者因为相信这种行为在道德上是正确的而去做的行为。

认识到了心理利己主义的观点，我们就可以将它表述为“人总是为了满足自己的欲望而行动”，这个表述也许最接近心理利己主义者想说的东西。这种表述对心理利己主义者来说有个额外的好处，那就是它在很重要的方面具有歧义。我在本文中所关注的这种歧义主要就在于“他的欲望”这个说法当中。② 一种解释是，“他的欲望”与“别人的欲望”相对，因此所有的仁慈行为都被否认了。另一种解释是，“他的欲望”与“他的道德感”相对，所以一切因相信其在道德上是正确的而采取的行为都被否认了。心理利己主义者必须解释“他的欲望”，以便使那个表述否认有任何行为是由于别人的欲望或自己的道德感而做出的。但是当“他的欲望”不与任何事物相对时，那种重要的歧义就出现了。根据这一解释，我们就不再有心理利己主义了，取而代之的是一种我将称之为“同义反复利己主义”(tautological egoism)的观点，即一种听起来像心理利己主义但却没有任何经验后果的观点。我不否认霍布斯是一个同义反复利己主义者，但我的确否认他是一个心理利己主义者。③

同义反复利己主义是霍布斯对“自愿行为”和“意志”进行定义的直接结果。“自愿行为不是别的，而是从意志中产生的行为。”④“意志便是斟酌中的最后一个欲望。”⑤因此，对霍布斯来说，所有的自愿行为都是为了满足我们的欲望，这只是一个定义问题。但是正如他在《利维坦》中对“仁慈”的定义所表明的那样，他并不否认我们会渴求他人的善。霍布斯的同义反复利己主义因他将“善”包含在其中而变得更加复杂。根据霍布斯的观点：“任何人的欲望的对象就他本人来说，他都称为善。”⑥因此，当霍布斯说“任何人的自愿行为目的都是为了某种对自己而言的善”⑦时，他并不是要排除仁慈行为或出于一个人的道

---

① 心理利己主义者根本就不常见。我唯一遇见过的都是刚开始学习哲学的学生。

② 如果利己主义者声称一个人会无意识地为了满足他的欲望而行动，就会出现一些问题，对于这些问题，我已经在第63页注释③中提到的那篇较早的论文中考虑过了。

③ 沃特金斯(J. W. N. Watkins)在他的《霍布斯的思想体系》(*Hobbes's System of Ideas*, London, 1965)一书中似乎持类似的观点。然而，他似乎没有意识到这种对霍布斯的解释与对霍布斯的传统解释有何不同。尤其参见第六章。

④ Thomas Hobbes, *Leviathan*, p.38 (p.48).

⑤ Thomas Hobbes, *Leviathan*, p.38 (p.49). 也参见 Thomas Hobbes, *Human Nature*, pp.67f。

⑥ Thomas Hobbes, *Leviathan*, p.32(p.41). 也参见 Thomas Hobbes, *Human Nature*, p.32; Thomas Hobbes, *De Corpore Politico*, p.159。

⑦ Thomas Hobbes, *Leviathan*, p.86(p.120).

德感而采取的行为。甚至快乐也被纳入这个逻辑体系之中,“快乐、爱和嗜欲(appetite),后者也称为欲望(desire),是对同一事物进行不同考虑的不同名称”。① 在同一页上,霍布斯把快乐说成是他称之为欲望的那种运动之表象或感觉,也将其说成是“善的表象或感觉”。② 因此,即便是他关于人类寻求快乐的说法,也不该被认为必然暗示着心理利己主义。

二

这个复杂的结构并不像人们或许会希望的那样清晰。不仅霍布斯的评论家们为它所误导,而且霍布斯本人,尤其是在他最早的作品中,似乎也被他下的定义的含意搞糊涂了。这种糊涂,加上他对人性极度悲观的看法,导致他提出了一些看上去确实是在表达心理利己主义的说法。针对霍布斯持心理利己主义这种指控,我在为他辩护时将表明,他既不否认仁慈行为,也不否认出于道德感而采取的行为。然而,既然我承认霍布斯对人性持非常悲观的看法,并且承认他持同义反复利己主义的观点,那就不应该认为我在宣称,对霍布斯的传统看法是凭空捏造出来的。我承认,霍布斯的某些说法似乎在支持某种形式的心理利己主义,但是,这样的说法在大多数道德哲学家那里都是有的,甚至在巴特勒那里也有,他被认为对利己主义提出了经典的反驳。③ 我确实认为这些说法在他的政治理论中没有发挥任何作用。在他最早的作品《法的原理》中,霍布斯的悲观主义最甚,并且其同义反复利己主义似乎确实变成了心理利己主义,但即便在这本书中,他的政治理论也不依赖于利己主义。

这部早期作品包含了霍布斯将生命比作赛跑的著名比喻,他说:“但是这场赛跑我们必须假设没有其他目标,也没有其他花环,有的只是冲在最前面。”④《人性》(*Human Nature*)是这部早期作品的第一部分,许多与霍布斯同时代的人都认为他在这里对激情作出了最好的解释,这一看法持续了很多年。说“霍布斯是最彻头彻尾的利己主义者”⑤的莱斯利 · 斯蒂芬(Leslie Stephen)意味深长地评论道:对激情的解释,“《人性》比《利维坦》更为清楚”,⑥并且他对激情的所有定义都引自那部早期作品。

① Thomas Hobbes, *Human Nature*, p.32.

② Thomas Hobbes, *Leviathan*, p.33(p.42). 也参见 Thomas Hobbes, *Human Nature*, pp.33 – 35。

③ 参见 Austin Duncan-Jones, *Butler's Moral Philosophy*(Middlesex, 1952), pp.113 – 115。

④ Thomas Hobbes, *Human Nature*, p.53.

⑤ Sir Leslie Stephen, *Hobbes*, New York, 1904, p.131.

⑥ Ibid., p.127.

对霍布斯的传统看法如果不是源自巴特勒主教，那也从巴特勒主教那里获得了最大的推动力。在第一篇布道辞中，当主张人拥有真正的"仁慈心"时，巴特勒提及了霍布斯在《人性》第九章第十七段中关于仁慈的评论。他没有加以引述，只是说霍布斯"断言心中的原则（善意、仁慈）只是对权势的热爱，并且以行使权势为乐"。[①] 霍布斯的实际评论是："还有另一种激情，有时我们称之为爱，但更恰当地说是善意或仁爱（charity）。没有什么能比发现自己不仅能实现自己的愿望，而且也能帮助别人实现愿望更能证明一个人的权势了：仁爱概念就在于此。其中首先包含了父母对孩子的自然情感……还包含着另一种情感，凭着那种情感人们会设法帮助其支持者。"[②]要想为霍布斯做辩护，反对巴特勒这种不准确的论述，一个人没有必要成为一名霍布斯主义者。但是，即便巴特勒对《人性》中这段文字的论述是准确的，《人性》也是一部早期作品，霍布斯甚至没有出版这部作品，且写于《利维坦》之前多年。在《利维坦》中，霍布斯给出了这样的定义："希望他人好的欲望称为仁慈、善意或仁爱；这种欲望如果是对人类普遍存在的，便称为善良的天性。"[③]显然，巴特勒不能引述这段文字，因为这里不可能将霍布斯解释为否认"仁慈"的存在或者扭曲了仁慈的含义。

但是"仁慈"并非唯一一种在《人性》和《利维坦》中有着不同定义的激情，这种定义上的变化始终是朝着同一个方向——远离利己主义。霍布斯对"怜悯"的定义（也是一个著名的定义），从《人性》到《利维坦》也发生了显著变化。在《人性》中，"怜悯是关于我们自身将要遭遇的灾难的想象或虚构，它源自对他人遭遇的灾难的感觉。但是当灾难落到那些我们认为本不该遭遇这般灾难的人的身上时，同情会更加强烈，因为那样的话，同样的事情也更有可能发生在我们身上"。[④] 在这里，怜悯实际上关注的是自己；别人的不幸仅仅是我们为自己感到担忧的原因或理由。但是在《利维坦》中，我们可以看到一个彻底的转变。"为他人的苦难而悲伤谓之怜悯，这是想象类似的苦难可能降临在自己身上而引起的，因之便也称为同情（compassion），用现代的话来说便是共情（fellow-feeling）。这样说来，对于因极其邪恶而遭受的灾祸，最贤良的人对它最少怜悯。同样，那些认为自己最少可能遭受这种灾难的人，对之也最少怜悯。"[⑤]这样一来，怜悯就是我们通常所认为的那样，是对他人的不幸的忧虑。之前被看作对怜悯的定义的说法——担忧自己将要受到伤

① Joseph Butler, *Five Sermons*, New York, 1950, p.21f., note 4.

② Thomas Hobbes, *Human Nature*, p.49.

③ Thomas Hobbes, *Leviathan*, p.34(p.43).

④ Thomas Hobbes, *Human Nature*, p.44.

⑤ Thomas Hobbes, *Leviathan*, p.37(p.47).

害，现在仅仅被用来解释为什么我们在某些情况下会产生怜悯，而在另一些情况下则不会产生怜悯。在《利维坦》中，霍布斯不能被指责为试图通过解释来取消怜悯，因为他的定义完全正确。对于为什么我们会怜悯一些人，而不会怜悯另一些人，霍布斯的解释是，只有在我们能认同受害方时，我们才会感到怜悯。这种解释可能不正确，但看上去却是相当合理的。要解释为什么我们有时会担忧别人，显然就不可能否认我们有此担忧。

或许改变最彻底的定义是对“义愤”(indignation)的定义。在《人性》中“义愤是一种悲伤，这种悲伤在于想到巨大的成功降临到他们认为不配取得这种成功的人的身上。因此，鉴于人们认为所有那些他们所憎恶的人都不配取得成功，所以他们认为这些人不仅不配享有他们所拥有的好运，而且也不配拥有他们自己的德行”。[1] 在《利维坦》中，“义愤”就是“当我们看到他人遭受巨大伤害，并且我们认为这种伤害是以不义的方式所造成的，因而产生的愤怒”。[2]《利维坦》中的这一定义不仅是一个更加准确的定义，而且，考虑到对霍布斯来说，“不义”牵涉到不正义，[3]我们看到，这一定义的确表明，霍布斯认为人是出于其道德感而行动的。因此，比较霍布斯在《人性》和《利维坦》中对激情的论述，就不仅可以表明一种远离利己主义的显著转变，而且也可以表明，后者的论述似乎明显是非利己主义的。

而霍布斯不仅在他关于激情的论述中表现出了远离利己主义的明显转变，而且他关于美德的论述也发生了显著变化。斯蒂芬认为，霍布斯悄悄地“把所有的美德都变成了利己主义的形式”[4]，这个观点如果针对的是《论政治体》中的论述，那就具有一定的有效性，但如果针对的是之后的任何作品，则没有任何有效性。在这部最早的著作中，他对美德与恶品作出了如下概述：“按照这些和其他有助于我们的保存的自然法行动的习惯，我们称之为美德；而与之相反的习惯，则称之为恶品。比如，正义就是我们遵守信约的习惯，不正义就是相反的恶品；公道(equity)就是我们承认天性平等的习惯，傲慢则是相反的恶品；感恩就是我们借以得到他人好处和信任的习惯，忘恩负义则是相反的恶品；节制是使我们戒除一切会导致我们毁灭的事物的习惯，无节制则是相反的恶品；明智和一般的美德是一样的。”[5]在这里，我们看不到在正义、公道和感恩等道德美德与节制、明智等个人美德之间有任何区别的迹象。这里甚至没有机会追问后面两种美德是否区别于前面那些美德，因

---

① Thomas Hobbes, *Human Nature*, p.45.

② Thomas Hobbes, *Leviathan*, p.34(p.43).

③ 参见 Thomas Hobbes, *Leviathan*, p.86(p.119)。

④ Sir Leslie Stephen, *Hobbes*, p.140.

⑤ Thomas Hobbes, *De Corpore Politico*, p.110.

为霍布斯说:“明智和一般的美德是一样的。”我们不仅没有看到道德美德和其他美德的区分,而且似乎他真的把道德美德变成了明智美德。

在《论公民》中,我们已经发现了一个极其不同的情况。很有意义的是,在那儿我们发现霍布斯使用了“道德的”这个词。“这样,在通往和平的道路上,自然法也命令我们要有好的品行,或者说要践行美德,因此被叫作道德法则。”①要注意的是,正是那些带来和平的美德,也即公道和怜悯等,是道德美德。霍布斯并没有忘记其他美德。“因此,自然法是道德哲学的总结,我在这里提到的自然法准则只关系到面临纷争引起的危险时如何自我保存。但还有其他一些理性自然的准则,其他美德便源于那些准则”,②比如节制与坚毅。霍布斯的抱怨并非偶然,他抱怨说,正是因为之前的哲学家“没有看到行为的善在于它是为了和平,其恶在于它导致纷争,所以他们建构了一种与道德法则完全无关的道德哲学,而且是自相矛盾的”。③ 霍布斯总是用“道德”这个词来形容那些带来和平的美德,而不用它来形容那些带来个体保存的美德。

在《利维坦》中,霍布斯也忽视了与个人的保存相关的那些美德,他评论说,它们“都无须提及,也不十分宜于在这里讨论”。④ 他将自然法,或者说道德美德总结如下:“己所不欲,勿施于人。”⑤现在,道德美德似乎必然涉及我们对他人的行为,而明智、节制和勇敢却显然未必如此。一个人独自生活在荒岛上,也可以是明智的、节制的和勇敢的,但不可能是正义的或有怜悯心的。然而,霍布斯到此为止还没有明确否认明智、节制和勇敢是道德美德。

在《论人》这部唯一还没被翻译成英语的霍布斯哲学著作中,我们首次看到了两种类型的美德之间的明确区分。⑥ “此外,那种我们可以用市民法(在不同的社会有不同的市民法)来衡量的道德美德只有正义和公道;而那种我们纯粹用自然法来衡量的美德只有仁爱。这两者包含了所有的道德美德。然而,除了正义外,人们称之为基本美德的其他三种美德——勇敢、明智和节制,都不属于公民作为公民的美德,而是公民作为人的美德。”⑦明智、节制和勇敢都只是自然美德,它们并不比动物身上类似的美德更具道德性。

---

① Thomas Hobbes, *De Cive*, p.58(p.48).

② Ibid., p.59(p.49).

③ Ibid., p.58(pp.48f).

④ Thomas Hobbes, *Leviathan*, p.103(p.114).

⑤ Thomas Hobbes, *Leviathan*, p.103(p.114);也参见 Thomas Hobbes, *De Cive*, p.55(p.45);Thomas Hobbes, *De Corpore Politico*, p.107。

⑥ 我的同事和我正在修改我们关于《论人》的译文,希望近期能够出版。

⑦ Thomas Hobbes, *De Homine*, p.117.

当然，它们若被用来服务他人，可能就具有道德价值，但就这一点来说，它们与理智美德并无不同。在《论人》中，霍布斯明确地将道德美德等同于那些能够带来和平与和谐的美德。“但是，如果要把这整个关于品行和倾向的学说浓缩成最少的文字，我要说，所谓好的倾向就是那些适合进入公民社会的倾向；所谓好的品行，也就是道德美德，是那些可以让社会得到最好保存的品行。”①现在，在带来和平的美德和那些直接带来保存的美德之间我们就有了明确区分，而且只有前者是道德美德。但是，不仅道德美德同非道德美德被区分开了，而且非道德美德也失去了其大部分的意义。在《论政治体》中，霍布斯说过“明智和一般的美德是一样的”，并且他在这一章的结尾还写道：“公道、正义和荣誉包含了所有的美德。”②在《论人》的那一章结尾，他写道：“此外，所有的美德都包含在正义和仁爱之中。由此可以理解，与这些相反的倾向就是罪恶；相反的品行和所有的恶品都包含在不正义以及对他人的不幸毫无感觉的心灵之中，也就是包含在缺乏仁爱的之中。”③仁爱取代荣誉，与正义一道，包含了所有的美德，这种取代是霍布斯著作中可以看到在不断发展的一个趋势的顶峰，这种趋势就是不断远离利己主义。

三

霍布斯的政治理论通常被认为需要一种利己主义心理学，然而它实际上所需要的仅仅是所有人都关心他们自己的利益。也就是说，尽管霍布斯的政治理论要求所有人都关心他们自己的利益，尤其是他们的自我保存，但它并没要求他们不能关心任何其他的事情。在霍布斯的政治理论中，没有任何内容要求人们不能拥有自己愿意为之做出牺牲的朋友。霍布斯谈到了惩罚的权利，根据这种权利，“每个人都订立契约保证不去帮助任何一个将要遭受惩罚的人”，这时霍布斯说：“人们一般来说对这种契约都遵守得很好，除非要遭受惩罚的是他们自己或与他们亲近的朋友。”④这并不是心理利己主义。霍布斯所否认的是一种无差别的自然仁慈。他说：“因为如果一个人从本性上说把另一个人作为人来爱，那就无法给出理由解释为什么每个人不会把每一个人作为平等的人平等地来爱。”⑤霍布斯的论点是：既然所有人显然都不会平等地去爱所有其他的人，那我们就不会仅仅因为其他的人是人就爱他们。他并不是在否认我们确实天生就爱其他某些人，因为

① Thomas Hobbes, *De Homine*, pp.117f.
② Thomas Hobbes, *De Corpore Politico*, p.111.
③ Thomas Hobbes, *De Homine*, p.118.
④ Thomas Hobbes, *De Cive*, p.73(p.75).
⑤ Ibid., p.22(p.3).

甚至在《人性》中他也谈到过父母对其孩子的自然情感。① 他的观点仅仅是:对他人的爱是有限的,因此不能被用来作为建立一个国家的基础。

霍布斯提出了"一条所有人凭经验都很清楚且人人都承认的原则:人有一种自然倾向,如果不是因为畏惧共同权力而受到约束,他们就会相互不信任并相互畏惧"②。这时,他确实看上去持一种利己主义心理学。但当我们考虑他如何证明这条原则时,我们看到,他并不主张所有人都天性邪恶,而是主张,在任何大群体中你都能找到一些邪恶的人,并且"尽管恶人比义士少,但因为我们无法区分他们,所以就有必要怀疑、留心、先发制人、征服、自卫,甚至对于最诚实和最公平的人来说也是如此"。③ 霍布斯的政治理论不要求所有人都是因为害怕惩罚而遵守法律,相反,它要求的是一个争议要小得多的立场,即在大群体中,总会有一些人不遵守法律,除非他们受到惩罚的威胁。从以下论点可以清楚地看到这一点:"如果我们可以假定一个大群体无需有共同的权力使大家畏惧就能同意遵守正义和其他自然法,那么我们便大可以假定在全体人类中也能出现同样的情形;这时就根本既不会有也无需有任何世俗政府或国家了,因为这时会无须服从就能取得和平。"④只有当我们认真对待霍布斯关于大群体的讨论时,这一论点才有分量。虽然我们或许知道,在小型共同体中,相互信任和尊重使执法变得没有必要,但当我们面对的是一个大群体时,情况就绝不是这样了。霍布斯的观点是,如果一个大群体要生活在一起,就必须建立一种共同权力来执行社会规则。生活在一起却没有这样一种共同权力的大群体现在没有,过去也不曾有,这足以证明霍布斯的观点。

霍布斯主要的实际关切就是要提出一种说服人们遵守法律的理论。考虑到这一点,他没有利用仁慈也就不足为奇了,因为有限的仁慈是唯一一种霍布斯认为存在着的仁慈,它无法为遵守法律提供多大的支持。但由于霍布斯并不关心仁慈,所以也不能以此为理由认为他否认仁慈的存在。我们已经引述了《利维坦》中对仁慈的定义;再引述两个似乎是非利己主义的定义或许并没有什么不合适。"为了交往相处而对人产生的爱称为友善(kindness)",以及"专爱一人而又想专其爱,这种爱谓之爱的激情"。⑤ 在《论公民》中霍布斯说:"那些爱邻人的人,不可能不想遵守道德法则,它包括……禁止骄傲、忘恩负义、侮

① 参见 Thomas Hobbes, *Human Nature*, p.49。

② Thomas Hobbes, *De Cive*, p.11(pp.XIVf).

③ Ibid., p.12(p.XVI).

④ Thomas Hobbes, *Leviathan*, p.110(p.155).

⑤ Ibid., p.34 (p.44).

辱、冷酷无情、残忍、不义,以及类似的冒犯行为,这些都会使我们的邻居遭受损害。”①但霍布斯不认为这样的爱有那么广泛,以至于足以在他的政治理论中发挥某种作用。因为霍布斯的政治理论并不要求否认有限的仁慈,并且前面那些引文强烈地表明他并不否认这种仁慈的存在,所以我们可以安全地得出这样的结论:只要利己主义者否认任何仁慈行为的存在,霍布斯就不是一个利己主义者。

心理利己主义不仅否认仁慈行为,它也否认出于道德感而采取的行为,也就是因相信其在道德上是正确的而做出的行为。我将把否定后一种动机的观点称为心理倾向主义(psychological inclinationism)。因此,倾向主义是利己主义较为温和的一种形式;它不否认仁慈行为,只否认出于道德感而做出的行为。霍布斯不是一个倾向主义者,这一点可以从他对正义的讨论中清楚地看到。“但在用于人身上时,说某人是正义的就相当于说他乐于行事正义,热心于正义,或力争在任何事情上都做正义之事;而说某人是不正义的就意味着,他忽视正义,或者认为正义的衡量标准不是信约,而是眼前利益。”②在《利维坦》第97页(pp.135f.)和《论政治体》第97页也有类似的段落,但在《利维坦》中霍布斯承认,要成为一个正义的人需要“某种罕见的高贵品质或侠义的勇敢精神”。然而,霍布斯对于正义之人的数量很悲观,这主要不是因为他相信勇敢精神是罕见的,而是因为他意识到人类激情的力量,以及坚信大多数人都没有受到适当的教育和训练。

霍布斯做出的最重要的区分之一,即自然人和文明人(civilized man)之间的区分,几乎完全被人忽略了。③ 这一区分的重要性可以从霍布斯的评论中看出:“公道地说,有两条箴言肯定都是正确的:人对人而言是上帝,人对人而言是豺狼。前者就公民关系而言是正确的;后者就国家与国家之间关系而言是正确的。”④从几个段落中可以清楚地看出,可以用自然人来替代这里的“国家”。⑤ 自然人就是自然状态下的人,这种自然状态并不是那种仅仅缺乏一种“共同的权力使大家畏惧”⑥的自然状态,而是一种更为原始的状态。或许这句话描述得最为恰当:“让我们再回到自然状态,把人看作是就好像刚刚从地里长

① Thomas Hobbes, *De Cive*, p.196(pp.300f.). 也见摩尔斯沃思编辑的版本第264页(在兰普雷希特编辑的版本中省略了)。

② Thomas Hobbes, *De Cive*, p.45(p.33).

③ 但见兰普雷希特编辑的版本,《论公民》导言,pp.XXIIf。

④ Thomas Hobbes, *De Cive*, p.1(p.ii).

⑤ Thomas Hobbes, *De Cive*, pp.11 - 29(pp.XV - 11); Thomas Hobbes, *Leviathan*, p.82(p.113); Thomas Hobbes, *De Corpore Politico*, pp.94f.

⑥ Thomas Hobbes, *Leviathan*, p.82(p.113).

出来,突然之间就成熟了(就像蘑菇一样),彼此不负有任何义务。”①自然人就是被认为似乎只是动物的人②,没有以任何形式受到教育或训练的改变。虽然自然人显然是一个抽象概念,但孩子就是自然人很好的例子。“除非你把孩子们想要的都给他们,否则他们会发怒,会哭喊,有时还会打他们的父母,所有这些都源自他们的天性。”③正是自然人像真正的狼一样行事,公民(也就是文明人)是否会这样行事取决于他们是如何被养育的。

这一观点得到最为明确的说明,就是在霍布斯解释为什么他否认“人是生来就适合于社会的生物”这一常见观点的时候。④ 这个出现在脚注中的解释非常重要。他没有否认人实际上生活在社会中,没有说社会是一群不合群的人所组成的集体,也没有说这就是为什么我们有这么多的麻烦的原因——这是一种很适合心理利己主义者或心理倾向主义者的立场。⑤ 他不否认“人(甚至是天性使然)渴望走到一起”,但他指出,“文明社会不仅是集会,而且是纽带,文明社会的形成需要信任和契约”,而孩子们还没有能力缔结契约。“因此很明显,所有的人因为一出生就是婴儿,所以生来就不适合于社会。”霍布斯的意思并不仅仅是说,人之所以不是生来就适合于社会,是因为他们出生时是婴儿,而婴儿不能满足社会的建立所必需的那些条件。这段话的意思是:“许多人(或许是大多数人)要么是由于心灵的缺陷,要么是由于缺乏教育,他们终其一生都不适合于社会;然而,他们就像婴儿和成年人一样,都具有人性;因此,人不是由于天性而适合于社会,而是由于教育。”霍布斯的观点是,教育使人适合于社会。自然人可能不适合于社会,但这并不意味着人类是这样;人可以变得文明,通过教育,他可以从一个只根据倾向行事的人转变为一个根据契约和法行事的人。

这样,霍布斯对自然人品格的平静态度就得到了解释。“除非我们说,正是因为人没有受到教育,也没有运用源自本性的理性,所以人从本性上说是邪恶的,否则我们就必须承认,纵然他们有贪婪、畏惧、愤怒和源自本性的其他激情,我们也不能把这些激情的不良后果归于其本性。”⑥孩子是无罪的,但是成人却不是。“应该通过良好的教育和经验来更好地控制天性。”⑦《利维坦》再次讨论了人不适合于社会。“考虑到人们的见解与品行之

① Thomas Hobbes, *De Cive*, p.100(pp.108f.);也见 Thomas Hobbes, *De Cive*, pp.27f.(pp.9f.)。
② Thomas Hobbes, *De Homine*, p.94.
③ Thomas Hobbes, *De Cive*, p.12(p.XVI).
④ Ibid., p.21(p.2).
⑤ Thomas Hobbes, *Leviathan*, p.210(p.308).
⑥ Thomas Hobbes, *De Cive*, p.13(p.XVII).
⑦ Ibid.

间普遍存在的对立,他们说:要跟所有在世俗事务上必得有交往的人经常维持文明社会的和睦关系是不可能的,这种世俗事务除了不断地争夺名利权势以外,几乎就没有别的东西了。"①霍布斯如何回应人类天性与文明社会的和睦关系不相容这一主张呢? 这正是我们所期望的:"对此,我的答复是:这些诚然是很大的难题,但却不是不可解决的问题。通过教育和训练,它们可以调和起来,而且实际上有时也调和起来了。"②并且霍布斯继续说:"同时,畏惧法律和不畏惧公敌之间也没有任何矛盾存在,不进行侵害和原谅人家的侵害之间亦复如此。因此,人类天性和文明社会下的义务之间便没有某些人所想象的那种矛盾存在。"③这是霍布斯对那些认为他的心理学妨碍他拥有道德理论的人的回应。

霍布斯的政治理论既不需要心理利己主义,也不需要倾向主义;不仅如此,而且这两者都与霍布斯的政治理论完全不相容。我不否认,在建构其政治理论的过程中,霍布斯强有力地诉诸自利,尤其是自我保存。但他并非只诉诸自利,他也诉诸道德。他对道德的诉诸主要在于强调由信约或契约施加的义务。因为霍布斯主张,"法律由于一个普遍的契约(即要服从法律)而让立约方背负义务"。④ 这种强调是我们希望他作出的,因为我们已经注意到,他主要的实际任务是说服人们服从法律。霍布斯对信约和契约的讨论毫无疑问地表明了他的这一观点:我们应该遵守诺言,而不仅仅是因为这样做对我们有利。这一点在一个脚注中得到了尽可能清楚的表达,在那里,霍布斯解释了由契约所施加的义务和由法律所施加的义务之间的区别。"因此,为了更清楚起见,我要这样说:一个人因其契约而负有义务,意思是说,他由于其诺言的缘故而应该履约。"⑤除非我们想指责霍布斯,说他敦促人们去做那些他认为他们不能做到的事,否则我们必须承认,他认为人们"由于其诺言的缘故而履约"是可能做到的。

对于那些把霍布斯当作彻头彻尾的利己主义者的人来说,他们当然不可能认为他呼吁人们去做正确的事。但是如果没有这种偏见,一个人就会意识到,霍布斯认为,对一种行为是对是错的看法在很大程度上影响到人们的行为。在《论公民》"致读者的前言"中,他哀叹缺乏真正的道德哲学,并说那些关于何为对错的学说要为大量的流血事件负

---

① Thomas Hobbes, *Leviathan*, p.460(p.702).

② Ibid.

③ Ibid., p.461 (p.702).

④ Thomas Hobbes, *De Cive*, p.157(p.185). 也参见 Thomas Hobbes, *Leviathan*, pp.172f - 343(pp.251 - 518); Thomas Hobbes, *De Corpore Politico*, p.221。

⑤ Thomas Hobbes, *De Cive*, p.157n (p.185n). 也参见 Thomas Hobbes, *Leviathan*, p.86(p.119); Thomas Hobbes, *De Cive*, p.39(p.24), Thomas Hobbes, *De Corpore Politico*, p.93 中对契约、信约等所施加的义务的讨论。

责。① 他就强制力量的必要性所给出的一个理由是，人们可能被他们关于善与恶、对与错的看法所误导。② 他甚至声称，正是为了纠正这些错误，他在写作那两部原本应该先写的著作之前就写了《论公民》。③ 此外，他坚持认为主权者应教导人们为什么有义务服从他——即为了维持其服从，他们已经订立了信约。而且，霍布斯认为这种教导比“对法律惩罚的恐惧”更为重要。④ 在《论物体》中，他批判了之前所有的道德哲学，因为“这些道德哲学主要缺乏的是正确而确定的行为规则，通过这种规则，我们就可以知道我们所做的事情是正义的还是不正义的。因为在建立起衡量正确与否的规则或尺度之前（迄今为止还没有人建立），要求人们把每一件事都做正确是没有意义的”。⑤ 显然，霍布斯并不认为，在建立起衡量正确与否的规则或尺度之后（他认为他已经做到了），要求一个人去做正确的事情是毫无意义的。因此，没有理由认为霍布斯不会使用这样一个论点——即呼吁人们去做正确的和正义的事。事实上，由于霍布斯认为关于权利和义务的那些错误观点是内战的原因之一，所以，要是他又提出这样一种人性理论，根据这种理论，人们永远不会因为相信一种行为在道德上正确或错误而采取行动，那他就太怪异了。

除了已经讨论过的因素外，自我保存或理性地逃避死亡在霍布斯的政治理论中起着如此重要的作用这一事实，也在一定程度上可以解释为什么霍布斯被公认为是一个心理利己主义者。比如，霍布斯认为：“没有人会因任何契约的束缚而有义务不去抵抗那些企图对他进行杀害或任何身体伤害的人。”⑥因此，他主张自卫是一项不可剥夺和转让的权利。自然法和自然权利都是建立在对自我保存的理性追求之上的。⑦ 有一位评论家谈到《利维坦》时表示：“利己主义的动机理论贯穿了整本书。”这位评论家认为，霍布斯的利己主义观点“在阐述自然法时表现得尤为清晰”。⑧ 显然，这意味着基于自我保存的首要性的观点是利己主义观点。但是说人从不会违背其自我保存行事，并不等同于说他从不会

---

① 参见 Thomas Hobbes, *De Cive*, pp.8f.（pp.XIf.）。

② 参见 Thomas Hobbes, *Leviathan*, pp.111 – 211（pp.157 – 310）；也参见 Thomas Hobbes, *De Cive*, p.66（p.67），以及 Thomas Hobbes, *De Corpore Politico*, p.121。

③ Thomas Hobbes, *De Cive*, p.15（pp.XIXf.）.

④ Thomas Hobbes, *Leviathan*, p.220（p.323）. 然而，霍布斯在这一点上并不始终如一。因为在《利维坦》比较靠前的部分，当他为一个强大的主权者辩护时，他似乎更多地依赖于“对法律惩罚的恐惧”，比如，参见 Thomas Hobbes, *Leviathan*, pp.138f.（pp.198f.）。霍布斯有一种不恰当的倾向，那就是，每当他考虑一种守法动机时，他就夸大那种动机的重要性。但是毫无疑问，他认为，认识到自己已经订立信约，这确实为服从法律提供了某种动机。

⑤ Thomas Hobbes, *De Corpore*, p.9. 也参见 Thomas Hobbes, *De Cive*, p.10（pp.XIIIf.）。

⑥ Thomas Hobbes, *De Cive*, p.39（p.25）. 也参见 Thomas Hobbes, *Leviathan*, p.91（p.127）。

⑦ 参见 Thomas Hobbes, *De Corpore Politico*, pp.83 – 109；Thomas Hobbes, *De Cive*, pp.27 – 32（pp.8f. – 16）；Thomas Hobbes, *Leviathan*, pp.84f.（pp.116f.）。

⑧ Thomas Nagel, “Hobbes's Concept of Obligation”, p.69.

违背他自己的利益行事。在《汤姆·琼斯》(*Tom Jones*)中,菲尔丁(Fielding)对帕特里奇(Partridge)作了如下评论:“尽管帕特里奇有许许多多的缺点,但他却是满腔忠诚。虽然由于害怕,他不会替他的主人上绞刑架,然而世人如果想贿赂他背弃自己的主人,我相信那也是办不到的。”①霍布斯关于自然法的观点对帕特里奇来说是有说服力的,但很明显,帕特里奇并不是以自利为动机而行动。我们可以认为,霍布斯对自然法的阐述是要表明,他认为所有人都和帕特里奇相似,但这不等于认为,他的阐述表明他持一种利己主义心理学。

但霍布斯甚至不认为,人从来不会违背自我保存行事。可以料到,人们之所以指责霍布斯,说他认为人从来不会故意以一种会导致其死亡的方式行事,是因为他们未能区分开自然人和文明人。“因为每个人都欲求对他有利之事,逃避对他有害之事,尤其是要逃避自然灾祸中最大的灾祸即死亡。这一点是由于自然的冲动,就像石头要下落一样。”②重要的是要注意到“最大的自然灾祸”这个说法,因为只有当我们区分开自然灾祸(即那些对自然人而言是灾祸的事情)与人为灾祸时,我们才能使霍布斯的这一说法和其他一些观点保持一致,比如,“大多数人宁愿失去生命(我不说和平)也不愿遭受诽谤”,③以及“一个儿子可能宁愿死,也不愿声名狼借地活着遭世人唾弃”。④ 如果我们不区分自然灾祸和人为灾祸,那我们就会陷入一个无法避免的矛盾:人类逃避死亡胜过一切;大部分人宁愿失去生命也不愿遭受诽谤,或者宁愿死也不愿声名狼借地活着遭世人唾弃。针对霍布斯陷入了前后不一和自相矛盾这种解读,作出这个区分当然不是一个结论性的反驳。但如果有一种解读可以避免这些严酷的结果,它当然就更加可取。自我保存的欲望是所有自然欲望中最强烈的;它并不一定是(根据霍布斯的观点,它实际上不是)所有欲望中最强烈的。⑤ 文明人或许有(事实上许多人确实有)比自我保存的自然欲望更为强烈的欲望。

在霍布斯将人类逃避死亡比作石头下落这一类比中,有一个有趣的,或许意想不到的特点。人类自然地逃避死亡,而石头自然地往下落。但是当石头被人往上扔的时候,它们可以向上移动,事实上很多东西都是这样。也就是说,尽管石头自然地下落,但它们可能在人为干预的情况下向上移动。因此,自然地逃避死亡的人实际上可能在人(他人)的干

---

① 中译文见亨利·菲尔丁:《弃儿汤姆·琼斯的历史》(上),萧干,李从弼译,北京:人民文学出版社,1984 年,第 998 页。——译者注

② Thomas Hobbes, *De Cive*, p.26(p.8).

③ Ibid., pp.49f. (p.38).

④ Ibid., p.79(p.83).

⑤ 然而,这是一种理性的欲望,反其道而行之在霍布斯看来就是不理性的,这一点在他对自然法的解释中说得很清楚。

预下寻求死亡,“所有灾祸中最大的灾祸是死亡,特别是被折磨致死,因为生命的痛苦可能会如此之大,以至于除非可以预见这种痛苦很快会结束,否则痛苦就会使得死亡成为一件好事情”。[①] 人们很容易犯这样的错误:认为由于石头自然地向下落,就永远不会向上移动。没有认识到人可以使事物发生非自然的运动,就不可避免地会出现这种错误。由于人自然地逃避死亡,就断定他永远不会故意去做会导致其死亡的事情,这是一个错误。不仅文明人可以非自然地、人为地行事,而且所有真正意义上的人都能在不同程度上这样做。自然人和文明人之间的这种区别,使得我们在阅读霍布斯的时候,不至于把一种粗糙的心理学理论归到他身上,这种粗糙的心理学理论唯一的吸引力就在于它如此容易反驳。

结语

如果霍布斯不是一个利己主义者,那他的观点是什么呢?答案已经暗示得非常明显了。霍布斯相信人性是可塑的,我们可以培养、教育、训练人们成为好公民。的确,这种规训必须考虑到自然人的强烈激情,但通过这样的训练,人可以变得完全不同于他原来的样子。霍布斯指出,孩子们“除了从父母和师长那里接收来的教训以外,便没有其他的善恶行为准则……孩子们坚守其准则”。[②] 在《论人》中,他详细分析了性格是如何形成的。“倾向(inclinations),即人对某些事物的倾向(propensities),大概有六种来源,分别是身体构造、经验、习俗、好运、一个人对自己的看法以及权威人士。当这些事物发生改变时,人们的倾向也会改变。”[③]在这一系列形成性格的力量中,霍布斯特别重视人与社会的影响。这种重视体现在霍布斯讨论权威的力量的那段话当中。“倾向也源于权威。此外,在任何事情上,只要我们基于对一个人智慧的评价而遵循他提出的规范或以他为榜样,我就称之为权威。如果他们是好人,他们就会塑造年轻人的好倾向,而如果他们是坏人,就会塑造出年轻人的坏倾向;不管他们是教师、父亲还是其他什么人,年轻人通常都会倾听他们,只要他们因其智慧而得到赞颂;因为年轻人尊敬那些受到赞颂的人,并且认为他们值得效仿。从这一点可以知道,首先,不仅父亲、教师和他们的监护人应该将真正的和好的规范灌输到年轻人的心中,而且他们在年轻人面前也应该虔诚地和正直地表现得得体,因为要靠规范来形成好习惯很难,而要靠榜样来形成坏习惯就容易多了。”[④]

---

① Thomas Hobbes, *De Homine*, p.98.

② Thomas Hobbes, *Leviathan*, p.67(p.91).

③ Thomas Hobbes, *De Homine*, p.111.

④ Ibid., p.115.

在这里，霍布斯展现出对性格形成方式的清晰理解，他注意到好规范的重要性，也意识到一个好的榜样更加重要。我承认霍布斯有时被他的同义反复利己主义所误导，并且他的悲观主义可能太强了，以至于无法证成。而在我看来难以置信的是，任何一个人只要持有霍布斯在这段话和其他一些段落中所展现的人性观，就犯下了传统上所指责的一种错误，即持有一种像心理利己主义那样粗糙的理论。不带偏见地去审视这些文本的、哲学的和历史的证据可以确凿无疑地看到，这种传统的指控不仅没有得到证实，而且支持它的证据远远超过了反对它的证据。

Hobbes and Psychological Egoism

Bernard Gert

【Abstract】 Hobbes has long been misunderstood as a psychological egoist. In fact, Hobbes does not hold psychological egoism, and his political theory is incompatible with egoism. Hobbes holds tautological egoism and a pessimistic view of human nature. Although some of the arguments in Hobbes' work seem to support some form of psychological egoism, there is a tendency in Hobbes' work as a whole to move away from egoism. Moreover, Hobbes does appeal strongly to self-interest, especially to self-preservation, in the construction of his political theory, but in fact he also appeals to morality and argues that human nature is malleable.

【Keywords】 Hobbes, Psychological Egoism, Tautological Egoism, Morality

霍布斯与伦理自然主义

[美]琼·汉普顿(著)①

曹　钦(译)②

【摘要】有些当代哲学家宣称说,霍布斯提出了一种避开了客观规范权威性的伦理自然主义理论。然而,其他一些人论证说他有着独立于欲望的道德义务观。事实上,霍布斯的确想要提出一种能够摆脱他所反对的形而上学“无稽之谈”的理论,但他的计划最终失败了。最后,霍布斯还是无法避免将客观规范权威性偷偷运进自己的伦理自然主义中去。

【关键词】霍布斯,伦理自然主义,规范性权威,理性

许多当代道德理论家否定了亚里士多德主义传统、康德主义传统、基于权利的传统和功利主义传统中使用的大部分道德语言。在他的著作《伦理学:发明对与错》中,约翰·麦凯指出了那些理论家做出这种否定的理由:在他们看来,那种道德语言要么是借助于某些从形而上学角度来看很“怪异”的东西,那些东西被认为本身就具有规定性(inherently prescriptive);要么是借助于某种看上去类似于所谓“实践理性”之魔力的东西,以便去发现并激发(motivate)那些关涉他人的行为。麦凯以及其他当代道德理论家(其中包括高蒂尔和哈曼),为一种我所谓“甩掉无稽之谈”(no-nonsense)的道德理论作了辩护,这种理论是伦理学中所谓“自然主义”的典范。③ 这样一种理论不会借助于怪异的东西,不会将任何奇异的力量归于人类理性,而且和物理主义(physicalism)的形而上学完全相符。不过,这种伦理学进路并非前所未有:在早期现代时期,这种进路最为著名和精致的倡导者,就是托马斯·霍布斯。通过攻击他所说的希腊哲学中的“污言秽语和欺蒙诈骗”(《论公民》,《英文著作集》,i,Ep.Ded.,ix),霍布斯否定了任何“最高的善”(Summum Bonum)的

---

① 作者简介:琼·汉普顿(Jean Hampton,1954—1996),哈佛大学博士,生前任教于加州大学洛杉矶分校、加州大学戴维斯分校、匹兹堡大学和亚利桑那大学等,著有《霍布斯与社会契约传统》(1986)、《政治哲学》(1997)、《理性的权威》(1998)、《人的内在价值》(2007)等多部作品。本文译自 Jean Hampton, “Hobbes and Ethical Naturalism”, *Philosophical Perspectives*, Vol. 6, Ethics (1992), pp.333 - 353。

② 译者简介:曹钦,南开大学哲学院副教授,主要研究方向为政治哲学与西方政治思想史。

③ 这一命题的出色例子是 Peter Railton 对伦理学中的自然主义的讨论,见他的“Preferences and Goodness”, in E. Paul, F. Miller and J. Paul, eds. *The Foundation of Morality*, Blackwell, 1989。亦见 *Essays on Moral Realism*, ed. G. Sayre-McCord (Cornell, 1988) 中 R. Boyd 和 N. Sturgeon 的论文。

存在,而"最高的善"恰恰是他的学术同辈们最有可能去接受的规定性实体(prescriptive entity)。他还建构了他所说的道德哲学的"科学"(a "science" of moral philosophy),并视其为可以同伽利略、开普勒和哈维所推进的物理科学中的科学理论并驾齐驱。近年来,这种进路的大体思路得到了一批伦理自然主义者的追随。

本文的目的是评估霍布斯版本的伦理自然主义的成败。我将首先对霍布斯的道德理论做出概述和评估,并指出为何其大体思路在当时和今天都能够吸引那么多人。然后我将论证,这种进路的表面合理性恰恰取决于它把自己宣称要绕开的那种形而上学无稽之谈悄悄地吸收了进来。因此,我的意图就不仅是要提供一种对霍布斯文本的诠释,而且还要考察当前很流行的一种伦理学进路的结构和弱点。我希望表明,某些在宣扬这种道德理论时与霍布斯有着同样的形而上学顾虑的当代道德理论家,他们和霍布斯一样,都在如下问题上被误导了:在何种程度上,这种道德理论避免了把它认为不恰当的形而上学内容吸收进来?虽说本文的论证不是反对伦理自然主义本身,而仅仅是反对这种进路的霍布斯版本,但是,我将会解释一下,霍布斯的进路所具有的问题,何以会严重到足以使任何伦理自然主义者担忧的地步。

本文除了理论上的意义之外,还有着学术上的意义:我要论证,一旦霍布斯那种类型的道德理论的形而上学问题得到了理解,就有可能调和两种对霍布斯道德著作的不同诠释。有些霍布斯研究者追随霍华德 · 沃伦德,认为霍布斯应该被诠释为一个自然法理论家,认为霍布斯主张道德义务成立与否不取决于我们的欲望,并且主张一种非工具性的理性①概念;其他人则坚持认为,霍布斯是彻头彻尾的伦理主观主义者,他试图从开明自利中推导出道德义务,并且用一种完全是工具性的方式来理解理性。对于霍布斯的研究者们来说,两种如此不同的诠释都能够从相同的文本中得出,想必是让人惊讶的。我希望表明,这两种带有分歧的观点何以都是可能的,并且都是部分正确的:我将论证,后一个阵营里的人正确理解了霍布斯打算提出的那种观点;但是,前一个阵营里的人也领会到了霍布斯不得不转而依靠的一个观点,他之所以转而依靠那个观点,是因为他打算提出的观点存在一些理论问题,而且这些问题将以某种方式破坏其政治谋划。

一、霍布斯道德哲学的科学

霍布斯认为,"科学地深入探索世界"的关键,就是理性的恰当运用。② 他主张说,思

① 本文交替使用了"rationality"和"reason"来表示"理性",两者含义在这里大体上是相同的。——译者注

② 见《论物体》,《英文著作集》i,I,1,1。

想活动总是“受某种欲望和目的”所控制。[①] 当这种思考被“正确地”做出时，我们就是在尽可能有效地决定能够实现目的的手段；不过霍布斯区分了真正的推理（true reasoning）和单纯的审慎计算（prudential calculation），坚持认为理性“不像审慎那样单纯是从经验中得来的，而是通过辛勤努力得来的。其步骤首先是恰当地使用名词，其次是从基本元素——名词起，到把一个名词和另一个名词连接起来组成断言为止这一过程中，使用一种良好而又有条不紊的方法；然后再形成三段论证，即一个断言与另一个断言的联合，直到我们获得有关问题所属名词的全部结论为止。这就是人们所谓的科学”。[②]

霍布斯这里必然想要强调的是：语言使用者有能力进行三段论式推理，因此就能去达到“逻辑上必然”的结论——意思是说，就那些结论是逻辑上所蕴含的而言，它们是必然的；并且，只要那个（有效的）三段论的前提是真实的，那些结论也就是真实的。[③]

然而，霍布斯眼中的科学，不仅会通过遵循逻辑方法而得出逻辑上必然的真理，而且还有着特定的内容，正是在这种内容中，显现出了一种非常不同的、因果性意义上的必然性。他在《利维坦》中坚持认为，“科学是关于结果（consequence）……的知识”[④]，这种知识寻求去理解我们所经验到的、充满变化的世界。霍布斯在《论物体》中说，这种世界的基础可以在“无须任何方法”的情况下被揭示给我们，因为那些变化的原因“是自明的，或者像大家通常说的那样，是本性认识得到的”，他还争辩说，所有那些变化的原因都是运动。[⑤] 因此，科学的首要原则，必须要诉诸某些运动法则（他认为伽利略的惯性法则就是其中一条），来解释和揭示出世界上的物体之间的因果联系。[⑥]

霍布斯并不认为我们参与科学探询仅仅是，甚至首先是[⑦]因为，我们单纯由于有关世界的真理本身，就会珍视对那些真理的探取。相反，他像培根一样认为，“哲学的目的或目标，就在于我们可以利用事先看到的结果来为我们谋取利益……来为人生谋取福利”。[⑧] 因此对霍布斯来说，科学既有描述性作用也有规定性作用。它不仅描述了世界，

---

① 《利维坦，3，4，9》。
此书的译文参考了［英］霍布斯：《利维坦》，黎思复，黎廷弼译，北京：商务印书馆，1986 年，译文略有改动，以下不再一一注明。——译者注

② 《利维坦》，5，17，21。

③ 见《论物体》，《英文著作集》i，I 6，16，86。

④ 《利维坦》，5，17，21。

⑤ 《论物体》，《英文著作集》i，I，6，5，59。
［英］霍布斯：《论物体》，段德智译，北京：商务印书馆，2020 年，第 88 页。——译者注

⑥ 《论物体》，《英文著作集》i，II，9，7，124－5；亦见 I，6，6，70－73。

⑦ 此处疑为作者笔误，似应为“首先是、甚至仅仅是”。——译者注

⑧ 《论物体》，《英文著作集》，i，I，1，6，7；着重为后加。

而且基于它对世界的结构和运行原理的发现,把我们的行为引导至有效的方式上去。如果我们想在战斗中发射炮弹摧毁自己的敌人,或者如果我们想通过改变身体的化学反应去治病,科学就会提供我们达成这些目标所需的因果性信息,从而告诉我们该如何去做。

有了这种对科学的独特理解,霍布斯在《利维坦》第十五章结尾把自己的伦理和政治论证称为"科学",就是意义重大的。在完成了他对十九条道德上的自然法的界定后(其中第二条包含了建立绝对主权者的指示),他认为,"研究这些自然法的科学是唯一真正的道德哲学"。① 如果科学是"关于结果的知识",那么,这十九条自然法是否给了我们关于世界的因果性知识呢?

霍布斯进而解释说,这些自然法事实上确实给了我们那种知识。首先,他重复了自己在第六章对"善"和"恶"的主观主义定义。这些定义如下:

> 任何人的欲望的对象就他本人说来,他都称为善,而憎恶或嫌恶的对象则称为恶,轻视的对象则称为无价值和无足轻重。因为善、恶和可轻视状况等语词的用法从来就是和使用者相关的,任何事物都不可能单纯地、绝对地是这样。也不可能从对象本身的本质之中得出任何善恶的共同准则……②

这种主观主义立场,在本质上绕开了关于人类价值的形而上学"无稽之谈"。那种引出了我们的评估行为并驱使着我们去行动的事物,并非某种"有待发现"的、神秘的固有之善,而是我们的欲望。这些欲望的满足是通过获取某些对象来实现的,那些对象由于能够满足欲望而被我们称为善。霍布斯并未明确提出一种价值投射论(projection theory of value),即根据我们对事物的认知——它们满足或妨碍了欲望(由此被体验为产生了快乐或痛苦),将积极或消极的评价投射到那些事物之上。但他的评述肯定暗示了这样的理论,而且与这种理论没有矛盾,所以那些评述必然对休谟有所影响。③

在采用了这种对价值的自然主义进路后,霍布斯继续宣称说:

> 道德哲学就是研究人类相互交谈与交往中的善与恶的科学。善与恶是表示我们

---

① 《利维坦》,15,40,79。

② 同上书,6,7,24。

③ 见 J.L. Mackie, *Ethics: Inventing Right and Wrong*, Harmondsworth: Penguin, 1977。

的欲望与嫌恶的名词,欲望与嫌恶在人们不同的气质、习惯和学说之中是互不相同的。①

在这里,霍布斯的道德哲学听上去无非就是一种人类学研究——它无疑会显得像是完全描述性的而非规定性的工作。

但这个结论是不成熟的。他接下来就说,尽管人们在其欲求的事物上差异极大,但“所有的人都同意这一点:和平是善”②。在《论人》中,霍布斯称这种善(即所有人类都想要且都能共享的善)为“共同善”(common good)。(第11章)但他还区分了两种人们所欲求的善:真正的善和表面上的(apparent)善。前者是某人在如下情形中会欲求的事物:他有着真实的信念,也有着进行推理和形成欲望的健康生理体系;后者则是他在现有信念和生理状态下实际欲求的事物。因此,当霍布斯说道德哲学是人类相互交谈中的善的科学时,他的意思并不完全清楚。他所感兴趣的,不仅仅是人们出于现有欲望而实际寻求的满足其欲望的手段,而且还有他们为满足欲望而应当寻求的手段(即实现其追求目标的正确方式或最有效的方式)。在他的眼里,和平是一种“真正的”共同善,因为和平的确能够促进人们最为渴求的事物——他们的自我保存。不仅如此,霍布斯还相信,和平的确被所有人都看作是善——表面上的善和真正的善在此融会为一了。不过,并非对所有人都如此显而易见的是,倘若和平是一种善,那么同样:

达成和平的方式或手段,如我在前面所说的正义、感恩、谦谨、公道、仁慈以及其他自然法也是善;换句话说,它们都是美德,而其反面的恶行则是恶。③

自然法表述了体现为合作形式的行为与自我保存之间的因果性联系,因为这些行为实现了和平,而和平又反过来有助于实现更长的寿命(尽管霍布斯在后面又特地说明:只有在其他人也愿意做出那些行为时,它们才有这种作用)。因此,按照霍布斯的观点,道德命令(moral imperative)的成分,乃是与对特定欲望之诉求相联系的特定因果陈述。正如我要开始讨论的那样,这种理论至少看上去完全打消了自然主义者的形而上学顾虑。

---

① 《利维坦》,15,40,79。
② 同上书,15,40,80。
③ 同上书,15,40,80。

二、价值与理性

我们可以用多种方式去衡量霍布斯式道德理论的成败。例如,我们可以怀疑,对于我们中许多人直觉上相信道德必然涉及的那些概念和内容,这个理论在多大程度上真正成功将其把握住了？不过,我想尝试一下不同的评估策略:我想要看一看,这种道德理论是否摆脱了它声称要摒弃的那种无稽之谈。

考虑一下这一点:霍布斯的道德科学必须为规范提供一种自然主义解释,才能算是成功。按照我的理解,规范在如下意义上被视为对我们的决策具有权威性:不管我们有其他什么理由或动机,规范都会给我们一种按其指引去行动、选择或相信的理由,而这种理由在某些情境下会被认为理应是决定性的。规范的权威性可以根据内在主义或外在主义的方式理解,同时,还可能存在各式种类的规范,例如道德规范、理性规范,甚至是语言能力的规范。

把语言能力的规范解释为某种意义上的社会建构之物,似乎是说得通的。许多当代理论家认为,用同样的方式也可以成功解释理性规范和道德规范。如果进行解释的理论家用心的话,这种解释可以完全是自然主义的。[①] 但是,任何有自尊的霍布斯主义者,都不可能严肃对待一种对于所有理性规范和道德规范的社会性(societal)解释(哪怕这种解释可以用于其中某些规范)。这是因为对于霍布斯主义者来说,我们的社会性(sociality)最多也只能说是极其脆弱的,而且对于我们作为人的本性来说并不是根本性的。[②] 事实上,霍布斯相信,至少对于那种导致授权建立绝对主权者的规范,他必须要给出自然主义的解释,以便解释合作性的人类社会何以竟然是可能的。但如果有些理性规范和道德规范并不在任何根本性意义上是社会建构之物(即便它们最终能够获得社会性的承认、教导和强制落实),那么,倘若有人由于物理科学不必承认任何类似之物而印象深刻的话,则那些规范对他来说,就在形而上学的层面存在问题。

因此,像约翰·麦凯这样抱有形而上学顾虑的哲学家建议说,用来表述这些规范的名词,指称的是不存在的实体,导致了一种规范性话语上的"错论"(error theory)。霍布斯的道德科学所试图去做的,是某种更为艰难的、在我看来也更令人兴奋的事情:它试图在承

① 在关于语言规范之讨论的语境下,对于如何进行这种类型的解释的建议,见 Robert Brandom,"Freedom and Constraint by Norms", *American Philosophical Quarterly*, Vol. 16, No. 3, July 1979, pp.187-196。

② 霍布斯甚至可能会拒绝对语言规范进行完全是社会性的解释,因为他以不寻常的方式把语言的发展当作了一件个体化的事情。对此的讨论见 J.W.N. Watkins, *Hobbes's System of Ideas* (London: Hutchison, 1965), pp.101ff,以及 Hampton, *Hobbes and the Social Contract Tradition* (Cambridge: Cambridge University Press, 1986), pp.9-10。

认规范(包括道德规范)的存在时,不把它们解释为社会建构之物,同时又仍然用自然主义的方式去解释它们。

像亚里士多德一样,霍布斯接受了传统美德的标准定义和权威性;他的十九条自然法既是合作行为方面的规范,也是个体人类卓越(excellence)方面的规范。然而,霍布斯所没有接受的,是亚里士多德定义那些规范以及证成其权威性的客观主义方式。① 相反,他相信,我们应该以道德的方式去行动的原因,与我们生病时应该吃药的原因是一样的:这两种行为都是值得向往的效果的必要原因。因此,我们称为美德的那些行为和品性方面的规范,其所具有的令人惊奇的权威性,是用一种完全自然主义的方式来解释的——这种权威性是如下两者的函数:首先是富有美德的行为或品性,以及和平状态之间的因果性联系;其次是几乎每个人都具有的实现和平的欲望(因为考虑到和平能够促进自我保存)。道德命令就是对这种因果性联系的表述。如果说,接收到了道德命令的人想要获得那条命令告诉他应如何去实施影响或加以实现的事物,那么(但也仅仅是在这种情况下),该命令就对我们的决策具有权威性的力量。因此,霍布斯就会显得像是提出了这样一种道德理论:这种理论所成功提供的规定(prescription),可以完全还原为非规定性的(non-prescriptive)、在科学上可以接受的组成部分。这种理论能够保存道德命令的规范性,但又将那种规范性解释为某种完全从非规范性的成分中建构起来的事物。

这种对于规范之权威性的解释,显然满足了自然主义者的形而上学标准。不仅如此,它还带出了一种看似非常成功的对道德动机的解释。我们应该去合作行动,并展现出品性上的传统美德,因为这样做符合我们的利益(尽管只是在其他人具有类似倾向的时候)。我们只需诉诸自己作为人类最为根本的欲望,就可以解释什么能够去、应当去促使我们以道德的方式行动。

霍布斯甚至可以解释,道德命令何以能够被判断为是正确的或者错误的。为了做出这样的判断,我们无须定位出奇怪的道德客观存在物、规定性的属性或者神圣启示的真理;我们可以解释那些法则何以是正确的,就像解释物理科学中任何有条件的因果性命题何以是正确的。事实上,霍布斯可以把自己看作差不多是个道德客观主义者,因为他坚持认为,道德命题可以从客观上来说是正确的,只要那些命题表达了特定行为与人们共同欲

① 他在《利维坦》中说:“旧道德哲学家所说的那种极终的目的和最高的善根本不存在。”(《利维坦》,11,1,47)随后在同一部著作中又说:“道德哲学方面的著作家虽然也承认同样的美德与恶行,但由于他们没有看到这些美德的善何在,也没有看到它们是作为取得和平、友善和舒适的生活的手段而被称誉的,于是便认为美德在于激情的适度。意思好像是说:毅勇不在于勇敢无畏的动机,而在于其程度;慷慨大度不在于馈赠的动机,而在于赠物的数量一样。”(《利维坦》,15,40,80)

求的目标之间的因果性联系。当然，这不是康德主义者或亚里士多德主义者所想要的那种“客观性”，但这只不过表明，我们应该对道德理论中的“主观”和“客观”这种词汇有所警醒，因为它们并不必然会标示出正确的区分方式。对霍布斯的工作来说，一种主观主义的价值理论是至关重要的，但是，考虑到“对于一个人所珍视的目标之实现来说，可以存在着正确的和错误的命题”这一事实，霍布斯可以坚持说，道德命题的真实性是能够进行客观检验的。

然而，霍布斯的“甩掉无稽之谈”理论的关键，是他的主观主义价值论；正是这一理论为前者提供了非规范性的构造材料。霍布斯坚持认为，有价值的东西和没有价值的东西，要么等于我们所欲求的东西和所反感的东西，要么就是它们的投射；他由此可以用完全自然主义的方式来解释，事物为何及如何被我们当作是“好的”和“坏的”。这种价值概念随后又被用于解释自然法的权威性和驱动能力。但如果通过考察表明，对于可以算作是界定了价值的事物，其选取和定义其实都直接或间接地预设了某种规范（直接的方式是：完成了那种选取或定义工作的，就是一种规范；间接的方式是：促成了对那种选取或定义工作的需求的，乃是一种规范），那么，霍布斯的“甩掉无稽之谈”理论就失败了，因为它预设了自己本应加以解释的、从形而上学角度来看很“怪异”的那种东西的存在。

因此，如下这一点是很有趣的：霍布斯的某些批判者对其文本中一些段落进行了发掘和讨论，这些段落似乎与主观主义的价值理论并不契合，甚至带有一种亚里士多德主义的风味。亚里士多德定位了一种客观价值——最高的善——的存在，它就其本身而言就是善的，而且是人们所应当欲求的。最高的善被认为是可以通过理性的运用而达致的，因此理性就有其自身的目的，而这种目的可能会与我们的欲望所指向的目的有所冲突。由此，如果某人追求某种由欲望所设定的目的，而这一目的与理性所设定的目的相冲突，那么，他就可以被正当地批评为不理性。

当霍布斯给不追求自我保存的人（尤其是青睐荣誉的人）贴上不理性的标签时，他听上去很有亚里士多德主义的感觉。一个主观主义者怎么能说，对于由欲望所界定之善物的有效追求可能与理性相悖？正如休谟所说，“人如果宁愿毁灭全世界而不肯伤害自己一个指头，那并不是违反理性”。[1] 主观主义者无法把被视为客观上有价值的、可能和欲望的目标相对立的目标归诸理性。

---

① 《人性论》，II，iii，iii，1978，416。
［英］休谟：《人性论》，关文运译，郑之骧校，北京：商务印书馆，1980 年，第 454 页。——译者注

有些批评者①认为，这些段落表明，关于理性在定义价值时的作用，霍布斯拥抱了一种高度亚里士多德主义的理论。在我看来，这一结论不可能是正确的，这不仅是基于文本上的理由，也是基于哲学上的理由。霍布斯的作品对亚里士多德式伦理学持续不断的贬低，表明了他无意于一种亚里士多德主义的理论，而这些作品发展出的对道德律令的科学式挺进方式，则要求一种工具性的（因此也就是非亚里士多德式的）理性概念，以及一种主观的价值概念。不过，对于一个我认为更有趣和更重要的结论来说，这些亚里士多德式的段落可以提供很好的证据。那个结论就是：霍布斯无法在他的作品中维持一种纯粹自然主义的、甩掉了无稽之谈的道德理论。

为了看看这一结论是否正确，我们需要考察一下那些亚里士多德式的段落以首先决定，对它们的诠释是否真的必然与霍布斯的主观主义价值进路不一致。我曾在其他地方论证说，这种不一致并不存在。但现在我有了不同的想法。②

三、欲望的不理性

“不理性的”这个形容词可以被应用在人、行为、信念或者是欲望上面。将这种标签应用在某种欲望上，似乎就是在以反主观的方式来应用它，因为，说这种欲望是不理性的，似乎就是以亚里士多德主义的方式假定说，我们在根据某种客观的、规范性的理性评估标准来评判那些欲望。而这就意味着，那些欲望无法充当自然主义伦理理论中的非规范性基础。因此，如果欲望定义了价值，而理性被工具性地理解为某人对自己欲望之满足的有效追求，那么，只有那些他用于满足自身欲望的不正确的行为，或者是导致他采取那些行为的不正确的信念，或者是他本人——那个选择了不正确的行为的人，才能被恰当地贴上“不理性”的标签。

然而，这是有问题的：主观主义者确实能有概念上的余地做出某一种对欲望的批评。我要做出（类似于内格尔的）对“基本的”（basic）欲望和“被激发的”（motivated）欲望的一个区分，这个区分通过不同欲望的目标对象而区别了它们。基本的欲望是休谟可能称之为“原初存在物”（original existences）的那种东西；这种欲望的目标对象是因其自身之故而被欲求的，而被激发的欲望的目标对象，至少部分是作为满足某些其他欲望的手段而被欲

① 例如，Bernard Gert, *Preface to Man and Citizen*, Atlantic Highlands, N.J.: Humanities Press, 1978。

② 见 *Hobbes and the Social Contract Tradition*, Cambridge: Cambridge University Press, 1986，尤其是第一章。

求的。① 精确的说法是：如果在一定的情境下，想要获取欲望 d2 的目标对象，就需要去获取欲望 d1 的目标对象，那么，d1 就是由 d2 所激发的。霍布斯本人会对这两种欲望的差别进行如下实质性描述：基本欲望的目标对象被视为本身就会产生愉悦或者避免痛苦，而被激发的欲望的目标对象则要么完全地，要么部分地是一种达成其他目标对象或者事态的手段(那些目标对象或事态会直接地产生愉悦或者避免痛苦)。被激发的欲望本身也能激发更进一步的欲望。我对于新鲜鳟鱼的被激发的欲望，为的是满足我“缓解饥饿”的基本欲望，同时又激发了我去造一根钓鱼竿的欲望。我用“更为基本的欲望”这个词来表示如下这种欲望：这种欲望既可能是基本的，也可能是被激发的，它在一定情境中的满足需要获取某种被激发的欲望的目标对象。

但是，如果我相信，获取 d2 的目标对象能使我实现 d1 的目标对象，但我的信念却是错误的，那又如何呢？我们可以区分出如下两种欲望：一种是主观上所激发的欲望，其根据是我关于目的与手段之联系的信念；另一种是客观上所激发的欲望，即那些根据关于目的与手段之联系的事实而应当被激发的欲望。主观上所激发的欲望，可能会也可能不会与其客观上的对应之物相吻合；当它们不吻合时，进行推理的人就犯了一个错误。

那么，按照这种推理思路，一个人就既可以是彻底的主观主义者，同时仍然能批评说如下欲望是不理性的：这些欲望是被激发的，而且被事实方面的错误所误导。尤其是，如果行为者在“如何实现一个基本欲望或另一个被激发的欲望”这方面犯了错误，以至于他被激发去欲求的目标对象其实并非满足更基本欲望的手段，那么，批评说那个被激发的欲望是不理性的，就相当于是说，理性激发了一种对于错误的目标对象的欲望，因而没能有效服务于更基本的欲望。

事实上，霍布斯对“真正的”和“表层上的”(seeming)善的区分，似乎至少部分源于对被激发的欲望做出那种批评的愿望。想一想，对于和平的欲望是一种被激发的欲望；我们理应把和平作为实现一种更基本的欲望——自我保存——的手段来向往。因此，如果某些特定的行为或目标对象对我们显得像是促进自我保存的手段，因而就显得像是好的，但最终其实会阻碍而非促进(在某种真正可能有合作性交互行为的境况②里的)和平的实现，那么这时候，霍布斯就能在与自己的主观主义保持一致的情况下，把这些被欲求的目

① 需要注意的是，我是根据这些欲望的目标对象来区分它们的。Don Hubin 曾向我指出，有可能用其他方式去区分它们，例如通过它们在一个人的意欲(conative)结构中的作用来分别。通过目标对象区分的做法，似乎是适合于霍布斯式的言谈方式的。

② 这是一种其他人也倾向于合作的境况；如果单方面进行合作无助于和平且有害于自我保存，霍布斯就既不会要求也不会鼓励这样做。

标对象说成是“表层上的”而非“真正的”,并且批评说那些对于它们的(被激发的)欲望是不理性的。这些标签只不过是在告诉我们,对于那些目标对象的正面评估,与关于如何满足更基本欲望的事实是矛盾的,而受到批评的人则由于其所处的境地,被认为是应该能够通过运用自己的理性而了解那种事实的(我会在本文末尾讨论这一点)。因此,在与霍布斯式术语保持一致的情况下,我们可以把客观上正确的、被激发的欲望称为“真正的”被激发的欲望。有鉴于其正确性,这些欲望总会是理性的。我们进而可以把主观生成的、被激发的欲望称为“表面上的”被激发的欲望,并根据如下标准将其评定为理性的或者是不理性的:对于行为者的更基本欲望(其本身要么是客观上正确的被激发的欲望,要么是基本的欲望),为了获取能使其得以满足的目标对象,上述那些欲望的目标对象是不是有效的手段呢?

不幸的是,霍布斯对于“不理性”概念的使用,并非总是与上述分析相契合。他经常把努力实现一种基本欲望——对荣誉的欲望——的人批评为是不理性的,只要这种追求妨碍了满足另外一种基本欲望——对自我保存的欲望。这样的批评似乎是由如下亚里士多德式思想所激发的:不管人们实际上欲求什么,自我保存都是他们所追求的“正确”的善。

尽管如此,对于那种批评还是可以提供一条主观主义的理由。设想一个人的欲望是按照等级排序的,其依据是某种我们称之为“重要性”的东西。如果基本欲望 x 比基本欲望 y 更重要,且这个人实现基本欲望 y 的方式会阻碍满足基本欲望 x,那么,考虑到他(而非我们)赋予 x 的重要性,他就还是可以被称为不理性的。我们批评他是因为,他行动的方式无法满足他认为是好的东西,尤其是,如果我们相信,他本可预先用理性去认识到自己的错误,那么我们就会说他是不理性的。

如果热衷荣誉之人的行为会威胁到自我保存,霍布斯就会批评说他们是不理性的。这很好地契合了上述分析。他认为,对于我们几乎所有人来说,获得荣誉都不如预防死亡重要,因此,考虑到我们自己的欲望的结构,如果我们用带有重大死亡风险的方式去坚持追求荣誉,就是犯下了一个错误。

需要注意的是,确切地说,对“不理性”的上面这种用法,只是在批评用于满足较不重要的欲望的行为,或者是在批评选择去满足较不重要的欲望的人。那种较不重要的欲望本身并非是不理性的。它并不会阻碍对更重要的欲望的满足,只有从它而来的行为才会阻碍。一个人不可能因为具有较不重要的欲望而成为不理性的,他只会因为选择出于这种欲望而行动才成为不理性的。(考虑一下这样一种欲望:对该欲望的满足妨碍了一种更为重要的偏好，但还是不知为何就能让人出于它而去行动。例如，一位烟民对香烟的偏好阻碍了他确保自己生存的行为。我们能说这种偏好不理性吗？好的主观主义者能够否定这一点，也应该否定这一点。这种偏好本身没有问题；有问题的是，相关行为者在给定其动机组合的情况下，仍然要出于那种偏好而行动。如果他无法避免出于其而行动，就应该努力去消除那种偏好，但这是因为他进行理性行为的能力存在缺陷。不理性的是他，而不是那种偏好。）

然而，霍布斯似乎确实批评说，某些基本欲望本身是不理性的，而不仅仅是出于那些欲望所采取的行动。这看起来违背了他的主观主义立场。考虑一下当他把欲求荣誉者称为“疯人”时所必然意指的含义：“过盛、过久而产生疯狂的激情要不是极度虚荣，便是心情极度沮丧，前者一般称为骄傲及自负。”[①]以及在《论人》中所说的：“过分的自尊（self-esteem）妨碍了理性；因而就是一种思想上的躁动（perturbation），此时的思想经历了某种扩胀，因为有动物精神在输入。”[②]

在如此表达之后，霍布斯补了一句显得带有不加掩饰的规范性的话：“不过，恰当的自尊并非躁动，而是一种理所应有的心灵状态。”[③]

在这段话里和其他地方[④]，霍布斯似乎是在批评说：某种基本欲望本身就是不理性的，或者是“妨碍理性”的，不仅是因为出于它的行动妨碍了满足更重要的欲望，而且是因为那种欲望本身就是“错误”的。上述生理学评论似乎表达了如下立场：尽管价值是由欲望所界定的，但那只能是在健康的人体中——在“理所应有”的身体里——所正常形成的

---

① 《利维坦》，8，18，35。

② 《论人》，xii，9，60。

③ 同上书，xii，9，60－61。

④ 例如，考虑一下如下这些段落：“傲骄使人易怒，过分时就形成一种疯狂，称为大怒或狂怒……举一个例子来说：在自以为受到神的启示而且对这种看法着了迷的一群人当中，其愚行的效果常常不能通过这种激情在一个人身上所产生的任何十分过分的行为看出来。但当他们许多人聚谋时，整个一群人的狂怒就十分明显了。如果对我们最好的朋友吼叫、打击、扔石头，那还有什么事情更能说明疯狂状态呢？但这还远远比不上那样一群人所能做出的事。他们对于以往一辈子都受其保护、免于伤害的人，也能发出鼓噪，加以打击和伤害。如果这是一群人的狂态，那么在每一个具体人身上便也是这样……同样的道理，在一两个人身上虽感觉不出来很大的骚动不宁，但我们却可以确信，他们各自的激情是整个发生动乱的国家中煽动性喧嚣的构成部分。如果没有任何其他东西流露他们的疯狂情绪，那么他们狂妄地冒称具有这种神的启示便是十足的证明。”（《利维坦》，8，19，35 以及 8，21，36）这段话不仅背离了霍布斯对当时那些追逐荣誉的反叛者的否定，而且也背离了他对于那些人的厌恶。不仅如此，在讨论追逐荣誉者如何为了获取荣誉而危及自身将来的福祉时，他在《论公民》中写道：“人不可能摆脱自己这种不理性的欲望，即贪婪地为现在的利益而抛弃未来的利益（这不可避免地要带来无法预期的恶）……”（霍布斯：《论公民》，应星，冯克利译，贵阳：贵州人民出版社，2003 年，第 39 页。译文有改动。——译者注）以及在同一部书里：“多数人出于面对眼下利益的扭曲欲望，无论他们对那些法则认识得多么清楚，都不愿遵守它们。”（霍布斯：《论公民》，第 37 页。译文有改动。——译者注）注意不理性与“贪婪的”（greedy）和“扭曲的”（perverse）欲望之间的联系。

欲望。如果某些欲望的生成意味着存在诸如疯狂之类的疾病,那么这些欲望就不算数,而出于这些欲望的行动就要被批评为是不理性的。①

这种立场能够与主观主义相容吗？如果想使两者相容,所带来的问题就是,霍布斯不仅是在批评那些“疯癫”之人的如下行为:这些行为阻止了他们去满足一种被合理地归给了他们的欲望——过上好生活的欲望。他还批评说,他们所欲求的、所采取行动去实现的目的,是“错误的”“没脑子的”——表明了理性的失败。当麦克白夫人想不断冲洗她的手时,仅仅是由于具有这种欲望,她就展示了理性的失败。如果这就是霍布斯想说的,那么,他就必须承认,我们拥有的每种欲望并不都能被用来界定价值,只有那些“正常的”、源自健康身体化学反应的欲望才行。

霍布斯的批评者有充足材料支持对如下问题的长久争论:霍布斯真想对某些欲望提出上述批评吗？不过,我眼下想把这个极富争议的诠释性问题放在一边,来考虑一个不同的问题:霍布斯是否应该有兴趣提出这样一种批评？我想论证说,如果霍布斯想要继续当一个主观主义者,他就明显不应该有那种兴趣,然而,假如他的道德理论还想保持起码的合理性,他就必须能够以这种方式对欲望提出批评,哪怕这会违背他的价值主观主义。

四、对我们的欲望之无法逃避的规范性评价

考虑一下这个(真实的)故事,故事的主人公有着一种我们通常会称为不理性的欲望。二战时在亚洲服役的一位士兵,在战争结束返乡后仍然没有完全从疟疾中痊愈。他时不时会发一阵子高烧,而在发烧期间,人们会说他“变了一个人”。在回到家时,他告诉他的兄弟们说,“当我开始发烧时,直接把我送到医院去治疗,因为随着体温上升,我会拒绝离开,并且对你们带走我的努力进行抗拒”。当发烧来临时,他的兄弟们迅速把他塞进了汽车,带着他前往医院,结果发现他在半路上就要求把他送回家,并表达了对医学治疗的严重抵触。但他们没有严肃对待这些欲望和抵触,因为在他们看来,高烧已经让他“魂不守舍”了。

我们的前理论直觉无疑跟这些兄弟们是一样的:我们会自然地把那个发烧士兵拒绝去医院的欲望描述为不理性的,认为这个欲望是虚假的而非真实的,因为它产生于一具生病的身体。但是,如果霍布斯是一个价值主观主义者,为了能够让自己那么说,他是否拥

① 有人可能会担心,霍布斯把理性行为概念跟精神上的健全联系得太紧密了;这个问题并不影响接下来的讨论,那些讨论仅仅意在证明,当霍布斯把某些“疯癫的”激情贬斥为谬误时,他是在诉诸某种规范(这种规范可能是,也可能不是关于理性行为的)。

有其所需要的概念上的余地?

他可能会宣称,只要对病人的描绘建立在如下信念之上,他就可以那么说:考虑到此人之前在不同的身体化学反应下表述过的欲望,他现在的欲望生成于一种"理所不应有"的生理状态。如果我形成了一种欲望,想要去拥有与被称为"正常"的那些欲望相联系的化学反应,那么,假如我之后发展出了由偏离常规的化学反应所生成的欲望,其他人似乎就可以去批评那些欲望,因为他们正确地认定说,我偏好正常身体的化学反应,并因而抵触由非正常化学反应所生成的、偏离常轨的欲望。

需要注意的是,根据这种看法,只有当病人之前有不想生病的欲望时,别人才能去批评他病中的欲望。因此,如果这位发烧的士兵从未形成对某一种身体状态而非另一种的偏好,而他现在又处于我们描述为疯狂或患病的生理状态中,则霍布斯就不能说他想回家是不理性的。然而,我们几乎所有人都想说他是不理性的(而我们这里的批评意见,无论如何都像是建立在对"什么构成了理性欲望"这一问题的客观评估之上的),这一事实应当让我们对上述看法的局限性感到不安。

但这种看法还有一个甚至更为严重的问题。即便这样的人曾有对某一种身体化学反应而非另一种的偏好(人们可能相信,当那位士兵告诉他的兄弟们在他发烧时应该如何治疗时,他就有着那种未曾明言的偏好),然而,当他们处于疯狂的或者患病的状态时,他们可能就不再具有对我们所说的健康身体化学反应的偏好了。而如果他们没有这种偏好,并且抵触那些意在使其恢复健康的治疗,则我们为什么应该根据他们过去的偏好来否定其当前偏好呢?如果我曾经想成为芭蕾舞演员,而且已经不再具有这一偏好了,那么,假如一位主观主义者批评说,由于我没有在扶手杠上练习,我现在就是不理性的,这似乎就完全是不正确的。

但有人可能说,那位发烧的士兵其实已经变得不是"他自己"了,所以我们必须否定他在患病状态中的偏好,因为那其实已经不是他的偏好了。可是,我们能够基于什么来断言,他"真实"的自我,就是我们将之与我们自己认为是正常身体化学反应联系起来的那个自我呢?这种断言难道不是预设我们接受了亚里士多德总是推许的某种人类理想吗?根据我们所认为的生理上和心理上成功的人类状态,我们默认说,那个人身体化学反应上的变化不仅对他来说是坏的,而且还搞乱了(甚至也许是损害或者摧毁了)那个"真实"的他。这个人可能会身处不同的状态之中,而正是上面所说的那种理想,使得我们能够鉴别出哪种化学状态构成了他"真实"的自我,并由此鉴别出哪些欲望是真实的而非虚假的。

我这里实质上是在论证说,我们关于健康和疯狂的概念,都是贯穿着规范的:断言某人是患病的或者安好的，是清醒的或者疯狂的，就是在用某种理想作为我们的标杆去评断他。故而，我们无法既用这些概念在自己的欲望里挑选那些能够界定价值的欲望，同时又避免输入我们希望能用那些欲望本身去解释的那种规范性。

现在再回到诠释性的问题上。想要完全避开亚里士多德主义的霍布斯，把追逐荣誉者说成是疯狂的，因此沦为了失败者；通过使用这个词，他不合规地依赖了某种规范去批评那一类人，而这种规范也让他可以正当地仅仅用某人在健康清醒状态下的欲望去界定自由。但是，如果一种规范间接地显露出了霍布斯的规范性理论中那些本应是“非规范性”的基石，那么，他的基石从一开始就是负载了规范性的。他的“甩掉无稽之谈”的道德理论，从最基础性的层面上，就把那些该理论本应要解释的无稽之谈偷偷运进来了，因此，这个理论是失败的。我曾在其他地方否定过这个主张①，但我现在认为自己以前是错了。

霍布斯式的主观主义者可能会试图抗拒这个结论，论证说，出于一些跟某种客观理想无关的理由，能够被用来界定价值的那些偏好，必须是以特定的生理方式来生成的；于是，由于疯人的某些（或者所有的）偏好都不是如此生成的，这些偏好就不能算作是能够对价值进行界定的。但我必须承认自己看不出如何能做出这样的解释。事实上，人们能提出什么样的合理的非规范性理由，从而把价值仅仅跟某一种生成欲望的机制联系起来呢？这种联系无论如何都像是建立在如下隐含断言之上的：那种机制比“病态”的机制要“更好”。这就预设了一种规范性的评估。

我们现在可以对如下谜团提出自己的答案了：对于霍布斯的诠释，何以在这些年中分为了主观主义和客观主义的阵营？主观主义者正确地发现了霍布斯所明确界定和宣扬的主观主义理念。但是，为了让自己的说法听上去合理，主观主义者在对欲望进行批评时，必须能够暗暗地使用至少某些规范性的概念。于是，我们就对如下问题有了很好的解释：既然霍布斯怀有恶毒的反亚里士多德主义情绪，并且把固有地具备规定性的事物贬斥为形而上学的无稽之谈，那么，为何他的某些话还是预设了非主观主义的价值理论，以及非工具性的理性角色？所以，主观主义者在如下这一点上是正确的：在理性的角色以及欲望的非规范性地位方面，霍布斯想要站在一种原始形态的休谟式立场上；而客观主义者则在如下这一点上是正确的：他没有把这种立场坚持下来，而且还持续地（尽管常常是不易察觉地）诉诸某些欲望的非工具性的不理性。

如果霍布斯无法抵御他所持续嘲讽的无稽之谈，那么谁能抵御呢？霍布斯没有能力

---

① 见 Hampton（1986），第一章。

去坚持纯粹的价值主观主义,而这就引发了一个问题:一种合情合理的主观主义,必须要建立在被认为是有客观基础的好坏欲望的区分之上吗?如果答案是肯定的,那么,任何道德理论若是寻求使用像欲望或偏好这样的非规范性材料,以之作为根本性的基石来“建立”道德,都是注定要失败的,因为如果这种理论避开了对欲望的规范性评估,它就是不合情理的,而如果它承认了这种评估,则那些基石就已经沾染上了规范性的内容,这些内容是无法通过援引我们所欲求或偏好之物去打发掉的。

只要新霍布斯主义者还决意要在其理论根基处摒弃一切规范性的无稽之谈,他们就必须选择前一条路,原封不动地接纳真实的人及其欲望,坚持说他们的“病态”或“安好”的欲望都为他们界定了价值。但霍布斯自己对贬义词的选择表明,这种立场对他是没有吸引力的。霍布斯不希望让自己在读者眼里看起来不合情理,因此把疯人的欲望贬斥为是不理性的(虽然说,对于什么人能算是疯掉的这个问题,我们中的很多人与霍布斯会有分歧——这种分歧事关一个规范性概念的本质与应用)。然而,这种非常合理的立场,尽管也能让霍布斯把那位发烧士兵对医学治疗的抵触贬斥为虚假的,但最终还是不能相容于关于价值的纯粹主观主义立场。当代的新霍布斯主义者表现出了一些迹象,说明他们与霍布斯一样,愿意把他们认为是“疯癫”的欲望贬斥为是虚假的。例如,琼 · 埃尔斯特不加质疑地认为,尤利西斯在聆听海妖歌声时驾船冲向礁石的欲望是不理性的;而尤利西斯用来预防自己去满足那个欲望的计划,则被他推许为是理性的。[①] 但是,这样的贬斥必须依赖于某种规范性的评估,要么是对那个欲望本身内容的评估,要么是对尤利西斯形成那个欲望时的精神状态的评估。只有这样,那个欲望才能被以某种方式定性为“错误的”或者虚假的。在埃尔斯特对尤利西斯事例的处理上,极少有哲学家注意到其中的反主观主义力量,这一事实表明,当代的思想家们与霍布斯一样,倾向于低估我们的语言实践把自己跟对欲望和偏好的各类规范性评估绑定在一起的程度。我们在多大程度上感到那种语言实践是无法抗拒的,就在同样的程度上放弃了如下计划:为一种霍布斯式的自然主义道德理论找到一个不需要规范的、由欲望所奠定的基础。[②]

五、工具理性

假定新霍布斯主义者决定死扛到底,试着重构他们的理论,以便从中清除掉所有基础

① 见 Jon Elster, *Ulysses and the Sirens*, Cambridge: Cambridge University Press, 1979。

② 我在“Naturalism and Normativity”(未出版手稿)中进一步讨论了这一点,那篇文章综述了高蒂尔、麦凯、哈曼以及布兰特等人著作中出现的当代新霍布斯主义理念。

性的规范性概念，并且对“随之而来的观点可能不适合被经济学家或博弈论学者使用”这一后果做好了充分准备，同时愿意承受这种进路可能带来的高度反直觉的结果。

但这样一种不合情理的、很大程度上是无用的理论有可能存在吗？我有一个重要的理由怀疑它能否存在。任何这样的理论，仍然必须依赖于一种工具性的理性概念，而我现在要论证说，这种理性概念不可避免地会是规范性的，而且不能以自然主义方式被还原为非规范性的组成部分。

考虑一下，当我们批评某个人不理性时，我们是在做什么。我们相信在如下两者之间存在区分：批评说某个人的偏好是不正确的，因为那些偏好建立在错误的信念之上，以及在那个人出于其不正确的偏好行动时，批评说他是不理性的。乔特鲁德王后对于杯中毒酒的偏好（她并不知道酒里有毒）是不正确的——那杯酒只是表面上的善，而不是真正的善。但是，如果她不知道酒里有毒，也不可能知道酒里有毒，那么倘若她喝下了毒酒，又怎么能被批评为不理性呢？另一方面，如果她有理由相信酒里有毒，但拒绝进一步加以查证，那么，说她的行为是非理性的，似乎就是恰当的。因此，是否应该批评某个有着错误信念的人是非理性的，似乎就取决于如下这一点：对于他在推理过程中依赖的一个或多个信念，他是否本来能够并且应该意识到那是不正确的，因而我们就可以要求他对于未能做出正确结论“担有疏忽之责”。

但这种追责评定显然是相对于某种行为规范或行为标准而做出的。就事关选择的信息应该何时以及如何被收集而言，我们就是根据那种规范或标准来认定人们的疏忽的。对“行为规范与行为标准是如何生成的”这一问题，如果伦理自然主义者能提供一种不包含无稽之谈的解释，则他就不能暗暗依赖于那样一种标准。这样的理论家无法在这种意义上去使用“不理性”一词，因此就必定只能用这个词来表明，相关的推理者面对其他更重要或更基本的欲望时，在自己的选择或欲望方面犯下了错误。可这就意味着，那个理论家必须要用一种有悖于我们的语言实践的方式，去把不理性和不正确混为一谈。

但他还不仅仅是必须要去混淆两种似乎是不同种类的错误（一种是“无辜的”，另一种是要“担责”的）。更令人担忧的是，他还必须要曲解另外一种失败的情形，从而避免做出违背自己主观主义理论的、基础层面的规范性判断。霍布斯式的伦理自然主义者会发现，对意志薄弱（akratic）现象的描绘是成问题的。说到底，在发生这种现象时，相关行为者是知道如下这一点的：他所正在做的或者正在欲求的事情，妨碍了他满足另一种更重要或更基本的欲望的能力。这样的人看上去是无视或者藐视了某种假言命令（hypothetical imperative）。应该如何去理解和评估这样的人呢？

想一想,如果你想要满足某种欲望,假言命令告诉了你应当怎样做。这条命令里的“应当”具有什么样的力量呢?仅就其作为一条描述性的陈述而言,它指出了满足偏好需要什么。但是,假言命令被认为不仅仅是描述性的陈述,而且还具有规范性的力量。由此,藐视假言命令的人会受到批评:他们会被说成是犯了错、不审慎、不理性。我们会说他们犯下了某种错误。但他们究竟犯的是什么错误呢?确实,他们没做成那些本可满足其欲望的事;这是对所发生之事的描述。但当我们说他们“犯了错”时,我们似乎是在进行评估,而不仅仅是描述他们的失败方式。这种规范性判断从何而来呢?

你可以说,在如下意义上,这种判断来自那些欲望本身:如果我没能遵循那些命令,我就无法满足那些欲望。可是,这种回答只不过是把相应的批评再次还原为了描述:给定那些人的欲望,他们的行为没能满足它们。你会说:的确如此,但他们不仅是没能满足那些欲望,而且还是在以不理性的方式行动。但现在似乎是,除了那些提供理由以使他们遵循那种命令的欲望,还存在着某种被称为理性之物——某种推理和选择的标准;他们不遵循那种命令会使理性遭到违背,而且理性还会要求他们去遵循那种命令。换个说法,理性表现为一种标准,这种标准提供了遵循命令的理由,因而如果我没有为了满足欲望而行动,我就不仅没能确保我所欲求之物,并且还未能出于那种提供了理由的标准而行动。所以,我的失败之处在于,没能符合一种关于人类思想和行动的规范,因此,在这种意义上说我是不理性的,就涉及对某种规定性的预设,但是新霍布斯主义者恰恰想要对那种规定性加以解释,而非事先就认定其存在。

还可以换个方式表达这种观点。我们相信,如果行为 a 是实现某种目的 b 的手段,那么,如果我想要 a,我就应该想要 b。① 可是假定我不想要 b。但你对我说,我应当想要 b。这个“应当”是从哪里来的?在事实上,我不想要 b,因此在事实上我就不会获得 a。但是,因为我鉴于 b 的因果性功效而应当想要 b,就说我是不理性的,这预设了一种关于人类理解和选择的规范性理想。小孩子们在不断违背这种理想。当一个孩子宣称说他想去看看奶奶,但却拒绝坐进汽车时,我们就能看到这种失误的鲜活例子。那些身为哲学家的父母会说这个孩子是非理性的;那些不是哲学家的父母对这种失误有着不同的,有时候更为生

① 此处及下文似乎是作者笔误,将 a 与 b 的位置搞反了。——译者注

动的描述。关键在于，他们都在对这个孩子进行规范性的评估。①

最后，让我们用第三种方式来建构一下相关论证。考虑一下伯纳德·威廉斯对内在理由和外在理由的区分：前者是实际激发了行为者的理由；后者是人们相信应该归给行为者，但他自己并没有动机去遵循的理由。威廉斯论证说，从行为者自身的视点来看，纯粹外在的理由根本就不是理由。如果行为者没有动机去遵循这个理由，则对于他来说，这个理由就并不构成去做任何事情的理由。但如果某个工具性理由对某个行为者来说是一个纯粹的外在理由呢？如果你对他说"但 b 是达到 a 的方法，所以你当然必须去做 b 了"，而他回答道"我理解 b 与 a 之间的目的—手段关联，但这并没有使我想去做 b"，那么，你给他的工具性理由就不是一个内在理由。"但应当是这样啊！"你喊道。如果你是这么想的，则你在判断这个行为者的动机时，就是在依据某种规范；你认为，在这一情境中，这种规范对于他的决策具有权威性。尤其是，你实际上是在说，无论他是否赞同那种规范，这个规范都统辖了他的（以及所有人的）决策过程；即便他自己不承认，你也可以通过使用这种规范来赋予他一个理由。与威廉斯的命题相反，我认为这是一个很好的例子，说明了为何可以合情合理地把某种外在理由归之于某个行为者。但我想要强调的恰恰是，一种工具性的理由事实上可以是外在的，而在这种情况下，我们这一方任何一种诉诸这种理由的行为，都恰恰不是在诉诸那个行为者的欲望组合，而是在诉诸某种规范性的理性概念。我们认为，这种理性概念对于那个行为者具有权威性，不管他本人是否赞同这一点。

无疑，诉诸工具理性规范的权威，是迷雾重重的——所有对规范性的诉诸都是如此。在一篇富有影响力的文章中，福特（Philippa Foot）号召哲学家们把道德命令设想为是假言的而非定言的，以便使得那些命令的规定性力量能够得到理解，并使得其有效性（validity）所带有的谜团得到解决。② 但是，此前的讨论恰恰意在表明，假言命令的力量与定言命令的力量一样，也是迷雾重重的。如果说，我们经常更会倾向于遵循假言命令而非定言命令，那么，人们可能会说，与后者相比，前者的权威被普遍看作更为无可逃避的、令人感到相宜的（或者，至少也是更为不那么引人反感的）。然而，凡是曾经躲着不及时看

① 事实上，养育孩子就涉及教会他们尊重审慎行为的规范。在小孩子那里，这种尊重基本上是不存在的。试图与孩子进行争论的人，如果想有所进展，可以尝试去激活与强化"去看奶奶"这个欲望的激发性成效，使其可以压过对坐进汽车的反感。（例如可以试着说："奶奶家里有新玩具！咱们快点去看看吧！"）但对理性的诉诸则很大程度上是没有用的。因此，在这样的情境中，才会有对消极制裁的频繁使用——那些制裁也许不仅能让孩子坐进汽车，而且还能发挥教会他尊重理性规范的作用。

② 见她的 *Virtues and Vices*（Berkeley, University of California Press, 1978）中的"Morality as a System of Hypothetical Imperatives", pp.157－193。

牙医的人，在早餐时不愿意吃燕麦麸面包的人，或者是把考试复习拖到最后一刻的人，都知道实际情况并非总是如此。

即便一个伦理自然主义者接受了上述论证，他可能仍然相信自己能挽救他的“甩掉无稽之谈”的理论。他会坚持说，他的“甩掉无稽之谈”理论中此后对“不理性”一词的任何使用，都仅仅是描述性的，只不过是在表明：考虑到相关行为者所拥有的，或是本可能拥有的关于如何满足其欲望的信息，他的行为没能满足自己的欲望（对于“本可能拥有”这个反事实的说法，其含义将会得到仔细的、完全是描述性的解释）。需要注意的是，这种理论将意味着用“错论”来理解我们的规范性话语。仅有的一种真实的话语，将会完全是描述性的。但我们现在所剩下的，就是一种缺乏任何规范性力量的道德理论：它的“命令”只不过是因果性的联系，而它的批评只不过是在描述没能满足其欲望的行为者。可是，一种没有规定性的道德理论，似乎恰恰错失了它本应去解释的东西。如果一种霍布斯式的自然主义道德理论只能是这个样子，我们中的许多人就会得出结论说，它压根就不够格成为一种道德理论。

六、结论

从关于霍布斯道德理论和伦理自然主义本身立场的上述论证中，人们应该得出什么结论呢？

霍布斯的伦理自然主义令人失望的结果，促成了关于其理论的如下结论：首先，不管你喜不喜欢，亚里士多德的长长阴影都笼罩着霍布斯；后者发现根本无法维持一种纯粹的价值主观主义，因此被驱使着把规范性理念偷偷运进了对价值的讨论中，以确保自身理论的合理性。其次，不管你喜不喜欢，霍布斯所诉诸的那种理性概念，其规定性力量的神秘性并不少于定言命令的规定性力量（尽管前者可能更令人感到相宜）。（康德主义者都会喜欢这个结论）事实上，我们必须得出结论说，霍布斯式自然主义者对于被激发的欲望和基本欲望的自然主义式批评，虽然在本文之前露面时看上去是可行的，其实根本就不可行。把一种被激发的欲望说成是不理性的，因为其对象目标不是满足某种更基本欲望的有效手段，或者把用来满足更基本欲望的手段说成是不理性的，因为它预先排除了对某个更重要的基本欲望的满足，都是在使用工具理性的规范来进行评估，而这是同霍布斯的主观主义及自然主义承诺相反的。最后，尽管霍布斯做出了最大的努力，他还是没能把关于价值和推理的规范性标准从他的理论中排除出去，这一事实指向了如下可能性：说到底，那些标准也许并非无稽之谈。为什么要把你没法抗拒的东西斥为无稽之谈呢？面对来自今天的新霍布斯主义者的攻击,当代的亚里士多德主义者和康德主义者疲于捍卫自己对规范性话语的使用。对他们来说,霍布斯对于某些规范性话语的秘密青睐,虽然肯定无法证明那些话语的正当性,但也是一个好消息。

为什么是个好消息呢? 想一想如下事实:许多新霍布斯主义者自然而然地认为(事实上,一般来说许多哲学家也都是这么认为的),哪怕我们批评了道德理论家对定言命令的使用,在逻辑学或语言哲学或决策理论中使用假言命令也没有任何问题。但正如我所论证的,如果在假言命令中隐含着对规范的诉求,则那种诉求就必须得到解释,而一种自然主义的形而上学会要求说,这样的解释必须与我们所理解为自然事实的东西相一致。这样的解释看上去会是什么样子的? 在一个自然主义者的理论中,他可以把这些以及其他的规范——无论是理性的、科学的或者是道德的规范——解释为某种由特定社会传统或实践生成的东西,或者是某种由心理分析专家和心理学家所研究的特定心理发展所导致的、在我们之内生成的东西。① 这样理解的话,规范所包含的语词可以被认为是既有可能对世界进行了描述,也有可能没有进行描述,但是,仅仅由于关系到我们心理上的偶然事实,以及因为那些语词对我们心理的影响,那些语词就会激发我们去行动。

但这就意味着,即便是假言命令的规定性力量,也必须仅仅被理解为命令对人类心理的偶然影响。这包括告诉人们不要违背无矛盾律(principle of non-contradiction)的命令,或者是如果想要保持健康就不要服毒的命令,或者是如果想要设计可信的科学实验就得把对照组囊括进来的命令。可是,这样的立场从直觉上看似乎是错误的:我们自然而然地认为,除了单纯的人类心理事实或社会事实之外,还需要更多的东西去解释——比方说——为什么不去否定德摩根定律(De Morgan's laws)是一个好主意。逻辑法则、关于获取良好健康状态的规定,以及科学研究的规范,似乎具有一种不能仅仅还原为偶然事实的权威性。

假定有一位自然主义者承认这一切,但论证说任何理论中的某种最低限度客观规范性权威都是可以接受的,因此(比方说)拥有工具理性以及融贯一致的、健康的偏好这样的客观规范性标准是可以的,但是,任何其他用来界定正确的道德价值或道德推理程序的规范性标准(例如道德标准)都不能获得辩护。我得承认,我不知道应该怎样把"好"的规范

① Richard Boyd 提出了某种类似的立场,他写了大量有关伦理自然主义之合理性的作品,并相信道德语词的外延并不比被科学所接纳的其他语词更成问题。然而,Boyd 也领悟到,伦理自然主义不能承认规范具有任何客观权威性,并论证说自然主义必须拒绝关于这种权威性的理念,而这就意味着拒绝如下理念:"承认某种行为方式在道德上比另一种更好,必然会提供理由(即便不是决定性的理由)去选择那种道德上更好的行为方式。"见 Boyd,"How to be a Moral Realist",in Sayre-McCord,Op.Cit.,p.214。

与“坏”的规范区分开，而既然大多数后霍布斯的自然主义者都乐于把所有客观规范性权威贬斥为形而上学的无稽之谈，则他们至此就无法做出那种修正过的理论所需要的区分。

所以我想主张的是，从霍布斯早年提出伦理自然主义的尝试中，当代的理论家们能学到的最好教益就是，那些困扰他的理论所存在的问题，在我们这个时代仍然没有得到令人满意的解决。我认为，这应该让我们担心那种立场本身的生命力。如果一种自然化的伦理学必须避开一切客观的规范性权威，那么，我们就有很好的理由问一问，“自然化”是否真的能够对道德釜底抽薪？或者，就此而言，任何依赖于某种规定性（包括假言命令）的理论——例如理性选择理论、科学哲学或者语言哲学——能否做到这一点？

Hobbes and Ethical Naturalism

Jean Hampton

【**Abstract**】 Some contemporary philosophers claim that Hobbes proposes a theory of ethical naturalism devoid of objective normative authority. However, some others argue that he has an idea of moral obligations independent of desires. In fact, Hobbes does intend to outline a theory which gets rid of the metaphysical “nonsense” he objects, but his project ultimately fails. In the end, Hobbes still cannot avoid smuggling objective normative authority into his ethical naturalism.

【**Keywords**】 Hobbes, Ethical Naturalism, Normative Authority, Reason and Rationality

霍布斯的道德哲学

[英]汤姆·索雷尔①(著)

文　雅②(译)

【摘要】霍布斯的道德哲学主要体现在他对自然法的描述及其推导中,在本质上仍然是一种美德伦理学。霍布斯的自然法虽然在内心范畴具有约束力,但并非是康德式的义务论。在霍布斯的三篇政治著作中,《利维坦》并没有打破《论公民》和《法的原理》中的公民科学模式。霍布斯的规范性结论的论据不仅仅是来自正义,然而,他仍然让我们期待,来自正义的论据(或者至少是正义概念)在霍布斯的公民科学中占有突出的地位。霍布斯不是道德哲学的先验主义者。霍布斯关于自然状态和契约的理论目的代表的是不从神话的角度来理解何为人。高蒂尔和汉普顿都强调霍布斯对于20世纪政治哲学和道德哲学的意义,但其实他们误解了霍布斯。

【关键词】霍布斯,自然法,正义,道德哲学

霍布斯的道德哲学主要由他所谓的"自然法"(*EL.*, I, 15, 16, 17; *De Cive*, chs. 2, 3, 4; *Lev.*, chs. xiv, xv)③的推导构成。在某种意义上,它是一种美德伦理学,尽管是一种对亚里士多德有根本性修正的美德伦理学。该理论的部分目的是为符合基督教美德或类似美德的美德找到一个令人信服的基础。人们也认为它要区分基本美德和非基本美德。该理论还赋予了美德术语以意义,以便获得大众的认可,从而将一些道德术语固定下来,在当时,霍布斯认为,"善"和"恶","正义"和"不正义"等术语的意思宽泛得惊人。该理论被认为与关于价值的前理论分歧相容,但在我看来,它与任何应被称为道德怀疑论或相

① 作者简介:汤姆·索雷尔(Tom Sorell),英国华威大学政治学与哲学教授,曾任教于伯明翰大学和埃塞克斯大学,致力于早期现代哲学与哲学史学、道德理论与应用伦理学等领域的研究。著有《霍布斯》(1986)、《道德理论与死刑》(1987)、《科学主义》(1991)、《道德理论与反常行为》(2000)等。本文译自 Tom Sorell, "Hobbes's Moral Philosophy", in *The Cambridge Companion to Hobbes's Leviathan*, Patricia Springborg ed., Cambridge University Press, 2007。

② 译者简介:文雅,中央财经大学马克思主义学院副教授,主要研究方向为伦理思想史和观念史。

③ "*EL.*, I, 15, 16, 17"为《法的原理》第一部分,第15,16,17段,"*De Cive.*, chs. 2, 3, and 4"为《论公民》第2、3、4章;*Lev.*, chs. xiv, xv 为《利维坦》第14、15章,以下同。本文引文的翻译参考了霍布斯:《利维坦》,黎思复,黎廷弼译,北京:商务印书馆,1985年;霍布斯:《论公民》,应星,冯克利译,贵阳:贵州人民出版社,2003年。译文有改动。——译者注

对主义的东西都不相容。

一、自然法

自然法是一种管束人们行为的理性准则，以便保存他们的生命。(*Lev.*, xiv, 3)霍布斯并不认为，他的读者会对他勾勒的这些准则所要求的行为类型感到陌生。例如，在《主祷文》(Lord's Prayer)中，人们应该原谅别人的过失，这是一种老生常谈；而第六条自然法就是，人们要宽恕那些想要得到宽恕且自愿悔过的人的罪行。人们并不需要霍布斯来告诫他们去宽恕他人，因为这是基督教里最为人熟知的要求。但是宽恕这条法则在一般道德准则中的地位并不是显而易见的。比如说，是什么使得宽恕法则成为第六条自然法的呢？这是由于霍布斯认为自己第一次发现了基本的自然法，而宽恕几乎是从基本自然法推出的结果。霍布斯的自然法科学在一个或两个基本准则当中找到了其他公认道德准则的基础：《利维坦》第十四章阐述了这些基本自然法，第十五章则展示了为什么其他自然法在某种意义上是前两条自然法律的结果。

基本的自然法是寻求和平并信守和平。(*Lev.*, xiv, 4)[①]霍布斯以否定的方式将"和平"定义为没有战争的状态(*Lev.*, xiii, 8)，而所谓战争是指每个人都有一种众所周知的作战倾向。寻求和平必然是在战争状态下寻求。但寻求和平要采取何种方式呢？它不可能包括向那些意图战斗的人投降的行为。任何人都不能被要求去寻求这种意义上的和平，因为每个人都有一种不可剥夺的权利——霍布斯称之为"自然权利"——去保护自己，而向那些意图战斗的人投降会挫败自我保全这一正当目标，因为这会使一个人成为别人的受害者(*Lev.*, xiv, 5)。寻求和平就是寻求符合自然"权利"的和平，这意味着只与那些同样意图寻求和平的人一道寻求和平。如何做到这一点则是第二条自然法的主题：

> 在别人也愿意如此照做的前提下，若一个人为了和平与自卫的目的，认为有此必要时，那么他就应该自愿放弃这种对一切事物的权利；并且，他允许别人拥有多少针对他的自由，他就应该满足于自己拥有多少针对别人的自由。(*Lev.*, xiv, 5)

霍布斯继续解释说，放弃对一切事物的权利，就是与志同道合的人订立信约，这些人也在寻求和平，他们也愿意通过放弃同样的权利来实现和平。接下来，事实证明，有效地

① "*Lev.*, xiv, 4"即《利维坦》第 14 章第 4 段，下同。——译者注

放弃这项权利的唯一方式是(也就是说,作为对长远安全和适度幸福的现实前景的回报),每个人同时将其转让给某一个人,通过这种转让便赋予了那个人以权力去确保所有缔约者的安全,那个人就是拥有无上权力的主权者(*Lev.*, xvii, 13)。

"根据和平的要求而放弃自由",这一命令概括了自然法的前两项要求。第三条自然法使得人们更容易遵守第二条自然法。它呼吁人们"履行他们订立的信约"(*Lev.*, xv,1),包括借以将自然权利转让给任何一个成为主权者的人的信约。霍布斯将符合第三条自然法的行为称为正义。在讨论第三条自然法时,霍布斯处理了这样一个问题:违反这条自然法的行为有时看起来是合理的(reasonable)。在信约中,一方不得不先履约并信赖另一方也会在稍后履约。在这种情况下,为什么一个人做不履约的另一方,在一方已经履约的情况下不履约,这并非总是符合自己的利益?霍布斯的回答是,如果这种策略真的奏效,那仅仅是运气使然,因此采取这种策略并不合理。而且,它不能获得二次成功,因为这样一来,一个人将扛着作为违约方的恶名,使得人人与之为敌。简言之,尽管通过违约来行不义在一开始似乎是合理的,但若加反思即可发现,做一个合作的履约者更好。这种推理与囚徒困境的推理相似,在囚徒困境中,最优策略并不是最开始那个看起来对每个囚徒都最佳的不合作策略。

第四条自然法呼吁人们,不要让那些给他们馈赠的人为其馈赠行为感到后悔。(*Lev.*, xv, 16)这条自然法特别适用于从众人那里获得权利转让的一个人或一个团体,正是这一转让使得他或他们成为主权者。这个人或这个团体实际上得到了众人的服从这一馈赠。这是一份馈赠,因为他们没有得到任何回报的承诺。他们服从主权者正是为了和平,但是如果和平没有实现的话,他们就会后悔其馈赠。因此,尽管主权者没有承诺确保他们的和平,但如果他不尽最大努力确保和平,他就违反了这条自然法。

第五条自然法告诫每个人,不仅要放弃和平最不需要的东西,还要放弃和平所绝对不需要的一切事物。这就是顺应(complaisance)或相互适应。(*Lev.*, xv, 17)保留任何对全体的自我保存或和平来说不必要的东西,尤其是任何引发冲突或扰乱和平的不必要的东西,都违反了第五条自然法。第六条自然法帮助人们随着时间的推移相互适应,它要求宽恕。(*Lev.*, xv, 18)第七条自然法似乎与要求宽恕的第六条自然法相矛盾,但事实并非如此。第七条自然法说,以恶报恶应该着眼于这样做在将来带来的利益。(*Lev.*, xv, 19)这似乎与第六条自然法相矛盾,因为允许报复看起来与宽恕的要求背道而驰,但并不存在冲突。第六条自然法并不是说"宽恕那些侵犯你的人",而是说"宽恕那些为自己的侵犯行为感到抱歉并希望得到宽恕的人"。对死不悔改者进行报复是公平的,只要这种报复是为了将来的好处,而这便是第七条自然法。报复本身并不是正当理由;将来必须能够从报复行为中得到某种长远利益,例如永久消除一个麻烦制造者。

第八条自然法反对表现出一般的敌意,第九条自然法反对表现出自以为有的优越性(*Lev.*, xv, 18, 19)。与第十和第十一条自然法(*Lev.*, xv, 22, 23)结合在一起,第八和第九条自然法就要求所有人彼此平等相待,在对人进行裁断时,包括在分配问题上,要把人们看作彼此平等的。而这便是第十二、十三和十四条自然法(*Lev.*, xv, 25, 26, 27)。有两条自然法(第十五和第十六条)分别保障调解人的安全以及公断人的权威和需要(*Lev.*, xv, 29, 30)。第十七条自然法取消了人们在关涉自己的案件中充当法官的资格(*Lev.*, xv, 31);第十八条自然法(*Lev.*, xv, 32)取消了有偏袒的人担任法官的资格;第十九条自然法规定,在其他条件相同的情况下,法官应该将证人看作具有同等的权威。这三条自然法似乎是多余的,因为第十一条自然法已经规定:"一个人如果受人信托在人与人之间进行裁断,他就应该平等对待他们。"

《利维坦》的"综述与结论"部分加上了最后一条自然法,它要求每一个人在战争中应该尽可能像保护和平时期那样保护他的权威。这使得自然法的总数达到了二十条。霍布斯承认,若自然法是指得到遵循便可保存人的生命的准则,那可能还存在其他的自然法,例如反对酗酒,但是他在第十五章所关注的主要是那些帮助人们在与其他时不时心怀敌意的人相处之时保全自身的自然法(*Lev.*, xv, 34)。

是什么把这些自然法联系在一起的?简单的回答就是,"它们全都是寻求和平的方式"。但这不是霍布斯在第十五章给出的答案。相反,他引用了《圣经》中的"金规则":"如果你不希望他人那般待你,你也不应那样对待他人。"(*Lev.*, xv, 35)所谓这条《圣经》箴言概括了自然法这一说法的意图显而易见:这样,他就既可以主张内化他所勾勒的道德很容易,又可以主张他所勾勒的道德很正统。① 霍布斯完成了自然法的解释之后,他对这些准则的约束力进行了评论。在一段长期受到评论者关注的文字中,他声称:

> 自然法在内心范畴中是有约束力的;也就是说,自然法一旦出现,就对欲望有约束力;但是,在外部范畴中,即在付诸行动时,却不永远如此。因为,一个人如果谦逊温良,在任何其他人都不履行承诺的时间与地点都履行自己的一切承诺,那么此人便使得自己成为他人的牺牲品,必然使自己陷入某种毁灭,而这与一切使人保存本性的

① 但事实上,这一箴言并非显而易见地涵盖了所有自然法,尤其是第十五条和第十六条自然法的相互性问题。

自然法的基础都是相违背的。(*Lev.*, xv, 36)

根据我的理解,这段文字重申了霍布斯在解释第二条自然法时提出的观点:如果大多数人都违背这些准则,那么这些准则在实践中就并不需要遵守,因为在这种情况下,自然法的信守者会让他们自己成为违反者的受害者或是牺牲品;另一方面,尽管人们在实践中有时没有义务执行这些自然法,但他们应该总是想要或试图执行它们。这就是自然法在内心范畴的约束力。后面这种义务是否与康德那种道德理论中的义务所提出的要求是类似的呢?这是一种迈向义务论的姿态吗?

自然法当然并不是绝对命令,绝对命令发布命令的时候不会考虑行动者由于是动物而具有的任何经验性或非理性的欲望或嫌恶。只有当普遍存在着对死亡的自然厌恶和对生存的自然欲望时,自然法才会作为自我保存的手段而激发行动。如果一种对死亡的非自然渴望压倒了一个行动者,或者如果其他事情似乎与生存同等重要,甚至比之更为重要,那么义务在内心范畴是否适用就不是那么显而易见了。然而,在康德那里,一个彻底不满的人仍然可以听见义务的召唤,义务的召唤之所以对行动者来说是有效的,是由于他们纯粹的实践理性,而不是由于其经验性的人性。

二、自然法科学和美德科学

在第十五章末尾,霍布斯从具体的自然法中抽身回来。他已经完成了对准则的"演绎"(deduction),现在要就这种演绎的地位提出一些主张。他的主要观点是,他的演绎相当于一门科学,而这门科学是"唯一真正的道德哲学"。然后,他继续将这种名副其实的或真正的道德哲学与不科学也不正确但被称为道德哲学的学说进行对比,包括亚里士多德的美德学说。这一切都是在一个复杂的段落中完成的,我们需要进行详细的分析:

研究这些自然法的科学才是唯一真正的道德哲学,因为道德哲学就是研究人类的交往和社会中的善与恶的科学。善与恶是表征我们的欲望与嫌恶的名词,它们在人们不同的性情、习俗和教义中互不相同。不同的人不仅在感官(味觉、嗅觉、听觉、触觉和视觉)的判断中有不同的好恶,而且对共同生活的行为是否合乎理性的判断也彼此迥异,甚至同一个人在不同时候也是前后不一致的:在某个时候赞美为善的,在另一个时候就可能贬低为恶的。这样就产生了争论、争执,最后酿成战争。因此,当个人欲望就是善恶的尺度时,人们便处在单纯的自然状态(即战争状态)下。于是,

> 所有人都同意,和平是善,所以达成和平的方式或手段(如我之前所说的正义、感恩、谦逊、公道、仁慈以及其他自然法)是善,换言之,都是道德美德,而与之相反的恶品(vices)则是恶。
>
> 现在,研究美德与恶品的科学是道德哲学,因此真正有关自然法的学说即是真正的道德哲学。但是道德哲学的作者们,虽然他们承认同样的美德和恶品,但却不知道这些美德好在哪里,也不知道它们是作为取得和平、友善和舒适生活的手段而被称赞的,于是便以为美德在于激情的适度(就像是说,勇毅不在于无畏的原因,而在于无畏的程度;慷慨不在于馈赠的原因,而在于馈赠的数量。(*Lev.*, xv, 40)

这段话的关键是这样一个主张:只要人们各自都是善与恶的评判者,那么人们就处于自然状态,这是一种战争状态。对每个个体来说,作为善恶的私人评判者,就是让他们在他们所谓的“善”和“恶”中受到变动不居的,有时是怪异的欲望和厌恶的摆布。当行动者意识到战争是由每个人受个人欲望摆布造成的时候,就迈出了超越这种摆布的第一步——在善与恶的问题上从前科学走向了科学。人人都是善与恶的衡量标准就会导致战争,每个人都可以一致赞成这是一件不好的事情。基于这种认识,他们每个人可以进而一致赞成:(a)没有战争——和平——是好的;(b)任何带来或维持和平的手段都是好的;(c)正义、感恩等都是好的,因为它们是实现和平的手段。以霍布斯从激情推出的自然状态下的人们处于战争状态这一结论为背景,(a)—(c)构成了一门美德科学。美德科学辨识出一些行为模式,它们无可争议是善的;它也找到了为什么它们都是好的行为模式的根本原因,也就是为什么它们都是美德的根本原因,那就是,它们促进了和平。

非科学的道德哲学,例如亚里士多德的道德哲学就遭到了批评。霍布斯说,亚里士多德的理论错误地将好行为的模式等同于那些避免极端的行为模式,而没有指出是什么使得这些行为模式成为好的行为模式。因此,中道学说并没有告诉我们足够多的东西,而且它的确在其所言甚少的地方有所误导。霍布斯的理论暗示,是否适度是无关紧要的。如果一个人是亚里士多德所说的鲁莽行事的人,但却是为了和平,那么在霍布斯的意义上,他可以因此而是有美德的;同样,慷慨是为了和平与合作而给予,而不论给予了多少东西。霍布斯或许误解了亚里士多德。在亚里士多德的伦理学中,一种行为模式之所以是有美德的行为模式,是因为它促进了人类的繁盛(flourishing),而不是因为它是极端之间的一种中道。人类繁盛是发展人类的卓越,或实现人类的理性和政治生活的潜能。霍布斯在勾勒传统的、在他看来也是前科学的美德学说时遗漏了这一点。但是,即便他未曾遗漏这一点,他也不会赞成亚里士多德的观点。霍布斯不像亚里士多德那样认为理性是人的特征,或者理性的造就是自然的,他认为人从本性上讲(naturally)就不适合政治生活,不像亚里士多德那样认为人就本性而言就是政治的。

霍布斯没有完全背离传统美德理论的地方在于,他认为道德哲学的任务是阐明实现人类最佳生活的手段。在对道德哲学的这一总体看法上,他赞同希腊人和罗马人的观点。的确,对于霍布斯来说,最好的人类生活可能远没有希腊人或罗马人想象的那般田园诗意。例如,任何一种认为幸福就在于心灵的宁静(斯多亚学派和伊壁鸠鲁学派不动心的目标)的观点他都加以摒弃,认为它们与人类的机械运作不符。人类即使在最好的时候也会受到混乱骚动的欲望和感觉影响,人类在心理上也不可能静止不动,就像其他任何被推动后就任其自便的事物一样。

三、"道德哲学""伦理学""公民哲学""自然正义科学"①

霍布斯声称自己的道德哲学是"唯一真正的"道德哲学,他同时声称自己发明了"公民科学"(civil science),这两个主张之间有什么关系?"公民科学"究竟与他所说的他发明的另一门科学——"自然正义科学"——相同,还是比它包含更多的内容?相应地,"公民科学"或"自然正义科学"与"道德哲学"是相同的吗?那霍布斯在《利维坦》第九章的科学分类表中所列的"伦理学"(Ethiques)呢?总的来说,霍布斯区分了两种学说:一种是"道德哲学",它被视为关于自然法的学说;另一种是关于主权者和臣民的权利和义务的学说,可以称之为"公民科学"。"公民科学"通常包括从社会契约的条款到臣民和主权者的义务与自由的论证。"伦理学"类似于道德心理学,是自然法学说的背景;"自然正义科学"有时是"公民科学"的同义词,有时又与"伦理学"和"道德哲学"有部分重叠。《利维坦》似乎将科学的分类与物体(body)种类的差异相勾连。根据第九章的科学分类表,关于正义与不正义的科学属于自然哲学,或关于自然物体的科学。事实上,它属于物理学的一个边缘分支。"公民哲学"(civil philosophy)是一门与自然哲学完全分离的科学,尤其是与关于正义和不正义的科学完全分离。公民科学有两个分支,它们没有名字,但是其中一种涉及政治体或国家的性质对主权者权利和义务的影响,而另一种则涉及政治体或国家的性质对臣民权利和义务的影响。该表将关于正义和非正义的科学与修辞学和逻辑学划为同一组科学,因为它们都处理人类语言的后果,另一方面,"伦理学"所属的科学分支又

① 这一节和下一节利用了我的论文,"Hobbes and the Morality beyond Justice", *Pacific Philosophical Quarterly* 82 (2001), pp.227-242。

不同于关于正义和非正义的科学。

霍布斯在某些著作中将美德、公民科学和正义科学以一种方式相关联，在其他著作中又以另一种方式相关联。他完全是前后不一吗？在《利维坦》第九章中，霍布斯的主要目的是将自然历史和公民历史（civil history）的主题与公民哲学和自然哲学的主题区分开来。可能应该认为，他旨在指出哲学或科学主题的范围，而不是指出这些科学当中各个门类的依赖关系或独立性。《利维坦》的科学分类表如果被解读为一张说明科学中各个门类的依赖关系或独立性的图表，那么这张图表无论是就自然哲学而言还是就公民哲学而言，看上去都是非霍布斯式的。这会使得物理学这门关于物体属性的科学成了一门与关于数量和运动的科学相似的科学。然而，在霍布斯的所有著作中，他都坚持认为物理学是总体而言依赖于关于运动和数量的科学。我们没有理由认为霍布斯在绘制科学分类表的时候悄悄地收回了自己的说法。同样的说法也适用于"公民哲学"之下的科学分类表所传达出来的那种对依赖关系的明显否认。霍布斯在《利维坦》之前的著作（《法的原理》《论公民》《论物体》）中明确指出，伦理学依赖于关于有生命的物体的科学，公民科学又依赖于伦理学，关于臣民和主权者义务和权利的科学——他在《利维坦》第九章中称之为"公民哲学"——则依赖于建立国家的那种契约。

《利维坦》的第十三章到第十八章证明，第九章将之描述为相互分离的那些科学根本不是相互分离的。从激情推论出战争的无可避免，在理性上说有必要通过缔约来脱离自然状态进入国家从而避免或减少战争，众人将绝对权力授予作为契约受益人的主权者（一个人或会议），所有这些内容在 1651 年的作品中与在 1642 年的作品《论公民》中同样明显，事实上，在霍布斯的第一部政治论著《法的原理》（1640）中也一样明显。不过，《利维坦》并没有精确地再现《论公民》。其"引言"特别强调国家是人造物，更重要的是，就其运转的部分而言，它是一个类似于人的自动装置。他在"引言"中承诺，《利维坦》将通过提及国家的质料因和形式因来揭示其本质：国家是由什么组成的，以及其缔造者对成品的构想。在整个《利维坦》中，包括在某些章节中（那些章节与霍布斯在其他著作中对煽动叛乱的意见的抨击是一致的），都反复出现了人造人的形象，也反复出现一种观念，那种观念认为，适合于国家的解释也是适合于人造物的解释。

这以一种很重要的方式影响到《利维坦》的论证，即霍布斯将不朽的成品这种观念归于国家最初的缔造者。国家不是一个临时的建构物，如果一些安排仅仅让国家短暂地运行一段时间，那么这些安排就并没有真正地摆脱战争，而只是把热战变成了冷战而已。一个国家要想配得上国家这个名字，就必须被设计得能够永久存在，并让历代公民保持和平。这就是为什么所设计的国家如果不能保证长期繁荣就是有缺陷的。出于类似的原因,若所设计的国家不注意引导年轻人维持和平的话,那么这个设计也就没有考虑到国家的长存。除了不朽之外,被称为国家的人造物如果要想不仅仅是一群乌合之众,那么它就必须以一种正确的形式保持统一。统一的一个要素是,慎思和决策应该只有一个单一的来源,即来自主权者,主权者的影响应该在整个政治体都能让人感觉到。统一的理想在君主制中可能会比在议会制中得到更彻底的实现;但根据同样的道理,不朽的理想在君主制下可能不能得到那么好的实现,因为君主制中微妙的继承问题有时会导致政治体过早解体。

因此,霍布斯用来反对某些政治安排的论证依赖于服务于一种目的的语言。但是,这些论证也指向一些结论,那些结论涉及国家的缔造者应该如何缔造国家,正如《论公民》中关于正义的论证也是关于现存国家中的公民应该如何行事的论证。尽管相较于《论公民》,《利维坦》更多地谈及了政府机构和非政府机构(例如贸易公司和家庭)的功能(*Lev.*, xxii),而且《利维坦》用了很大的篇幅将其中的一些功能与维持人体和人类物种运转的生理功能进行类比(参见 *Lev.*, xxvi),然而这并没有将公民科学的任务从规定制度设计或规定公民与官员的行为,改变为其他某种解释性工作。公民科学的任务仍然是规定主权者如果要想确保公共安全应该如何行事,公民如果不想回到自然的战争状态又应该如何行事。

《利维坦》有些章节坚持人造人的比喻,同时又重申早期著作中反对煽动叛乱(sedition)的观点。第二十九章是其中一章。所谓煽动叛乱,即自以为自己是公共福利所需条件的判断者,从而背弃了自然权利的转让。煽动叛乱的行为被证明正是导致政治体所有疾病的毒药(*Lev.*, xxix, 6)。霍布斯确定并批评了五或六种煽动叛乱的学说。前两种学说之所以受到批评,是因为它们忽视或否认一个事实,即在国家中,臣民承诺过要接受市民法中体现的公共良知指导。这些煽动叛乱的学说要么断言,要么假定,即使在国家中,个人也能够作为个人而亲自做出这些决定。第四种和第五种煽动叛乱的学说则低估了主权者特权的范围,当人们一致赞成让另外一个人来为所有人决定怎样才能使他们安全时,他们就犯了这种错误。确保公共安全所需要的所有手段包括决定财产的权力、决定法律的权力以及所需的其他任何权力。这些权力是不能进行分配的,因为这意味着存在着多个核心权威,于是便会在小范围内重现自然状态中存在那种相互冲突的判断和激烈的争论,而臣服于契约的人已然同意要远离这种状态。

即便放弃"人造人"的比喻,仍然可以提出所有这些针对煽动叛乱的观点;其中至少有一些观点指出,那些煽动叛乱的学说违反了臣民之间的协议,也背弃了服从主权者这一馈赠。因此,尽管有"人造人"的比喻,第二十九章仍然是有说服力的——或者更好的说法是劝阻性的——公民科学通过指出可以合理地认为臣民赞成了什么或者放弃了什么,从而提出了一些论点来反驳那些反政府的立场。或者,换言之,第二十九章不仅对政治体的疾病进行了分类,而且给出了理由来说明为什么它们是疾病而不是国家运转中的正常现象。其中一些理由还表明,根据煽动叛乱的意见而行动会破坏社会契约。

我一直认为,《利维坦》并没有打破《论公民》和《法的原理》中的公民科学的模式。《利维坦》仍然提出了一些论证来反对臣民的某些显而易见的行为。而且,这些论证对于这本书的独特目的来说绝对是最重要的,那个独特目的就是要表明,国家当中的教会权威要么来源于主权者,要么便是伪造的。没有独立于主权者,更不可能有高于主权者的教会权威。主权者臣服于教会或教皇,这是没有《圣经》依据的,甚至也不是为了救赎。此外,正如最高权力的分割就相当于这种权力的瓦解一样,世俗权威和精神权威之间的权力划分也相当于对主权的否定。要么只有一个单一的世俗权力掌管国家,要么根本就没有国家。(*Lev.*, xxix, 15)因此,同时服从世俗权力和精神权力并不是达到和平的手段,除非所服从的精神权力是由主权者所授权的。

四、来自正义的论据

对于霍布斯用来反驳某些扰乱和平或阻止和平的行为(包括煽动叛乱的行为)的论据,我想提一个问题。这些论据在多大程度上是来自正义的论据?在《利维坦》中,用来反驳两种煽动叛乱学说的论据无疑是来自正义的论据。一种煽动叛乱的学说认为,公民可以正当地自行区分善恶;另一种煽动叛乱的学说是,人们可以不做任何违背其良心的事情。霍布斯认为,这些学说在内容上彼此非常接近,但它们都是错误的,因为它们违背了用来建立国家的那种承诺,那个承诺就是,将价值判断留给一个共同的最高权力。这完全是一个来自霍布斯意义上的正义的论据。然而,用来反驳煽动叛乱行为的其他论据都来自战争不可取以及关于战争充分条件的论断。用来反驳权力分立的论据就是这一类论据,它不是来自正义的论据。用来反驳甚至主权者也要服从法律这一煽动叛乱的学说的论据也不是来自正义的论据。用来反驳这一学说的论据是,没有人能够通过服从自己来服从法律。(*Lev.*, xxix, 8)

因此,即便针对的是煽动叛乱行为,霍布斯的规范性结论的论据也不仅仅是来自正义的论据;然而,他使得我们期待,来自正义的论据,或者至少正义的概念将在霍布斯的公民科学中占有突出的地位。一旦霍布斯将公民科学与正义科学或自然正义科学等同起来，比如在《论公民》和《法的原理》中就是这样，他就使得我们这样期待。霍布斯在《论公民》序言部分的一段话中曾宣称，正义是其他道德美德的基础，他这种说法也使得我们这样期待。然而，甚至在三部政治著作中最早的那一部当中，说正义概念及其要求处于中心地位，这似乎也夸大其词了。《论公民》和《法的原理》对于缔结契约的条件以及遵守契约的必要性所花费的笔墨远远多于其他道德美德或其他自然法方面的细节，而且有许多迹象表明，无论是在自然法理论中，还是在霍布斯关于主权者的权利义务以及公民义务的讨论中，正义都只是诸多考虑因素当中的一个。

首先，几乎毫无疑问，最基本的自然法或道德要求是寻求和平。正义作为一种道德要求，源于寻求和平的道德要求。正义之所以是一种道德要求，是因为转让权利是实现和平的一种手段，权利通过契约来转让，而正义是一个遵守契约的问题。和平的要求本身并非源自任何其他要求，和平概念也不依赖于正义概念。和平被定义为没有战争，而战争的定义也独立于正义概念。霍布斯原本可以毫无争议地说他的公民科学就是和平的科学。这也符合他在所有三部政治著作中的一个说法：各条自然法的共同点是它们促成自我保全（EL, Pt. 1, xvii, 14）或和平（*De Cive*, iii, 31; *Lev.*, xv, 40）。他并没有说它们的共同点是促成正义。同样，当霍布斯完成了一份长长的自然法清单并试图用一个简单的公式来概括这些法则时，他想到的是《圣经》中的“金规则”或与之相近的说法（*De Cive*, iii, 26; EL, xvii, 9; *Lev.*, xv, 35）——“己所不欲，勿施于人”。与这条“金规则”更接近的是第十一条自然法，该法则要求人人得到平等对待（EL, vii, 1; *De Cive*, iii, 13; *Lev.*, xv, 23），而不是要求正义那条自然法。

霍布斯的著作中还有一种想法，根据那种想法，正义在其自然法学说中被赋予了特别重要的作用。在《论公民》中，这个想法是这样展开的：

> 违反协议，就像要求收回馈赠之物一样（这总是通过某种行为或不作为来实现的），被称为错行（iniuria）。这种行为或不作为被说成是不正义的（iniustia）；因此，错行和不正义的行为或不作为具有相同的含义（iii, 3）……于是，错行的对象只能是与之达成了协议的人，或者被赠予了礼物的人，或者通过协议而对之作出过承诺的人。（iii, 4）

如果正义和不正义的行为之间的区分与正确行事和错行之间的区分是一致的（上述

引文似乎隐含了这一点),那么正义也许就比其他的道德观念更为根本。然而,当霍布斯在《论公民》一书中提出这一观点后,他立刻又收回了不正义和错行可以互换且错行以协议为前提的主张。他承认,不正义和错行之间在谁遭受了错行或不正义的问题上存在着差异。他还说,哪怕在战争中,残忍(不考虑未来利益的复仇)也总是违反自然法的(iii, 27)①,这意味着即便在没有协议的情况下,遭受残忍对待的人似乎也遭受了错行。

霍布斯提出的另一个区分是行为的正义和人的正义之间的区分。这一区分在不同的著作中有不同的说法,也被赋予了不同的意义,但是这一区分对霍布斯来说似乎有一个重要的用途,即扩大正义的范围,从而将所有正确的行为都包括在内。行为的正义在狭义上可能是一个遵守协议的问题,但一个正义的人也可以被称为一个正直的(righteous)人:

> 一个正义的人……他是一个尽其所能正义地行事的人,一个不正义的人则往往对此加以忽视。在我们的日常说法中用正直或不正直来定义这些人,而不采用正义或不正义,尽管它们的意思是一样的。(*Lev.*, xv, 10)

同样地,在《论公民》中,霍布斯有时候也把遵守全部的自然法或上帝的法与正义相提并论(xviii, 6)。这些段落如果试图表明,行事正确(right-doing)或正直始终属于正义的一种,那么它们似乎不能令人信服。尽管在我们这个时代,"正确的""正义的""道德的"这三个词在前理论层面的用法上可能会有重叠,在霍布斯的时代,"正义的"和"正直的"也可能有重叠(不过,出自《利维坦》的那段话暗示了这两个词之间是有差异的),但这里所讨论的是,在一门正义科学中,一个被定义的正义概念与一个被定义的正确或正直概念能在多大程度上趋同。适合于霍布斯自然正义科学的是被定义过的概念。在某些段落,"正义的"一词的意思似乎扩展得太宽泛了,以至于占领了"道德的"一词所占据的所有空间,但这些段落并非霍布斯建构其系统正义理论的地方。② 在《利维坦》中,他是在评论"正义的"一词在日常的前理论层面的用法与他的理论中的用法之间的联系;在《论公民》中,他是在评论得救的条件。

对正义和正直概念在日常语言中的局限性所做的这些考察是很正当合理的,但它们无助于霍布斯的主题。不仅来自正义和正义概念的论据似乎缺乏霍布斯所声称的中心地

① 在《论公民》第3章第27节未见这一说法。——译者注

② 参见 D. Boonin-Vail, *Thomas Hobbes and the Science of Moral Virtue*, Cambridge: Cambridge University Press, 1994, pp.110ff。

位，而且建立国家的协议似乎也包含一些例外条款，这些条款使得我们并不清楚协议何时得到遵守以及何时遭到破坏。首先，任何将自然权利转让给主权者的人，都不能被说成是要放弃判断自己是否处于致命危险的权利（参见 *Lev.*, xiv, 29）。这意味着，国家当中某个真正担心自己生命安全的人可以采取他认为最好的方式来保护自己免遭迫在眉睫的袭击，即使这意味着诉诸法律只允许警察使用的那种暴力或防御武器。如果一些有重型武装的组织相信，有一个国际阴谋最终会通过武装入侵来破坏他们的国家及其生活方式，那么这一特殊的例外条款就可能纵容极端分子。如果相关人员觉得这种威胁是非常真实的，那么他们收回保护自己的责任是否违反了社会契约就变得不清楚了。

另一种例外条款则以公共安全的形式被作为国家的目的。霍布斯在他的政治著作中始终如一地坚持：主权者要确保的“安全”必须作宽泛的理解，远远不止免受人身攻击的自由。例如，在《论公民》中，安全意味着“尽可能过一种幸福的生活”（xiii, 4）。霍布斯接着把人们可以享受的所有好东西分为四类：（1）抵御外敌；（2）维护国内和平；（3）在不破坏公共安全的情况下获取财富；（4）充分享受无害的自由。从这份清单来看，主权者有望给臣民安排得最多的好东西就是前三种。或者，正如霍布斯所说，“主权者为公民的幸福所能做的，只是让他们能够享受自己的勤劳所挣得的财产，使他们免受内外战争的威胁”（xiii, 6）。但这就把主权者的表现标准定得相当高：那些不担心袭击或抢劫，但被课以重税的臣民可能会认为，根据霍布斯政治著作中所勾勒那种广义的“安全”概念，他们是“不安全的”。甚至并不清楚，这个广义的安全概念是否与霍布斯的下述核心主张一致：主权者有不受限制且排他的权力来决定什么东西归属于谁。这一张力也不是《论公民》所独有的。《法的原理》（Pt. 2, viii, 1）和《利维坦》（xxx, 1）所使用的安全概念与《论公民》中的同样宽泛，同时又赋予主权者以全权，他可以将安全限定于某种非常接近于纯粹的保护的状态。

因此，对反抗主权者可能的理由的看法（公民可能会从其安全的角度看到这些理由）与主权者所提出的狭义的安全定义，这二者之间有可能存在令人不安的分歧。也许为了掩盖这一点，霍布斯在反驳煽动叛乱时，或在为集中且不受限制的政府权威辩护时，总是避免使用来自正义的论据。他的这个做法是明智的。因为违背社会契约的条件完全是一笔糊涂账。

我推断霍布斯的自然正义“科学”和他的道德哲学或一般意义上的自然法学说之间实际上没有明确的界限。公民科学确实在一定程度上是第三自然法在建国信约这一特殊信约上的应用，但这似乎并不是一套完全独立的体系。当霍布斯反驳公民的不顺从行为时，他不仅诉诸正义的必要性，而且还诉诸这种必要性的依据，这种依据就在于和平与保命是最要紧的事情。作为必然的结果，他诉诸任命一名至高无上的法官的必要性。判断什么是正义的，什么是不正义的，这是公民科学中的一个技术问题，而不是一个观点问题。霍布斯在《贝希摩斯》（*Behemoth*）中直言不讳地指出了这一点，霍布斯在那里声称"关于正义与不正义的科学"是一门可以被证明的科学，即使是最平庸的人也能理解，这门科学提出了一个对王国的和平与安全相当重要的问题：

> 为什么在教授人们他们的义务（也就是关于正义和不正义的科学）时，不能像教授其他各种科学那样，根据真正的原则和明确的论证去教导他们？为什么这种教导不能够比任何一个传道士和民主绅士教导谋反和叛国容易得多？①

五、霍布斯与20世纪道德哲学②

20世纪至少有两种对霍布斯契约论的误解。其中一种误解是将20世纪接受契约论的反先验论（antitranscendentalist）动机回溯至《利维坦》。其理念是，如果理性行动者能够在公平的情况下一致赞成某些原则，那么这些原则在道德上就是正确的。这样一来，那些本来看似形而上学或非世俗的东西——道德上的正当性——便是建立在公平或理性的共识这一非形而上学的观念基础之上。③ 有时人们认为，如果没有这种基础，道德理论本身就会面临某种重要的怀疑主义。④ 举例来说，在为伦理学奠定形而上学基础时，可能会发现一种讲道德的动机，这种动机只存在于柏拉图的天国中，或者等而次之，只存在于某些出类拔萃的人身上。如此一来，就出现了一种错位，一方面是道德的范围（涉及所有的人）以及道德被认为具有的那种不可逃避性，另一方面则是，几乎没有人实际上会被理论上提出的道德基础所推动，甚至几乎没有人知道这种基础。也许有人会否认，建立在先验

---

① *Behemoth, or The Long Parliament*, ed. Ferdinand Tönnies, London, 1889，复制本，Stephen Holmes ed., Chicago: University of Chicago, 1990, p.39.
中译参阅［英］霍布斯：《贝希摩斯：英国内战》，李石译，北京：北京大学出版社，2019年，第47页。——译者注

② 这一节和下一节利用了我的论文"Hobbes's Uses of the State of Nature"，即将收录于由Leo Catana编辑的一本关于哲学史编纂学的书中。

③ 罗尔斯（*A Theory of Justice*, Cambridge, Massachusetts: Harvard University Press, 1972, p.256）和高蒂尔（"Why Contractarianism?", in Vallentyne, ed. *Contractarianism and Rational Choice*, Cambridge: Cambridge University Press, 1991, pp.15－30）在一定程度上都是这样论证其契约论的。

④ 参见J. L. Mackie, *Ethics: Inventing Right and Wrong*, Harmondsworth: Penguin, 1977, p.38。

基础之上的道德体现了一些客观的价值，或者对具有我们这种冲动的生物具有权威。另一方面，如果道德义务建立在我们能够合理地一致赞成的东西的基础之上，且理性的条件对大多数人来说并不是太严格，或者不是超凡脱俗的，那么这个问题似乎就可以避免。

所有这一切在多大程度上适用于霍布斯呢？他当然不是道德哲学上的先验主义者：他否定价值（包括道德价值）是柏拉图式的形式，也否认它们是由神的命令所建立。但他也没有诉诸社会契约来把道德哲学带回人间（down to earth）。无论如何，社会契约都不能在没有道德价值的地方创造道德价值；相反，它将道德价值与保存自我或和平这种好东西联系起来。这些都是很典型的非先验性善，因为它们都与保护有朽的生命有关。而且，可以不无道理地说，这些好东西有助于确立道德价值。和平和自我保存是所有道德规范和禁令——自然法——都可加以促进的好东西，也可以认为这些规范和禁令是源于它们。最基本的自然法意味着一个人应该通过放弃某种自由来寻求和平。而要做到这一点，就要通过与其他人签订契约从而服从一个最高权力。由于寻求和平是道德所要求的，于是订立社会契约也就是道德所要求的，但社会契约概念并没有把和平概念带回人间。社会契约已经回到人间，它被理解为要结束或取代威胁生命的战争状态。

霍布斯诉诸和平或保存这样的此岸之善，这并不是试图使其道德理论避免在客观价值是否可以理解的问题上走向 20 世纪元伦理学上的怀疑主义那样的怀疑主义。如果说霍布斯想要对抗关于道德的怀疑主义，那他所要对抗的也是这样一种怀疑主义，这种怀疑主义追问是否可能存在系统的或者无争议的道德指南。20 世纪的元伦理学怀疑论者——今天的麦凯（Mackie）和哈曼（Harman）①——并不担心伦理学是不确定的或不系统的，也不担心其核心要求（例如“信守承诺”“说真话”）等似乎对行动者没有说服力。霍布斯却是实实在在地对此表示担忧。例如，当《圣经》成为行事的道德权威时，他担忧《圣经》包含的信息模糊不清。如果让先例而非市民法严格的规则来指导公民的行为，他又担忧共同法庭的判例模棱两可。但是，要重申的是，并非社会契约减少了行动指南不确定性的这些来源，而是因为他使用了其他的理论工具。他把道德理论等同为以某种有序的方式推导自然法；他把道德要求分为基本的要求和派生的要求，最基本且无可争议的道德要求就是寻求和平。在服从的问题上，霍布斯的权利和义务理论将法律和行动指南的来源减少到一个，这就是主权者，并用主权者可以使用的所有强制来支撑这一点。对救赎的要求有一种世俗主义的理解，这种理解从根本上减少了人们需要从《圣经》中获取行动指南

① Gilbert Harman, *The Nature of Morality*, Oxford: Oxford University Press, 1977, ch. 1.

的数量。对于将主权者的对手——主教、野心勃勃的贵族、律师和教皇——当作有权威的指南之来源,霍布斯感到很悲观。所有这些考虑共同促使霍布斯将道德指南简化为一个简单的公式:服从主权者,遵循市民法。

霍布斯关于自然状态和契约的理论并没有一个先于高蒂尔、哈曼或麦基而提出的理论目的,它的目的是完全不同的。它代表的是不从神话的角度来理解何为人,这种对何为人的理解与亚里士多德的理解完全相反。霍布斯认为,人本质上是非政治的或反社会的,他对自然状态的描述也被用来表明他这种理解究竟是什么意思。

六、高蒂尔和汉普顿论霍布斯作为道德理论家的意义

现在,是时候处理20世纪的霍布斯主义者了,他们是一些明确声称受到霍布斯著作启发的道德哲学家和政治哲学家,即使他们承认自己的方向是霍布斯可能不想走的。在这些人中,大卫・高蒂尔(David Gauthier)可能是首屈一指的。尽管高蒂尔多次讨论霍布斯对于20世纪政治理论的意义,但他最重要的论断是认为霍布斯开创了一种道德观,即道德就是通过约定理性(conventional reason)对自然的行为进行约定的和人为的约束。① 霍布斯所利用的资源何其之少,这一点引起了高蒂尔的兴趣。霍布斯无须诉诸上帝和普遍的同情,甚至不必诉诸非个人的(impersonal)福利概念的权威,而是只有理性的自利就够了。他的吝啬(parsimoniousness)概念很契合于用来定义经济人理性的那些假定。② 琼・汉普顿(Jean Hampton)在区分霍布斯式的道德契约论及其20世纪的拥护者、康德式道德契约论及其20世纪的版本时也强调过一些大致类似的命题。③

对霍布斯的这种解读并不是胡说八道。处于自然状态的行动者确实被认为会只为了自己的利益而彼此缔约。一个人的自身利益有点像主观的效用。每个行动者都被认为会采取行动去提升自己有最强烈且深思熟虑的欲望想要的东西,哪怕这些欲望可能很怪异。在订立契约的条件下,只要一种选择能为选择者带来更大利益,它就比另一种选择更理

---

① David Gauthier, "Thomas Hobbes: Moral Theorist", in Gauthier, ed., *Moral Dealing: Contract, Ethics and Reason*, Ithaca: Cornell University Press, 1990, pp.11 – 23.

② 更具体地说,霍布斯被认为最早解释了即便不合作似乎会带来好处(也即在囚徒困境的情况下),但是为什么合作才是理性的。霍布斯的解释被认为包含在他对那个认为不存在正义的愚昧之徒的回应中。参见 David Gauthier, "Reason and Maximisation", reprinted in *Moral Dealing*, pp.209 – 233, and *Morals by Agreement*, Oxford: Oxford University Press, 1986。在这里,高蒂尔将这一思路发展为一个命题,这个命题涉及为什么受约束的最大化行为是理性的。那些向他人表明自己愿意通过约束自己来放弃自身利益最大化的人,比那些抓住每一个机会获取最大利益的人,能够从他人那里获得更多的自由空间。

③ Jean Hampton, "Two Faces of Contractarian Thought", in Vallentyne, ed. *Contractarianism and Rational Choice*, pp.31 – 55.

性。没有任何一个选择是无所谓的。这些背景性假定确实符合价值即效用、理性即效用最大化等观念，也符合对利他主义的拒斥。通过订立契约，每一个霍布斯式的行动者都可以预见自己的一些净利益，其中一些利益表现为多得到想要之物，少得到讨厌之物。每个人都可以预见，通过订立契约，他们将在求其所好时失去一些自由，但是，出于同样的原因，他们也不太容易受到其他也会求其所好的人伤害。失去自由比失去生命更符合欲望的满足，而失去生命正是契约首先要确保加以避免的。失去生命也是保留自由会促成的结果。

契约就在于众人共同赞成服从一个人或少数人，这些人将制定出能使得众人和平共处的规则。高蒂尔认为，对于为什么即便失去了自由，服从也是理性的，霍布斯的文本提出了不止一个答案。其中一个是霍布斯对"愚昧之徒"（*Lev.*，xv，4）的回应："愚昧之徒在心里说道：'根本没有所谓的正义存在'……他还郑重其事地断言，每个人的自我保存和满足都交给个人自己照管后，就没有理由不按照他认为有助于此的方式行动。因此，立约与不立约，守约与不守约，只要有助于个人利益，便不违背理性。"但根据霍布斯的说法，"愚昧之徒"计算错了。违反一项信约能带来好处的可能性很小，如果有外部力量来惩罚这种投机取巧的违约行为的话，那么违约就比守约更危险。高蒂尔认为这个回应是不充分的，因为它没有质疑"愚昧之徒"将不理性等同为不利的做法。他认为，在霍布斯文本的某个地方可以找到一个更好的回应，霍布斯在那里考虑了关于理论问题的无休止争论，他的解决办法实际上是，人们需要交出他们对是非的主观衡量标准，以换取一个不偏不倚的法官或仲裁者的衡量标准。仲裁者的观点纠正了自然状态下各种对不利因素的看法。与失去生命相比，失去自由带来的不便很小，但可能要超脱于自己的计划和愿望才能看到这一点，而正是在这里，一种约定理性才取代了用来实现所预期的欲望的实践理性。用高蒂尔并不完全令人满意的说法来说就是："我们可以这样来诠释霍布斯对第二条自然法的论证，即该论证是要说明为什么要用一种以和平为目标的约定理性来取代以个体保存为目标的自然理性。"①如果订立信约是约定理性的第一次应用，那么第二次应用就是与此同时对主权者的授权："由于人类倾向于受到激情而非理性的统治，霍布斯要求主权者不仅充任仲裁者，他那被所有人承认是正确理性的理性来规定达到和平的手段；而且还要充当执行者，他那得到所有人授权的权力被用来维持和平。"②

高蒂尔认为，霍布斯对约定理性的两次应用——相互订立信约和与此同时的授

① Gauthier, "Thomas Hobbes: Moral Theorist", p.21.

② Ibid., p.22.

权——确立了他对现代道德理论的贡献。霍布斯是一个先于其时代的人,他的双重约定主义(conventionalism)通过其吝啬概念预见了 20 世纪经济学家关于理性人的概念。

虽然对霍布斯的这种解读并非毫无根据,但在我看来似乎存在内在的混淆,与霍布斯的文本不太相符。说存在内在的混淆是由于其二元论,也就是说,它在两个不同的地方找到了约定理性的位置,即在自然状态中的行动者和主权者,而这似乎并不合理。一方面,“[主权者的]首要任务是提供自然法的维护所需要的正确理性的约定标准”。① 另一方面,“只有当每个人都把和平视为‘王牌’(trumps)时,自然法才会得到维护”。② 这意味着,约定的理性标准是每个缔约者定义的。霍布斯的文本显然需要第二种分布广泛的约定理性,因为每个人都希望其他人理解,他放弃自己的权利并加入共同体正是为了和平。换句话说,即便是在自然状态下,和平的好处仍然可以被每个人理解并接受为王牌。为人熟知的道德要求是实现和平的手段,这一观念在经验中、适恰的政治著作(包括霍布斯自己的著作)和《圣经》中都是很常见的。因此,如果是这样的话,那么约定理性并不只是体现在主权者身上。而且,即使主权者是有争议事项的唯一仲裁者,和平是一个重要的或许还是首要的道德价值这一点却并不属于有争议的问题,这是一条人人都能理解的实践理性箴言。更有可能引起争议的是绝对主权者的权利和臣民的完全服从,它们被视为实际和平的条件。但是在指出在有争议的问题上进行仲裁的必要性的同时,高蒂尔还提到了需要约定理性来揭示和平是一种一致同意的善。约定理性或许可以在不需要仲裁人的情况下就能完成最后这一项工作,因为和平这种一致同意的善可能不会引起任何争议。在霍布斯那个时代的英格兰和欧洲大陆,霍布斯的读者无论是宗教徒还是非宗教徒,都会无可争议地承认和平是一种高阶的善。

第二,在高蒂尔那里,似乎他所谓的“霍布斯道德理论”从头到尾就只是对第二条自然法——即这样一条道德要求,自然状态下的行动者要通过一种特殊的契约来放弃自己的自然权利——的解释和辩护。道德理论关系到谁拥有什么;关系到一个人能在多大程度上抵制威胁生命的主权命令,比如去参战的命令,而不失为正义;关系到一个人除了生命权和面临人身伤害而得到保护的权利以外,是否还对别的东西享有权利;关系到法律的解释者是很多人、少数人还是只能有一个人——所有这些问题都被忽略了。之所以如此,部分原因在于高蒂尔互换着使用道德理论和对道德可能性的解释。③ 至少在我看来,霍

① Gauthier,“Thomas Hobbes: Moral Theorist”, p.20.

② Ibid., p.21.

③ Ibid., p.11.

布斯的道德理论只是附带地解释了道德的可能性。它更多的是在将每个人都要寻求和平这条主要准则下已经得到承认的那些道德准则系统化。当然,这个主要准则使用的和平概念被赋予了一个修正了的定义,用来指自然状态之外的所有时间。但是,霍布斯的道德理论是指他对自然法的整体安排和辩护,而不是像高蒂尔所暗示的那样,仅仅是指一种关于自然法如何在实践中具有约束力的理论。

在一篇对比 20 世纪道德哲学中的霍布斯式契约论和康德式契约论的论文中,琼·汉普顿指出,使得霍布斯式的方法具有独特性的因素也是破坏它的因素。霍布斯式契约论对“为什么要讲道德”这个问题给出了一个独特的回答。这个回答就是,在追求利益的过程中讲道德、与他人合作或愿意与他人合作,这符合一个人的利益。但汉普顿指出,在潜在合作者之间存在某些根本不平等的情况下,这个回答是非常不可信的。如果弱者和强者之间的差异足够巨大,那么,尽管弱者有能力通过合作来缩小差距,但剩余的不平等仍然使得强者可以通过武力支配弱者。而且,那些最弱者或最无能的人,他们无法为一个用共同力量来推进的合作计划作出多少贡献,因而用霍布斯的话来说,也没有多少价值。因为在霍布斯看来,人的价值就在于,当他和别人一起努力去实现一个计划时,他的能力对结果到底能有多大的影响。由于无能者的能力对一个共同计划来说几乎无所补益,因此无能者也就毫无价值。即便人们试图利用高蒂尔《一致同意的道德》中那些复杂的资源,霍布斯的理论赋予个体那种纯粹的工具价值仍然很难转化为内在价值或接近内在价值的东西。汉普顿说,这就是问题之所在,因为除非能让人想起内在价值之类的东西,否则霍布斯的理论对于弱者和易受伤害者的隐含意义将使得它根本不适合用来重建道德。帮助弱者和强者的理由是道德的核心,而正是这些理由似乎是霍布斯主义者无法触及的,但是康德式的道德契约论却并不会受到同样的驳斥。

根据汉普顿的说法,康德式契约论仍然要归功于霍布斯式契约论,因为它保留了霍布斯“关于伦理学的核心洞见”,即“伦理学不应当被理解为要求我们自己成为他人的牺牲品”。[①] 汉普顿声称,霍布斯的这一核心洞见反对人际关系中的顺从(subservience)和剥削,而康德伦理学对这两种现象也是敌视的。[②] 根据汉普顿的观点,从这个角度来看,康德伦理学是霍布斯伦理学的延伸。按照汉普顿的说法,伦理学排除了顺从和剥削的可能性这一核心洞见并不是霍布斯的契约论对 20 世纪道德思想的唯一贡献,和它同等重要的

---

① Hampton, “Thomas Hobbes: Moral Theorist”, p.53.

② 参见 Thomas Hill, *Dignity and Practical Reason*, Ithaca: Cornell University Press, 1992,多处可见。

还有这一个观念:“道德是一种人造的制度,只有促进了人类利益,它才可以得到证成。”①

但我认为汉普顿关于霍布斯对道德理论的长远贡献的两个正面主张都值得怀疑。诚然,霍布斯认为道德不应该被理解为要求我们成为其他人的牺牲品,但“牺牲品”(prey)这个词确实需要在字面上来理解。霍布斯认为,道德不可能始终一贯地要求人们主动让自己被他人杀死,但这并不排除种种制度所允许(实际上是要求)的许多其他类型的顺从和支配,而那些制度可以被看作维持和平或拯救生命的制度。汉普顿的说法要求我们以隐喻的方式解读“成为他人的牺牲品”。别人意图置你于不利境地,你明知如此还要合作,你就成为别人的牺牲品;你故意地参与一种你会占别人便宜的关系中,你就以一种不正当的方式把别人变成了牺牲品。这是一种非常广义上讲的成为别人的牺牲品。在这种意义上,用汉普顿举的例子来说,一个被自己孩子当作女佣的美国家庭主妇就是孩子们的牺牲品。② 但由于霍布斯不同意将单纯的感情伤害看作真实的伤害,当他界定主权者应保护任何人所免遭受的伤害时,他也倾向于将伤害局限于身体伤害(*Lev.*, xxvii),因此他本想加以排除的牺牲别人的行为是那种涉及身体伤害或死亡行为,而不仅仅是剥削。汉普顿认为,霍布斯的第二个长远贡献是已经说过的那个洞见,即道德是一种人造物。根据霍布斯的观点,作为政治生活框架的国家当然被认为是一个人造物,但是,道德本身——它规定力行美德,禁止恶品——是不是纯粹由人类建构起来的,这不清楚。如果是,那就意味着自然法是可以随便更改的人为约定。相反,霍布斯直截了当地说,“自然法是永恒不变的……因为战争永远不可能保全生命,和平也绝不会摧毁生命”(*Lev.*, xv, 38)。再说,对人类生命和健康的伤害不是(或至少不全都是)由决策或约定造成的:无论我们是否喜欢,它们都会干扰生命运动。骄傲、不公道和不正义,这些恶品与战争之间的联系也被认为是独立于人们的一致赞成而存在的。如果战争客观而言就是坏的(因为丧失生命客观而言是一种伤害,而且也剥夺了我们拥有或满足其他欲望的条件),那么不夺人性命和不从事战争的理由似乎就远远不是约定。以上这些思考共同表明,霍布斯不是一个道德相对主义者或道德怀疑论者。因为一个认为自然法永恒不变的人也不可能是一个道德相对主义者或道德怀疑论者。

---

① Hampton, “Two Faces of Contractarian Thought”, p.36.

② Ibid., p.54.

Hobbes's Moral Philosophy

Tom Sorell

【Abstract】 Hobbes's moral philosophy, which is essentially a virtue-ethics, largely consists of the description and the derivation of what he calls 'the laws of nature'. The laws of nature oblige in foro interno, but it is not Kantian deontology. In Hobbes's three political treatises, *Leviathan* does not break the mould of the civil science that is found in *De Cive and The Elements of Law*. Arguments from justice then are not Hobbes's only arguments to normative conclusions; yet we are led to expect that arguments from justice, or at least the concept of justice, will have a preeminent position in Hobbes's civil science. Hobbes is certainly no transcendentalist about moral philosophy. The theoretical purpose of Hobbes's theory of the state of nature represents a demythologised understanding of what it is to be human. Both Gautier and Hampton have misunderstood Hobbes when they emphasize the significance of Hobbes' moral philosophy in the 20th century.

【Keywords】 Hobbes, the Laws of Nature, Justice, Moral Philosophy

霍布斯自然法的明智解释与道德解释之辩

王 博①

【摘要】 对于霍布斯的自然法，学界存在着两种针锋相对的解释，一种是明智解释，另一种是道德解释。明智解释认为自然法不是道德法，理由有三，一是它的动机出于自利，二是它没有产生义务，三是自我保存的事实推不出作为"应当"的道德法。然而，这三种理由无法对道德解释构成致命威胁。道德解释可以如此回应明智解释的论证：其一，在霍布斯那里，自利与道德是统一的；其二，认为自然法没有产生义务是一种误解；其三，人的态度、感情和信念能够连接事实与应当，自我保存本身也是善。通过一系列考察可以发现，道德解释在两种意义上优于明智解释。

【关键词】 霍布斯，自然法，道德法，明智规则

在政治哲学、法哲学和伦理学领域，自然法学说一直以来颇受关注。历史上，许多哲学家提出了不同的自然法学说。围绕各种各样的自然法学说，学者们展开了热烈的讨论。霍布斯的自然法思想作为自然法传统的一部分，也引发了许多争论。其中一种是关于霍布斯自然法的明智解释和道德解释之争。明智解释认为自然法并不是真正的道德规则，它只是理性指示出有助于人们自我保存的明智规则。道德解释则认为自然法不仅是明智规则，还是人们有义务遵守的道德法。自然法是明智规则，这一点是双方都承认的，人们争论的焦点在于，在这之外自然法究竟是不是道德法。对于"霍布斯的自然法不是道德法"这一主张，明智解释者给出了精彩的论证。我们将考察相关的三种论证，并给出不能接受它们的理由，以实现为道德解释辩护的目的。

一、利益辩

明智解释者采取的第一种论证是：霍布斯的自然法完全建立在追求自我利益的基础上，但是道德却要求人们的动机不是基于自利，而是基于应当。沃特金斯（J. W. N. Watkins）是采取第一种论证的典型代表之一，他在其著作中写道："霍布斯的自然法是康

① 作者简介：王博，中国人民大学哲学院博士生，主要研究方向为西方政治哲学和道德哲学。

德意义上的断言式假言命令;并且它们为那种固定的目标(也就是自我保存或者避免伤害和毁灭)规定了实际上必要的手段,因为这个目标是一种由个人的生理—心理构造所决定的以自我利益为中心的目标,这意味着霍布斯的自然法并不具有一种特殊的道德特征。"①持这种观点的人不在少数,学界一部分人坚信,当某种规则或某个行动完全是出于自利的动机,那么我们便不能将之称为道德的,这种主张很容易让我们想起康德的道德哲学。基于这种道德动机的看法,支持明智解释的人认为,当霍布斯说自然法禁止或命令一定的行为时,他并不是因为这种行为在道德上错误或正确而去禁止或命令这种行为的,而是因为这种行为危害或有利于个人的自我保存而去禁止或命令这种行为的,也就是说,自然法的动机是纯粹自利的,而不是出于道德,因此他们坚持自然法并不是道德法。②

为了使我们更加直观地理解这一观点,明智解释的支持者让我们设想如下情形:当一个人向慈善机构捐献钱财,只是为了给他感兴趣的女人留下深刻的印象,在这种情况下,这个人并没有做正确之事的倾向或欲望,他之所以这样做只是出于吸引女人的自利动机。③ 对于这种捐献行为,尽管就结果来说,它是符合道德的,但显然我们很难承认这是一种有道德的行为。接受这种观点的人坚持的是一种道德动机论,坚持道德后果论的人不会同意他们的结论,不过这里并不打算就这两种理论的争论展开讨论,因为这将是一项漫长的工作。

就算我们接受"完全出于自利的行为(例如上面的那种捐献行为)不属于道德行为"这一观点,我们也不能直接得出自然法不是道德法的结论,因为当我们评价一种规则是不是道德规则和评价一个行为是否是道德行为时,并不能采取完全一致的方式。根据道德动机论,也就是明智解释支持者的立场,当我们评价一个行为是否是道德行为的时候,我们的根据可以是,该行为者的动机是否符合道德规则,他是否因为认为这样做在道德上是正确的才这样做,如果是,那么这个行为便是道德的,如果不是,那么我们便不能说它是一个道德行为。但是我们能用同一个评判模式来评价一种规则是否道德吗?当我们评价人们的具体行为时,我们根据的是道德规则,当我们评价一种规则的时候,我们的根据是什么?另一套道德规则吗?显然,一个有理性的人不会接受这样的答案,因为这会导致无穷后退。

那么,当一套规则满足什么要求时,我们才能说它是道德规则呢?这个问题并不困

① J. W. N. Watkins, *Hobbes's System of Ideas*, London: Hutchinson University Library, 1965, p.83.

② Stephen Finn, *Hobbes: A Guide for the Perplexed*, New York: Continuum, 2007, pp.74-75.

③ Ibid., p.75.

难,通过反思我们的共识,我们会得出答案:道德规则是调节人际关系且指示了是非善恶的规则。“善”与“恶”或“好”与“坏”是我们进行道德评价时必然会用到的词汇,我们经常说:这个人很善良,那个人是坏人,乐于助人是一种善行,损人利己是一种恶行,等等。能够指示善恶,这一标准使道德规则与法律规则、游戏规则、工作规则等其他规则区别开来。

明智解释的支持者只看到了自然法的自利目的,却忽视了在霍布斯那里,自然法也指示了善恶,这也许是因为他们仍然将自己的目光局限于传统的善恶观之中,而没有意识到霍布斯的善恶观已经突破了传统善恶观的藩篱。对霍布斯来说,善意味着对自己有利,欲望的对象可以被称之为善,自我保存就是最大的善,恶则意味着对自己不利,嫌恶的对象被称之为恶,死亡可以说是最大的恶;而和平有助于自我保存,战争带来死亡。因此,霍布斯写道:“和平是善,因而达成和平的方式或手段,如我们在前面所说的正义、感恩、谦谨、公道、仁慈以及其他自然法也是善;换句话说,它们都是美德,而其反面的恶行则是恶。”①由此可见,霍布斯的善恶观是与自我保存这一所有人类的利益直接挂钩的,他甚至还声称,自己关于自然法的学说才是真正的道德哲学,而那些认为美德在于激情的适度的著作家②并“没有看到这些美德的善何在,也没有看到它们是作为取得和平、友善和舒适的生活的手段而被称誉的”③。

至此我们看到,虽然自然法是出于自我保存这一自利动机而被理性发现的,但它仍然是一种道德法,因为它指示了善恶。④ 当然,也许有人不同意霍布斯的善恶观,但这仍然不能改变自然法在霍布斯那里是道德法的事实。卡夫卡很好地指出了理解这一问题的关键所在:在霍布斯那里,“道德与理性审慎之间不可能发生真正的冲突”。⑤ 也就是说,在霍布斯的道德哲学体系中,遵守道德规则与理性自利主义在根本上是一致的,遵守道德规则实际上有利于自我利益的实现,追求自我长期利益的实现则要求遵守道德规则,自然法就是道德规则和理性自利原则相统一的体现。霍布斯的这种论证方式不同于传统道德理

---

① [英]霍布斯:《利维坦》,黎思复,黎廷弼译,杨昌裕校,北京:商务印书馆,2017 年,第 122 页。

② 亚里士多德持这样的观点。相关论述参见亚里士多德:《尼各马可伦理学》,廖申白译,北京:商务印书馆,2003 年,第 42-48 页。

③ [英]霍布斯:《利维坦》,黎思复,黎廷弼译,杨昌裕校,北京:商务印书馆,2017 年,第 122 页。

④ 对此,吴增定指出:“自然法首先是一种理性法……此外,自然法还是一种道德法,它为评判人的欲望、激情和行动提供了一种评判标准:一切有利于和平的欲望或激情都是善的,而一切导致冲突和战争的欲望和激情都是恶的。”参见吴增定:《人是不是自然世界的例外?——从斯宾诺莎对霍布斯自然权利学说的批评说起》,《云南大学学报(社会科学版)》,2017 年第 3 期。

⑤ Gregory S. Kavka, “Right Reason and Natural Law in Hobbes's Ethics”, *The Monist*, Vol. 66, No. 1, Jan., 1983, p.120.

想,这或许是造成理解障碍的原因之一。

通过证明理性要求我们遵守道德来为道德规则进行辩护,是霍布斯做出的一种富有新意并十分有趣的尝试,他的论证深入人心,"许多研究者认为理性要求讲道德这一点太有说服力了,以至于他们无法相信,霍布斯表明理性所要求的真的是讲道德"①。我们不能因为霍布斯的自然法是围绕自我保存的目的而推出的自利手段,就否认它是道德法,因为自然法追求的直接目的是和平,为了实现这一目的,它要求我们践行正义、感恩、顺应、宽恕、谦逊、公道、不偏不倚等道德美德。这些美德之所以被称为道德美德,是因为践行它们不仅能够使践行人自己受益,更重要的是,一个人如此行动也能够使他人受益,正是鉴于这一点,它们区别于明智、勇敢、节制等个人美德。对此,格特的表述很有道理,他如此写道:

> 自然法也是道德法则,因为它"作为和平的手段,也命令我们有好的品行,或命令我们践行美德;因此它被叫作道德法则"……这些道德美德是符合理性的,对此,他的论据是,拥有这些美德可以提升自我利益……只要符合自我利益的也同样符合其他每一个人的利益,那么道德和自我利益就并不是不相容的。②

二、义务辩

明智解释者的第二种论证认为,道德法会设定义务,而自然法并没有设定义务,所以自然法并不是道德法。采取这种策略的代表有纽维(Glen Newey)和巴里(Brian Barry),不过他们的具体论证方式并不相同,接下来我们将依次对他们的论证进行考察。

纽维推出"自然法不是道德法"这一结论是基于两个前提,第一个前提是"道德法会设定义务",第二个前提是"自然法没有设定义务"。第一个前提是基于我们的共识,这一点无可辩驳,但是第二个前提的可靠性却有待商榷。纽维之所以认为自然法没有设定义务,是出于以下理由。霍布斯在他的文本中曾明确主张:在自然状态下,"每一个人对每一种事物都具有权利,甚至对彼此的身体也是这样"。③ 这种一切人对一切东西的自然权利代表了自然状态下的任何人都不对其他人负有义务。在这种情况下,如果我们将自然法

① [美]伯纳德·格特:《作为道德法则的自然法》,毛兴贵,张馨瑶译,《政治思想史》,2021年第1期。

② 同上。

③ [英]霍布斯:《利维坦》,黎思复,黎廷弼译,杨昌裕校,北京:商务印书馆,2017年,第98页。

看作道德规则,就必然会产生矛盾,因为道德规则会产生义务。所以纽维写道:“要么根本就没有自然法,要么即使有,它也没有对任何人施加任何义务。”①纽维的这个论证看起来很有道理,但是如果我们仔细分析,就会发现他的推论并不充分,因为我们完全可以通过其他的解释方式来解决他所提到的那种矛盾。而仅仅将自然法看作明智规则,虽然也能避免与自然权利论证之间的冲突,却会导致与霍布斯的另外一些文本②不能融贯一致。

现在让我们来看一看霍布斯的自然法都有哪些具体规定。首先,第一条自然法要求人们应当力求和平:每一个人只要有获得和平的希望时,就应当力求和平;在不能得到和平时,他就可以寻求并利用战争的一切有利条件和助力。③

第二条自然法要求人们放弃对一切事物的权利:在别人也愿意这样做的条件下,当一个人为了和平与自卫的目的认为必要时,会自愿放弃这种对一切事物的权利;而在对他人的自由权方面满足于相当于自己让他人对自己所具有的自由权利。④

第三条自然法要求人们遵守信约:所订信约必须履行。⑤

除了这三条基本的自然法以外,其他自然法还分别规定人们应当遵守感恩、合群、宽恕、平等待人、谦谨、公道等道德要求。⑥

我们可以看到,这些自然法规定了人们应当做什么、不应当做什么,怎样做是正确的、怎样做是错误的,它们明确地向我们表达了某些禁止性的命令,对人们的行为构成了约束,我们怎么能说自然法不设定义务呢?尤其是第二条自然法和第三条自然法更是直接向我们表明,自然法会产生义务。因为霍布斯曾主张:“一个人不论在哪一种方式之下捐弃或让出其权利之后,就谓之有义务或受约束不得妨害接受他所捐弃或允诺让出的权利的人享有该项权益。”⑦也就是说,霍布斯认为义务来自权利的放弃或转让,而第二条自然法就要求人们应当达成这样一种契约,即彼此都放弃对一切事物的权利,第三条自然法又要求人们遵守已经达成的契约。由此我们可以合理地推断:自然法会产生义务。

如果自然法会产生义务,那么我们要如何解决“自然法是道德法”与“一切人对一切

① Glen Newey, *Routledge Philosophy Guidebook to Hobbes and Leviathan*, London: Routledge, 2008, p.59.

② 例如“实现了自然法的人就是正义的”,“由于研究美德与恶行的科学是道德哲学,所以有关自然法的真正学说便是真正的道德哲学”等文本。相关论述参见[英]霍布斯:《利维坦》,黎思复,黎廷弼译,杨昌裕校,北京:商务印书馆,2017 年,第 122 页。

③ 同上书,第 98 页。

④ 同上书,第 98－99 页。

⑤ 同上书,第 109 页。

⑥ 同上书,第 115－120 页。

⑦ 同上书,第 99 页。

东西的自然权利”这两个命题之间的矛盾呢？答案是这两个命题之间并不存在真实的冲突。因为霍布斯的相关论述向我们表明，虽然自然法是永恒的，自然状态中也存在着自然法，但是自然法的现实化并不是无条件的，它要生效必须满足这样一个限制条件，即其他人也都遵守自然法①。而在自然状态下，由于合理怀疑无法消除，限制条件没有得到满足，因此自然法实际上还处于被遮蔽的状态，并没有真正生效。也就是说，当人们拥有对一切事物的自然权利时，自然法只是形式上存在，而没有实际生效，此时自然法产生的义务被限制条件隔断，还没有正式施加到人们身上。当自然法真正生效时，由于部分权利的放弃或转让，人们已经不再具有对一切事物的自然权利。所以，即使自然法是道德法，也不会产生纽维所说的那种矛盾。

巴里采取的则是另外一种论证方式。他认为，根据霍布斯在《利维坦》中对“义务”的定义②，“义务”的真实意义只有一种，那就是权利的放弃或转让带来的义务。巴里十分强调一个人“有义务”（遵守承诺，遵守法律）和一个人“被强制”（把钱交给持枪歹徒，在暴风雨中将货物扔下船）之间的区别，③他只承认契约义务这一种义务是真实的义务，正因如此，巴里认为“自然法并不构成人类的义务”。④ 因为根据霍布斯自己的定义，自然法是理性的命令，它指示给我们追求和平的手段，在这种意义上，自然法本身并不是一种契约（尽管第二条自然法告诉我们应该放弃对一切事物的权利，第三条自然法要求我们遵守契约），因此自然法并不创造义务。另一方面，就算我们将自然法看作上帝的命令，它也不会产生义务，因为“没有人和上帝立过约”。⑤

巴里的这一论证十分简洁明了，且逻辑严密，看起来难以反驳，但如果仔细思考，我们会发现，他的论证并不是无懈可击。由于霍布斯将义务定义为权利的放弃或转让，同时又主张权利的相互转让叫作契约，于是巴里就此认为，只有契约存在的地方才产生义务，但是巴里的这种理解是有偏差的。实际上，在霍布斯那里，“义务”与“权利”是相对的概念，当他说一个人在放弃或让出某种权利之后，就要承担相应的义务，他的意思可以表述为，

---

① 卡夫卡将霍布斯自然法中包含的这一限制条款称作“铜规则”（互惠主义），并将其描述为“他人怎样做，我就怎样做”，这种道德思想不同于被表达为“黄金规则”（单边主义）的传统西方道德理想。相关论述详参见 Gregory S. Kavka，“Right Reason and Natural Law in Hobbes's Ethics”，*The Monist*，Vol. 66，No. 1，Jan.，1983，pp.120－133。

② “让出权利可以是单纯的放弃，也可以是转让给另一个人……一个人不论在哪一种方式之下捐弃或让出其权利之后，就谓之有义务或受约束不得妨害接受他所捐弃或允诺让出的权利的人享有该项权益。”参见霍布斯：《利维坦》，黎思复，黎廷弼译，杨昌裕校，北京：商务印书馆，2017 年，第 99 页。

③ Brian Barry，“Warrender and His Critics”，*Philosophy*，Vol. 43，No. 164，Apr.，1968，p.132.

④ Ibid.，p.128.

⑤ Ibid.，p.120.

义务在于权利的缺失;如果说权利在于做或不做某事的自由,那么义务则意味着这种自由的失去。

自然法禁止我们不去追求和平,禁止我们保留对一切事物的自然权利,禁止我们违背契约,禁止我们忘恩、骄纵、自傲、不公道、偏袒,等等。显然,自然法的要求限制了人们行动的自由,它要求我们放弃伤害他人的权利,不允许我们去做那些会引起争斗的事情。自然法的规定本身就意味着部分自然权利的放弃,因此,自然法本身是蕴含着道德义务的,只不过在自然状态中,由于限制条件的存在,自然法并没有实际生效(这一点我们在前面分析纽维的观点时谈到过),这种道德义务也处于被遮蔽的状态,没有实际施加到人们身上,而一旦限制条件被满足,自然法真正生效,它就自然而然对我们施加道德义务。

三、事实/价值辩

对于“霍布斯的自然法不是道德法”这一主张,明智解释者给出的第三个理由涉及自然主义谬误问题。鉴于霍布斯的自然法的基础是自我保存这一自然的心理事实,有人认为,如果将自然法看作道德法,就是试图从事实推出价值,从实然推出应然,这是一种自然主义谬误。彼得斯(R. S. Peters)和刘清平就认为霍布斯犯有这种自然主义谬误。① 对于自然法的明智解释看起来可以避免这种指责。因此,就融贯性而言,自然法的明智解释似乎优于道德解释,因为它能使霍布斯的思想体系得到更完整的理解。然而,当今学界关于事实/价值问题的讨论向我们表明,道德解释并不会使得霍布斯的论证出现断裂,也就是说,明智解释无法在解释的融贯性方面击败道德解释。

为了使讨论得到更清晰的呈现,我们有必要先对“自然主义谬误”问题进行一些考察。根据学界的看法,自然主义谬误问题产生的源头可以追溯到休谟,后由摩尔明确提出。② 在《人性论》道德学这一卷中,休谟提出了著名的“是”与“应该”的问题。他如此写道:

> 在我所遇到的每一个道德学体系中,我一向注意到,作者在一个时期中是照平常的推理方式进行的,确定了上帝的存在,或是对人事作了一番议论;可是突然之间,我

① 参见 Richard Peters, *Hobbes*, Middlesex: Penguin Books, 1956, p.171;刘清平:《两种“自然”的严峻张力——霍布斯自然法学说的内在悖论》,《天津社会科学》,2021 年第 3 期。

② 王世鹏、刘清平、王以梁和任巧华都提到了这一点。参见王世鹏:《规范—描述问题与“自然主义的谬误”之辩》,《江汉论坛》,2020 年第 6 期;刘清平:《怎样走出事实与价值的迷宫?——析菲尼斯自然法观念的内在悖论》,《贵州社会科学》,2021 年第 2 期;王以梁,任巧华:《从自然主义谬误到反自然主义谬误——兼论进化伦理学之困境》,《自然辩证法研究》,2017 年第 5 期。

> 却大吃一惊地发现，我所遇到的不再是命题中通常的“是”与“不是”等连系词，而是没有一个命题不是由一个“应该”或一个“不应该”联系起来的。①

在许多道德学体系的推理中，往往存在一种从“是”到“应该”的跳跃性推理，休谟看到了这种现象，并对这种现象表示了惊诧。有些学者基于这段表述，也许会片面地将“事实推不出应当”这种观点归于休谟，试图为这种观点找到一些支持。但事实上，根据休谟的相关论述，我们找不到可靠的证据表明休谟会支持这种观点。

一方面，在给出上面那一段著名的表述之后，休谟又紧接着谈道：“这个应该或不应该既然表示一种新的关系或肯定，所以就必须加以论述和说明；同时对于这种似乎完全不可思议的事情，即这个新关系如何能由完全不同的另外一些关系推出来的，也应当举出理由加以说明。”②由此看来，休谟似乎并没有主张“是”绝对推不出“应该”，他只是认为，对于如何能作出这种推理，应该给出进一步的说明。③ 另一方面，休谟自己也的确给出了这种说明。在他看来，联系“是”与“应该”的，或者说联系“事实”与“道德”的，是道德感觉，是一些特殊的痛苦和快乐。④ 例如，当我们看到高贵和慷慨的行为（这是一种事实），我们会自然地生出一种特殊的愉快感，因此我们说这种行为是道德的；相反，当我们看到残忍奸恶的行为，我们会生出一种厌恶感，因此我们说这种行为是不道德的。我们暂且不论休谟的这种道德观是否合理，这里我们至少可以表明，休谟并没有认为“是”与“应该”之间存在一种无法连接的断裂。

再来看摩尔关于“自然主义谬误”的论述。在摩尔看来，“善”与“善的事物”是有区别的：“善”是最简单的概念，就像“黄”的概念一样，是不可以再用其他属性或概念来定义的；而善的事物除了具有善的属性，还具有其他属性。而有些哲学家却试图用其他属性来定义“善”，摩尔对这种做法表示反对。他指出，“有太多的哲学家一直认为当他们命名那些其他属性时，他们事实上已经在定义善。他们认为这些属性事实上压根就不是‘别的’，而是绝对完全地与善相同的东西。我提议把这种观点称作‘自然主义的谬误’”。⑤ 摩尔所说的“自然主义谬误”的相反命题就是“善是不可定义的”。也就是说，

---

① ［英］休谟：《人性论（下册）》，关文运译，北京：商务印书馆，2009 年，第 505 页。
② 同上书，第 505－506 页。
③ 王世鹏也指出了这一点。参见王世鹏：《规范—描述问题与“自然主义的谬误”之辩》，《江汉论坛》，2020 年第 6 期。
④ ［英］休谟：《人性论（下册）》，关文运译，北京：商务印书馆，2009 年，第 506－507 页。
⑤ ［英］G. E. 摩尔：《伦理学原理》，陈德中译，北京：商务印书馆，2017 年，第 11 页。

"善"不可以被还原成其他的属性,因为它本身就是一种不可分解的基本项。

当我们在摩尔的语境中说霍布斯犯有自然主义谬误时,我们能够给出的论证是这样的:(1)自然法是道德法,是善的;(2)自然法的最终目的是自我保存,所以自然法具有有利于自我保存的属性;(3)这里用有利于自我保存这种属性定义了善;(4)而寻求自我保存只是一种心理事实,所以有利于自我保存这种属性是一种区别于"善"的其他属性;(5)因此,霍布斯用其他属性定义了"善",霍布斯犯有自然主义谬误。

然而,我们会发现,这一论证的第四个步骤是存在问题的,我们甚至可以用摩尔自己的逻辑来表明,就算采取对于自然法的道德解释,霍布斯也能够免于自然主义谬误的责难。要做到这一点,我们只需要引入一个前提,即"自我保存本身就是善"。这样一来,上述论证中的第四步就不再成立,我们自然就不会得出霍布斯犯有自然主义谬误的结论。我们可以看到,这样做完全不会与"善是不可定义的"这种主张相悖。事实上,这种辩护方法也被摩尔所认可,在考察边沁的伦理学观点时,他就指出了这一点。[①] 霍布斯当然也会同意这种辩护,因为他的确认为自我保存本身就是善的。

之所以有人会认为,如果霍布斯的自然法是道德法,那么他就犯有自然主义谬误,根源在于一种流行的事实/价值二分法。根据这种二分法,事实与价值被划归为两个完全不同的领域,事实领域可以通过客观标准来验证陈述的真假,价值领域则具有主观性,是由人主观建构的。这两个领域互不通约,事实陈述和价值判断非此即彼,事实绝对无法推出价值,价值不可能具有客观的事实基础。事实/价值二分法在相当长的时间内,似乎被认为是一种关于事实和价值问题的公认答案,正是基于这种公认答案,霍布斯被有些学者指责为犯有自然主义谬误。

但是,如果我们接受这种二分法,我们就不得不面对这样一个问题:那些具有规范性的规则(也就是表述为"应该怎样"的规则)是如何得出的?很少有人会同意,它们是本来就存在,然后被以某种神秘的方式直接印在人们的心灵上的(除了神法)。更多的人会赞同,它们是被人所发现的(例如自然法)或被人所构造的(例如法律)。而人们之所以能发现或构造这些规则而不是其他的什么规则,难道没有什么客观的事实根据吗?如果价值是完全主观的,一个致命的问题是,我们会被导向完全的相对主义,最终我们也许会陷入某种虚无主义。

尽管事实/价值二分法影响甚广,但当前已经有诸多学者对其提出了质疑。其中,普

---

① [英]G. E. 摩尔:《伦理学原理》,陈德中译,北京:商务印书馆,2017 年,第 20－21 页。

特南的相关论述十分具有借鉴意义。在普特南看来,事实判断和价值判断并不是非此即彼的,而是互相纠缠的。他指出,“事实陈述本身,以及我们赖以决定什么是、什么不是一个事实的科学探究惯例,就已经预设了种种价值”。[①] 也就是说,事实判断中潜藏着价值观念。同样的,价值判断也并不是完全没有客观基础,因为“至少某些价值必定是客观的”[②]。我们可以看到,“是”与“应该”之间,事实领域与价值领域之间并没有不可逾越的鸿沟。

当然,“是”与“应该”问题并不是没有意义的,但上面的论述向我们表明,以“是”与“不是”作为联系词的陈述,和以“应该”与“不应该”作为联系词的陈述之间,并不是完全断裂和不可连接的。尽管这两种陈述分属两个不同的领域,但它们可以被某种东西连接起来,这种连接两个领域的中介就是人的态度、人的感情、人的信念。这样看来,在霍布斯那里,自我保存虽然是一种心理事实,但另一方面,人类对于它的态度、感情和信念又赋予了它善的价值。因此,就算采用道德解释,从自我保存推出自然法也并没有犯下自然主义谬误。

四、道德解释的优势

到此为止,我们已经看到,明智解释的三种反对都无法对道德解释构成真正威胁。除此之外,我们还将看到,在两种意义上,道德解释优于明智解释。

一方面,采用道德解释能够使我们对霍布斯公民哲学的理解更加完整和全面。明智解释将自然法解释为只关注利益计算的明智规则,这种理解是片面的,它忽视了霍布斯哲学的道德面向。在任何以人为研究对象的哲学体系中,道德哲学都是不可或缺的组成部分,显然,在霍布斯那里也并不例外。“实现了自然法的人就是正义的”[③],“研究这些自然法的科学是唯一真正的道德哲学,因为道德哲学就是研究人类相互谈论与交往中的善与恶的科学”[④]。在自己的著作中,霍布斯多次做出类似表述,这向我们表明,霍布斯的自然法除了是理性指示给我们的明智规则,它也的确具有道德维度。道德解释看到了自然法的这种两面性。如果否认自然法具有道德性,那么,我们似乎就将道德这一因素从霍布斯的公民哲学中排除出去了,好像一切考虑都是基于利益的计算,这将导致的后果是令人担忧的,霍布斯对此也不会赞同。

---

① [美]普特南:《理性、真理与历史》,童世骏,李光程译,上海:上海译文出版社,2016年,第145页。

② 同上书,第152页。

③ [英]霍布斯:《利维坦》,黎思复,黎廷弼译,杨昌裕校,北京:商务印书馆,2017年,第122页。

④ 同上。

霍布斯公民哲学最重要的目标就是寻求和平，给人们的安全提供保障，而要实现这一目标，一种共同的标准是必需的，因为各持己见容易带来争斗。在指示善恶的道德标准方面也是如此。霍布斯明确指出，“当个人的欲望就是善恶的尺度时，人们便处在单纯的自然状况（即战争状况）下”。① 因此，我们需要在善恶的判断标准方面找到一个共同的尺度，这种共同的尺度有两个来源，一个是自然法，一个是世俗法。对此，霍布斯写道：“在世俗政府范围以外，行为方式的法则就是自然法，在这范围之内则是世俗法。这种法则决定了什么是正直和不正直的、公正和不公正的以及普遍说来什么是善的和恶的。”②我们可以看到，自然法所确立的善恶标准甚至比世俗法更普遍，因为自然法是人类理性根据自我保存这一共同目标推出的准则，它本身具有一种正确性，它所适用的范围是更广泛的。而世俗法的适用范围只是制定它的那个国家的统辖领域。自然法对于一切有理性的人都有一种约束力，可以说，自然法面前人人平等，就连霍布斯的君主都不例外。③

尤其是第三条自然法，即“所订信约必须履行”，霍布斯称之“包含着正义的源泉”。④ 我们可以看到，这条自然法对于霍布斯的契约论来说是举足轻重的，它告诉我们，违背自己订立的信约是不义的，我们有义务遵守自己所订立的信约。正是这一条自然法，为人们遵守世俗法提供了一种道德理由。也许有人会反对说，人们之所以遵守世俗法，是因为惩罚的威慑。当然我们必须承认，惩罚在霍布斯的公民哲学中起着关键的作用，但我们也必须承认，惩罚无法做到一切，有一些领域必须要交给道德来规范。霍布斯自己也看到了这一点，他指出：

> 禁止叛乱……的世俗法，作为世俗法而言，要不是根据禁止背信弃义的自然法，是不具有任何拘束力的……至于惩罚，他们就会完全把它当成一种敌对行为；当他们认为自己具有足够的力量时，就会力图以敌对行为来规避这种敌对行为。⑤

另一方面，道德解释将道德和人的利益紧密连接起来，这有助于人们更好地接受和执行道德要求，这正是霍布斯的创新所在。通常来说，我们遵守某项规则，原因在于，它本身正确，或者，它符合我们的利益。后者所提供的动力往往高于前者，有时候甚至会压倒前

---

① ［英］霍布斯：《利维坦》，黎思复，黎廷弼译，杨昌裕校，北京：商务印书馆，2017 年，第 122 页。
② 同上书，第 544 页。
③ 霍布斯指出，自然法“对全体人类同样有约束力”。参见同上书，第 209 页。
④ 同上书，第 109 页。
⑤ 同上书，第 261－262 页。

者。事实经验告诉我们,如果遵守某项道德要求会给自身带来危害,那么许多人会选择违反它,并且选择违反的人数与危害的大小成正比例关系。霍布斯的自然法将道德连接到自我利益上,遵守自然法所规定的那些道德要求,能够调节人与人之间的关系,使大家得以和平共处,这不仅是利他的,也是利己的。当人们认识到遵守道德规定从根本上来说是对己有利的,他们会更愿意自觉遵守相关规定。

由于霍布斯的自然法是基于人的自我保存所推出的理性戒条,因此许多人倾向于认为其中并不存在道德理由,这种理解是浅显的、表面的。固然,自我保存是一种自我利益,但我们不能忽视的一点是,自我保存本身也是一种善,并且在霍布斯看来,它不是那种取决于个人偏好的、因人而异的相对的善,而是普遍的、客观的善,就像人们自然地追求愉悦和避免痛苦,人们也自然地追求自我保存。自然法追求的最终目的是自我保存,在理解这一点时我们需要注意,它追求的并不是某个特殊个体或某个群体的自我保存,而是全人类的自我保存,它并不是在教我们损人利己,而是在告诉我们要与他人和谐相处,要做到"己所不欲,勿施于人"①。道德规范的本质就在于对善的追求以及对恶的禁止,并且这种善与恶是事关他人的,而不是仅仅与自己有关的。既然霍布斯的自然法所追求的是一种普遍善,并且它致力于调节人与人之间的关系,我们当然有理由称它为道德法。霍布斯点明遵守自然法符合我们自己的利益,这只是为我们遵守自然法提供了一种强有力的理由和动力。

总的来说,明智解释注意到了霍布斯对自我保存这种利益的强调,但它忽视了霍布斯公民哲学所应有的道德意涵,这会导致我们对霍布斯的理解有所欠缺。道德解释则注意到了霍布斯公民哲学中道德与利益的结合,它看到霍布斯的利维坦并不是一个只知道计算利益的国家机器,而是活生生的、拥有追求和平这一共同目标的人所结合成的共同体。在这一共同体中,有的不仅仅是冷冰冰的利益计算,还有人与人之间的有温度的交流与相处,以及这种交往所必需的尊重、宽恕、公正、谦逊、感恩等美德。

The Debate between Prudential Interpretation and Moral Interpretation of Hobbes's Laws of Nature

WANG Bo

【Abstract】 Referring to Hobbes's laws of nature, there are two opposing interpretations in the academia:

① [英]霍布斯:《利维坦》,黎思复,黎廷弼译,杨昌裕校,北京:商务印书馆,2017年,第120页。

the prudential interpretation and the moral interpretation. The prudential interpretation claims that Hobbes's laws of nature are not moral laws. Three reasons are given. First, the motives are self-interested. Second, no obligations are generated. Third, the moral laws, as 'should', could not be deduced from the fact of self-preservation. However, these reasons do not pose mortal threats to the moral interpretation. Moral interpretation can reply to the objections of prudential interpretation as following. First, self-interest and morality are unified in the moral philosophy of Hobbes. Second, it is a misunderstanding to think that laws of nature have not generated obligations. Third, human attitudes, feelings and beliefs can connect facts with values, therefore self-preservation itself is good. Through a series of investigations, it can be found that the moral interpretation is superior to the prudential interpretation in two senses.

【**Keywords**】 Hobbes, Laws of Nature, Moral Laws, Prudential Precepts

【康德伦理学研究】

康德的人类学理念[①]

[德]诺伯特·欣斯克[②](著)

陈联营[③](译)

【摘要】康德人类学有两个来源,即鲍姆加登的经验心理学和康德自己的分析理论。一开始,康德将人类学理解为作为经验科学的观察学说,其重点在于观察的丰富性或趣味性。同时,康德又将心灵能力理论当作其人类学的纲目,而以自我意识统领诸心灵能力。如此理解的人类学在哲学体系中居于从属地位。此外,作为分析理论,人类学主要关注于澄清昏暗表象。对"实用"的强调构成了康德人类学的另一个重要因素,"实用""世界知识"和"普及"构成三个几乎相互重合的意义关联,共同解释了"实用人类学"的内涵。人类学作为哲学之预备和作为哲学之整全这两种计划构成康德人类学理念内在张力之根源。

【关键词】人类学,世界知识,实用

> 糟糕的是,唯有在我们按照潜藏我们心中的理念的暗示,长时间胡乱地搜集许多与此相关的知识之后,甚至在经历很长时间以技术的方式把它们装配在一起之后,我们才有可能更为清楚地看出理念,并按照理性的种种目的以建筑术的方式设计一个

① 本文译自 Norbert Hinske, Kants Idee der Anthropologie, in: *Die Frage nach dem Menschen: Aufriss einer philosophischen Anthropologie*, Hrsg. von Heinrich Rombach, Verlag Karl Alber Freiburg/München, 1966, pp.410 – 427。本文的翻译获得河南大学哲学社会科学创新团队培育计划"哲学创新与当代中国社会发展研究"(编号:2019CXTD001)的支持。

② 作者简介:诺伯特·欣斯克(Norbert Hinske),当代重要康德学者和启蒙哲学研究专家,参与编辑《理性批判与启蒙:康德及其时代的哲学研究》(Vernunftkritik Und Aufklärung: Studien Zur Philosophie Kants Und Seines Jahrhunderts, 2001),《摩西·门德尔松和他的活动圈子》(Moses Mendelssohn Und Die Kreise Seiner Wirksamkeit, 1994),以及《康德的思想:德意志启蒙运动的研究材料》(Gedanken Immanuel Kants: Forschungen und Materialien zur deutschen Aufklärung,2016)等颇有影响的康德及德国启蒙研究著作。

③ 译者简介:陈联营,河南大学哲学研究中心副教授,主要研究方向为政治哲学、德国古典哲学和西方美学史。

整体。(Kant, KrV B 862 f.)

人类学这种一开始有着可疑根基并被置于从属地位的科学①现在正在成为核心的哲学学科。标志着当前时代之特征的人的自我理解危机使人类学获得了空前的关注。然而,只要它还脱离于其开端,它的主题和方法就仍然还被那个它曾经从中成长为一门独立哲学学科的思想世界深刻地决定。② 正是传统的这种不言而喻和常规程式妨碍它去面对自己时代的要求。它在作为独立学科建构起来时带有的不稳定和不均衡迄今也仍未被克服。为了不在泛泛之谈中错失本质之物,下面就一个具体的、历史性的例子,即康德人类学来分析这些关联。这种分析显然只能确定"这种"哲学人类学的某些根基,而其他同样重要的根基则要被隐藏起来,这种情况作为限制在此要事先声明。

一

除了 1757 年和 1758 年的两个夏季学期,康德在其形而上学讲座中依据的是沃尔夫主义者鲍姆加登的教材③。它是根据数学的或者综合的方法编排的,先是有关一般概念和命题的本体论,继而是具体科学宇宙论、经验心理学和理性心理学,最后是神学。在其"关于 1765 年至 1766 年冬季学期讲座课程的通告"[被波洛夫斯基(Borowski)认为是康

① Vgl. I. Kant, *Anthropologie in pragmatischerHinsicht* (*Anthr.*) *B IX ff.*; *MetaphysischeAnfangsgründe der Naturwissenschaft* (*Naturwiss.*) A X f.; *GrundlegungzurMetaphysik der Sitten* (*Grundl*) B V ff.——康德的出版著作引自 Wilhelm Weischedel 的版本(Immanuel Kant, *Werke in sechsBänden*, Darmstadt, 1963),即根据其中标注的原始版本的页码。A 标志第一版,B 表示第二版。康德的书信和反思依据的是普鲁士科学院版。没有进一步标记的罗马数字表示卷数,阿拉伯数字表示这一个版本的页码。

② Vgl. Odo Marquard, *Zur Geschichte des philosophischen Begriffs „Anthropologie" seit dem Ende des achtyehnten Jahrhunderts* in *Collegium philosophicum*, Basel u. Stuttgart 1965, 210 f.:"当前正在成为基础哲学的人类学也正好还被那种传统的哲学性人类知识的主题所规定,这种主题本身也被称为'人类学'。""这一传统……既非一种'永恒之人'的传统,也非'永恒之哲学'的传统,而根本上只是一种'现代'事件。"对于哲学人类学的"科学的历史"来说,马夸德的论文无疑是最重要、最有趣的贡献之一。它的主要贡献是使该学科成为理所当然的事情,从而开始对其方法和问题进行新的讨论。对于其论述中的有些细节(也包括主要概念和基本重心)显然有探讨的必要。例如他在第 212 页指出:"人类学在康德那里的出现与晚期批判主要著作相关主题的成熟立场密切相关。""康德向人类学的转变因此源于理性批判性洞察的这种扩展,即,传统的学院形而上学只包括'思想之物',数学性自然科学只包括'显象'。"但是,在康德那里,思考线索的这种单纯的"同时性"绝不表示其内在的依赖关系。但是此外,马夸德借以支持其论证的康德首次进行人类学讲座的日期(1772/1773 学年冬季学期)并不涉及一个思路的开始,充其量只是涉及康德人类学产生史中的一个标志性节点。如果可以这样说"康德向人类学的转变"的话,那它事实上早十年(参考第 139 的注释②)就发生了。正是因此,康德的人类学反思也始终在批判之外完全独立于它而发生,1798 年出版的《实用视角的人类学》也因此而保存着前批判时期康德丰富多样的动机和思想。

③ Alexander Gottlieb Baumgarten, Metaphysica, Halle ^{4}1757(^{1}1739),该书收录于普鲁士科学院版康德全集,即 15 卷中的经验心理学,剩下的学科收录于第 17 卷。它们在下文将像康德对鲍姆加登的反思一样根据这个版本引录。

德最重要的文献之一①]中,康德已表明他在这种形而上学中做出了某种转变。从最近出版的赫尔德的讲座记录中可以推断,康德在这个通告前的多年已悄然做出了这一转变。② 这个新“课程”最引人注目的、对于其同时代的人们来说是某种革命的地方在于,经验心理学被推到了形而上学的前端:“因此,在一个关于经验心理学的简短导论之后,我正式开始,经验心理学实际上是有关人的形而上学性经验科学。”(A 9)促动这种转变的是那种形而上学讲座应始于“经验”的“具体”材料(vgl. A 4, A 9)的愿望,以及对形而上学的分析特征的那种近乎强调的信念:“这种科学,尽管学者们付出了巨大的努力,还是如此不完善,如此不稳固,因为人们对那种特殊经验没有清晰的认识,它不像数学那样是综合性的,而是分析性的。”(A 8)

几年后,从形而上学开端处的这种经验心理学发展出一个独立的人类学讲座③。根据哥尼斯堡大学评议会的批准,康德在 1772/1773 年冬季学期首次开设人类学④(以代替一门“事实上”并不现实的关于理论物理学的讲座)。这(“遵照鲍姆加登”⑤)一开始很可能是一门权宜性课程的讲座,接下来变成了康德在冬季学期的固定课程。最终在 1798 年从中产生了名为《实用视角的人类学》的出版著作(vgl. Anthr.B XIII f. Anm.)。⑥ 康德人

---

① Ludwig Ernst Borowski, *Darstellung des Lebens und Charakters Immenuel Kant's*, Königsberg 1804,66.

② Vgl. Hans Dietrich Irmscher, *Immanuel Kant*, *Aus den Vorlesungen der Jahre 1762 bis 1764*, *Auf Grund der Nachschriften Johann Gottfried Herders*, Köln 1964, Kantstudien-Ergänzungshefte Nr.88. 51:“如果人们承认我们的文本呈现了详尽的关联,那么它就能表明,康德在 1762 年到 1764 年间已呈现了这一在 1765/1766 年冬季学期登记的形而上学形式。”门策尔(Paul Menzer)在同样意义上从赫尔德的记录引述:“形而上学包括(1)人类学、(2)物理学、(3)本体论、(4)所有事物即上帝和世界的起源,即神学。”(*KantsLehre von der Entwicklung in Natur und Geschichte*, Berlin 1911, 149)也可参见 *Nachricht* A 8:“很久以前我就已经开始构思这个计划了。”

③ 就康德人类学的来源和产生史来说,各种各样的理论交织在一起,其中部分甚至是明显互相对立的。埃德曼(Benno Erdmann)认为它“从道德的和政治的地理学这个学科发展而来”(*Zur Entwicklungsgeschichte von Kants Anthropologie in Reflexionen Kants zur Anthropologie*. Aus Kants handschriftlichen Aufzeichnungen hrsg. von Benno Erdmann, Leipzig 1882, 48)。阿诺尔特(Emil Arnoldt)持最坚决的反对立场(*Kants Vorlesungen über physische Geographie und ihr Verhälnis zu seinen anthropologischen Vorlesungen* in: ders., *Gesammelte Schriften*, Bd. IV, Berlin 1908, 346-373)。狄尔泰(Wilhelm Dilthey)认为康德人类学“源于宇宙观察”,尤其是《一般自然史和天体理论》。阿迪克斯(Erich Adickes)首先强调了康德人类学对鲍姆加登经验心理学的依赖(vgl. neuerdings den Briefwechsel zwischen Dilthey und Adickes bei Gerhard Lehmann, *Zur Geschichte der Kant-Ausgabe 1896—1955 in Deutsche Akademie der Wissenschaften zu Berlin 1946—1956*, Berlin 1956,429-434)。本文遵从最后提到的观点而没有给出更详细的理由。沃尔夫主义的经验心理学对于随后的人类学的含义需要另一个独立的研究。

④ Vgl. Arnoldt, *Kants Vorlesungen über Anthropologie*, a.a.O. Bd. IV, 323 f.

⑤ A.a.O. 327.

⑥ 斯达克(Starke)编辑的两本遗著中较晚出版的《康德的人的知识或哲学人类学(人的知识)》给出了有关康德人类学原初特征的令人印象深刻的画面。*Immanuel Kant's Menschenkunde oder philosophische Anthropologie* (*Menschenkunde*), hrsg. von Fr. Ch. Starke, Quedlinberg u. Leipzig 1838^2(1831^1).埃德曼(Erdmann)猜测 1773 年冬季是它的产生时间,他谈到,它“在整体上可看作康德给自己设定的任务,我们关于其人类学所掌握的东西中最具价值、最详尽的呈现,也具有重要的历史意义,它给我们提供一些有关这位哲学家的思想发展的信息,对此我们本来所知甚少”(a.a.O.58)。

类学的一系列最典型的特征从这双重来源可以得到解释,即一方面是鲍姆加登的经验心理学,另一方面是康德自己的分析阶段。

(1) 哲学人类学——就像经验心理学一样——是经验科学。在一般的学科划分中,它绝不属于哲学的"理性的"或先验的部分,而是——作为"经验性自然学说的对应物"(KrVB 877)——属于"经验的部分"(*Grundl*. B V)①。它是"观察学说"(X 146),"在杂多的经验中赢得我们在人那里发现的规则"(*Menschenkunde* 5 f.)。然而,它不仅仅是这种一般意义的观察学说,即用观察或经验来证实和支持其陈述。其本身的兴趣其实就在于观察本身。对它来说,观察就是观察。它的魅力和价值就在于被收集的观察之"丰富",在其中"分析"或"启蒙"首先赢得其根基。人类学因此就人在其行为方式和情绪的丰富性中所是的那样认识人。康德 1773 年向马尔库斯 · 赫茨(Marcus Herz)这样介绍其人类学讲座:"即使在日常生活中,我也总是如此观察,以至于我的听众自始至终没有感到枯燥,由于有时他们不得不将自己的日常经历与我的说法进行比较,所以他们总是满怀愉快。"(X 145f.)

哲学人类学的重点在于其观察的丰富性或趣味性,"现象分析的广度"也已经是其"人类学真理"的保证,这些广为流传的价值判断就由此而来。就此而言,也许一个观察会比另一个更有趣,但原则上它们是同等的。最终难道没有这样的现象,它能在人的存在概要中标明人,并且能照亮人的存在整体的意义或方向?这样的问题从这样的起点很难被提出。对于作为"观察学说"的哲学人类学来说,所有"现象"(X 145)都同等重要。

(2) 哲学人类学的兴趣绝对不指向单纯的人的杂多,即其类型的、人种的、社会的和历史的差异。对于康德来说,这恰恰是人类学与"自然地理学"之间的差异所在,后者"根据人的自然特征的杂多性及对他来说具有道德意义的区别在整个地球的层面上"研究人,由此"呈现人种的巨幅地图"(*Nachricht* A 15)。② 对于哲学人类学来说,"人的知识"首先意味着"一般知识":"一般知识永远走在局部知识的前面。"(*Anthr*. B IX)③哲学人类学因此尤其试图给出那种"人们据此能获得人的知识"的"基本理念",其主题是"我们应该注意的那些要素"。"为了促进人的知识,这种首要认识是最紧要

① 参考《道德形而上学的奠基》BVII f.:"一切只能是经验性的、属于人类学的东西。"也参考《伦理形而上学 · 法权论》A 11 f。

② Vgl. *Immanuel Kants physische Geographie* (*Geogr*.). Auf Verlangen des Verfassers, aus seiner Handschrift hrsg. und zum Theil bearbeitet von D. Friedrich Theodor Rink. Erster Band, Königsberg 1803, 13 f. (§5).

③ Vgl. *Refl*. 1482(XV 659).

的。”(*Menschenkunde* 3 f)

康德使能力理论作为主导思想服务于这样一种“一般知识”。这种能力理论勾画出人类行为在其中活动的基本路径,并由此勾画出一个各种“观察”在其中被规整的一般图型(Schema)。作为一般图形,它保证“这种或那种人性的、可实践的、被观察的特征由以被研究的题目的完备性”(*Anthr*. B XIII)。但是,作为需要内容充实的单纯图形,它并不能提前把握观察,由此就保证了作为“观察学说”的哲学人类学的无偏见性。

康德从鲍姆加登那里接受了这种能力理论命题:“因为没有其他关于人类学的书,我们就将鲍姆加登的形而上学的心理学选做导引线索。”(*Menschenkunde* 9)在细节上他对鲍姆加登的结构进行了各种各样的修改,做出了一些重大改变:例如对认识能力和欲望能力总体上的二分,康德用认识能力、愉快和不快的感受以及欲求能力的三分来代替①;在鲍姆加登将之归属于狂想诗式东西的感性认识能力中,想象力对康德来说赢得了中心的地位。② 但能力理论各命题对哲学人类学的基本意义对康德来说显然终生未变。③

在此,我们无法讨论有着漫长而独特传统的能力理论本身的是非。但能力理论的命题给哲学人类学带来的问题在康德那里极为明显地表现出来。康德人类学对人的解释由以出发的基本规定是自我意识的规定。与鲍姆加登从意识出发对传统的作为理性动物的人的定义进行解释一样④,康德在其人类学一开始也这样解释,而这些命题的强调语气几乎不容忽视:“人能够在其表象中具有自我,这把他无限地提升到其他一切在地球上生活的存在者之上。由此,他是一个人格……也即是说,是一个由于等级和尊严而与人们能够

---

① Vgl. Baumgartens „Synopsis“(XVII 20 f.) und Kants Inhaltsverzeichnis *Anthr*. B XV f.

② Vgl. *Anthr*. B68, A67. 在第一版中,想象力作为“认识能力中的感性的第二章”出现。

③ 不仅是许多单一能力,能力本身的概念规定也是康德从鲍姆加登那里接受的。vgl. *Anthr*. B25:“就表象的状态而言,我的心灵要么是行动的,表现出能力(facultas),要么是承受的,在于感受性(receptivitas)。”Ganz ähnlich heißt es in Baumgartens *Metaphysica* § 216: „Omnis substantia exsistens agti, hinc habet possibilitatem agendi seu facultatem+) (potentiam activam, vim), si patitur, habet possibilitatem patiendi, i. e. (potentian passivam, capacitatem) receptivitatem ++).+) Vermögen. ++) Fähigkeit, Empfänglichkeit“(XVII 71)。

④ Vgl. Baumgarten, Metaphysica § 792: „Omnis anima cum sit id in ente, quod sibialicuiusessepotestconscium, habetfaculttemcognoscitivam, eamquevel inferior, tantum, veletiamsuperiorem. Prior erit anima mere sensitive. Animal, quod animamhabet mere sensitivam, brutumest; cuius anima spiritusest, est animal rationale. Ergo homo est animal rationale“(XVII 155); § 504: „Si quid in enteest, quod sibialicuiuspotestesseconscium. Ergo in me exsistit anima (ego anima exsisto)“(XV 5).

随意处置和支配的,诸如无理性的动物这样的事物截然不同的存在者。"(*Anthr*. B 3)①但是,在康德人类学中,人的这种先于所有能力并彻底统治所有能力的基本规定一开始就依照更高的认识能力概念之下的命题和"提纲"而安排。② 尤其是出于这个原因,自我意识的核心作用立刻被最多样化的"观察"所掩盖。而值得注意的是,"类的个性"(*Anthr*. B 312ff.)这个最终问题,康德对其也采用了理性动物的公式的问题,在一开始的思考中并未被触及。

这样,哲学人类学就有失去衡量人类行为"等级"的标准的危险。而能力理论则赢得了将所有"现象"归于一个先前关于人的一般图式,并对每一个行动方式进行"人类学地理解"的可能性。正如每一种"观察"在人类学上同样"有趣"一样,每一种行为方式或人的"特征"在人类学上也都同样"合理"。

(3) 人类学在整个哲学中是一个处于从属地位的学科。在鲍姆加登那里经验心理学从属于理性心理学,与之类似,人类学在康德这里作为实践哲学的"经验性部分"也从属于其理性的、先天的部分即"道德形而上学"(*Grundl*. B V)。在鲍姆加登那里,对"人类动物的本质"(XVII140)的追问不是在经验心理学中展开的,而是在理性心理学中进行的,与之类似,在康德那里人的本质规定在道德形而上学而非在人类学中被讨论。这种对重点的安排并非批判才有的结果:在 1765 年的"通告"中,关于"人的不变本质及其在造物中的独特地位"的问题已被归属于伦理学(A 13)。③ 因此,在二十年后首先在《道德形而上学的奠基》中,人被理解为"两个世界的公民"(vgl. B105ff)。因此,按照诸学科的这种

---

① 所讨论的问题在最新的讲演录记录稿中尤其明显地显示出来。(vgl. die Faksimilebeilagen bei W. Weischedel, *Immanuel Kant*, *Werk in sechs Bänden*, a. a. O. Bd. VI)-Vgl. ferner *Immanuel Kants Anweisung zur Menschen-und Weltkenntniß* (*Anweisung*). Nach dessen Vorlesungen im Winterhalbjahre von 1790—1791. Hrsg. von Fr. Ch. Starke, Leipzig 1831, 3; *Die philosophischen Hauptvorlesungen Immanuel Kants* (*Hauptvorl.*), Nach den neu aufgefundenen Kollegheften des Grafen Heirich zu Dohna-Wundlacken, hrsg. von Prof. Dr. Arnold Kowalewski, München u. Leipzig 1924, 75; *Aus Kants Vorlesungen über Anthropologie nach einem ungedruckten Kollegheft vom wintersemester* 1791—92 *in*: *Philosophischer Kalender für* 1925 *im Zeichen Immanuel Kants*, hrsg. von Arnold und Elisabeth-Maria Kowalewski, Berlin 1925, 61; Immanuel Kant, *Vorlesungen über Enzyklopädie und Logik*, Bd. I: *Vorlesungen über Philosophische Enzyklopädie* (*Enz.*), Berlin 1961, 68。

② 所勾勒的问题在由斯达克出版的两本讲座稿(vgl. oben Anm. 9)中较晚的那本中尤其清晰地显示出来。康德关于"统觉或者对于自身的意识"的论述在此出现了两次:首先是人类学(9)的一开始,然后在"论一般知性、判断力和理性"(205 ff.)的标题下部分几乎用完全相同的话又谈到。

③ 大约在同时期,康德在其《关于美感和崇高感的考察》(1764 年)手抄本的副本上标注:"人最重大的事务是去认识他如何实现其在造物中的地位并正确理解为了成为一个人他必须如何存在。"(XX 41)"如果存在着为人类所需要的科学,那么它就会是那种教会他去实现在造物中被适当分配给他的位置,并且他可以从中学习成为人所必备的条件的科学。"(XX4 5)康德在这些话中想到的究竟是哪种"科学",这无从确定。它与 1765 年的讲座预告的部分在用词上一致,使我们推断这里指的也是伦理学。但康德在这里想到的也可能是人类学的那种无所不包的概念,本文的第二部分就将处理它。

秩序,哲学人类学并不追问"人的本质",而是从其他学科那里取来这个问题的答案。因此,根据康德自己的"术语学",对"康德的人类学理念"的追问不是对"康德对人的本质规定"的追问。

只要哲学人类学还处于从属地位,这种"任务分配"(*Grundl.* BV)就毫无疑问地显示出来。但是只要它变成"主导性的基本哲学"①,只要它不再提及"任务分配",情况就会不同。它由此就陷入一种难以解决的两难境地。如果它将对"人的本质"及其"在造物中的特有地位"的追问纳入它本己的问题领域,那么它就遭遇一种危险,即将最多样的趋向和兴趣统一起来并因而例如在关于人的观察学说和本质规定之间来回摇摆。但如果它把这个问题也排除在外,那么它就陷入这种企图,即有意无意地从其他非哲学的领域借取这些规定,不管它们是通过引证特定的单一科学,还是从世界观、意识形态或启示获得其支撑性概念。但是,这种对人的独特规定的悄然放弃在哲学方面就为对于"人""人类""人的"等词语的滥用打开了大门,在这种滥用中,当今时代人的自我理解的危机也许已表露无遗。

(4) 哲学人类学是一门分析性"科学"。这一学科的康德第一草稿带有他那个时期的分析计划的烙印。以特殊标准衡量,这一点对 18 世纪六十年代尤其有效,那时,康德的人类学逐渐从形而上学的整体结构中分离出来。但在更大范围内,这一点对接下来十年的开端也适用,此时康德首次开设其独立的人类学讲座,其概念一直影响到最后付印的著作。"我们拥有许多我们未曾意识到的表象,"康德在其七十年代的百科全书讲座中解释道,"因此哲学的最重要部分就在于使昏暗的表象清晰化、被意识到。""哲学最大的、最重要的部分在于对我们已经拥有的概念进行分析。整个道德学就是这样获得的。"②

像康德那样设想的分析概念一开始并不确定。更确切地说,康德在其教学活动的头二十年里设想了几种"理论",它们部分地相互背离,其基本路线或多或少还有待重构。在这里,无法讨论对于"启蒙"概念在其中对康德来说愈益成为核心问题的这些道路的各阶段。但是,至少在康德早期的人类学讲座中,分析的最后阶段表达得很清晰。分析在这里首先针对的是昏暗表象,这些表象将人的"观察到的"行为方式作为依据:"哲学试图揭示这样的昏暗表象,例如,人们认为,一个受到严重伤害的人最好自己赢得赔偿,而不是到法官那里诉讼。这是一个昏暗的观念,即存在一些不必公开审理的案件。"

① Marquard, a. a. O 210.

② *Enz.* 42 f. Zur Datierung der Vorlesung vgl. die Rezensionen von Giorgio Tonelli, Filosofia XIII/1962, 511 ff. und Nobert Hinske, Deutsche Literaturzeitung LXXXV/1964, Sp.486ff.

(*Menschenkunde* 21)“因此,我们看到,道德学家无非是要挖掘人类思想的深处,将昏暗的想法变成清晰的想法,就像苏格拉底说他是其听众的助产士一样。也就是说,借助交谈,他尝试将处于昏暗中的基本命题清晰化。对我们所有判断中昏暗表象的阐明实际上就是分析性的哲学。”“所有形而上学家和道德学家因此必须致力于在人类中对昏暗观念进行启蒙。”“阐明这种昏暗根基就是哲学家的事业。”(*Menschenkunde* 23)①

但康德式哲学的进一步发展恰恰具有这样的特征,即与分析问题相对,综合问题逐渐进入前台。② 而“分析性的哲学”对康德来说直至最终仍是人类学的主导性方法。这在其过程的一部分上也产生了一种特殊的张力,它一次又一次地被打破,尤其是在 1798 年的出版作品中。③ 但刻画了其开端的这种方法的不确定性深刻地决定了哲学人类学的历史。

二

然而,康德的哲学人类学不仅仅是“观察学说”及从中发展出的所有推论。它同时更(也许还更深刻地)是《实用视角的人类学》。这一标题中的限定语在 1765 年的通告中也出现了。在该通告中康德解释说,经验心理学处理这样的材料,“它们由于经常被应用而在生活中是有用的”(A 10)。它不是在“学院中而是在生活中更训练有素、更聪敏”(A4)。但是,康德与实用概念相关的动机和趋势无法与迄今为止讨论的思路完全契合。因为尽管康德以“观察”为关键词的人类学时而重新强调与鲍姆加登经验心理学的关联,但通过其“实用观点”,它与前者区别开来。这就需要进一步的说明,否则的话,“康德的人类学理念”就会残缺不全。

(1) 这里要解释的要素对康德来说凝结为三个关键性“概念”,它们几乎相互重合,在任何情况下都呈现出相同的趋势。

a. 哲学人类学以世界知识为目标。像康德的自然地理学一样,哲学人类学探寻的不

① Vgl. *Refl.* 1482(XV 665):“所有理性知识都已在昏暗中预先存在。因此,我们本己的判断必须被解释。例如,相对于一个慷慨的不完全诚实的人,我们更讨厌守财奴。”“因此,这里有全部的分析性的哲学。苏格拉底:助产士。”二十年以后,在其《判断力批判第一导论》中,康德严厉地批评了这里引用的观点。显然,这典型地指的不是“人类学”,而是“经验心理学”。Vgl. Immanuel Kant, *Erste Einleitung in die Kritik der Urteilskraft*, *Faksimile und Transkription*, hrsg. von Norbert Hinske, Wolfgang Müller-Lauter, Michael Theunissen, Stuttgart-Bad Cannstatt 1965, 45 ff。

② Vgl. Karl Joël, *Kant als Vollender des Humanismus*, *Festrede bei der Kantfeier der Universität Basel am 9. Mai 1924*, *Tübingen 1924*, 19 ff.

③ 参考“论我们拥有但没有意识到的表象”一节(*Anthr.* B 15 ff.)以及“论对它们的意识中的清楚和不清楚”一节(*Anthr.* B 20 ff.)。

是“为了学院的科学”，而是“一般生活的启蒙”。它是“为了世界的研究”和关于世界的研究（*Menschenkunde* 1 f.）。康德在其1775年讲座通告的结尾写道：“借此把完成学业的学生引入到其使命的舞台即世界里面。在这里，他面临一个双重领域即自然和人，他必须有一个暂时性的纲要，以便能够在里面按照规则整理所有未来的经验。但是，二者在这里面必须以宇宙论的方式来考虑，也就是说，不是按照它们的对象各自包含的值得注意的东西（物理学和经验心理学），而是按照它们处身于其中且每一个都在其中获得自己位置的关系使我们注意的东西来考虑。第一门课我称之为自然地理学……第二门课我称之为人类学。”（*Von den verschiedenen Rassen der Menschen* A 12）①

世界知识的概念因此被康德进一步把握为人类学的概念：“如果有人就这或者那说，他认识世界，那么，人们就把这理解成他认识人和自然。”（*Geogr*. 5）然而，对于康德来说，世界知识首先意味着人的知识，“人认识世界”意味着：“他认识所有情形的人。世界知识在惯常理解中就叫作人的知识。”（*Menschenkunde* 2）“在人借以形成其学术的文化中，一切进步都以把这些获得的知识和技巧用于世界为目标；但在世界上，人能够把那些知识和技巧用于其上的最重要的对象就是人，因为人是他自己的最终目的。——因此，按照人的类，把他作为富有理性的地上存在者来认识，这是特别值得被称为世界知识的，尽管人只是地上造物的一个部分。”（*Anthr*.B III f.）

在这样一个时间点，即他在哥尼斯堡作为“风度翩翩的硕士”②的时候，康德构想出“世界知识”这个概念，这肯定不是偶然的：在其他任何著作中，世界公民康德都没有像在其《实用视角的人类学》中有那种自然的表达方式。这一点同样清晰地呈现在第二个关键词的特征中：普及。

b. 哲学人类学是一个有意识地追求普及的学科。只有“一般人”这样受到影响，“一般生命的启蒙”才是可能的：“这里人们必须将其知识理解为能够普遍应用的，由此其他人而不仅仅是职业的学者才能理解我们。”（*Menschenkunde* 2）在这种意义上，康德在1798

---

① 引用的这些话同时表明“康德的自然地理学理念”在大约二十年间发生的深刻变化。1757年，在康德的《自然地理学草案和通告》中，它还以“自然的独特特征”为对象，它本身是一种“自然特征的科学”（科学院版，II 3）。但现在，在1775年，自然地理学不探寻自然在“个别特性”中所包含的东西，而是观察人类感兴趣的实在的“整体”中的对象。在人类学领域中也出现了类似的情况，尽管就兴趣的转移来说更少：从经验科学的概念到世界知识的概念。

② Vgl. Karl August Boettiger, *LiterarischeZustände und Zeitgenossen*, hrsg. von K. W. Boettiger, Leipzig 1838, Bd. I. 133：“当赫尔德离开哥尼斯堡时，康德同这位时年19岁的年轻人谈话并劝告他：不要计较他书中的文字，而是应该效法他的榜样。他非常善于交际，并且人们也只有在世界上才能自我教育。（实际上康德硕士先生那时是世上最有风度的人，穿着镶金边的外套，传递爱情并到处拜访。）”

年出版的著作中写下如下注释：对其自然地理学和人类学讲座，“就连外行人也认为可以把它们当作通俗报告来听”（*Anthr*.B XIV, Anm.），在由斯达克出版的、七十年代的讲座中是这样表达的：“我们的人类学能被每个人，也包括女仆们读懂，因为它包含许多消遣娱乐。”（*Menschenkunde* 6）

c. 而属于这种关联的第三个也是最重要的关键词是实用之物的“概念”：哲学人类学是实用视角的人类学。对于康德来说，这个概念简直是哲学人类学的主导性概念和标志性概念，是整体的真正中心。尽管如此，或者也许正因为如此，它在康德那里面临着最大的变化和波动。在一定程度上这已经由那些康德相对地提出的不同概念表明：康德在前述文本中将它作为相对于思辨的（*Menschenkunde* 5）和理论的（*Anthr*. BVIf），相对于经院的即学院的（*Menschenkunde* 5, *Anweisung* 1, *Hauptvorl*. 72）并且还相对于生理学的（*Anthr*. BIV）等的概念。借助于实用概念，康德将自己的人类学与普拉特纳的人类学①区别开来，正如它由此与鲍姆加登的经验心理学②区分开来那样。

康德给这个概念的最初解释是从明智（Klugheit），准确地说是从“世界性明智”（*Grundl*. B42, Anm.）出发的：“只要一种学说使我们明智并能在公共事务中应用，它就是实用的。”（*Menschenkunde* 5）但明智是“指向人的”。如果一个钟表匠不仅熟练地制造钟表，而且也“知道如何快速将其交付，因为他很会根据模式加工”（*Menschenkunde* 4），那么他就是明智的。就此而言，实用人类学是一种“将人运用于我的目的的明智学说”（*Hauptvorl*. 72），如此这般，以至于康德在其早期的讲座通告——对这个概念的确定解释——中已经能标注：“这种可普遍地应用于社会的知识是实用的。”（*Refl*. 1482; XV 660）

但康德 1798 年出版著作的前言却给出了一个全然不同的概念说明。在这里，实用人类学不再——或者无论如何不再首先——在人与其他人的关系中考察人，而是在人与其自身的关系中考察人，确切地说，不是在自身与其事实性存在的关系中，而是在其存在的

---

① 参考 *Menschenkunde* 5 f.：“普拉特纳写了一本学院的人类学”以及康德 1773 年末给赫茨（Mercus Herz）信：“我的设想完全不同。”（X145）所指的是普拉特纳（Ernst Platner）的 *Anthropologie für Aerzte und Weltweise*, 1. Theil, Leipzig 1772。就哲学人类学的历史而言，“普拉特纳的人类学理念”——作为康德同时代最重要的对照——需要被专门研究。

② 参考 *Hauptvorl*. 72：“人们可以以两种方式加工人类学：1.学院的、思辨的，就其使我们按照人类实际所是认识它而言。这是理论的人类学（心理学就是这样一种思辨的人类学……）2.通俗的（实用的），就其对更好地运用人们关于人类所知道的东西对我们是有用的而言。”此外可参考《反思录》1502a（XV 799ff.）。因此，康德有关经验心理学的表述包含某种歧义性：它们把这个学科究竟理解为理论科学即人类学的对立面还是人类学的原型和同义词，这几乎一直是不明确的。

基本状态中考察人：它关涉“人作为自由行动的存在者使自己成为或者能够并且应该使自己成为什么的研究”(B IV)①。在这个前言中相应地也不再谈及明智和明智学说。在该著作的结尾处，原来的实用概念显然又出现了(“将他人运用于他的目的”B314)，因此，这一出版著作整体上都没有达到前言中表达的理念。

但康德人类学的主导性和标志性概念中的这种摇摆不定(可能也受外在情况的影响)却绝对不是偶然的。它也不是可以根据“阐释史”解释并因此可以消除掉的小缺陷。毋宁说，一种哲学人类学的真正的任务和兴趣由此变得极不确定，在只是昏暗地提出这种学科的理念和其加工的既有可能性之间由此产生了重大的分歧。狭义的实用概念可能是康德人类学所特有的：这种在康德那里隐藏在其核心概念背后的学科，其意义和可能性的不确定性具有示范意义。

(2) 在康德那里，实用概念中的摇摆不定在人类学概念本身中又复现出来：哲学人类学是这样一个学科，其疆域只是模糊地划定的。这已经由康德对哲学的人类知识所使用的花样繁多的标题展示出来了。他在《道德形而上学的奠基》中谈到一种“实践人类学”(BV ff.)，在《道德形而上学》中与此相对谈到一种“道德人类学”(*Rechtlehre* A11)。在《判断力批判》中谈到“经验人类学的研究”(B129)以及“内感官的人类学，即我们的我思生命自身的知识”(B443)。精确规定这些不同“学科”与实用人类学学科的关系，这一难题在此不能展开。② 但是，人类学概念中的不确定性对这一“科学”的那种扩展性理念来说变得更清楚了，即那种康德反复谈到的理念：哲学人类学是一个试图打破学科边界并追求整体性的学科。一门“详尽的人类学”的规划在《纯粹理性批判》中已出现，经验心理学也在其中“占有一席之地”(B877)。但只是在《逻辑学》的导言中人类学才赢得其最大的地位。这里谈到，在这种世界公民意义上的哲学的领域可以归为以下问题：

1. 我能够知道什么？
2. 我应当做什么？
3. 我可以希望什么？
4. 人是什么？

---

① 参考《反思录》1482(XV 659f.)：“在这里我们不是要研究人自然的方式所是，而是要知道——他从自身所造就以及人们如何运用它。”根据阿迪克斯的日期定位，这个反思出自1773—1777年，但处理的是上述九十年代文本的命题。

② Emil Arnoldt 在上引著作第四卷第405页以下进行了尝试，将康德就此主题的不同表达置于一个统一性图式进行解释。但恰恰是这个尝试(其牵强和不足不容忽视)将康德阐述中的不一致明显表现出来。

形而上学回答第一个问题，道德学回答第二个问题，宗教学回答第三个问题，人类学回答第四个问题。但在根本上，人们可以把所有这一切都归给人类学，因为前三个问题都与最后一个问题相关(A25)。① 因此，尽管存在术语上的所有这些不一致，但在手书遗稿(Refl. 903;XV395)②中谈到一种"先验人类学"也就不足为奇了。在这一说法中，一种作为基本科学的广泛人类学的规划已经在康德那里呈现出来。在他的体系结构中，根据其思想的批判的严格性，这样一种规划不可能被实现。但当代哲学也面对的那种困难的一部分在其引导性人类学那里已经解释清楚了。

Kant's Idea of Anthropology

Norbert Hinske

【**Abstract**】Kant's anthropology has two sources, namely Baumgarten's empirical psychology and Kant's own analytical theory. At the beginning, Kant understood anthropology as an empirical science of observation theory, whose emphasis was on the richness or interest of observation. At the same time, Kant took the theory ofmental capacity as the outline of his anthropology, and self-consciousness governed all mental capacity. Anthropology understood in this way occupies a subordinate position in the philosophical system. On the other hand, as an analytical theory, anthropology is mainly concerned with clarifying dim appearances. The emphasis on "pragmatic" constitutes another important element of Kant's anthropology. "pragmatic", "world knowledge" and "popularization" constitute three almost overlapping meanings, which together explain the connotation of "pragmatic anthropology". Both as a preparation for philosophy and as a completeness of philosophy constitute the source of the inner tension of Kant's idea of anthropology.

【**Keywords**】Anthropology, World Knowledge, Pragmatic

---

① 参考康德 1793 年 5 月 4 日给卡尔·弗里德利希·司徒林(Carl Friedrich Stäudlin)的信："很久以来，在纯粹哲学的领域里，我给自己提出的研究计划，就是要解决以下 3 个问题：1.我能够知道什么？(形而上学)2.我应该做什么？(道德)3.我可以希望什么？(宗教)接着是第四个也是最后一个问题：人是什么？(人类学，二十多年来，我每年都要讲授一遍。)"此外可参考 Martin Buber, Das Problem des Menschen, Heidelberg 1948, S.10ff。

② 参考 Volker Simmermacher, *Kants Kritik der reinen Vernunft als Grundlegung einer Anthropologia transcendentalis* (Diss., Maschinenschr.), Heidelberg 1951. 这部著作的首要问题在于，它既没有对先验的概念也没有对人类学的概念在康德那里的运用进行更精确的分析。

康德的魔鬼民族及其国家

[德] 米夏埃尔·帕夫利克(著)①

黄钰洲(译)②

【摘要】根据康德的著名命题,即使是一个魔鬼民族也能解决建立国家的问题,只要这些魔鬼能够明智行事。因此,康德认为,自由的法秩序采取威胁和运用强制,甚至可以促使那些只对自身利益最大化感兴趣的人遵守法律。本篇论文研究了这一思想的一致性。在简短的介绍之后(第一节),文章指出,康德是以强制的方式构想法的(第二节)。尽管如此,这位哲学家对预防性强制的考虑——强制是对自由的阻碍的阻碍,以及他对刑罚的理解——强制是对犯罪的报应——的前提是共同体的大多数成员自愿接受法(第三节和第四节)。事实上,如果没有大多数公民的内在忠诚,自由的法秩序是无法长期存在的。与黑格尔相反,康德没有掌握分析范畴,无法充分考虑到法制度稳定的这一不可或缺但无法强制执行的前提条件。遗憾的是,康德的实践哲学并没有像他的"德行论"对个人道德那样深入研究特定的政治道德。

【关键词】魔鬼民族,道德,强制,预防

接续一个可敬的、可追溯至古代的传统,卢梭如此教导我们,一个自由的共同体需要那些被政治美德所浸染的公民把"公意"作为他们行动的尺度。③ 法国大革命的德行恐怖让这一立场丧失了名誉,而康德则是其最坚定的反对者之一。他不仅对任何想用强制手段来建立"按照德行的法则来统治心灵"的立法者感到悲叹④,还拒绝了较弱的主张,根据这一论点,公民对其法律制度的内在忠诚虽然不能被强制执行,但对于一个宪政国家的存

---

① 作者简介:米夏埃尔·帕夫利克(Michael Pawlik),弗赖堡大学刑法、刑事诉讼法与法哲学教席教授。

② 译者简介:黄钰洲,弗赖堡大学法学博士,中国社会科学院大学法学院讲师、中国社会科学院法学研究所助理研究员。

③ 进一步参见 Michael Pawlik, „Hegels Kritik an der politischen Philosophie Jean-Jacques Rousseaus", Der Staat 38 (1999), S. 21 ff.; ders., „Selbstgesetzgebung der Regierten: Glanz und Elend einer Legitimationsfigur", in: Joerden / Wittmann (Hrsg.), *Recht und Politik* (*ARSP — Beiheft 93*), Stuttgart: Steiner, 2004, S. 116 ff。

④ Kant, Die Religion innerhalb der Grenzen der bloßen Vernunft, in: ders., *Werke in zehn Bänden* (hrsg. von Weischedel), Darmstadt: Wissenschaftliche Buchgesellschaft, 1983, Bd. 7, S. 754.

在来说却是不可或缺的。[①]

康德完全信任法权制度的驯服力。[②] 他将理性的法秩序设想为一个与自然秩序类似的东西。与牛顿的自然哲学相一致，他将前者设想为一个能够自我保存的交互作用的共同体，他把后者设计成一个自我支持的相互制约的机制。[③] 他把公民状态描述为"天意的机器，在那里，个别对立的力量虽然因摩擦而相互分离，但由于其他驱动力的推动或强制，仍能长期保持正常的运动"[④]。因此，这只是一个"良好的国家组织"的问题，以便人们的"自私的倾向"以这样一种方式相互对立，"使一个人阻止他人的破坏性影响，或者扬弃它们：这样，理性的成功就像两者根本不存在一样，因此，人即使不是道德上的好人，也被迫成为一个好公民"。[⑤] 因为有可能以这样一种方式设计国家法律秩序，即它实际上带来了相互竞争的利己主义的化解，康德确信，法并不依赖于公民相向而行的动机结构来维持其稳定性。[⑥] 因此，建立国家的问题"听起来很困难，即使是魔鬼的民族也能解决（只要他们有知性）"。[⑦]

按照康德的说法，魔鬼的意向远远超出了人类内心通常的"反常"。这起源于"人性的弱点"，人性不够强大到遵循曾经接受的道德基本原理，也往往不会根据道德准则来区分其行为的动机。[⑧] 与之相反，"把恶之为恶（*das Böse als Böses*）作为动机纳入自己的准则中"[⑨]，则是魔鬼式的。在严格意义上，魔鬼是一种道德上的反常性质：他颠覆了道德命令，丝毫不考虑自己的利益。正如有道德的人行善是因为它是善，魔鬼行恶完全是因为它是恶。这样的魔鬼是无法通过法律和组织手段来处理的。[⑩] 然而，开篇所引用的那段话中的**明智的**魔鬼已经失去了这种仿佛不考虑个人利益的恶性。康德把他们描述为这样的个体，他们尽管要求普遍的法则，但如果他们期望获得更大的利益，他们总是倾向于秘密

---

① 基本观点见 Böckenförde, *Recht*, *Staat*, *Freiheit*, Frankfurt am Main: Suhrkamp, 1991, S. 168 f.；最后见氏著, *Staat*, *Nation*, *Europa*, Frankfurt am Main: Suhrkamp, 2002, S. 251 f。

② 基本观点参见康德的制度论, Brandt, „Die politische Institution bei Kant", in: Göhler/ Lenk / Münkler/ Walther (Hrsg.), *Politische Institutionen im gesellschaftlichen Umbruch*, Opladen: Westdeutscher Verlag, 1990, S. 335 ff。

③ *Brandt*, „Quem fata non ducunt, trahunt", in: Kodalle (Hrsg.), *Der Vernunftfrieden*, Würzburg: Königshausen & Neumann, S. 77; Kersting, *Kant über Recht*, Paderborn: Mentis, 2004, S. 18 f.

④ *Kant*, *Anthropologie in pragmatischer Hinsicht*, Werke Bd. 10, S. 686.

⑤ Kant, Zum ewigen Frieden, Werke Bd. 9, S. 223 f.

⑥ *Brandt*, „Antwort auf Bernd Ludwig: Will die Natur unwiderstehlich die Republik?", *Kant-Studien* 88 (1997), S. 231; Münkler, „Politische Tugend. Bedarf die Demokratie einer sozio-moralischen Grundlegung?", in: ders. (Hrsg.), *Die Chancen der Freiheit*, München / Zürich: Piper, 1992, S. 36.

⑦ *Kant* (Fn. 7), S. 224.

⑧ *Kant* (Fn. 2), 8. 686.

⑨ Ebd.

⑩ *Brandt* (Fn. 5), S. 74.

地免除自己对法则的遵守。① 因此,明智的魔鬼民族变成了工具理性的利己主义者的集合。②

在康德的思想实验中,这些明智的功利最大化者以何种法角色出现? 康德的思考——以实现共和制(用今天的术语说:代议制民主)宪法的机会问题开始③——揭示了哲学家对明智的魔鬼的兴趣主要在于他们作为积极的公民、作为国家宪法的发起者和承担者的能力④。他关心的是,即使在一种不指望人类的德行而从人类的自私出发的人类学背景下,建立共和国的义务也有自然的可靠保证,因此,努力履行这一义务的政治家不是在追逐一个虚幻的东西,而是在与自然和谐相处。⑤ 康德相信,面对建立一个应该激励同胞依法行事的国家的任务,明智的魔鬼们将达成符合自由的法权理解所要求的规定。

正如尼森(Niesen)所强调的,"提供法的强制"⑥在这里起着核心作用。用凯尔斯廷(Kersting)的话说,所提供的强制是"准备进行行动的知性将其纳入计算的信息,从而将自爱从愚蠢中拯救出来"。在康德那里,强制"仿佛采取了理性的狡计的形态;在它的命令下,自利恰恰是通过完全停留在自己身上来关注普遍的事情"。⑦ 换句话说,这位哲学家理所当然地假设,有可能将国家设置为一个"由强制来调整的法律景观"⑧,使一个由工具理性功利最大化者组成的国家经常被鼓励遵守法律,将其作为更可取的行为选项,因为它可能更有利可图,而不会无视"法的道德概念"⑨的要求。下文对这种观点进行了分析,发现其并不令人满意。

---

① 参见 *Kant* (Fn. 7), S. 224。

② 同参见 *Brandt* (Fn. 5), S. 73 ff.; Günther, „Kann ein Volk von Teufeln Recht und Staat moralisch legitimieren? ", *Rechtshistorisches Journal 10* (1991), S. 253; Münkler (Fn. 8), S. 37; Niesen, „Volk-von-Teufeln-Republikanismus", in: Wingert / Günther (Hrsg.), *Die Öffentlichkeit der Vernunft und die Vernunft der Öffentlichkeit*, Frankfurt am Main: Suhrkamp, 2001, S. 584 f. - Ebeling, „Kants, Volk von Teufeln4, der Mechanismus der Natur und die Zukunft des Unfriedens", in: Kodalle (Hrsg.), *Der Vernunftfrieden*, Würzburg: Königshausen & Neumann, 1996, S. 88。他批判说,康德将魔鬼限制在自利的范围内,并没有公正地对待人真正的恶劣,因此使国家理论的问题变得无足轻重。

③ Vgl. *Kant* (Fn. 7), S. 223.

④ 对此可进一步参见 Brandt, „Historisch-kritische Beobachtungen zu Kants Friedensschrift", in: Gerhardt / Ottmann / Thompson (Hrsg.), *Politisches Denken. Jahrbuch 1994*, Stuttgart/Weimar: Metzler, 1994, S. 85 ff.; ders. (Fn. 5), S. 71 ff.; ders. (Fn. 8), S. 229 ff.; Herb, *Bürgerliche Freiheit*, Freiburg/München: Alber, 1999, S. 73 ff.; Ludwig, „Will die Natur unwiderstehlich die Republik? ", *Kant-Studien 88* (1997), S. 224 ff.; Maus, *Zur Aufklärung der Demokratietheorie*, Frankfurt am Main: Suhrkamp, 1992, S. 180 ff.; Niesen (Fn. 14), S. 583 ff。

⑤ 进一步参见 Brandt (Fn. 5), S. 81 f.; ders. (Fn. 16), S. 85 ff。

⑥ *Niesen* (Fn. 14), S. 588.

⑦ *Kersting* (Fn. 5), S. 39 f. Fn. 14; ders., „Die verbindlichkeitstheoretischen Argumente der kantischen Rechtsphilosophie", in: R. Dreier (Hrsg.), *Rechtspositivismus und Wertbezug des Rechts* (*ARSP — Beiheft 37*), Stuttgart: Steiner, 1990, S. 66 Fn. 14.

⑧ *Sandermann*, *Die Moral der Vernunft*, Freiburg / München: Alber, 1989, S. 256.

⑨ 参见 *Kant*, *Die Metaphysik der Sitten. Metaphysische Anfangsgründe der Rechtslehre*, *Werke Bd. 7*, S. 337。

这些思索以康德的双重理性立法学说为出发点。道德立法要求出于义务的行动，而法学立法则满足于外在的义务履行。法所特有的强制措施权能要为这种克制负责。对于一个将自己置于迄今为止不曾企及的激进自由视角下的哲学来说，[①]法的强制现象构成了头等挑战。强制和自由如何能够调和？这个问题决定了康德对法的概念的讨论（第二节）。然而，康德的“魔鬼民族”的说法与他对法的强制措施的可允许性前提的解释是不一致的。他对预防性的强制——作为阻碍自由的障碍的强制——的考虑和对压制性的刑罚强制——作为对所犯罪行的报应的强制——的讨论都是针对一个原则上守法的共同体，而不是针对一个魔鬼民族（第三、四节）。

与康德的争辩表明，自由的法秩序只有在公民精神的协助下才能长期存在，其中对法的非工具性意向是常态。黑格尔将（抽象）法扬弃为伦理，代表了一种尝试，即考虑到这种不可强制执行但又是法之稳定不可或缺的前提条件，但又不至于落入卢梭抽象的德行激情。因此，在结论中呈现了黑格尔构想的基本特征，并与康德的进路进行了比较。黑格尔论述了在一个基础良好的自由社会中，其法制度与公民的忠诚度之间存在的相互关联性。人们在康德身上寻找类似的分析是徒劳的。在他的“德行论”中，他确实谈到了这样一个问题：在人的自然条件下，绝对命令赋予个体道德主体的一般道德取向如何能够具体实现。另一方面，对于政治哲学领域来说，则缺乏相应的教诲。由于他对法的强制现象的关注，康德没有充分考虑到这样一个事实，即现实中强大的法秩序不仅是一种——可强制执行的——规范秩序，而且是一种社会生活秩序；他不知道黑格尔的政治伦理那样的范畴。与黑格尔相比，康德可能是更自由的思想家，但黑格尔的法哲学在政治上的反思更为强大（第五节）。

一、双重理性立法的学说

所有的立法，无论是法权的还是道德的，都是“对应当实现的现实感兴趣”[②]。因此，它不能局限于，“通过客观地呈现应当做的行动是必然的”[③]，提供行动的“评判的指南”[④]。相反，它还必须照顾到“遵守义务的心灵的纪律”[⑤]，即寻求激励其对象现实地去

① 可参见 Michael Pawlik, „Preußentum und Freiheit“, in: Bahners / Roellecke (Hrsg.), *Preußische Stile*, Stuttgart: Klett-Cotta, 2001, S. 207 f.

② *Kersting* (Fn. 19), S. 64.

③ Ebd., S. 323.

④ Kant (Fn. 21), S. 322.

⑤ Ebd.

做他们的义务。[①]在康德那里,法权和道德的核心是普遍化原则。然而,就其参照对象而言,这两类立法有所不同。法确立了“行动的法则”,而道德则给出了“行动的准则的法则”。[②]

法只关注保障任意自由的兼容性;法意义上的自由意味着“对一个人的强制任意的独立性”[③]。因此,法只要求我以这样的方式外在地行动,使我的任意的自由使用能够与每个人的自由按照普遍法则共存[④];它规范了外部行为模式,满足于“履行先行给定的运动图景”[⑤]。促使我采取这种行动的准则的性质在这里并不重要。因此,法学立法的特点是,它“也承认除了义务观念本身之外还有另一种动机”[⑥]。另一方面,康德伦理学是围绕着实践理性的自律这一理念而展开的。[⑦] 这就是说“纯粹理性有能力对自身来说就是实践的”[⑧]。按照康德的说法,“使每一个行动的准则都服从于它适合成为普遍法则这个条件”[⑨]的认知行为并不足以实现这一点。为了预设“仅仅是自身”[⑩],纯粹的实践理性反而必须也构成意志的唯一决定因素。因此,在形成我的准则时,我不应该被感性的冲动所引导,而应该被对我的义务的敬重所引导。换句话说,道德立法使“一个行动成为一种义务,而这种义务同时也是一种动机”[⑪]。

因此,“道德立法的独特之处”在于“仅仅因为它们是义务而采取行动,并且使义务的原理本身,无论它来自何处,成为任意的充分动机”[⑫]。这就是为什么道德立法“适用于一切一般的义务”[⑬]。它绝不只包括那些真正具有道德性质的义务(“直接的道德义务”,例如针对自己的义务),也同样包括那些也受法约束的义务(“间接的道德义务”)。[⑭] 因此,

---

① 关于康德实践哲学中裁决和执行两个层面的区分的发展,综述可参见 Weiper: *Triebfeder und höchstes Gut*, Würzburg: Königshausen & Neumann, 2000, S. 17 ff。

② *Kant*, *Die Metaphysik der Sitten. Metaphysische Anfangsgründe der Tugendlehre*, *Werke Bd. 7*, S. 519.

③ *Kant* (Fn. 21), S. 345.

④ Ebd., S. 338.

⑤ Kaulbach, *Studien zur späten Rechtsphilosophie Kants und ihrer transzendentalen Methode*, Würzburg: Königshausen & Neumann, 1982, S. 63.

⑥ *Kant* (Fn. 21) ,S. 324.

⑦ *Kersting* (Fn. 5), S. 21 ff.对此有深入的见解。

⑧ *Kant* (Fn. 21), S. 318.

⑨ Ebd., S.318.

⑩ 参见 Kant, *Kritik der praktischen Vernunft*, *Werke Bd. 6*, S. 127。

⑪ Kant (Fn. 21), S. 324.

⑫ Ebd., S. 326.

⑬ Ebd., S. 324.

⑭ Ebd., S. 326.

在道德上，每个公民都有责任出于义务，即出于对法则的尊重而履行他的法权义务①；这体现了他作为本体人（*homo noumenon*）的道德自律。② 另一方面，法学立法避免向个人规定他在履行义务时应以何种动机为动力；只要他合乎义务地（*pflichtgemäß*）行事就够了。因此，理性法权放弃“支配人类内心世界的野心”③，而满足于符合外部规范的行为；它尊重“内心世界的封闭空间”④，即一个没有法和政治监护的领域：这就是康德的理性的双重立法学说中备受推崇的自由特征。

尽管在今天的读者看来，坚持法之意向的差别或许是值得同情的⑤，但为什么康德在法学领域使用的自由概念远没有在他的伦理学中那么苛刻，这个问题并没有得到解答。康德在法学立法领域的克制是由于法——法哲学所发现的作为其对象的实在的社会构造——具有道德立法所缺乏的执行其提出的要求的手段。道德立法针对的是一个将行政和立法权力结合在一起的主体⑥，因此“最终只与自己有关”⑦，而法学立法是基于一个外来意志的权威，可以强制履行其规定的义务。⑧ 在允许使用物理强制权能中，存在着“与权力的联合”⑨，它体现了法这一社会制度的特殊严酷性，同时也体现了法对任何以自由理念为导向的思想的挑衅：就自由理论而言，对他人施加强制怎么可能是允许的，甚至是必需的呢？⑩ 正是这个问题，康德确信首先需要一个令人信服的答案。这就是为什么对

---

① 参见 *Kant*（Fn. 28），S. 521。

② *Sandermann*（Fn. 20），S. 243.

③ Kersting（Fn. 5），S. 39；ders.（Fn. 19），S. 65.

④ Deggau，Die Aporien der Rechtslehre Kants，Stuttgart-Bad Cannstatt：Frommann-Holzboog，1983，S. 28.

⑤ 可参见 *Bielefelds*，„Sittliche Autonomie und republikanische Freiheit“，in：Brügger（Hrsg.），Legitimation des Grundgesetzes aus Sicht von Rechtsphilosophie und Gesellschaftstheorie，Baden-Baden：Nomos，1996，S. 52；*H. Dreier*，„Kants Republik“，JZ 2004，S. 747；*Höffe*，„Kants Begründung des Rechtszwangs und der Kriminalstrafe“，in：Brandt（Hrsg.），Rechtsphilosophie der Aufklärung，Berlin/New York：de Gruyter，1982，S. 353；ders.，„Königliche Völker“，Frankfurt am Main：Suhrkamp，2001，S. 140；*Kaulbach*（Fn. 31），S. 62 ff.；*Kühl*，„Die Bedeutung der Kantischen Unterscheidungen von Legalität und Moralität sowie von Rechtspflichten und Tugendpflichten für das Strafrecht — ein Problemaufriß“，in：Jung/ Müller-Dietz / Neumann（Hrsg.），Recht und Moral，Baden-Baden：Nomos，1991，S. 146。

⑥ Treffend Fischer，Moralität und Sinn，München：Wilhelm Fink，2003，S. 192.

⑦ Gerhardt，„Recht und Herrschaft“，Rechtstheorie 12（1981），S. 71.

⑧ *Kant*（Fn. 28），S. 512.

⑨ *Kaulbach*（Fn. 31），S. 200.

⑩ 参见 Byrd，„Strafgerechtigkeit bei Kant“，in：Bottke / Rauscher（Hrsg.），Gerechtigkeit als Aufgabe，St. Ottilien：Eos，1990，S. 142；Fleischacker，„Kant's Theory of Punishment“，in：Williams（Hrsg.），Essays on Kant's Political Philosophy，Cardiff：University of Wales Press，1992，S. 191 f.；Köhler，„Zur Begründung des Rechtszwangs im Anschluß an Kant und Fichte“，in：Kahlo / Wolff / Zaczyk（Hrsg.），Fichtes Lehre vom Rechtsverhältnis，Frankfurt am Main：Klostermann，1992，S. 93。

合法行使强制的前提条件的讨论是康德法哲学的开端。①

康德非常谨慎地解释说，必须从强制问题的角度来思考法。强制权能将"法权公民（政治）状态"与"道德公民状态"②区分开来，因为后者"在其概念中已经带有强制自由"③。因此，康德明确反对这样的观点，即强制权能在"根据一个法则的责任"的意义上是外在的，即它是作为这一义务的第二个要素而被添加上去的。④ 相反，"法的概念必须直接设定在将普遍的交互强制与每个人的自由联系起来的可能性中"⑤。简而言之，康德确信，法是行使合法强制力的可能性。⑥ 用这位哲学家自己的话说："因此，法和强制的权能是同一件事"⑦。

先验方法，即对"……的可能性条件"的解说，因此在法的情况中与在道德的情况中遇到了一个结构完全不同的对象领域。考虑到的不是行动者（*Agierende*），而是受动者（*Reagierende*）。更准确地说，道德上善的行动的性质（*Proprium*）问题被对其他人行为予以回应的强制行为的合法性条件问题所取代。为此，康德认为，法学立法甚至不包括对个人的要求，他可以——无论以何种方式——激励自己以一种外在的符合秩序的方式行事。"使依法行动成为我的准则，是道德对我的要求"⑧。相反，理性只是说，我的自由"在其理念上"受到法权法则的限制，"也可能被他人以物理方式限制"⑨。从这个角度来看，独立履行法律义务和容忍他人履行强制的变体是等同的。

二、法的概念与强制的论证

康德以可称为"数学计算"⑩的方式解决了证明强制是法的一个必然组成部分的任务；他的论证进路"既简单又有说服力"⑪。在他推导的开始，他把合法行为的定义放在了这里。根据从法权概念推导出来的"法权的普遍原则"，"如果它，或者按照其准则，每一

---

① 关于这一康德诠释的基础讨论参见 *Kersting*, Wohlgeordnete Freiheit, Frankfurt am Main: Suhrkamp, 1993, S. 127 ff.; ders. (Fn. 5), S. 37 ff., ders. (Fn. 19), S. 62 ff。

② *Kant* (Fn. 2), 8. 753.

③ Ebd., S. 754.

④ *Kant* (Fn. 21), S. 339.

⑤ Ebd.

⑥ *Gerhardt* (Fn. 47), S. 76.

⑦ *Kant* (Fn. 21), S. 340.

⑧ Ebd., S. 338.

⑨ Ebd.

⑩ *H. Mayer*, „Kant, Hegel und das Strafrecht", in: Bockeimann / Kaufmann / Klug (Hrsg.), Festschrift für Karl Engisch, Frankfurt am Main: Klostermann, 1969, S. 71.

⑪ *Höffe* (Fn. 45), S. 141, S. 352 ff.提供了对康德论证的一个详细重构。

个人的任意的自由，都能够与任何人根据一个普遍法则的自由共存"①，那么每一行动就是正当的。因此，只有在"某种自由的运用"属于作为感性存在的人——即他"不仅合乎法而且违背法进行选择"②的能力——被证明是"按照普遍的法则的自由的障碍（即不法）"③时，才允许行使强制。换句话说，正当强制的出发点是一个人的行为威胁、减损另一个人根据自由的普遍法则所享有的自由。针对这种不法自由运用的强制是"作为一个自由障碍的阻碍，就与根据普遍法则的自由相一致，亦即是正当的"④。在物理上限制一个人的行动范围，使其无论如何都受到法权法则的限制，这种强制只影响到所涉人格的感性欲求能力，但并不损害其法权自由。⑤ 一方面，这种论证使捍卫法权上预先规定的自由分配免受攻击的预防性措施合法化。这种措施的原型是正当防卫。另一方面，在这种法权强制的论证基础上，消除合法分配自由的障碍，并以这种方式恢复合法状态是合法的。因此，债权人可以通过强制收取欠款来克服债务人的拒付行为。⑥

为什么一个虽然表面上合乎秩序但有动机缺陷的行为不能成为预防性或恢复性强制行为的起点？康德确信，这是不允许的，这源于他对法学立法的理解；然而，对这一立场的论证仍然付之阙如。在寻找这样的理由时，必须准确地说出使用法权强制手段所针对的自由的障碍。行动者本身的不道德意向在所不论，因为法权的强制行为不适合消除其相对人人格中展现出来的意向缺陷。⑦ 一般而言，动机不能被强制行为所改变："另一个人虽然可以强制我去做某种不是我的目的（而只是达到另一个人的目的的手段）的事情，但不能强制我使它成为我的目的，而且如果我不使它成为我的目的，我不可能有任何目

① *Kant* (Fn. 21), S. 337.

② Ebd., S. 333.

③ Ebd., S. 338.

④ Ebd., S. 338 f.

⑤ *Ludwig*, Kants Rechtslehre, Hamburg: Meiner, 1988, S. 97.

⑥ 亦可参见 Enderlein, „Die Begründung der Strafe bei Kant", Kant-Studien 76 (1985), S. 308; Gierhake, Begründung des Völkerstrafrechts auf der Grundlage der Kantischen Rechtslehre, Berlin: Duncker & Humblot, 2005, S. 68; Günther (Fn. 14), S. 259 f.; Höffe (Fn. 45), S. 142; Mayer (Fn. 60), S. 71; Oberer, „Über einige Begründungsaspekte der Kantischen Strafrechtslehre", in: Brandt (Hrsg.), Rechtsphilosophie der Aufklärung, Berlin/New York: de Gruyter, 1982, S. 406 f.; Schild, „Die staatliche Strafmaßnahme als Symbol der Strafwürdigkeit", in: Zaczyk / Köhler / Kahlo (Hrsg.), Festschrift für E. A. Wolff, Berlin/Heidelberg / New York: Springer, 1998, S. 431; aus der älteren Literatur: Salomon, „Kants Strafrecht in Beziehung zu seinem Staatsrecht", ZStW 33 (1912), S. 14。

⑦ Ludwig (Fn. 66), S. 95 Fn. 23; Potter, „Kant on Obligation and Motivation in Law and Ethics", in: Byrd / Hruschka / Joerden (Hrsg.), Jahrbuch für Recht und Ethik 2 (1994), Berlin: Duncker & Humblot, 1994, S. 107; Ruzicka, „Moral, Naturrecht und positives Recht bei Kant", in: Holzhey / Kohler (Hrsg.), Verrechtlichung und Verantwortung, Bem / Stuttgart: Haupt, 1987, S. 147.

的。"[①]因此,在自己面前设定一个目的,"不是由任何外在立法所产生的"[②]。黑格尔后来将用简洁的措辞来表述这一思想,即人可以被强制,但不能被强迫:"只有想被强制的人才能被强制做某件事。"[③]就履行义务本身而言,更不可能通过使用强制手段来实现它。为履行义务而履行义务,是人的本体自由的一种表现。[④] 根据康德,我们知道这种积极的自由不能被经验性地经验到,"只能作为我们身上的一种消极的性质,即不被任何感性的规定因素所强迫而行动"[⑤]。然而,威胁甚至使用强制,实际上是感性中介影响的范例。对现象人(Homo phaenomenon)施加的压力当然不会引起任何本体人(Homo noumenon)。

然而,如果这些人的意向使他们看起来有在未来实施违法行为的倾向,那么这一结论并不排除作为一种预防措施使其无害化的可能性。在这种情况下,与之相联系的不是有关人员的意向,而是他们由此表现出来的危险性。在两个自然状态居民之间的关系中,康德明确认为这种预防性的强制是允许的。在自然状态下,没有必要等待现实的敌对行动。[⑥] 康德认为,正是由于相互不信任的不可克服性,自然状态本身才会成为根据普遍法则实现自由的障碍。因为他在我身边,通过他的无法律约束状态对我构成了持续的威胁[⑦],他人就已经损害了我。如果这个人甚至表现出远远超出正常水平的犯罪倾向,这一点必定更是如此。

根据德高(Deggaus)的诊断,这样构成的自然状态是"合法的,同时也是非法的"[⑧]。在这种状态下,强制本身似乎就有了法权上的正当性。然而,由于干预门槛的大规模降低,它事实上(*de facto*)代表了"每一种法权关系的扬弃"[⑨],或者如康德本人所说的,是一种"无法权状态"[⑩]。康德相信,离开这种状态不仅是法的命令[⑪],也是明智的命令:进入公民状态这种强制状态会让人离开困境,"这是所有困境中最大的困境,亦即人们相互加诸自身的困境,他们的偏好使得他们无法在野蛮的自由中长期共存"[⑫]。因此,国家从根

① *Kant* (Fn. 28), S. 511.
② *Kant* (Fn. 21), S. 347.
③ *Hegel*, Grundlinien der Philosophie des Rechts, in: ders., Werke in zwanzig Bänden (hrsg. von Moldenhauer / Michel), Frankfurt am Main: Suhrkamp, 1986, Bd. 7, § 91 (S. 178 f.).
④ *Kant* (Fn. 28), S. 509.
⑤ *Kant* (Fn. 21), S. 333.
⑥ Ebd., S. 425.
⑦ *Kant* (Fn. 7), S. 203 Anm.
⑧ Deggau (Fn. 44), S. 237.
⑨ Ebd., S. 241.
⑩ *Kant* (Fn.21), S. 430.
⑪ Ebd., S. 424 f., 430 f.
⑫ *Kant*, Idee zu einer allgemeinen Geschichte in weltbürgerlicher Absicht, Werke Bd. 9, S.40.

本上说既是理性的绝对要求的实现,也是一种生存的创造性利益。① 因此,国家生活比自然状态下的生活要好,这也是明智的魔鬼可以获得的论据。② 但是,在魔鬼民族里,是否有可能维持康德认为是公民法律状态所特有的对强制力的限制? 魔鬼民族可以是一个自由的国家吗? 这个问题仍未解决。

康德认为,与自然状态相比,在公民法律的国家状态中,人们不得对任何人采取敌对行动,"除非他已经主动损害我",即对我进行了具体攻击③。因此,在公民状态中,只有当犯罪倾向表现为具体的行为时,才能引发法律强制措施;"因为每个人都可以是自由的,即便我对他的自由全然不关心,或者即便我内心里很想破坏他的自由,只要我通过自己的外在行为并没有损害他的自由"④。换句话说,个人相信,在公民状态的条件下,邪恶的想法通常不会发展成有害的行动。这种期望在公民状态的哪个特征中找到了认知的基础? 康德回答道:与"每个人都按自己的想法行事"的自然状态相比,在公民状态,"在其中每个人都在法律上被规定了他应当得到的东西,并通过充足的权力(不是他自己的权力,而是一种外部的权力)去分享它,也就是说,他首先应当进入一种公民状态"。⑤ 由于他人与我一起进入了公民状态,他通过当局为我提供了必要的安全保障,而当局对我们两个人都有权力⑥。

然而,看一看一个社会,其成员在每种情况下做出遵守或违反法律的决断取决于成本功利分析,就会发现这个答案并不完整。在这样的社会中,当局只能采用强制的激励手段。国家在这里作为一个"持续的恐惧的约束者和挥鞭者"出现,它"以恐惧制服人的心灵"⑦。因此,他所期望的和平之维持的必要条件是存在一个强大的强制机构。然而,建立该系统的代价异常高昂:必须安装一个全面的监控系统。⑧ 费希特明确地得出了这个结论。面对构想一个其存在独立于公民道德的法律体系的任务⑨,他建议建立一个警察国家,"基本上(知道)每个公民在一天的每一个小时在哪里,以及他在做什么"⑩。在他看来,建立一个全面的、像机器一样的监控机构是抵御其他威胁的"混乱"的唯一

---

① *Brandt* (Fn. 5), S. 68, 83.

② *Gerhardt*, Immanuel Kants Entwurf, Zum ewigen Frieden', Darmstadt: Wissenschaftliche Buchgesellschaft, 1995, S. 121 f.

③ *Kant* (Fn. 7), S. 203 Anm.

④ *Kant* (Fn. 21), S. 338.

⑤ Ebd., S. 430.

⑥ *Kant* (Fn. 7), S. 203 Anm.

⑦ 黑格尔的学生甘斯用这些话来描绘霍布斯的国家理解。

⑧ 同样可以参见 Vosgerau, „Der Begriff des Rechts bei Kant", Rechtstheorie 30 (1999), S. 243 f。

⑨ 参见 *Fichte*, Grundlage des Naturrechts (hrsg. von Zahn), Hamburg: Meiner, 1979, S. 139。

⑩ Ebd., S. 296.

手段。

任何一个必须考虑到当局随时都在盯着他的人,或者因为当局依靠秘密的间谍活动而非公开的监视,而必定在每一个邻居身上看到一个潜在的背叛的人,都有明智的理由与不法行为保持距离。然而,这样的超级国家将呈现重新陷入类似于自然状态的境况,因为康德的自然状态也是以无所不在的相互不信任为特征。但正如费希特正确地看到的那样,普遍的不信任与同样全面的预防需求相呼应。鉴于这样的一般条件,等到另一个人的危险性在具体的违法行为中表现出来才采取强制措施,这不是具有特殊合法性的证明,而是非常不明智的做法。从这一点上可以看出,在康德看来:公民状态特有的将强制权能限制在违法行为的做法,只有在默许的附加条件下才有说服力,即邪恶的思想通常不会表现为非法行为。这并不是因为对实施行为的人来说风险显得太大,而只是因为守法的习惯最终占了上风。在这个先决条件没有得到满足的情况下,也就是说,在对法的忠诚不是不言而喻的情况下,康德对强制的限制的假设就失去了它的理由。

当然,乍一看,似乎外在自由的魔鬼国家之可能性的拥护者可以很容易地考虑到这种思索。人们相信,康德的明智的魔鬼是有理智的,他们让个别的好机会溜走——在这种情况下,违法大概是有利的——以减轻整个法秩序的强制执行成本,这似乎是足够的。① 但明智的利己主义者以这种方式行事真的合理吗?如果其他人遵纪守法,对他们每个人都是最有利的,但他自己可以坚持以前的策略,根据情况进行成本功利的计算。在一个由魔鬼组成的民族里,他们——这是他们明智的一部分——所有人都彼此知道,他们是魔鬼,每个行动者当然都知道他的法同伴的这种偏好。在这种情况下,从明智的角度来看,在没有得到其他人会以同样的方式行事保证的情况下,没有人有任何理由先行履行,把守法作为他们的规则动机。因此,存在着**内部的合理性冲突**:尽管所有人都知道,共同的守法策略会使他们在整体上过上更好的生活,但没有人会想采用这种策略,因为他们的魔鬼同胞不能为他们自己的守法行为提供足够的保障。② 毋宁说,这种安全只能由国家提供给他,

---

① *Brandt* (Fn. 8), S. 233; *Münkler* (Fn. 8), S. 37 f.在这种意义上讨论了问题。

② 就其结构而言,这种处境相当于囚徒困境;就此可参见 Homann, in: Korff (Hrsg.), Handbuch der Wirtschaftsethik, Bd. 2, Gütersloh: Güterslоher Verlagshaus, 1999, S. 76 ff.; Locher, „Struktur und Erscheinungsformen des Gefangenendilemmas", Wirtschaftswissenschaftliches Studium 20 (1991), S. 19 ff.; ders., „Auswege aus Gefangenen-Dilemma-Situationen", Wirtschaftswissenschaftliches Studium 20 (1991), S. 60 ff. - Die Erklärungsmächtigkeit des Gefangenendilemmas im Bereich der politischen Philosophie demonstrieren Hampton, Hobbes and the Social Contract Tradition, Cambridge: Cambridge University Press, 1986, S. 58 ff., 80 ff.; Hollis, Soziales Handeln, Berlin: Akademie, 1995, S. 166 ff., 175 ff.; Nida-Rümelin /Schmidt, Rationalität in der praktischen Philosophie, Berlin: Akademie, 2000, S. 94 ff., 105 ff。

而且是以人们熟悉的方式:借助国家的强制手段,使违法行为显得风险过大。然而,有了这一点,论证又回到了上述的路径,并面临着那里的问题。

但这是不够的。康德支持限制公民状态强制权能的论点的有效性还取决于这样一个事实:臣民大体上可以信赖执掌法权柄者的客观性和公正性。然而,在一个由魔鬼组成的民族里,官员们也有魔鬼的血统;因此他们的行为也以自己的个人的功利为导向。因此,必须以与臣民相同的方式对官员进行监控,并在出现违法行为时以强制措施加以威胁。根据黑格尔对费希特的一句嘲讽之语,在这种情况下,每个公民“将不仅是一个人,而且至少有半打人将被雇用来监督、支付账单等,这些监督者中的每一个人也是如此,以此类推,无穷无尽”①。但是,不仅出于事实原因,而且出于法权原因,这样的规训制度很快就达到了极限。它在最需要规训的地方——即在“国家的统治者”那里失败了。

跟随稳定论的霍布斯主义的脚步,康德承认统治者“对臣民只有权利,没有(强制)义务”②。但是,一个由个人组成的国家——他们自己追求他们的“自私的、动物性的倾向”③,怎么可能希望有一个守法的统治者?在他的《关于一种世界公民观点的普遍历史的理念》(1784)中,康德选择了一个个人的道德答案:严格来说,只有“自己是正义的”人才适合作为“公共正义的首脑”④。但是,为什么魔鬼们要把一个“自身是公正的,而且毕竟是一个人”⑤的人放在他们国家的首脑位置上呢?在这里,康德记录了他自己的困惑,而不是提供一个完整的问题解决方案。在他的晚期论文《系科之争》(1798)中,这位哲学家转移了重点;现在他援引了集体法意向的进步。他提到法国大革命甚至在外部观察者中引起的热情,康德相信,这只能由法的理念在人民心灵中所产生的有效性来解释⑥。因此,无视这一“历史的标志”⑦并拒绝接受即将到来的法治改革的统治者是在最不明智地行事,必须期待为其顽固性付出丧失权力甚至生命的代价。⑧ 尽管这两个答案不同,但它们有一个共同点:它们的前提是存在道德上敞开的行为者,他们对法的理念感到忠诚。然而,在这一点上,康德自己否认了他的论点,即一个魔鬼民族也可以进入一部合法的国家宪法。

---

① *Hegel*, Differenz des Fichteschen und Schellingschen Systems der Philosophie, Werke Bd. 2, S. 86 Anm.

② *Kant* (Fn.21), S. 438.

③ 参见 *Kant* (Fn. 80), S. 40。

④ Ebd.

⑤ Ebd., S. 41.

⑥ *Kant*, Der Streit der Fakultäten, Werke Bd. 9, S. 357 f.

⑦ Ebd., S. 357.

⑧ 进一步参见 Brandt (Fn. 5), S. 78 ff.; ders. (Fn. 16), S. 94 f.; Ludwig (Fn. 16), S. 225 ff。

上述思索可以归纳为一个简短的结论。只有在这样的假设下，对于那些受法约束的人——公职人员和公民——而言，守法行为通常是不言而喻的，强制执行法秩序的成本才能被控制在一个从自由理论的角度可以接受的框架内。外部规训机构的撤销必须由法同伴足够可靠的自我约束来弥补。① 在康德的时代以及此外很长时间，首先是基督教通过信徒的良知带来了相应的规范一致性的习惯化。正如布劳恩（Johann Braun）指出的那样，如果没有对全知全能的上帝的信仰，“就几乎不可能建立现代文明所必需的、同时具有外部自由的自我规训”②。因此，在其起源时代的背景下，康德的“魔鬼民族”命题只不过是一个半游戏性的思想实验，一个没有社会后果的语言激进主义。另一方面，康德的公式与社会现实有关，当游戏转而严肃时，因为在有关社会中，要么还没有发生必要的规范内在化和自我规训过程，要么以前的中介实例已经失去力量。根据这里的分析，在这样的条件下，按照康德模式的自由宪政国家将无法坚持自己的立场。③

三、刑罚论证

康德关于刑罚理论的讨论也与他关于魔鬼民族的法权形式的论述不一致。正如一开始所解释的那样，应该被理解为这样一群人，只有通过指出他们各自的自我利益，才能劝说他们放弃习惯性的搭便车心态，说服他们遵守法权规范。有关社会的刑罚制度如果要取得预期的成功——足够程度的外部守法行为，也必须根据这种动机结构进行调整。因此，一个魔鬼民族只能形成这样一种刑罚理论：**消极的一般预防**，通过足够令人印象深刻的刑罚威胁和持续的执行，以一种具体的方式向受法约束的个人表明，不法行为是不值得的。④

适才解说了康德对法强制的阐释，很容易为他构想这样的刑罚理论提供可能性。强制被设想为一种自由的障碍的阻碍，首先是一种预防工具。它的理由是它适合于防止未来对法的侵犯。那么，还有什么比让刑罚也服从于这种预防的逻辑更明显的呢？由于惩

---

① *Vosgerau* (Fn. 88), S. 243.的观点切中要害。

② *Braun*, Freiheit, Gleichheit, Eigentum, Tübingen: Mohr Siebeck, 1991, S. 167.

③ Ebenso *Braun* ebd., S. 169.

④ Ebenso *Brandt* (Fn. 8), S. 236.

罚并不能消除犯罪行为，根据这种正当化的逻辑，它只能防止未来的犯罪。① 在《法权学说》的一处，明显更接近于基于预防的强制论证，康德确实呈现了一种思路，这种思路运用了刑法预防思维的论证模式。② 在处理紧急避险问题的背景下，他阐述道，遭遇海难者为了自己能幸存下来，把另一个人推下救命的木板，这尽管并非无可指摘，但可能是无法惩罚的。禁止他采取这种行为的刑法不可能产生预期效果。"因为法律所威胁的惩罚毕竟不可能比这个人丧命的惩罚更大。"③换句话说：因为在这种情况下，一个明智的利己主义者无法被推动去做出符合规范的行为，所以他不应当受到惩罚。在这里，概而言之，康德通过一个极端情况的个案预见了费尔巴哈的刑罚理论：通过使一个以成本功利计算为基础的个人认为，遵守规范在理性上比违反规范更可取，刑罚的威胁从而获得了自身的合法性。国家的刑罚权就终结于不可能做到这一点的地方。魔鬼民族在这里已经找到了与之相称的刑罚理论。

然而，在《法权学说》的进一步论述过程中，康德并没有进一步追随这种论证进路。④ 恰恰相反：他强烈反对刑事强制的权能建立在希望从其适用中获得的预防效果上。康德确信，为了防止未来犯罪（无论是被刑罚者本人还是其他人）而惩罚犯罪者，不能与对违法行为的阻碍相提并论，因为在他人的法权范围内产生破坏性影响之前，违法行为就

---

① 因此，将康德的刑罚理论就其根本而言归类为预防论，近年来越来越受到欢迎；只需参见 *Altenhain*，„Die Begründung der Strafe durch Kant und Feuerbach"，in：Gedächtnisschrift für Rolf Keller，Tübingen：Mohr-Siebeck，2003，S. 10；Brandt，„Gerechtigkeit und Strafgerechtigkeit bei Kant"，in：Schönrich / Kato（Hrsg.），Kant in der Diskussion der Moderne，Frankfurt am Main：Suhrkamp，2. Ausl. 1997，S. 450 ff.；*Byrd*，„Kant's Theory of Punishment：Deterrence in its Threat，Retribution in its Execution"，Law and Philosophy 8（1989），S. 180 ff.；dies.（Fn. 50），S. 137 ff.；*Holtman*，„Toward Social Reform：Kant's Penal Theory Reinterpreted"，Utilitas 9（1997），S. 6ff.；Mosbacher，„Kants präventive Straftheorie"，ARSP 90（2004），S. 221 ff.；Potter（Fn. 68），S. 104 ff.；Schild，„Anmerkungen zur Straf-und Verbrechensphilosophie Immanuel Kants"，in：Heinze / Schmitt（Hrsg.），Festschrift für Wolfgang Gitter，Wiesbaden：Chmielorz，1995，S. 833 ff.；ders.（Fn. 67），S. 434；*Tafani*，„Kant und das Strafrecht"，in：Vormbaum（Hrsg.），Jahrbuch der Juristischen Zeitgeschichte Bd. 6（2005），Baden-Baden：Nomos，S. 264 ff. - Kritisch dazu Fleischacker（Fn. 50），S. 194 ff.；Hill，„Kant on Punishment：A Coherent Mix of Deterrence and Retribution？"，in：Byrd / Hruschka / Joerden（Hrsg.），Jahrbuch für Recht und Ethik 5（1997），S. 307 ff.；*Vers.*，„Strafe als Verhinderung eines Hindernisses von Freiheit？"（im Erscheinen）。

② *Byrd*（Fn. 105），S. 189 ff.；dies.（Fn. 50），S. 147 f.；Cattaneo，Aufklärung und Strafrecht，Baden-Baden：Nomos，1998，S. 168；Mosbacher（Fn. 105），S. 222；Potter（Fn. 68），S. 108；Schild（Fn. 105），S. 834 f.；ders.（Fn. 67），S. 435；Tafani（Fn. 105），S. 266 f.

③ *Kant*（Fn. 21），S. 343.

④ 相关文献正确地强调，康德对行为人在生命紧急状态下的行为采取行动的行为人论证与他后来的刑罚理论相冲突。［*Höffe*（Fn. 45），S. 145 f.；较早文献的证明可参看：*Küpen* Immanuel Kant und das Brett des Kameades，Heidelberg：C.F. Müller，1999，S. 27 f.］*Cattaneo*（Fn.106，S.168），在这段话中看到了"即使是像康德这样严格的罪责抵偿思想的代表也不可避免地坦诚，即一般预防的意义在一定程度上是明显的，必须以限制性的方式加以考虑"（强调为引者所加）。

已经遭到了防卫。对违法行为的阻碍只会造成攻击者实际上所拥有的行动回旋空间并没有超出在法权上他有权享有的行动回旋空间——从自由的观点来看,这是一种安全的中立化过程——而在防止未来犯罪的情况下,根据康德的观点,犯罪者被片面地用作达到与他相陌生的目的之手段,从而让他与物权法的对象混同起来。①

当然,这就给康德提出了一个任务,即为刑事强制制定一个独立的理由。他在矫正正义的思想中发现了这一点。取代如何合乎目的地引导个人的问题,他采取了一种真正的规范性进路:什么是一个人格应得的?② 根据康德的观点,只有当"每个人都亲历他的行为所应得的"③时,正义才得以满足。在这种观点中,在知道可罚性的情况下④,行为人先前犯下的不法成为"刑罚的准绳"⑤:罪犯必须"即便不是按照刑法的条文,而是按照刑法的精神",承受"他对别的人犯下的罪行"⑥。这种刑罚理论不仅为法听凭个人决定出于何种动机履行其法权责任这一主张提供了新的论证基础:只有那些将自己的意愿付诸实践,以违背法权的方式对他人施加痛苦的人,才值得在"平等的原则"⑦的支配下,由"管辖者"(Befehlshaber)⑧反过来对他们施加作为"配得刑罚象征"⑨的刑罚的痛苦⑩,最重要的是,康德的观点排除了出于威慑的原因而加重刑罚的做法。罪犯的负担不得超过其行为应得的刑罚。⑪

然而,适合于对所犯不法进行报应的刑量(*Strafquantum*)是否也足以达到威慑的目

---

① *Kant* (Fn.21), S. 453.

② *Jakobs*, Staatliche Strafe: Bedeutung und Zweck, Paderborn: Schöningh, 2004, S. 15. Ähnlich *Bielefelds*, „Strafrechtliche Gerechtigkeit als Anspruch an den endlichen Menschen", GA 1990, S. 114 f.; *Höffe* (Fn. 45), S. 364 ff.; ders., „Vom Straf- und Begnadigungsrecht", in: ders. (Hrsg.), Immanuel Kant. Metaphysische Anfangsgründe der Rechtslehre, Berlin: Akademie, 1999, S. 216 ff., 220 ff.; Oberer (Fn. 67), S. 413 f.; *Zazcyk*, „Staat und Strafe — Bemerkungen zum sogenannten, Inselbeispiel' in Kants Metaphysik der Sitten", in: *Landwehr* (Hrsg.), Freiheit, Gleichheit, Selbständigkeit, Göttingen: Vandenhoeck & Ruprecht, 1999, S. 82 ff. Fleischacker (Fn. 50), S. 200 ff. und Hill (Fn. 105), S. 309 ff.也强调了康德关于刑罚论证问题阐述的报应论色彩。

③ *Kant* (Fn. 21), S. 455.

④ Ebd., S. 453.

⑤ Ebd., S. 488.

⑥ Ebd.

⑦ Ebd., S. 453.

⑧ Ebd., S. 452.

⑨ *Kant*, Brief an Johann Benjamin Erhard vom 21. 12. 1792, 引用依据 Schild (Fn. 67), S. 439。

⑩ 康德在1784—1785年的一次讲座中简明扼要地指出,依据Enderlein引用(Fn. 67),S. 306 f.:"由于人的正义仅仅在于合法性,所以刑罚只能针对行为而不是意向。"参见 Höffe (fn. 110), S. 224。

⑪ *Cattaneo* (Fn. 106), S. 169, 172; Hill (Fn. 105), S. 312; *Höffe* (Fn. 45), S. 365; ders. (Fn. 110), S. 232; *Oberer* (Fn. 67), S. 413. 即使是那些认为康德在预防论上为刑罚论证的作者也承认,在"总则注释E"中提到的犯罪者的人格性,在任何情况下都确立了施加不利的最大程度。亦可参见 ders. (Fn. 105), S. 836; Brandt (Fn. 105), S. 453 ff.; *Byrd* (Fn. 105), S. 193 ff.; dies. (Fn. 50), S. 146 f., 149 ff; *Mosbacher* (Fn. 105), S. 223 f。

的,这取决于偶然。威慑思维的逻辑对应的是——在前面的章节中已经阐明——一种利益(*Vorteilen*)导向,而这或许是可能的行为人可以从行为中期待的。这两种评价体系可以导致非常不同的结果。例如,为了几百欧元赃物而计划杀人的行为人,可能已经被确定要执行的几千欧元的罚款所持续震慑;另一方面,或许长达数年的自由刑罚的预期才可能是一个足够的恶,以阻止行为人为了维持个人关系或促进其职业生涯而打算实施的恶劣诽谤。① 对这两种行为的不法内容来说,这些刑罚绝不是公正的。报应的逻辑和威慑的逻辑充其量只是偶然地达成一致,这一发现最终撤除了"魔鬼民族"命题的论证基础。② 只有在"国家组织"成功地化解了其臣民的"自私倾向"的前提条件下,康德才认为魔鬼也可能成为好的国家公民。然而,随着他对报应论的认同,他否定了国家为此目的所需的行动的回旋余地。这种对效力的限制是为刑事正义所付出的代价。

在一个公民只允许自己被他们的"管辖者"威慑性地扬起的鞭子所驯服的国家里,根据康德的标准,公正地使用刑罚工具是不可能的。相反,在第三节达成的结论在这里得到了确证:理性的利己主义者的集合只能居于一个不自由的专制国家。通过他的"魔鬼民族"命题,康德因此降低了他自己的法哲学的道德水准。③ 根据这种哲学,正如基尔哈克(*Gierhake*)所总结的那样,人"不是一个只能被压力制服的生物,而是一个通常意识到自己的理性天赋并负责任地行事的本质",从人那里可以期望到守法行为的一般倾向④。诚然,难以否认的是,一个长期和持续地让其公民的个人功利预期失望的法秩序,必须担心他们的服从意愿减弱。归根结底,"功利"(*utilité*)必须与"正义"(*justice*)⑤追求同样的方向。然而,在公民的信念中,正义决不能瓦解为纯粹的功利。只有在这个条件下,自由的法秩序才有持久的机会。因此,康德在将法从意向的要求中解放出来的企图中是言过其实了。

四、自由定在秩序的持存前提

黑格尔以其(抽象)法之扬弃于伦理的学说来反对康德的立场。他为法哲学提出的

---

① 基础性问题参见 *Jakobs*, Strafrecht Allgemeiner Teil, 2 Ausl., Berlin / New York: de Gruy- ter, 1991, 1 / 29 f. 进一步可参见笔者的, Person, Subjekt, Bürger, Berlin: Duncker & Humblot, 2004, S. 28 Fn. 29. 英语文献: *Hill* (Fn. 105), S. 301。

② 在这方面,*Brandt* (Fn. 8), S. 236.也很关键。

③ 亦可参见 *Brandt* (Fn. 8), S. 235。

④ *Gierhake* (Fn. 67), 8. 90 f.

⑤ *Brandt* (Fn. 8), S. 236 f.非常正确地在其中看到了康德论证的关切所在。这种观点的前史参见 *Brandt* (Fn. 5), S. 65 f。

任务已经大大超出了康德的观点。正如在第二节中所阐述的那样，康德法哲学的出发点是强制的事实如何以自由法则的方式得到合法化。根据康德的观点，预防性强制是合法的，因为它展现了对自由障碍的阻却。如果法没有预先规定在紧急情况下诉诸强制手段的可能性，公民就永远无法充分保证他们有权享有的行动自由。换句话说，需要强制来为公民的自由提供必要的认知基础，以帮助它实现经验实在的实存。归根结底，康德对强制所采取的否定性论证——强制权能是一种阻碍性因素——因此为一种肯定性的概念规定奠定了基础：法应该确保其公民的自由，从而由此赋予其外部稳定性。[①] 在刑罚之论证领域，情况也没有什么不同。黑格尔正确地非难道：仅仅因为另一种恶已经存在而意愿一种恶是非理性的。[②] “如果犯罪已经是一种恶，为什么还要增加第二种恶，即刑罚？”[③]因此，从理性的角度来看，刑事强制不应该以纯粹消极的方式来理解——作为对之前的痛苦的回应的痛苦的施加——而是以积极的方式：作为行为人的要求，恢复他所侵犯的公民自由定在秩序。[④]

黑格尔对法权概念的理解反映了这一发现。他试图在一个积极的定义中扬弃康德的“消极的”和“限制性”的法权概念[⑤]。因此，法是“自由意志的定在”[⑥]，或如其他地方所说的“实现了的自由王国”[⑦]。通过将自由的思想完全提升为其法权共同体——国家——的政治组织的基本原则，个体公民的自由获得了安全的、制度上的巩固实存，以至于有关国家本身证明自己是“具体自由的现实”[⑧]。

由此就呈现了一种法哲学理解，它比康德的构想所依据的理解更加全面。依据这种理解，法哲学的核心任务之一是识别法能够作为一种稳定的、具有现实力量的自由秩序来宣示自己的条件。这样的秩序不能没有强制权能；然而，根据前面几节的结论，还不能到此为止。一个法秩序不可能仅仅通过彼此划定公民个人根据“普遍的自由法则”有权享有的行动自由范围，以及提供物理强制手段来抵御对这种自由的任何干扰，来完成赋予自

---

① *Kersting*(Fn. 5,S. 63)将康德意义上的有权能的强制直接解释为“实现法权法则的动机”；同样，*Kaulbach*(Fn. 31, S. 61,203 f.Köhler, Fn. 50,S. 125)切中要害：在法权理性的整体视角下，不法的具体(自我)限制总是同时意味着普遍自由定在的客观—主体(自我)扩张。

② *Hegel* (Fn. 71), § 99 (S. 187).

③ *Gans* (Fn. 87), S. 110.

④ 进一步可参见 Michael Pawlik,(Fn. 120), 8. 75 ff。

⑤ *Hegel* (Fn. 71), § 29 A (S. 80 f.).

⑥ Ebd., § 29 (8. 80).

⑦ Ebd., § 4 (S. 46).

⑧ Ebd., § 260 (S. 406).进一步可参见 Michael Pawlik., „Hegel und die Vernünftigkeit des Wirklichen“, Der Staat 41 (2002), 8. 189 ff。

由意志足够稳定的定在的任务。一个法秩序,特别是如果它致力于自由之为自由的思想,因而克制地使用强制,那么它就相当依赖于公民一般地表现出合法性(*Rechtlichkeit*)的态度:在这种态度的基础上,履行他们的法权义务对他们来说通常是理所当然的事情,因此,诉诸紧缺的强制资源仍是一种罕见的例外。由于这个原因,如果法仅仅被主题化为一种制度结构,而不是作为一种社会生活形式,那么这就意味着法哲学的论证任务打了折扣,而这种社会生活形式的持续存在,其前提条件不仅仅是包容自由法则的国家制度宪法。

黑格尔自己也从这些发现中得出了结论。认为主要是暴力在支撑着国家,这是一个错误。① 更重要的毋宁说是,"理性的法则和特殊自由的法则相互渗透,我的特殊目的与普遍物相同一,否则国家就会沦为空中楼阁。个人的自我感构成了它的现实"②。当然,黑格尔绝不是在主张复活卢梭的抽象的德行激情。在他的《精神现象学》中,他已经对卢梭将公民个人塑造成普遍意志的功能者的形态进行了毁灭性的批判。③ 与卢梭的同一性虚构相对立,黑格尔主张特殊性的权利,并阐述了在自由国家制度中,市民社会的组织原则所具有的高度价值,在这种情况下,具体的人格"自己就是一个特殊目的"。④ 黑格尔相信,只有充分考虑到公民为个人生计而奋斗的国家才值得被称为"具体自由的现实"⑤。必须在履行义务的过程中,公民个人"同时找到自己的利益、满足或计划"⑥。如果公民"不舒服,如果他们的主观目的没有得到满足,如果他们看不到这种满足的中介是国家本身,那么国家就会站不住脚的"⑦。就像康德一样,在黑格尔那里,正义不能公然违背功利。然而,与哥尼斯堡的哲学家不同,他在柏林的后继者不仅关注主体在避免法权上的不利处境方面的**消极**利益,而且首先关注公民在其福祉方面的**积极**利益。

然而,这种扩展并没有穷尽黑格尔对自由国家的稳定条件的分析。首先,黑格尔强调,一个想要保证自己的公民忠诚度的宪法制定者,不能无视他们现有的信念。宪法"不是一个单纯被制造出来的东西:它是多少世纪以来的作品,它是理念,是理性东西的意识,这一意识在某一民族中已在较大程度上获得了发展"。⑧ 谁要先验地给一个民族制定宪

① *Hegel* (Fn. 71), § 268 Z (S. 414).

② Ebd., §265Z(S.412).

③ 就此细节可见 Michael Pawlik,(Fn. 1), S. 37 ff。

④ *Hegel* (Fn.71), § 182 (S. 339).

⑤ Ebd., § 260 (S. 406).

⑥ Ebd., §261 A(S. 409).

⑦ Ebd., § 265 Z (8. 412).

⑧ Ebd., § 274 Z (S. 440).

法,就会“忽视了一个环节,这一环节使宪法不仅仅是一个思想物”①。其次,黑格尔强调了公民的“政治意向”的意义,他称之为“爱国主义”。黑格尔明确理解的不是“非常的牺牲和行动那种志愿”,而是“个人对他所属情况的义务的简单适合”②。个体只需做“在他的环境中已指出的、明确的和他所熟知的事就行了”③。因此,黑格尔关心的是,没有什么比对国家及其成就的尊重更为壮丽的了,这种尊重在普通的生活进程中证明了自己,它首先表现为一种已经成为习惯的合法性态度。④ 通过这种方式,个人为“每个人都有的基本秩序感”⑤作出了贡献;而这种感觉又是“维持者”,是自由国家不可或缺的动机基础。

康德的哲学前提阻碍了他进行类似分析的道路。与一种顽固的偏见相反,康德的实践哲学绝不是在几个形式原理的发展中就已经穷尽了。与停留在纯粹形式原则的“研讨班的康德派”⑥不同,大师自己很清楚地知道,仅仅阐述法则是什么以及人们为什么应当受到法则的激励是不够的。人,正如他们一方面是——“理性的自然本质”⑦——也毋宁必须被表明,另一方面他们如何能将自己置于一个能够在事实上满足这一要求的位置。康德在“德行论”中首先致力于这项任务。德行论负责“通过将纯粹的义务原则应用于经验案例,将其图形化”⑧。在《纯粹理性批判》中,先验的图形具有在知性的纯粹概念和感性之间进行中介的功能。只有这样,才有可能以因应个案的方式应用纯粹知性的概念。⑨ 与此相对应的是,根据康德的自我理解,德行论是要教导人们如何在人之自然的条件下具体实现绝对命令所发布的普遍伦理取向。

因此,在“德行论”中,康德展示了人们必须如何塑造自己的生活,以便为自己和他人保持一个维度的开放,尽管有如此之多的外部挤压和强制,但在这个维度,他们事实上可以自主,从而自由行动。在此背景下,康德所强调的促进自身完善和他人幸福的目的⑩具有“(导向)实现我们第二天性,即我们的自由能力所不可缺少的结构”⑪的功能。因此,在“德行论”中,康德努力克服形式上的道德和经验上的物质性之间令人遗憾的分离。哥尼

---

① Ebd., § 274 A (S. 440).
② Ebd., § 150 (S. 298).
③ Ebd., § 150 A (S. 298).
④ Ebd., § 268 (S. 413 f.).
⑤ Ebd., § 268 Z (S. 414).
⑥ 这一称谓来自 *Brandt* (Fn. 5), S. 66。
⑦ *Kant* (Fn. 28), S. 508.
⑧ Ebd., S. 607 f.
⑨ *Kant*, Kritik der reinen Vernunft, B 176 ff. (Werke Bd. 3, S. 187 ff.)
⑩ 参见 *Kant* (Fn. 28), S. 515 ff。
⑪ *Esser*, Eine Ethik für Endliche, Stuttgart-Bad Cannstatt: Frommann-Holzboog, 2004, S. 323.

斯堡的哲学家已经走到了通往黑格尔立场的半途。但也只是半途,因为康德所讨论的德行是纯粹个人伦理式的,充其量——像对他人的爱和尊重的义务①——具有博爱主义性质。康德的“德行论”穷尽于对完整品格的赞美中,而此种品格则被视为是抵御周遭世界之强制的避难所。②

当然,康德也希望看到这个世界按照理性的基本原理来组织。然而,正如已经表明的那样,他把使众多人格在法权法则下稳定共存的任务主要理解为一个制度组织问题。这归根结底是由于,他把不符合绝对命令之高要求——出于义务而行动——的动机主要觉察为自由法秩序的潜在破坏性因素,应该尽可能地通过完善的强制安排来化解。即使在“爱护荣誉和外在体面”③的态度中,康德也首先觉察到其道德上的缺陷:它只是“类似于道德”。只要道德的基础仍然是不纯粹的,因为它仍然依附于“被赞美的幸福原则”④,即便人类有了所有的外在的礼仪,也不会得出任何比“全然的幻象和扎眼的苦难”⑤更好的东西。基于其个体伦理学,康德对那些动机结构采取了道德上的轻视和哲学上的漠视态度,他不关心它们的巨大多样性,将其总结在追求幸福的肤浅概念之下。然而,这样一来,他从一开始就剥夺了自己的可能性,无法发展出与黑格尔对政治伦理的结构和综合意义的思考相媲美的分析,在这些前提条件下,可以预期公民会展现出维护自由的法秩序所必需的习惯性的合法性。

然而,在康德那里,偶尔也有一些评论显示,他很清楚被其相对人视为单纯的强制秩序的规范体系在动机上的局限:“一个人不喜欢做的事情,他做得很勉强,甚至用关于义务的诫命的老练托词来做”,外部胁迫作为一种动机“不应该指望得太多”⑥。这里并没有留下多少关于外部自由的魔鬼共和国之可能性的陡然主张。为了应对这一发现,鉴于其实践哲学的整体架构,留给康德的唯一出路是突破基于先天原则的形而上学法权学说的论证框架⑦,强调国家理性的实用方面。因此,他认为“通过宗教而来的纪律”是必不可少的,这样,在人们身上无法实现的事情——“该死的种族”(*quelle maudite race*),正如他赞同地引用腓特烈二世的话——“通过由内部(良知的)强制来造成通过外在的强制所不能

① *Kant* (Fn. 28), S. 584 ff., 600 ff.

② 同样可以参见 Mesen (Fn. 14), S. 582。

③ *Kant* (Fn. 80), S. 44.

④ 亦可参见 *Kant* (Fn. 2), S. 698。

⑤ *Kant* (Fn. 80), S. 45.

⑥ *Kant*, Das Ende aller Dinge, Werke Bd. 9, S. 188.

⑦ 哲学家们的相关主张参见 *Kant* (Fn. 21), S. 319 ff。

达成的事情”①。黑格尔法哲学的核心认识则是,国家机构和公民的意向必须联合起来形成一种生活方式的统一——客观精神作为自由的概念,已经形成并固定为一个社会世界的现实——而康德在处理一个外在的自由国家宪法的动机稳定问题时,最终只能表达他之寄望于精于治国权术的统治者操纵之手。相反,他自己作为哲学家的角色,则退缩到缄默的不可指摘中。

就他对问题的认识和处理问题可用的范畴而言,康德的思考落于黑格尔的学说之后。然而,这一消极的结论也有积极的一面。因此,黑格尔的《法哲学原理》和康德的“法权学说”之间的关系与其说是对立,不如说是补充和进一步发展。② 黑格尔并未否定康德的意义;他只是想通过消解阻碍理解的抽象,给自由的理念一种更能满足现实的、仿佛更充满生命力的形态。就康德法哲学的伟大之处及其在黑格尔的反驳下所凸显出来的局限,对之进行深入研究的最好出发点莫过于“魔鬼民族”这一命题。

总结

根据康德的著名命题,即使是一个魔鬼民族也能解决建立国家的问题,只要这些魔鬼能够明智行事。因此,康德认为,自由的法秩序采取威胁和运用强制,甚至可以促使那些只对自身利益最大化感兴趣的人遵守法律。本篇论文研究了这一思想的一致性。在简短的介绍之后(第一节),文章指出,康德是以强制的方式构想法的(第二节)。尽管如此,这位哲学家对预防性强制的考虑——强制是对自由的阻碍的阻碍,以及他对刑罚的理解——强制是对犯罪的报应——的前提是共同体的大多数成员自愿接受法(第三节和第四节)。事实上,如果没有大多数公民的内在忠诚,自由的法秩序是无法长期存在的。与黑格尔相反,康德没有掌握分析范畴,无法充分考虑到法制度稳定这一不可或缺但无法强制执行的前提条件。遗憾的是,康德的实践哲学并没有像他的“德行论”对个人道德那样深入研究特定的政治道德。

---

① *Kant* (Fn. 6), S. 689 Anm.

② *Gierhake*(Fn. 67,S. 112)最近也强调了“康德和黑格尔之间在作为法之根据的人的自由思想发展方面在原则上的连续性”。

Kant's Nation of Devils and Their State

Michael Pawlik

【Abstract】 According to Kant's famous aphorism, even a nation of devils can solve the problem of establishing a state, if only the devils are able to act prudentially. Therefore, Kant holds that the threat and application of coercion by a liberal legal order can even motivate people who are exclusively interested in maximizing their own profit to obey the law. The present essay examines the consistency of this idea. After a short introduction (I.), the essay points out that Kant conceives of law in terms of coercion (II.). Nonetheless, the philosopher's considerations on preventive coercion — coercion as a hindrance of a hindrance of freedom — as well as his understanding of punishment — coercion as retribution for a crime — presuppose that most members of the community accept the law voluntarily (III./IV.). Indeed, a liberal legal order is unable to survive in the long run without intrinsic loyalty of the majority of its citizens. Contrary to Hegel, Kant does not have the analytic categories at his disposal to adequately take into account this indispensable though unenforceable prerequisite of a legal system's stability. Regrettably, Kant's practical philosophy does not delve into specific political morality as his *Doctrine of Virtue* does with personal morality.

【Key Words】 Nation of Devils, Morality, Coersion, Prevent

康德“学院—世界”的哲学概念：世界公民智慧的启蒙[1]

张 广[2]

【摘要】学院和世界这两个哲学概念的区分表明了康德的批判哲学不仅要阐明科学体系的建构，也要建立普遍的道德规范。这一区分将先行进行了一个知识论批判的批判哲学由说明科学如何可能的方法论摆渡到了确立道德规范的理性自身的建筑术。不过，这也就给理解批判哲学提出了如何整合知识和道德两个不同的领域于一个理性综合的问题。为此，也就有必要利用上述区分来申明批判哲学不仅利用了具有实践意义的世界概念批判了理论学习的哲学启蒙，也通过解析理性的理论运用修正了理性的实践运用，从而贡献了一个具有世界公民意义的启蒙。

【关键词】学院，世界，哲学，公民，启蒙

显而易见，通过学院和世界概念的区分，批判哲学突出了自己实践的意图。一方面，借助对哲学学院概念的解析，它指出了学院教育的不足：只是传授知识和技能，甚至宣扬权威和迷信，因而压抑和剥夺了个体理性的认识和发展。另一方面，利用世界概念，它不仅引入了对个体目的的启蒙，还提出了规范整个人类的道德建构。不过，在扩充了批判哲学的内容的同时，这也给批判哲学阐明自身的体系带来了困难。因为这么一来，理解一个理论的体系也就要追踪到一个实践的目的上。然而，作为一门建筑术，批判哲学并不能停留在一个主观的意图上。因此，它还是需要回溯到一个理论理性来找到其现实的可能。但是，学院和世界概念的区分却表明，一个理论的运用会排斥一个实践的动因。因此，也就有必要重审学院和世界这两个概念找回理论和实践的关联。

应该说，上述问题也关系到整个批判哲学的理解。因为一方面，尽管在后来“方法论”部分可以清楚地看到一个实践的意图，但是对如何展开这一意图，批判哲学却缺乏明确的阐述。另一方面，批判哲学着力展开的是先行的认识论的“元素论”。于是，在理解批判哲学上，人们常会忽略批判哲学实践的意图，甚至将一个实践的建构称之为不应属于

---

① 本文为2021年度安徽高校人文社会科学研究重大项目“皖籍学人在‘西学东渐’中的历史影响与思想意义研究”（项目编号：SK2021ZD0005）、广西省高校中青年教师科研基础能力提升项目（项目编号：2021KY0034）研究成果。

② 作者简介：张广，安徽大学哲学学院外国哲学副教授，主要研究方向为康德哲学、形而上学。

批判哲学的康德个人的“爱好”(hobby)[①]。或者,即使在利用“方法论”部分对实践目的的强调指出了批判哲学对于理性的批判建立在一个实践的目的之上,但是因为受制于批判哲学缺乏实践建构的展开,将一个实践的批判哲学认知称之冒险的解读[②]。但是,事实上,却可以发现批判哲学不仅进行了一个理论理性的批判,同时也正是利用一个理论的理性的批判,它为自己发展出了一个植根于实践意图之上的纯粹理性的建筑术。

一、概念的区分:目的的引入

正如字面所表明的那样,学院概念首先与学校有关,因而与教育有关,与知识和观念的培养有关。进而作为正式的教育概念,区别于非正式的教育,也就是私人的、家庭的教育,它与公共的、权威的教育有关。[③] 在这一层面上,还可以进一步地划分出两种不同的教育:一个是身体的教育,特别是对臣民义务的教育;另一个是精神的教育,也就是对信徒信仰的教育。[④] 最后,区别于教育的一方,学院概念还与作为教育对象的个体的自身认识和存在有关,因而与主体自身的理性有关。也正是在这个意义上,它才与智慧有关,与哲学有关,因而构成一个哲学的概念[⑤]。可见,无论何种教育,无论哪门知识,无论做何运用,总与现实的目的相关,因而关于它们的一个教育的概念就不可能只是一个纯粹的理论概念。事实上,在学院概念之中,批判哲学就已经引入了哲学的世界概念,从而发展出了它对哲学学院概念的批判。因此,即使进行的是理性的理论探讨,在批判哲学之中实质上也带有实践的意义。并且,也只有带入一个实践意义的世界概念,批判哲学才能让一个学院概念与理性关联起来,发展成为一个哲学的概念。

与之相应,不同于理论的教导和学习,世界概念首要的特征就是关系到教育和知识的现实的运用,关系到教育和知识的目的。进而在具体的内容上区别于学院概念,不同于对臣民或者信徒的各种义务的灌输和履行这些义务的技能的培养,它则涉及作为自由个体的公民在公共的社会存在中应获得的尊重和自身价值实现的可能。易言之,与培养好的臣民和忠实信徒不同,它更关注的是个人意志的表达和实现。最后,关联到现实的运用,不同于纯粹理论的批判和构想,世界概念还涉及确保个体权益的正当原则和普遍秩序的现实发展。显而易见,在这些意义上,比起单纯知识的学习和能力的培养,比起对义务的

---

① S. Kemp, *A commentary to Kant's "critique of pure reason"*, London, 1923, p.579.

② 参见 Knapp, Höffe, *Kants Kritik der Praktischen Vernunft. Eine Philosophie der Freiheit*. München, 2012, S.9。

③ 参见 Private-öffentliche Erziehung, Kant, *Gesammelte Schriften*, Bd. 9, *Pädagogik*, IX, 452。

④ 参见 Kultur, Kant, *Gesammelte Schriften*, Bd. 9, *Pädagogik*, IX, 449。

⑤ 参见 Moralisierung, Kant, *Gesammelte Schriften*, Bd. 9, *Pädagogik*, IX, 450。

认识和履行,比起对权力和权威的服从,批判哲学带来了在既有的学院概念之中不曾被考虑或者有意被压制的个体的尊严和价值的考量。并且,这样的一个世界概念不仅涉及知识和教育的现实意义,它也在根本上更改了理性的实践运用,因而贡献了一个全新的世界概念。

可以说,划分开了学院和世界这两个哲学的概念,也就区分开了理论学习与现实运用这两个不同的理性领域,因而也就展开了批判哲学之中理论和实践这两个不同的理性功能。对于先行进行了一个事无巨细的知识论的理性批判哲学而言,再引入一个实践的运用,这无疑有利于提醒人们注意,它不只是一个理论的理性解析,也是一个实践的理性建构,从而极大地修正了人们对批判哲学的认识。因为在一个理论的解析之外再引入一个实践的建构,不仅引入了全新的内容,也从根本上改变了批判哲学的属性。如此一来,不仅有利于将人们从它事无巨细的知识论的理性解析之中解放出来,来思考它内在的意图,同时也要求人们必须接受一个实践的建构,才可能完整地和真正地理解批判哲学。换言之,一个实践的建构的引入提出了之前批判哲学在理论批判之中剥离的理性客观运用与主体主观目的的关联。不得不说,在学院和世界这两个哲学概念的区分上,批判哲学让人们看到了远比说明理性的认知功能这一运用更为广泛和深入的考量,因而能更全面和内在地修正人们对批判哲学的认识,破除那些单一和片面的成见。

不过,随着理论和实践这两个理性的运用的划分,这也给完整理解批判哲学的架构带来了前所未有的困难。因为这么一来,一方面,不在一个理论理性之外再引入一个实践的理性目的,那么就无法从内在的动机上真正地说明批判哲学为何要发展出一个理性的理论批判。因为一个完全主观的实践建构无法在一个客观的理性解析之中得到内在的说明。另一方面,一个实践的建构也必须回溯到一个理论的运用上,才能说明批判哲学是否为其提供了客观的可能。因为失去这一可能,它仍旧只是一个主观的愿望,而不是一个现实的可能。因此,系统地理解批判哲学,就不仅需要区分理论和实践的两种不同的理性运用,也要将它们都结合在一个理性的体系的建构之中。不过,因为批判哲学并没有详尽说明二者如何能结合在一个体系中。因此,就不免会碰到下述的问题:批判哲学为何要反对一个哲学的学院概念,反对一个理性的正式启蒙?没有一个学院概念,一个理性的规范教育,它又是通过什么来发现一个哲学自身的目的,一个世界主义的建构?

二、学院概念:理性的培养

对学院概念,批判哲学做了多层的论述。其中,首先值得注意就是,它区分了“经验的知识”和“理性的知识”①。这一区分源自批判哲学对知识客观来源的区分。这就是说，前者来自外在的对象的给予，后者来自主体自身的建构。可见，对批判哲学而言，知识并非只有一个元素，而是有两个不同的起源。具体而言，也就是一个是经验之中的感性杂多，一个是知性之中所包含的思维自身的一般规定，即直观和概念。“元素论”区分为“感性论”和“逻辑论”也同样是基于这一划分。不过，作为一个“纯粹理性的批判”，就是在“感性论”中实质上批判哲学谈论也是主观的理性，甚至是纯粹理性，而不是直观，不是客观的感觉。至此，尽管批判哲学还没有明确提出一个哲学的学院的概念，但是它也暗示了作为理性的启蒙之地的学院教授的不应只是事实，而应该也有理性。并且，作为一个哲学概念，正如批判哲学所做的那样，一个学院概念就应该包含有理性的启蒙。

接着，另一个值得注意的地方就是，相对于客观来源上“经验的知识”和“理性的知识”区分，批判哲学又在“理性知识”主观的来源上区分了“历史的知识”和“理性的知识”②。应该说，在“经验的知识”和“理性的知识”的区分上，批判哲学就已经将知识客观和主观的来源区别了开来，因而将客观的表象也追溯到了主观的理性上来。因此，来自“经验的知识”的“历史的知识”也同样可以是“理性的知识”。不过，利用“历史的知识”和“理性的知识”的区分，批判哲学进一步又强调了对于“理性的知识”而言，还有一个它是否来自主体自身的问题。由此，批判哲学一方面就可以支撑自己批判学院的教育脱离了对个体理性的启蒙和培养。相应地，另一方面，它也就可以支持自己提出：哲学的教育应启蒙和培养个体的理性。可见，在学院概念上批判哲学不仅提出了一个哲学的任务，即启蒙和培养理性，并且还提出了一个批判性的目的——启蒙和培养的个体的理性。

再一个值得注意的地方就是，批判哲学还区分了“数学的知识”和“哲学的知识”③。借此，它阐明了哲学理性教育的可能和必要。可以说，在“历史的知识”和“理性的知识”的区分上，批判哲学就提出了哲学最终的不可学。因为按照这一区分，只要是学来的，只要是源自他人的理性，理性的知识就会是“历史的知识”。这就是说，作为自身的建构，理性的综合只能为他人所启发，不能从他人那里获得。不过，这并不意味着批判哲学就否决了哲学的教育。因为借助“数学的知识”和“理性的知识”的区分，也就是“出于概念”和“概念的构造”的区分，它指出了数学的知识结合了客观的直观而又体现为普遍的表象。由此，它说明了“数学的知识”既排除了理性的主观上的分化，又区别于表象展示自己为

---

① Kant, *Gesammelte Schriften*, Bd. 9, Log. A 20；参见 objektiv, *Kritik der reinen Vernunft*, A 835/B 863。

② *Kritik der reinen Vernunft*, A 836/B 864; Kant, *Gesammelte Schriften*, Bd. 9, Log. A 20.

③ *Kritik der reinen Vernunft*, A837/B 865.

理性的客观运用。因此,它也就说明了为什么只有在数学之上才能“学习哲学”①。当然,它没有提及的是,作为有待于发展的能力,个体的理性也只有在必要的学习和训练中才能得到有效的启蒙和提升,因而才能为其实现的运用提供必要的可能。

最后,还值得注意的是,批判哲学还强调了哲学是需要客观化却是充满主观性的一个“一切理性知识的系统”②。这就是说,体系化的理性综合是一个主观的建构,它的普遍运用需要协调不同个体所带有的主观性。对此,批判哲学却发现因为总牵涉到具体运用,人们只有穿过为感性所遮蔽的“小径”(Fußsteig),才能发现理性体系的“原型”(Urbild)③。由此,它利用了几个反问提出了只有超出具体运用,人们才能达到对理性自身的认识,从而提出一个体系的建构。因为不能认识到理性是纯粹概念,人们就不能意识到理性自身的主观,因而也就不能为消除它的主观性为其普遍的运用提供可能。正是在这一意义上,批判哲学最后提出主体应保留自身“理性的权利”(Recht der Vernnunft)④,以便来认识、认定或否定不同主体的理性的运用。这就是说,作为主观的建构,理性的普遍运用还应反对专断,发展个体理性的普遍可能。可见,在学院这一理论学习的概念下,批判哲学就因为反对单纯的学习和训练,进而反对权威和专断,就已经带入了一个自主的理性的综合,因而就已经为导入一个可以改变理性的实践运用的世界概念做了铺垫。

三、世界概念:普遍的公民

与理论学习的学院概念相对应,在世界概念之上首先值得注意的就是,它涉及的不再是对外在事物的认识,而是对主体内在人格的发展,也就是“人类理性的目的”(teleologia rationis humanae⑤)的实现。换言之,对于批判哲学而言,对理性的探讨不仅有理性在认识之中不同的运用及其对知识系统化的整合,因而是理性客观的不同运用和建构的说明。不同于此,借助世界概念,它将理性的学习和培养与主体自身的诉求和实现结合了起来。也正是在这个意义上,批判哲学才回到了哲学作为智慧,也就是生活指引的本意。当然,这并不意味着引入一个全新的世界概念,批判哲学就放弃了哲学的学院概念,因而放弃了理性的理论学习。在利用“人类理性的目的”提出哲学家当是人类理性的“立法者”(Gesetzgeber)的同时,它也将理性的立法与“理性的技师”(Vernunftkünstler)所占有的知

① *Kritik der reinen Vernunft*, A837/B 865.
② *Kritik der reinen Vernunft*, A 838/B 866.
③ 同上。
④ 同上。
⑤ 同上。

识,也就是数学、自然科学、逻辑学结合了起来[1]。易言之,通过世界概念批判哲学虽然强调了主体的自我发展,但是它并没有放弃作为工具(Werkzeuge)理性的客观运用。

其次,不同于学院概念纯粹知识和技能教授以及灌输各种各样义务和责任,在实质的目的上借助世界概念,批判哲学引入了个体的理性和权利,因而不同于世俗的臣民与宗教的信徒,提出了带有民主意义的自由公民的人格。在这个意义上,不同于柏拉图将理性生活的建立和维持都交托给知识的精英和政治领袖,批判哲学则将共同体的规范的建立和实现放在了每个个体的理性(jede meschliche Vernunft[2])之上。这就是说,不同于将身体交给国家,将灵魂交给教会,批判哲学主张在"自由公民的同意"(Einstimmung freier Bürger[3])上来建立和发展理性的运用和规范的生活。可以说,也正是在这一意义上,它才足够有力地批判学院的教育只是教授了人们以工具性的理性知识,并将这些知识完全用来服务于国家和宗教,因而剥夺了个人的尊严和自由。也正是在这一意义上,它才开启了一个真正具有主体人格意味的理性的运用和自由的伦理。因此,事实上,批判哲学的世界概念不仅批判了一个学院概念,它也批判了哲学的世界概念,带来一个立足于个体权利的全新观念和道德伦理。

还值得注意的是,通过世界概念,批判哲学还超出了国家这一公民所在特殊群体,将理性延伸扩展到包括整个人类在内的普遍法则的创建,因而使理性的运用真正具有了世界主义(kosmoplitisch[4])的意义。在世界概念之下,批判哲学所要发展的不仅是人类理性的"本质目的"(wesentliche Zwecke),还有人类"最高的目的"(höchste Zwecke),它要提出"人类的整体规定"(ganze Bestimmung des Menschen)[5]。在这一目的上,显而易见,在批判哲学之中不仅针对国家、教会垄断权力,主张了公民个体的尊严和权利,也有超出国家和团体的立法和规范,将个体的理性带入整个人类和世界化的层面。为此,它甚至还发展出来人类整个历史的描述和世界永久和平的展望,提出了非集权的联邦制的全球秩序。可见,批判哲学不仅区别于理性理论的运用,将理性的建构与现实结合了起来,带入与现实世界的关联,它也为现实世界的秩序提供了一个普遍主义的方案,因而是一个真正的世界概念哲学。

显然,借助学院概念和世界概念的区分,实质上批判哲学不仅批判了学院的理论学

---

① *Kritik der reinen Vernunft*, A 838/B 866.

② *Kritik der reinen Vernunft*, A 839/ B 867.

③ *Kritik der reinen Vernunft*, A 378/B 766.

④ Kant, *Gesammelte Schriften*, Bd. 9, *Pädagogik*, 448.

⑤ *Kritik der reinen Vernunft*, A 840/B 868.

习,也彻底修正了理性的实践运用。甚至在一个学院概念的批判之中,因为批判了理论学习的实用和盲从,它就隐含地批判了实践运用的剥夺和专断,因而为在世界概念中引入个体的尊严和普遍的民主做了铺垫。因此可以说,批判哲学本质上就是一个世界概念,它着力改变的并非是理性的理论功能,而是理性的实践运用。并且,事实上,在理论的批判中,它也不仅提供了一个系统化的知识综合,也提供了理性自身的建构,因而从理性自身之上奠基了理性的运用。可见,在学院和世界哲学的区分之下,批判哲学并没有表面显现的那样,只批判了前者而建构了后者。事实上,它也批判了后者,重构了前者。因此,只是看到理论和实践区分而没有看到它们的结合,也就无法理解批判何以是一个体系的建构。不过,一个更新了实践目的的科学的体系的建构,在批判哲学的建筑术中并没有被充分地展示出来。因此,作为一个理性的启蒙,更准确地说,作为一个世界公民的智慧的启蒙,批判哲学并不容易为人所了解。

四、批判哲学:理性的综合

毫无疑问,引入一个世界概念,从根本上改变了批判哲学。作为一个专门的人类理性的探讨,批判哲学事无巨细地解析了理性的不同认知功能,甚至展示了理性为一个系统性的认知建构,因而它无疑可以与教授知识的教育关联起来,与学院概念关联起来。并且因为严格区分了感性和知性,且在知性的范畴和推理的逻辑功能上本源地说明了理性的认知功能,它甚至可以称之为一个基础性的认知启蒙,因而是一个哲学的学院概念。不过,正如已经阐明的那样,一个学院的教育,一个知识的教育,并非完全是一个理论的学习,而是也牵扯到广泛的现实,因而应该纳入一个世界概念来探讨它们的功用和目的。同时,引入一个世界概念,批判哲学给哲学的启蒙带来的也的确不只是添加和批判,而是实质和提升。因为借助世界概念,批判哲学不仅指出了学院教育脱离了对个体理性的启蒙和培养,从而将知识和技能的学习与个体的自我认识与社会实现关联了起来,因而与哲学的本质关联了起来。进而,在一个世界概念之下,批判哲学还将理性的运用由实用和专断引向了一个自由的世界公民的启蒙,因而在现实的运用上更改了教育的功能,使之归位到了它应有的哲学功能。

与此同时,也不能忽略的是,引入一个世界概念,批判哲学并未完全否定对理性的学习,因而完全否定了哲学的学院概念。在世界概念之上,批判哲学不仅区别于理论的研究和学习,为自己引入了一个现实的运用和建构,进而不同于对义务和技能的学习和培养,它又带来了对个体权利和尊严的认识和建构。同时,它也接受了传统哲学教育的内容,即逻辑学、数学和自然科学,承认了这些理论的学科的必要的工具价值。这么一来,对理性知识的学习尽管不再是个体作为臣民或者信徒履行自身义务的规训,但是它也是作为公民和立法者对权力的把握和自我的实现的必须。更不要说,不是通过别的什么,就是在一个理性的理论解析之中,通过分析理性不同的认知功能,批判哲学才实现了它对知识的实践批判,并为自身的世界概念提供了现实的可能。因为正是通过主观和概念这两个功能的区分,批判哲学才展示了理性在实质上不是对象的给予,而是主体自身的建构,因而为提出一个世界的概念提供了理由。更不要说也正是借助这一实质的发现,批判哲学才能超出种种专断,为整个人类的秩序提供一个有效的道德规范,从而能贡献一门真正的世界哲学。

显而易见,学院和世界两个哲学概念的划分,突出了存在于批判哲学之中的理论和实践这两个理性运用的差异。一方面,尽管借由感性和知性的区分表明,认识之中不仅有被动的表象,也有主动的建构。但是,只要认识的内容来自对象,那么批判哲学就必须将理性的运用限制在直观的范围内,而不能超出直观仅在概念的解析上就推断出认识的内容。在这个要求上,理性的理论运用排斥理性的主观建构,它要求主体限制自己的目的在经验可能的范围内。另一方面,应该说,理性的实践运用取决于主体的需要和需求,它的目的不是符合客观的规定,而是实现主体自身的主张。在这个意义上,尽管也涉及理论的运用,因而需要限制主体的主张在知识可能的范围。但是,倘若丢失了主体自身的诉求和建构,一个教育的启蒙就失去了它实践的意义。更不要说,理论的功能不仅排斥实践的运用,同样正如学院概念所展示的那样,它也为实践的专断提供了借口。因此,为了维护个体的理性和尊严,就不能模糊理论和实践的界限,而必须在一个世界概念下阐明哲学的宗旨。

事实上,在批判哲学之中,理论和实践存在广泛且深入的结合,它们共同构成一个理性系统化的启蒙的元素。正如已经阐明的那样,不仅一个学院概念之中就包含着一个理性的现实运用,因而包含着一个世界概念。同样,一个世界概念也需要能实现其目的的知识与技能,因而它也同样离不开一个学院概念。并且,正是在自己的知识论批判中,批判哲学才展示了理性实践运用的可能。尽管区分了感性和知性两种不同的理性运用,从而限制了理性的综合为纯粹主观的建构,但是也正因为如此,它才展示了理性的运用不只有被动的接受和感知,而包含有自主的规定和建构,从而为导入一个具有实践意义的目的提供了可能。同时,在一个世界概念之下,批判哲学不仅提出了主体自身的理性目的及其建构,同样也将它们关联到了逻辑学、数学和自然科学这些理性知识上来，并将理性的实现放在了一个现实的而不是思辨的伦理规范的建构上来。可见，批判哲学的确不仅如“元素论”的划分所显示的那样，是两个不同理性运用的区分，也像“方法论”所提出的世界主义的目的论表明的那样，是一个结合两个运用在一个普遍的规范之中的纯粹理性的建筑术。

五、总结

显而易见，学院和世界这两个哲学的概念的区分划分开了理论学习和实践运用两个功能不同的理性存在，因而给批判哲学补充了一个不同于解析理性认知功能的主体自身理性实践运用的建构。如此一来，这也从根本上改变了批判哲学的属性，使其从对理性理论运用的解析转变为了主体自身理性的实践发展。当然这也给全面理解批判哲学的架构提出了挑战。因为划分在凸显理论和实践两个理性运用的差异的同时，也割裂了二者本有的密切关联。事实上，处在一个重建理性的体系的哲学启蒙之中，批判哲学不仅以一个实践建构的动机驱动自己开展了一个理论的理性批判，同样它也一个理论的解析中说明修正理性实践的运用的必要和可能。不过，因为过多地进行了理论的解析，却未能充分地说明如何进行了实践的重构，因而批判哲学看起来似乎仍然不过是一个理性的理论的分析论，而不是一个实践的建筑术。

应该说，在批判哲学中，不仅有理论和实践两个理性运用的划分，也有这两个运用的结合。二者相互支撑，共同发展出了一个批判哲学的理性体系。并且，它们的结合不仅体现在最终提出一个实践体系建构的“方法论”中，也体现在解析了两个不同知识元素的“元素论”中。因为不仅“方法论”通过引入一个实践的目的论最终提出了建立理性体系的“建筑术”；同样，借助直观和概念这两个知识元素的解析，“元素论”也区别于直观这一被动的表象功能阐明理性为主体自身系统化综合的先验逻辑。可见，批判哲学不仅受一个实践的目的的驱动全面解析了理性的理论运用，同样借助一个理论的解析，也为建立一个实践的理性运用提出了现实的可能。因此，在划分出理论和实践的区分的同时，批判哲学仍然需要进一步地被理解为结合了这两个运用于一个体系的建构。

Kant's Philosophical Concept of "School-World": An Enlightenment of World Citizen Wisdom

ZHANG Guang

【**Abstract**】The distinction between the two philosophical concepts of the school and the world suggests that critical philosophy not only will illuminat the construction of scientific systems, but also establish general moral norms. This distinction brings critical philosophy, which precedes an epistemological critique, from a methodology that illustrates how science is possible, to an architecture that establishes moral norms. However, this also raises the question of how to integrate the two distinct domains of knowledge and morality into a rational synthesis for understanding critical philosophy. For this reason, it is necessary to use the above distinction to affirm that critical philosophy not only uses the concept of the world with practical significance to criticize the philosophical enlightenment of theoretical learning, but also corrects the practical application of reason by analyzing the theoretical application of reason, thereby contributes an Enlightenment with meaning of world citizen.

【**Key Words**】School, World, Philosophy, Citizen, Enlightenment

《判断力批判》与柏拉图伦理学

钟　锦[①]

【摘要】 康德通过《判断力批判》来沟通自然概念领域和自由概念领域,这个思路看似突然,却在哲学史上有其根据。自由概念领域的确认,既是康德问题的前提,也是柏拉图伦理学最重要的贡献。可以认为,《判断力批判》的问题意识始终受到柏拉图伦理学的限定。具体通过美向自由概念领域的过渡,也已蕴含在《会饮》的寓意之中。康德以其独特的原创性思想,将问题的格局和深度都予以了拓展,把哲学从古典带向现代。

【关键词】《判断力批判》,康德,柏拉图,伦理学

《判断力批判》是康德在出版《纯粹理性批判》和《实践理性批判》之后,完成批判哲学体系的最后一部著作。前两个批判是康德为自然形而上学和道德形而上学进行的奠基工作,但真正建立两种形而上学,康德却迟迟没有着手,而是很匆忙地在《判断力批判》中提出了一个全新的问题。在批判体系中,"作为感性东西的自然概念领域和作为超感性东西的自由概念领域之间强化了一道明显的鸿沟",[②]而判断力的原则正好承担了过渡的任务。

尽管康德自1755年《一般自然史与天体理论》开始思考有机生命问题,自1764年《关于美感和崇高感的考察》已经深入思考美的问题,从此并未间断,但几乎没有迹象表明两个问题会联系到一起来思考。联系是很突然地通过反省判断力完成的。康德认为,自然的合目的性作为这种判断力的先验原则,其感性表象关涉美的问题,其逻辑表象关涉有机生命问题。[③] 康德通过这个区分,把两个问题一起置于判断力之下,再使之成为两种形而上学之间的桥梁。这个思路来得有些突然,未免使人惊讶。但从哲学史上看,又绝非空穴来风,要对之进行理解,需要关注其与柏拉图伦理学的关系。

---

① 作者简介:钟锦,华东师范大学哲学系副教授,研究重点为西方哲学史、古典诗学、美学、佛学。

② [德]康德:《判断力批判》,李秋零译,北京:中国人民大学出版社,2011年,第9页。

③ 我们知道,在康德那里"ästhetisch"和"logisch"两个词经常对立使用,但用"ästhetisch"的时候并不完全同于感性,而是强调感性中带有普遍性的东西。鲍姆加登就是用"Ästhetik"这个词来指美学,有感性的科学之意,也被译作感性学。"die ästhetische Vorstellung"也一样可以被译作"审美表象",但审美和逻辑的对立不够自然,在中文里表达实在很费踌躇。

康德在将我们引入《判断力批判》时，首先强调了我们全部认识能力有两个领域(ditio)，即：作为感性东西的自然概念领域和作为超感官东西的自由概念领域。所谓感性东西，用康德的话讲，就是在经验之内的，它有个专门的用词"immanent"，我们一般译作"内在的"。一切理论知识，也就是服从自然因果律的，无论其来源是先验的还是经验的，其用途都只能在经验之内，这就是自然概念的领域。而所谓超感性东西，就是超出经验之外，它也有个专门的用词"transzendent"，我们可以译作"超越的"（一般译作"超验的"，考虑到在《判断力批判》中其所指正是道德，则以译作"超越的"为佳）。一切实践知识，也就是服从自由因果律的，其来源都不能在经验之内，我们将之看作超自然概念的领域。

我们的认识能力何以会有这样两个领域？在于人具有自由意志。一切事物都要服从自然因果律的机械作用，我们自己当然不会例外。不过，如果自然因果律是独一无二的话，我们就完全成了某种机器，像康德说的"自动机"(Automaton)，"它在根本上一点儿也好不过一把自动烤肉铲的自由，后者一旦上紧了发条，就也会自行完成自己的运动"。[①] 好在我们还有自由的意志，不是必须服从自然因果律，如《孟子・告子上》所言："一箪食，一豆羹，得之则生，弗得则死。呼尔而与之，行道之人弗受，蹴尔而与之，乞人不屑也。"拒斥自然因果律，既体现了自由意志对肉身幸福的贬抑，也凸显出一种不同的自由因果律，由此道德才能谈起。如康德所说，因果律"对于一个不完全仅仅以理性为意志的规定根据的存在者来说，这种规则就是一个命令式"，"但是，这些命令式要么仅仅就结果和达成结果的充足性而言来规定理性存在者的作为作用因的因果性的条件，要么只规定意志，不管它是否足以达成结果。前一些命令式将会是假言命令式，仅仅包含技巧的规范；与此相反，后一些命令式将会是定言的，惟有它们是实践的法则"。[②] 自由因果律只规定意志，是定言命令，由此形成的知识被称作实践知识，也就是道德。

在《纯粹理性批判》里，康德殚精竭虑地论证了理论理性没有超越的用途，等于说，它只能用于自然概念领域。既然没有超越的用途，理论理性也就没有所谓构成性原理，因此，在《判断力批判》里用于自然概念领域的能力便直接称作知性了。而"纯粹理性有一种绝对必要的实践应用（道德上的应用），在这种应用中它不可避免地扩展越过感性的界限"，[③]在《判断力批判》里用于超自然概念领域的实践理性只称作理性。看起来有些奇怪，康德并未论证实践理性的超越应用，只是用貌似循环论证的说法指出自由和道德的关

① ［德］康德：《实践理性批判》，李秋零译，北京：中国人民大学出版社，2011 年，第 91 页。
② 同上书，第 18 页。
③ ［德］康德：《纯粹理性批判》，李秋零译，北京：中国人民大学出版社，2011 年，第 18 页。

系:“自由当然是道德法则的 ratio essendi(存在根据),但道德法则却是自由的 ratio cognoscendi(认识根据)。”①这给人一种错觉,好像只要论证了理论理性没有超越的用途,就自然论证了实践理性的超越用途。但这并不严谨。从对康德学说的接受来看,实践理性的超越用途也往往被忽视,似乎印证了这不严谨带来的后果。不过,康德似乎不愿重复别人讲过的任何东西,即使是至关重要的思想,他总是在完全吸取前人思想精华之后,独自向前开拓自己的道路。他没有论证实践理性具有超越的用途,因为那是柏拉图已经完成的工作。《纯粹理性批判》“论一般理性”一节里,康德对柏拉图极尽称道,这在他的著作里显得不同寻常。几乎没有任何哲学家得到他这样高度的赞许。原因只有一点:柏拉图指明了实践理性的超越用途。康德只是简短地将它表述出来:“谁想从经验得出德性的概念,谁想使充其量只能充当不完善的说明之实例的东西成为知识源泉的一个典范(如同实际上许多人做过的那样),他就会使德性成为一种依时间和环境变迁的、不能用为任何规则的、模棱两可的怪物。”②这段话几乎就是柏拉图那些没有结论的对话的一个浓缩,由于康德不愿意重复,我们必须补足。这个补充并非多余,因为在康德之后,现代哲学似乎遗忘了这一点。

亚里士多德如下论述为哲学史公认:“当苏格拉底专注于伦理和美德时,并且与它们相联系他首先提出了普遍的定义的问题。”他接着说:“对于苏格拉底来说试图寻求一个事物是什么,这是很自然的,因为他寻求逻辑的推论,而所有逻辑的推论的出发点就是一个事物是什么。”③在苏格拉底那里,逻辑的推论其实就是归纳论证,定义是归纳论证最自然的产物,所谓“属加种差”的方法正是依靠归纳。因此,亚里士多德会说:“有两件事情可以公正地归之于苏格拉底——归纳论证和普遍定义,这两者都是关于科学的出发点的。”④不过,这个论断与事实并不相符。首先,苏格拉底只把经验归纳的定义法看作我们获取知识时自觉或不自觉地采取的普遍方法,尽管他自己在面对一切经验领域的知识时总能自觉地加以使用,但他显然没有亚里士多德那样的研究热情,也没有留给我们任何关于定义的建树性论述。其次,苏格拉底一再发现,只要事关伦理和美德,经验归纳的定义法就会失去其在经验领域的知识中的效用。定义总是陷入悖论,无论如何调整归纳的角度和思路,都无法摆脱。因此,归纳论证和普遍定义不可能是关于一切科学的出发点。康

---

① [德]康德:《实践理性批判》,李秋零译,北京:中国人民大学出版社,2011 年,第 2 页。

② [德]康德:《纯粹理性批判》,李秋零译,北京:中国人民大学出版社,2011 年,第 255 页。

③ [古希腊]亚里士多德:《形而上学》,李真译,上海:上海人民出版社,2005 年,第 398 页。

④ 同上书,第 399 页。

德敏锐地发现:“一切质料的实践原则,本身全都具有同一种性质,都隶属于自爱或者自己的幸福的普遍原则之下。”①来自经验归纳的知识皆属质料的原则,由此支配的实践原则,都隶属在自爱和幸福之下,这和道德的终极性完全背反。功利性和终极性的背反,使定义的方法在道德领域丧失效用,我们根本无法对任何关乎德行和伦理的概念进行定义。他费了很大的力气来讨论这个问题,可是结果非常不乐观。如果我们获得知识时,自觉或不自觉地采取的定义法一再失效,似乎根本没有别的办法了。“我无知”,便成了苏格拉底最爱讲的话。

苏格拉底在困境中乞灵于精灵(δαίμων)。在他看来,美德是神的赠礼,精灵作为人神之间交流的使者,将美德传递给我们。这样,精灵就解决了定义的失效带给我们的困惑:美德知识的获得依靠精灵,甚至,美德的教授也依靠精灵。我们不再需要归纳推理,只要倾听精灵的声音就可以了。柏拉图并不满意他的老师这个神秘色彩浓重的说法,因此他构建了哲学史上关于美德超越性的一个天才阐释,即著名的理型(ἰδεα)论。柏拉图明确划分了现实世界与理型世界,这是作为感官之物的自然概念领地和作为超感官之物的自由概念领地的最初划分。我们现实世界的知识源自理型,是对理型的分有(μετέχω),指示出知识在经验归纳之外的另一个来源。这个思想对康德影响深远,康德对道德法则的论述几乎完全照搬了柏拉图,他说道德的法则“是一个超感性自然和一个纯粹知性世界的基本法则,这个世界的倒影应当实存于感官世界中,但同时却并不损害感官世界的法则。人们可以把前者称为我们仅仅在理性中才认识的原本的世界(natura archetypa[原本的自然]),而后者由于包含着前一个世界的理念作为意志的规定根据可能有的结果,可以称为摹本的世界(natura ectypa[摹本的自然])”。②

非常意外的是,苏格拉底到康德的思路竟然一模一样地出现在孟子那里,尽管使用的是完全不同的表述。孟子自然不会谈定义,他的入手处是“权”。“淳于髡曰:‘男女授受不亲,礼与?’孟子曰:‘礼也。’曰:‘嫂溺,则援之以手乎?’曰:‘嫂溺不援,是豺狼也。男女授受不亲,礼也;嫂溺援之以手者,权也。’”(《孟子·离娄上》)我们不能将“权”过度理解为“权变”,就其本义来说,应该理解为普遍归纳法则之外的特例。特例可能背离功利性,却往往并不违背终极性,因此《公羊传》的讲法可谓精妙:“权者何?权者反于经,然后有善者也。”(《桓公十一年》)《理想国》第一卷对正义(δίκαιου)定义的最初追问,玻勒马霍

① [德]康德:《实践理性批判》,李秋零译,北京:中国人民大学出版社,2011年,第20页。
② 同上书,第41页。

斯引用西蒙尼得的说法，给出："欠债还债就是正义。"但是苏格拉底很快举出一个"权"："譬如说，你有个朋友在头脑清楚的时候，曾经把武器交给你；假如后来他疯了，再跟你要回去；任何人都会说不能还给他。如果竟还给了他，那倒是不正义的。"①"嫂溺援之以手"与此并无二致。"权"必定造成定义的失效，从而将道德引向作为超感官之物的自由概念。但孟子的讲法既没有神秘色彩，也没有学园派的体系构造，只是平实地强调知识不从经验得来，也就不需学习，谓之"良知"："人之所不学而能者，其良能也；所不虑而知者，其良知也。孩提之童，无不知爱其亲者；及其长也，无不知敬其兄也。亲亲，仁也；敬长，义也。无他，达之天下也。"（《孟子·尽心上》）良知良能，既可以看作精灵的知识化表述，也可以看作理型的平实化表述。不必通过学习获得，高扬了超越性，不必思虑而知，贬抑了功利性的计算。孟子由良知进而讲到"性善"，即是作为超感官之物的自由概念的中国式表述。在张载区分了"义理之性"和"气质之性"以后，全部认识能力的两个领域也得到了正式确认。宋明儒继承孟子一脉的陆、王学派，是和继承柏拉图一脉的康德最为接近的。

作为超感官之物的自由概念领地的确认，可以看作古典学术最重要的思想资源，中西概莫能外。康德对此是深知的，以他的学术个性，他不会对此再费精神。在现代学术的背景下，只要确定下来作为感性东西的自然概念领域，并将之和自由概念领地明确区别，也就足够了。随着资本主义促动的现代化变革，我们竟将古典学术弃若敝屣，现代实证科学早将作为超感官东西的自由概念领域置于视域之外。但这一点，恰是康德《判断力批判》最关键的学术背景。

两个领地的确认，引发了另外一个问题，即两者之间出现一道明显的鸿沟。在《实践理性批判》里，康德似乎回避了这个问题，他过快地去思考两个领地的统一。实际上，由此而来的"至善"问题成为《实践理性批判》的核心："此处完全精确地与道德（作为人格的价值及其对幸福的配享）成正比来分配的幸福也构成一个可能世界的至善。"②等到那部著作完成，康德忽然开始考虑幸福和德行之间被划开的那道鸿沟，《判断力批判》正是为此而作。康德似乎很匆忙地把问题填在这里，美的问题还能勉强理解，有机生命问题的加入未免让人惊讶。

其实试图通过美的问题填上鸿沟，在哲学史上并非第一次提出。如果我们注意《会饮》里那个爱若斯，就会发现柏拉图已经朦胧地有所意识了：

---

① ［古希腊］柏拉图：《理想国》，郭斌和，张竹明译，北京：商务印书馆，1986年，第6－7页。

② ［德］康德：《实践理性批判》，李秋零译，北京：中国人民大学出版社，2011年，第41页。

> 从前,阿芙洛狄忒生下来的时候,其他的神们以及默提斯(机灵)的儿子珀若斯(丰盈)摆宴。他们正在吃饭的时候,珀尼阿(贫乏)前来行乞——凡有欢宴她总来,在大门口不走。珀若斯(丰盈)被琼浆搞醉——当时还没有酒,昏昏沉沉步到宙斯的园子倒头就睡。由于自己无路可走,珀尼阿(贫乏)突生一计——从珀若斯(丰盈)中搞出个孩子,于是睡到他身边便怀上了爱若斯。因此,爱若斯成了阿芙洛狄忒的帮手和侍从,他是阿芙洛狄忒出生那天投的胎。而且,他在涉及美的东西方面生性是个爱欲者,因为阿芙洛狄忒长得美。①

这是柏拉图讲述的一个著名故事。在《会饮》里,柏拉图跟别人的看法不一样,认为爱若斯并非神,是一个"大精灵"。我们对精灵已经不陌生了,在苏格拉底那里,精灵作为人神之间交流的使者,将美德传递给我们。在柏拉图这里,精灵的身份一样,"所有精灵都居于神和有死的(凡人)之间","把来自神们的旨令和对献祭的酬赏传述和转达给世人",②但使命却不一样:不再把美德传递给我们。柏拉图有了理型的理论,美德知识也就有了着落,在他的体系里不再需要精灵。可是,在现实世界和理型世界之间,还需要一个沟通者,而精灵在可朽者与不朽者之间进行交流的身份恰好让柏拉图有所利用,于是他讲述了上面的故事。这样在他的体系里出现一个大精灵,因为是珀若斯(丰盈)和珀尼阿(贫乏)之子,由不足企求充足,也就由生灭的东西企求一成不变的东西。爱若斯这个大精灵,正好担任了现实世界和理型世界之间的沟通者,这不正是康德《判断力批判》的思考吗?爱若斯在"涉及美的东西方面生性是个爱欲者",不正是美在起作用吗?很可惜,柏拉图并未再深入论述,只是把他的思考保留在寓言当中。

如同康德所说:"柏拉图首先是在一切实践的东西中,也就是说,在一切依据自由的东西中发现他的理念的。"在这里康德特别加上一条脚注:"他固然也把自己的概念扩张到思辨的知识上,只要这些知识是纯粹地并且完全先天地被给予的;他甚至把自己的概念扩张到数学之上,尽管数学不是在别的地方,而是仅仅在可能的经验中拥有自己的对象。在这里,如同在对这些理念的神秘演绎和他仿佛使这些理念实体化所使用的夸张中一样,我不能追随他,尽管他在这一领域中所使用的高级语言完全能够得到一种更为委婉的、符合

① [古希腊]柏拉图:《会饮》,《柏拉图四书》,刘小枫编/译,北京:生活 · 读书 · 新知三联书店,2015 年,第 232 - 233 页。

② 同上书,第 231 页。

事物本性的解释。”①以康德的理解，理型（引文俱译作“理念”）既在作为超感官之物的自由概念领地，也就只能指道德。至少在《会饮》里能够证实康德的说法，爱欲的最终目的，就是达致真实的德性。在《会饮》的最后，阿尔喀比亚德对苏格拉底的歌颂，很可能在表达理型的现实呈现。理型为耳目所不及，我们所能感触的，只是充当理型实例的个人。康德说：“每一个人都注意到，当某人对他来说被表现为德性的典范时，他毕竟始终惟有在他自己的头脑中才有他将这一所谓的典范与之进行比较并据以衡量这一典范的真正原本。但是，这原本就是德性的理念，就这一理念而言，经验的一切可能对象都仅仅充当实例（在一定程度上理性的概念所要求的东西具有可行性的证明），而不充当原型。至于永远没有一个人的行动符合德性的纯粹理念所包含的东西，也根本不证明这一思想中有什么空想的东西。因为所有关于道德上有价值或者无价值的判断，仍然惟有凭借这一理念才是可能的。”②苏格拉底的形象，成为真实德性的一个典范，成为理型的一个现实具象。《会饮》的意图，爱若斯的作用，至此似无疑义。有了柏拉图的铺垫，康德试图从美的问题去填上鸿沟，并非不可理解。

不过有机生命问题仍然让人费解，它和美的问题之间有什么联系，和两个领地之间的过渡如何关联，都是疑问。而突破点正在判断力上。康德认为有两种判断力：决定的判断力是把特殊思考为包含在普遍之下的能力，反省的判断力是从特殊中寻找普遍的能力。很显然，决定判断力所需要的普遍是确定的，反省判断力所寻找的普遍并不确定。因此，牟宗三认为决定判断力是有向判断，反省判断力是无向判断。这个讲法很有道家学派的味道，如他所说：“道不是一个‘有限物’。就《道德经》的体悟说，‘道’当该是‘无限的妙用’，是个‘无’。无就等于说不是任何一个有限物……因此它不能是任何一定的概念，我们也不能用一定的概念去限制它或范围它……它是亦有亦无，非有非无。所以它是无而不是无，是有而不是有，方真显示道之自己。”③牟宗三讲决定判断力是有向判断，这个没有问题，决定判断力的普遍是确定的，它同样隶属在自爱和幸福的原则之下，那样的原则赋予决定判断力一个固定的方向。《道德经》中说“常有欲，以观其徼”，牟宗三认为“徼”是“缴向”，一个方向的意思，那么这句话就是讲决定判断力是有向判断。不过说反省判断力是无向判断，未免说得过快，其实反省判断力还达不到“无限的妙用”。反省判断力不受“缴向”的约束，也就摆脱了自爱和幸福的原则，然而还不能说它没有方向，它有着不

---

① ［德］康德：《纯粹理性批判》，李秋零译，北京：中国人民大学出版社，2011 年，第 255 页。

② 同上。

③ 牟宗三：《理则学》，台北：正中书局，1995 年，第 276—277 页。

受制约的多种可能的方向。如果套用牟宗三的话,应该说,决定判断力是单向判断,反省判断力是多向判断。

康德于是把反省判断力和美联系在一起,这也非常符合康德自己的思路,反省判断力既然摆脱了自爱和幸福的原则,自然跟美之无功利性吻合了。只是康德揭示出的原则,竟未能得到一致的认可,这倒是令人吃惊的事。康德说:"发现两个或者更多经验性的异质自然法则在一个包含着它们两者的原则之下的一致性,就是一种十分明显的愉快的根据,常常甚至是一种惊赞的根据,乃至是一种即便人们足以熟悉了它的对象也不会停止的惊赞的根据。"①康德的表达显得晦涩,加之一般认为他不精于鉴赏美,往往以轻视的态度对待他这段话。牟宗三的洞见力是异样出色的,但并未理解康德这段话,他不假思索地批评说,"在自然之千变万化的种种形态以及此中之种种特殊法则之可以会通而归于一"这样的判断,只能"切合于'目的论的判断'而不必是'审美判断'",因此,以此作为审美的依据,"正是第三批判关于审美判断之超越原则之最大的疑窦"。② 其实,这不过是个很基础的美学原理,早在毕达哥拉斯学派就曾论述到:"和谐是杂多的统一,不协调因素的协调。"(尼柯玛赫《数学》卷二第十九章引斐安语)③亚里士多德也说过类似的话:"美与不美,艺术作品与现实事物,分别就在于美的东西和艺术作品里,原来零散的因素结合成为统一体。"(《政治学》)④在杂多的具体之中,找到单一的普遍,本是判断力的一致特点,审美判断力也不例外。"和谐是杂多的统一"的说法,缺点在于无法明确和决定判断力区别开,因此,在毕达哥拉斯学派、亚里士多德那里,和谐不仅是美的原则,也同样是理性的原则。康德避开和谐,偏重惊奇,实在是努力的一个步骤。其实反省判断力摆脱了功利性,呈现出纷繁的美之相状,和谐或惊奇不过是一二表现而已。艺术表现繁多之如万花筒,其根本原因就在于反省判断力的多向判断上,然而万变不离其宗,种种特殊之可以会通而归于一,实为其根本所在。因此,康德的表达虽显晦涩,其所揭示却很中要害。不过,牟宗三的批评却从反面让我们发现,有机生命问题和美的问题有着极大的相似性。前者突破了牛顿物理学的原则,一如后者突破了科学,二者就在反省判断力突破了决定判断力这个共同点上交会了。但二者还是有差别的,美的问题突出了无功利,有机生命问题只是和牛顿物理学的功利性不同,却自有其功利性。康德似乎回避了这一点,仅以感性表象和逻辑表

---

① [德]康德:《判断力批判》,李秋零译,北京:中国人民大学出版社,2011 年,第 20 页。

② 牟宗三:《判断力之批判》译者导言,[德]康德:《康德判断力之批判》,西安:西北大学出版社,2008 年,第 1,12–13 页。

③ 北京大学哲学系编:《西方美学家论美和美感》,北京:商务印书馆,1981 年,第 14 页。

④ 同上书,第 39 页。

象加以区别,真正的疑案或许在这里。

问题的前沿性和艰苦性也确实让康德颇费踌躇,不过,他最终使美成为道德的象征,把有机生命问题转变为道德目的论,以实践理性的优先性安置了全幅内容。艺术无限地背离决定判断力的方向,最终达致"无限的妙用",敞开了一个绝对无功利的自由境界。这个境界可以说就是《道德经》讲的"常无欲,以观其妙",也可以说就是《庄子》的"逍遥游"。但这里的自由和道德依赖的自由概念并不同,康德自然明白,于是他区分了两种自由:"因为道德性的唯一原则就在于对法则的一切质料(亦即一个被欲求的客体)有独立性,同时又通过一个准则必须能够有的纯然普遍立法形式来规定任性。但是,那种独立性是消极意义上的自由,而纯粹的理性、且作为纯粹的而是实践的理性的这种自己立法却是积极意义上的自由。"①美作为消极意义上的自由,就成为向积极意义上的自由的过渡,美很自然地成为道德的象征。有机生命在外在关系中,当我们追问它们究竟为什么而存在时,必将追问到一个最后目的(ein letzter Zweck),再继续追问这个目的为什么可以作为最后目的时,康德指出,因为这个目的能够承担终极目的(Endzweck)。他认为,全部自然在目的论上从属于这样一个终极目的,即作为道德主体的人。这时我们看到自由概念在目的论中至关重要的地位:"自由概念应当使通过它的法则所提出的目的在感官世界中成为现实;因此,自然必须也能够这样来设想,即它的形式的合法则性至少与要在它里面造就的目的按照自由法则的可能性相协调。"②这样,在两个领地之间,审美判断力和目的论判断力相反相成:审美判断力是自然概念领地向自由概念领地的上升超越,目的论判断力则是自由概念领地向向自由概念领地的返身回顾。

康德虽未真正建立起两种形而上学,但毫无疑问,通过《判断力批判》的衔接,三个批判形成了格局阔大、布局严密的出色哲学体系。他在前人思考的基础上,以其独特的原创性思想把哲学从古典时代带向现代,开拓了思路,也增加了深度。《判断力批判》自然不仅是一部美学著作,要想全面理解康德哲学的意义,必须重视其与柏拉图伦理学之间的密切关联。

---

① [德]康德:《实践理性批判》,李秋零译,北京:中国人民大学出版社,2011年,第32页。
② 同上书,第9页。

Critique of Judgment and Plato's Ethics

ZHONG Jin

【**Abstract**】 In *Critique of Judgment*, Kant bridges the concept of nature and the concept of freedom. Though the idea seems to be abrupt, it has foundations in the history of philosophy. The Confirmation of freedom is both the Kant's basic presupposition and the most important contribution of Plato's Ethics. Hence, the ideology of question in *Critique of Judgment* is derived from Plato's Ethics. Specifically, the transition from beauty to freedom has already been contained in the moral of *Symposium*. With his unique original thinking, Kant broadens and deepens the research domain and brings philosophy from the classical field into the modern sphere.

【**Keywords**】 *Critique of Judgment*, Kant, Plato, Ethics

康德意念思想发微[①]

马 彪[②]

【摘要】“意念”(Gesinnung)是康德后期哲学中的一个重要概念,对它的分梳,不仅有助于探讨 Wille 和 Willkür 之间的复杂关系,在一定程度上,还为后世学者评估康德道德宗教之品格问题提供了一个难得的契机。就意念之作为采纳准则的原初根据和主观特征而言,它是理智性的品质和道德化的确信,而不是经验性的品质与道德心理学意义上的态度。而由意念的起源来看,它与思辨理性中知性范畴一样都是先天的,所不同的是,它不是认知上的先天结构,而是道德行为者的内在形式,它是人在道德实践与自由运用中生发出来的。平正而论,康德意念学说中蕴含的这些特征把康德哲学的独特个性表达得极为显豁,它不仅有别于亚里士多德的道德理论,亦有别于已有的神义论和相对主义,为人们的道德反思与责任归因提供了一个反身内求的经典范例。

【关键词】 意念,意志,任性,理智性的品质,道德化的确信

如所周知,Gesinnung[③](意念)一词于康德哲学,尤其是对康德后期道德思想与理性神学意义重大。据庞思奋(Stephen Palmquist)的统计,Gesinnung 及其德语变形在《纯粹理性批判》中出现过 15 次,在《判断力批判》中动用过 17 次,在《实践理性批判》中使用过 60 次,在《道德形而上学的奠基》中起用过 6 次,总共 98 次;而在《纯然理性界限内的宗教》中则足足出现了 169 次,后者几乎是前面四部著作的两倍。[④] 上述数据表明,较于康德的知识理论与审美学说,意念对其宗教思想与伦理学说尤为必要。诚然,意念一词出现频率

---

① 本文系国家社科基金后期资助项目“康德批判哲学的宗教之维研究”(项目编号:20FZXB028)阶段性成果。

② 作者简介:马彪,南京农业大学政治学院副教授,主要研究方向为康德哲学。

③ 德语“Gesinnung”一词的中文翻译不尽一致,有的将其译为“意念”(李秋零),有的则译作“意向”(邓晓芒)。其实,它不仅在中文世界中如此,在英语学界中亦有多种翻译,比如 disposition(T. K. Abbott, *First Part of the Philosophical Theory of Religion in Immanuel Kant's Critique of Practical Reason and Other Works on the Theory of Ethics*, London: Longmans Green & Co, 1873; T.M. Greene and H. H. Hudson, *Religion Within the Limits of Reason Alone*, La Salle: Open Court, 1934);attitude(Werner Pluhar, *Critique of Pure Reason*, Cambridge: Hacket Publishing Company, 1996),以及 conviction(Stephen Palmquist, *Comprehensive Commentary on Kant's Religion Within the Bounds of Bare Reason*, Oxford: Wiley Blackwell, 2016)等。本文中的康德核心概念,如 Gesinnung、Wille 与 Willkür 采用了李秋零教授的译法,分别译为“意念”“意志”和“任性”。

④ Stephen Palmquist, “What is Kantian Gesinnung: On the priority of Volition over Metaphysics and Psychology in Religion within the Bounds of Bare Reason”, *Kantian Review*, Vol.20, 2015, p.252.

的多寡与它在思想研究中的轻重地位并不完全相同,统计学毕竟不是哲学,它也不能取代后者的位置,可毋庸置疑的是,在一定层面上我们也的确可以借由这一语词的运用,察知康德思想中的某种隐微变化。

由于意念这一概念不仅牵涉对康德“三大批判”中的相关论题,同时亦涉及康德晚年的道德宗教议题,问题庞大而芜杂,因此,我们打算把所要阐述的主题聚焦在意念之意涵的分梳上。换句话说,我们关于意念的探讨,主要涉及康德对这一概念所作界定的两个关键词上,即“根据”和“主观”。基于此,文章大致分为如下内容:首先,在问题的导入部分,主要考察 Wille(意志)、Willkür(任性),以及意念之间的关系,引入意念这一议题;其次,具体阐释意念之定义中包含的内在意蕴,即分析作为 der erste subjective Grund der Annehmung der Maximen①(采纳准则的原初主观根据)之界定中的“根据”(Grund)一词的意涵到底是什么,它是经验性的还是理智性的,若是后者,它与亚里士多德的 hexis(品质、习惯、性格等)有何差别;再次,则是辨析意念中的“主观”(subjektive)选择这一语词的歧义,它指涉的究竟是道德心理学意义上的“主观”,还是道德化的确信(überzeugung)意义上的“主观”;最后,我们将结合最近的一些研究资料,再对“意念”之起源问题给出一点说明。

一、问题导入

作为一个重要的哲学范畴,“意念”这一语词并不是康德在《纯然理性界限内的宗教》中第一次提出来的,但对这一概念的深刻剖析与详细阐发却是这一著作的核心论题之一。正是在这一著作中,康德对它给予了明确的界定。在康德看来,所谓意念指的就是“采纳准则的原初主观根据”,②它是一行为者最持久的性格与品质,是具体行为选择的前提要件,并在具体行为的选择中得以反映。康德对意念的这一界定,初看之下是明晰的、毫无异议的,然而对这一范畴及其周边议题稍加考察,则不难发现其中存在着诸多令人困惑不解之处。

美国著名康德专家亨利·阿利森(Henry Allison)曾经指出,③康德之所以在其后期著作④中大肆引入并发展意念这一概念,与他本人对人之本性的分析脱不开关系。依康德

① Kant, *Die Religion innerhalb der Grenzen der bloss Vernunft*, Stuttgart: Philipp Reclam jun. GmbH & Co., 1974, S.28.

② [德]康德:《纯然理性界限内的宗教》,李秋零译,北京:中国人民大学出版社,2011 年,第 9 页。

③ 亨利·阿利森:《康德的自由理论》,陈虎平译,沈阳:辽宁教育出版社,2001 年,第 199 页。

④ 诚然,Gesinnung 的引入并不始于康德的宗教哲学,但却在其《纯然理性界限内的宗教》中给予了最为丰富的阐发,不过,康德的这一阐发与其说是将 Gesinnung 概念表述得更为清晰了,不如说是赋予了它更多的复杂性和歧义性,使本来就不太明晰的陌生概念变得更加模糊了。参看 Alison Hills, “Gesinnung: responsibility, moral worth, and character”, in *Kant's Religion within the Boundaries of Mere Reason: A Critical Guide*, Gordon Michalson ed., Cambridge: Cambridge University Press, 2014, p.80。

之见,人之本性中既有善的一面,也有恶的一面,但无论哪一种情况,都与理性存在者的选择相关,都是人主动选择的结果。为了刻画这一选择的复杂性,康德又对人之统一意愿功能中的"立法机能"与"执行机能"即意志与任性给予了具体分梳。康德认为,意志本身不是铁板一块的概念,它有广义和狭义之分,其中广义的意志可以指涉意志的整体能力,而狭义的意志则几乎与实践理性没有差别,它不仅为任性制定道德法则,而且还直接对后者下达命令。当然,任性既可以执行意志的指令,也可以拒绝它的命令。

那么,为什么任性并不完全、一贯地遵从意志的立法,而是时而服从,时而背离呢?要回答这一问题,当不能忽视任性在受到理性及其法则的限制时,还深受人的感性以及由此而来的自然偏好(Neigung)的影响。换句话说,作为存在于具体世界中的个人,他的选择要同时受到道德法则与自爱原则的牵制,而人的善恶之最终依据,就在于任性的选择。当任性响应道德法则的号召,把意志的命令高置于自然偏好之上,人就是善的;反之,假若任性唯自爱原则是依,将自爱原则放到了道德法则之前,那么人就是恶的。不难看出,对康德而言,决定一个人是善的还是恶的,根本理据不在于他遵循了道德法则还是自然偏好,关键的一点是两者之中哪一个居先,是道德法则第一位还是自爱原则第一位。作为严格的道德论者,康德主张,"无论何人,只要他把道德法则纳入他的准则,并置于优先地位,他在道德上就是善的;而无论何人,只要他不这样做,并且优先考虑的是其他非道德的诱因(包括同情),他在道德上就是恶的"。①

然而,仍需一问的是,任性选择善恶之最终的根据是什么?难道说它的选择是凭空所致,没有来由的吗?答案显然是否定的。任性的选择绝不意味着盲目、任意的胡乱作为,它的选择是由意念来合理供给的。用康德的话来说,作为采纳准则的原初主观根据,意念"普遍地指向自由的全部应用"。② 也就是说,意念指涉的范围不仅关系到自由任性的运用,甚至关涉整个自由领域,只有基于意念,任性的选择才有其可能性。在此意义上可以说,人是愿意把道德法则置于自然偏好之上,还是乐意把自然偏好置于道德法则之上,是由意念给出资讯,提出利弊权衡,然后供任性做出最终的判断或裁决的。现在,如果我们的这一解读符合康德文本之原意的话,那么很明显,意念是个什么东西又是亟待说明的问题了。然而,对此问题,康德显然有点语焉不详,给出的具体阐述更是付诸阙如。正如朱力安·彼得斯(Julia Peters)所指出的那样,意念对晚期康德的哲学思想相当重要,它构成了个人道德人格的基础,人之行为的道德品性完全取决于他所具有的意念之善恶,可令人

---

① [美]理查德·伯恩斯坦:《根本恶》,王钦,朱康译,南京:译林出版社,2015 年,第 20 - 21 页。

② [德]康德:《纯然理性界限内的宗教》,李秋零译,北京:中国人民大学出版社,2011 年,第 9 页。

遗憾的是,康德对意念这一重要范畴的言说十分模糊,极难把捉。[①]

意念的这一不太易于人们把握的特征,并不意味着它就是神秘的或不可思议的,相反,基于康德的已有文本和后世学者的探索,我们还是可以从中寻出某些线索,勾勒出它的基本轮廓的。大体而言,首先,由行为者的选择"根据"来看,意念是一种理智性的品质,它与人的经验性的品质无关;其次,从行为者的"主观"选择来看,意念是道德化的确信,它与人的心理情感和态度了无相涉。

二、理智性的品质

前面我们已经提到,意念指的不过是一行为者之持久的品质(character)或性格,它是行为者之具体选择的原初根据与前提,而它本身的特性又在这一具体选择中得以呈现。作为理性的存在者,我们的任性所做的每一项选择与每一次行动,其背后的终极根据都要落实到意念的层面之上,也正是意念通过它的一系列的具体选择和具体行动,形成了我们各具特征的生命人格与道德气质,并最终将"我"和"他者",甚至将"彼时的我"与"此时的我"区分开来。

需要指出的是,由于康德哲学中的意念与性格、品质、态度,以及倾向等范畴沾染甚深,使得人们,尤其是西方学者很自然地将其与亚里士多德的 hexis(习惯、性格、品质)[②]等同视之,或许正是由于意念所提供的那种性格特征,使得人们联想到了亚里士多德哲学意义上的品质。表面看来,两者的确相仿,但细究起来不难发现它们之间的差别还是比较明显的,后者毕竟与内在于康德自由概念之中的意念无法相容。毫无疑问,在与亚里士多德思想的比对中,更易彰显康德这一概念的本质特征。

亚里士多德认为,我们的品质不是受动的情感,而是因以某种方式对待事物而形成的固定倾向,它对我们的具体选择与行为深具指导与引领作用,而德性与邪恶正是人的这一品质的展现。[③] 具体说来,亚里士多德思想中的"品质"包括两个方面的内容:其一是我们可以借助某人的品质来对其已有的具体行为给予说明,比如"张三每年都(不)向慈善基金会捐款,因为他是个(不)良善的人";其二是我们可以根据某人的品质来预测其将要发生的具体行动,比如"因为张三是个(不)良善的人,所以他明年(不)会向慈善基金会捐款"。在上述命题中,张三的品质就对他为什么会采取这一行动,而不采取那一行动给出

① Julia Peters, "Kant's Gesinnung", *Journal of the History of History*, Vol.56, 2018, p.497.

② 亚里士多德的 hexis 意涵较多,本文主要用了"品质"这一译法。

③ [古希腊]亚里士多德:《尼各马可伦理学》,廖申白译,北京:商务印书馆,2005 年,第 44 页。

了合理的说明，甚至对他的未来、即将发生的事情做出正确的推断。以此类推，在宽泛的意涵上，我们可以确切地说，凡是具备某一品质的人，都可以、也应该由其品质来加以说明(explanatory)，因为品质决定行为。① 也就是说，一旦我们知道了某个人的性格或品质，我们就能够预判他会以某种方式行动，选择某一立场，并且能够顺利地推断他在未来的某个时日发生什么事情，以及采取什么行动。

与亚里士多德思想中所呈现的具有现象、经验性的品质不同，康德所说的意念显然与自由的任性休戚相关，就这一点而言，人们只能在本体、理智性的层面上来把握它。行为者在意念中的选择虽说是由主体做出的，但不是随心所欲的，更是与人的自然冲动相隔悬远，因为这后一观点明显将善或恶的议题归结为偶然性这一因素，进而摧毁了道德的根基。在康德看来，亚里士多德所极力刻画的人的品质，在某种程度上正是他要反对的，且与之对立的立场，因为亚氏的品质说到底只不过是人的欲望、喜好、习惯等各种感觉机能的综合，事实果真如此的话，那么对此机能，我们不仅不能控制，而且还会滥用，进而将深具道德意义的善恶问题变为儿戏。也正是在此意义上，一旦我们将康德的意念误读为亚里士多德的品质，那么这就意味着理性行为者是在一个因果链条中锻造自我，以及与自我切身相关的品质，而因果链条的选定，也就同时宣告了人之性格的确立与固定，在此基础上，自由将没有遁形之所。毫无疑问，康德是断然不会接受这一主张的。

当然，上述误读之所以会发生，也不全是后世学者的粗心之过，康德本人亦有推卸不掉的责任。仅就对意念的界定而言，康德认定它是准则之采纳的主观“根据”，而明眼人于此不难看出，其中的“根据”明显可以做出两种意义完全不同的解读②：一种是因果关系(causality)上的说明，一种是理性(reason)上的逻辑辩护。不幸的是，康德在其已出版的著作中并没有给予特别的提点。而在《纯然理性界限内的宗教》(1794)一书中，上述两种意义上的“根据”，竟然在他的行文运思中交互使用，这就难免给人造成一种混乱的印象，康德似乎没有对作为“根据”的因果性说明与作为“根据”的逻辑性辩护给出区分，致使人们将前者的那种具有亚里士多德意义上的品质等同于康德思想上的意念。不过，我们也应该看到，康德的思想并不是僵死的，而是一直在变化着的。就在《纯然理性界限内的宗教》面世的第四个年头，康德在其出版的《实用人类学》(1798)一书中，对“根据”这一概念的表述则较《纯然理性界限内的宗教》已有很大的差别。在那里，康德指出：“绝对地具有一种品质，则意味着意志的这样一种属性，按照它，主体把自己束缚在某些实践原则之上，

① Julia Peters, “Kant's Gesinnung”, *Journal of the History of History*, Vol.56, 2018, p.500.

② Ibid., p.498.

这些原则是他通过自己的理性不变地为自己规定的。"①话虽如此，康德在此还是没有鲜明地点出他的思想与亚氏的相异之处，而对这一问题给予最为切当、最为清晰之阐释的当属康德的未竟之作《〈人类学〉反思录》(*Reflexionen zur Anthropologie*)，该书收录在德文《康德全集》学院版第15卷。② 在这一作品中，康德明确指出，他所说的意念关涉的是"思维方式的品质"(Charakter der Denkungsart)，而非"感觉方式的品质"(Charakter der Sinnesart)，正是前者而非后者真正构成了人在意念上的根本特质。我们判断一个人的道德人格，一定不能只看他已做或将做什么事情，而是要考察其所作所为背后的道德品质是什么，现实中许多生动的案例告诉我们，出于卑劣动机的行为，其结果照样也有可能是符合道德法则的。也正是基于这一点，如果我们认定康德是在选择整个因果链条中来构建自我的话，那么这一见解无疑忽视了康德极为重视的实践语境，以及与此相关的且应为之负责的意志品格。诚如康德自己所言的那样："人在道德的意义上是什么？以及，他应该成为什么？是善还是恶？这必须由他自己来造成，或者必定是他过去所造成的。善与恶必须是他的自由任性的结果，因为若不然，他就不能为这二者负责。"③此处的关键语词是"在道德的意义上"这一限制性的表述，因为它说明，只有在这一最基本的层面上，人才会被视为是在自我选择和自我构建。

综括前述，借助亚里士多德的伦理思想资源，特别是与其思想中的重要概念 hexis 的比照与分梳，我们可以清楚地看到，康德哲学中的意念完全是一种理智性的品质，与亚氏的不同之处在于，它完全是基于"思维方式"(Denkungsart)而非"感觉方式"(Sinnesart)之上的一种气质或性格。我们要想对它有一正确的理解，只能诉诸实践的逻辑关系，而不能诉诸经验的因果关系。诚如阿利森所正确指出的那样，由于"作为意志的普遍规定的准则和较为具体的实践规则，以及在诸规则之下的具体行为之间的关系属于逻辑关系而非因果关系，因此，意念所作的基本选择和理性行为者依照他们的意念所作的具体选择之间的关系，同样也是广义上的(broadly)逻辑关系而非因果关系。所以，我们不能把理性行为者的具体行为……看作是行为者的意念在因果关系上的结果"④。之所以说它属于广义上的逻辑关系，是因为从意念到由此而来的行为之间不是简单、僵化的机械演绎过程，这其中还有任性的采纳问题，意念只规定了行为人的基本取向而不是整个行为过程，毕竟它还

① [德]康德：《实用人类学》，李秋零译，北京：中国人民大学出版社，2012年，第171页。

② 具体参见 Kant, *Kants Gesammelte Schriften*, XV, Berlin und Lepzig: Malter de Grunter&Co, 1923, S.511。

③ [德]康德：《康德著作全集》(第6卷)，李秋零译，北京：中国人民大学出版社，2007年，第44页。

④ Henry Allison, *Kant's Theory of Freedom*, Cambridge: Cambridge University Press, 1990, p.142.

为任性的实践判断留下了足够的选择空间。

三、道德化的确信

通过对行为者之选择“根据”这一核心语词的澄清,我们大致勾勒出了康德哲学思想中意念的理智性品质这一重要特质,以及它与其他思想家尤其是亚里士多德的区别,这无疑十分有助于我们对康德哲学之特征的认知和理解。不过,要想深层次地把握意念的确切含义,我们还须对意念之界定中的“主观”这一关键语词给出进一步的说明。作为任性之选择的前提条件,意念毋庸置疑是自由领域的概念,对它的探讨自然应该在道德的论域中展开,然而一旦将其与“主观”一词并置,意念还会是任性所作选择的最高准则和根据吗?“主观”的加入是否在某种层面上会减弱道德的纯粹性和实在性?事实证明,我们的疑虑不是多余的,后世学者就有不少试图从道德心理学的视角来对此诠释的,其中较为著名的是维尔纳·普卢哈尔(Werner Pluhar)。

普卢哈尔承认,康德之意念中的“主观”与我们日用常行意义上的主观随意不是同一层面的概念,其意涵也不是现在的心理学这一学科所能穷尽的。然而,话虽如此,从康德的行文以及他对意念之使用来看,意念的主观特性主要还是偏向道德心理或心理情感(psychological feeling)①这一维度。基于这一认识,普卢哈尔主张,Gesinnung 这一德文词与其翻译为 disposition(倾向),不如译作 attitude(态度)更为契合康德的思想原貌。因为意念标识的不过是人心中一连串变动的状态,它决定着我们看待自我与他者的态度,并从根本上决定着我们行为的最终根据。而且,事实一再证明,我们的所作所为无不和我们与之采取的态度密切相关,而我们的行为也在不同程度上印证着我们的态度正确与否,并为我们接下来的进一步活动给出方案或提出警告。在普卢哈尔看来,作为人之行为背后的态度,意念包含如下几个方面的内容:第一,针对某一事实与事态的看法,或对于某一事实与事态的情感;第二,以某一心态或方式面对应激事件的立场;第三,它是心灵中的消极的、敌视的状态,比如冷酷、高傲,等等。② 可以看出,基于康德之意念概念语词上的多维意涵,普卢哈尔试图从中辨析出意念在道德心理学上的意义来。但是需要强调的是,意念本身所包含的内容与普卢哈尔的“态度”并不完全雷同,稍作解读即可发现,普卢哈尔道德之心理学向度的诠释不能与康德思想中的意念等量齐观,因为他虽然察觉到了意念之

① 参见 Werner Pluhar 英译本 *Religion Within the Bounds of Bare Reason*, Indianapolis: Hackett, 2009, pp.xi－xiii.

② 转引自 Stephen Palmquist,“What is Kantian Gesinnung: On the priority of Volition over Metaphysics and Psychology in Religion within the Bounds of Bare Reason”, *Kantian Review*, Vol.20, 2015, p.256。

“主观”界定中道德情感层面上的内涵,却错失了“主观”一词所携带的道德化的“确信”(Überzeugung)这一层面上的意思,这显然有违康德思想之原貌。

在康德哲学中,所谓“确信”指的是一种“视之为真”(Fürwahrhalten)的主观认定,当我们断定某物为真时,必然涉及主观判断,假如这一主观判断不仅对下此判断者当下有效,并且一直普遍有效——只要他具有理性的话——那么它的根据就是客观上充分的,这样的判断就是“确信”;反之,若其普遍必然性只是暂时的或偶然的,则可称之为“置信”(Überredung)。[①] 换言之,确信做出的判断虽说是由自己的“主观”而来,但其使用范围不限于行为者的当前语境,还涉及它的普遍适用和一贯之道。按照庞思奋的解读,康德哲学中的“确信”有两种不同层面上的运用,一是认知或思辨层面上的使用,二是行动或道德层面上的使用,而“意念”指的就是后一层面上的意涵。为了彰显认知上的“确信”和行动上的“确信”之间的关键差别,庞思奋甚至建议用 convincement 来翻译前一概念,而将 conviction 留给后一概念。[②] 而作为道德层面上的“确信”,意念具有的鲜明特征就在于它是一种内在的、主观的特殊原则,正是基于这一原则,真正的宗教信仰才得以产生。由于“道德确信”与“视之为真”关系至为密切,要想把握前一概念,我们不能不对后一概念的框架有所揭示。结合劳伦斯 · 帕斯特纳克[③]和庞思奋的研究所得,我们列出如下简单图表,以便察看“道德确信”和“视之为真”框架下的各“子概念”即“知识”(Wissen)、“信念”(Glaube)、“意见”(Meinung)之间的关系。

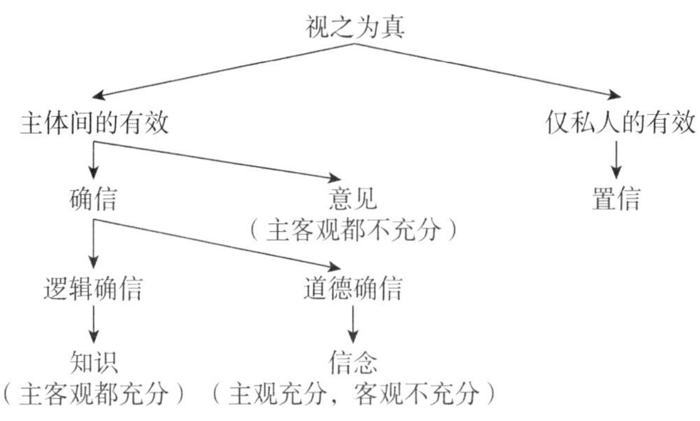

上图可见,与主客观都充分的知识以及主客观皆不充分的意见(如“其他星球上有理

① [德]康德:《纯粹理性批判》,邓晓芒译,杨祖陶校,北京:人民出版社,2004 年,第 620 页。

② Stephen Palmquist, *Comprehensive Commentary on Kant's Religion Within the Bounds of Bare Reason*, Oxford: Wiley Blackwell, 2016, p.54.

③ Lawrence Pasternack, "Kant on Opinion: Assent, Hypotheis, and the Norms of Genereal Applied Logic", *Kant-Studien*, Vol.105, 2014, pp.46 – 49.

性的存在者”)等不同,道德上的确信虽是主观的,但却具有主体之间普遍有效的规定性和约束性,显然意念作为主观选择的根据和准则,只能坐落于道德确信领域,而道德意念只不过是道德化了的主观确信而已。只要随意浏览一下《纯然理性界限内的宗教》,我们将不难发现,作为道德确信之意义上的“意念”,在康德的这一最重要的宗教学术著作中随处可见。就上帝应该被如何敬拜这一议题而言,康德就曾指出,真正的上帝崇拜应该基于人之主观普遍必然的道德意念,人应该把这一意念体现于他们的善的生活方式之中,并在现实生活世界中活出上帝的样式来。虔诚的信徒绝不是整天喊着“主啊主啊”的人,而是内心虔敬,并且身体力行以尊奉上帝之意志的人。对上帝口头上的承诺和赞颂可以说是极为轻巧的一件事情,世上奉上帝的名义以逞其私的人比比皆是,但所有这些都与对上帝的敬拜无涉,因为纯粹的宗教信仰一定与在道德意念中对上帝的诫命即义务的遵循紧密相连。① 不唯如是,那些供职于圣洁事业的祭司,以及献身于上帝的教宗、牧师等神职人员,他们身处的场所即教会也应该是一个用于在道德意念方面进行教导和激励的聚会场所,否则他们的这种信仰只能说是历史性的信仰,而不能称之为纯粹理性的信仰。为了揭示这两种信仰的本质差别,康德还对犹太教和基督教进行了一个简单的比对。康德认为,犹太教本质上并不是一个宗教,而是一群人的联合,②因为犹太教的信仰是基于外在的规章和制度,而不是人们内心的道德意念,虽说犹太教中也有上帝,但是上帝在那里只是作为一个世俗的君主来被加以敬重的,人们并不对自己的良知提出道德上的要求。比如十诫,毋庸置疑会对人们的行动施加道德上的约束作用,然而,在康德看来,即便如此,十诫也只是外在力量对人的强制而已,它们“根本不是伴随在遵循它们时的道德意念(后来,基督教把它的主要工作就建立在这里)的要求一起被给予的,而是绝对地仅仅着眼于外在的遵守”。③ 因此,犹太教就其本身的性质而言,根本只能被视为历史性的信仰。与此相反,植根于人之道德意念上的基督教与纯然理性的道德信仰最为契合,并为未来真正的宗教的确立准备了必要的条件。

由上论述,可以看出是人的道德意念成就了宗教,真正的信仰是基于人的道德意念之上的。一如庞思奋所指出的那样,正如科学是出于逻辑上的确信(logical conviction)的知识一样,宗教则完全是出于道德上的确信(moral conviction)的信仰。④ 因为在某种意义

---

① [德]康德:《纯然理性界限内的宗教》,李秋零译,北京:中国人民大学出版社,2011 年,第 92 - 93 页。

② 同上书,第 113 页。

③ 同上。

④ Stephen Palmquist, “What is Kantian Gesinnung: On the priority of Volition over Metaphysics and Psychology in Religion within the Bounds of Bare Reason”, *Kantian Review*, Vol.20, 2015, p.249.

上，正是由于人们无法自己实现与道德意念不可分割地结合在一起的至善的理念，而尽管如此，我们却在自身中发现了必须致力于此的义务，所以，人们发现自己被引向了对一个道德的世界统治者的信仰，只有借助他的协助和安排，至善的目的才能实现。仅就这一点而言，我们完全可以说，意念是真诚致力于一种信念的道德实践，正是在此道德实践的过程中，人们构筑了一种属于自己的生活方式，且不管这一生活方式是善的还是恶的，那都是自己的选择所致。例如，关于人之本性的"根本恶"思想，康德就曾不止一次地指出，它源于人的自由选择，是人咎由自取、自我招致的，也正是在此意义上，这一恶才被称为根本意义上的恶。相对恶而言，向善的禀赋更为根本，它是人与生俱来的、不可剥夺的原初特质。然而，在康德看来，当我们说善是人自由选择的结果时，与这里所说的人性中的、与生俱来的向善的禀赋之间并不存在矛盾，因为"人被造就为向善的，人的原初禀赋是善的，但人还没有因此就已经是善的，而是在他把这种禀赋所包含的那些动机接纳入自己的准则（这必须完全听任于他的自由选择）之后，他才使自己成为善的或者恶的"。①

行文至此，不难发现，就意念的"主观"特征而言，它只能坐落于视其为真的"确信"的范围，尤其是在行动层面上的确信论域，它是人之道德化的确信。它与认知上的确信不同，更与道德心理学上所说之偶然的、特殊的"主观"天地悬隔。相反，它是人持之以恒的一贯之道，而所谓的宗教信仰以及善恶的生活形态，只有基于道德意念才能得以合理地解释。在此意义上，可以说意念不仅仅是人之性格的基础、行为的理据，更是人之持守的基本信念。作为人之选择的主观准则，意念与随心所欲无关，就某种层面而言，这里的主观与思辨领域中的先天认知形式极为相仿，不同的是在这里它是人之道德人格的基本框架和内在结构，而不是使知识得以可能的先天条件。不过，要想充分理解这一点，我们不得不对意念之起源问题给出进一步的说明。

四、意念的起源

经由上面的简单探讨，我们对意念大致已有所了解，不过这一了解也仅限于对意念之属性或特征的描述层面，而其属性与特征之背后的深层问题，比如意念是如何产生的这一议题，尚未给予明确分梳，依旧属于未明的隐晦状态。我们知道，意念这一概念的引入，旨在为选择的合理性以及行为的可归因性奠立基础，为任性的抉择提供最终的理据，没有这一原初理由（meta-reason），我们的选择要么是无穷回溯，要么就是没有根据的、荒谬的，而

① ［德］康德：《康德著作全集》（第6卷），李秋零译，北京：中国人民大学出版社，2007年，第45页。

这两种情况都是我们不可接受的。就此来说,我们终极问题的解决都确定不移地指向了意念及其根源问题。

那么,意念到底是如何获得的呢?康德给出的答案很简洁,意念是天生的,是人与生俱来的。① 不过,这里所说的“天生”不是指时间上的“与生俱来”,而是理性或概念上的“与生俱来”,正如康德在解释“恶”的起源时所做的那样,恶的根源是不能归因于现象或时间领域的,它只能在理性的、自由的范围内给出合理的解释。用康德自己的话说,人之所以天生具备善的意念或恶的意念,并不意味着这一“意念根本不是由怀有它的人获得的,即是说,人不是意念的造成者,而是意味着,它只不过不是在时间中获得的(即任从幼年就一直是这样的或者那样的)罢了”。② 换句话说,意念的获得离不开特殊的实践语境与伦理场域,善恶的意念只能在这一语境与场域中给出解释,它与行为者的自由实践密切相关,决不能将其根源诉诸因果链条的学说之上。因此,当康德断言意念是有着“前时间”或“无时间”的起源时,实质上他的意思不过是说,人的意念是与人的道德生命一起产生、成长起来的,即它是与自由运用共同延展开来的,而不是在时间或现象的维度中“与生俱来”。

进而言之,如若我们将意念的获得与纯粹直观形式以及知性范畴的产生略作比对,则将更为切实地明了康德对于意念之根源的态度。由《纯粹理性批判》中的“先验感性论”与“先验逻辑”部分可知,纯粹直观形式与知性范畴是我们的先天认知结构,它们像知识之网一样,负责对感性杂多的质料进行整合与归摄,没有它们我们就不可能认知世界,它们是我们的知识得以可能的前提要件。然而,当我们继续追问:纯粹直观形式与知性范畴又是从何而来的呢?为何前者只有两个,而后者却有十二类,为什么就不能多一个或少一个呢?这时我们就遇到了一个棘手的问题。虽说康德对这一问题也有回应,即“它们也许来自某种共同的、但不为我们所知的根基”。③ 但对于某些学者而言,康德这一回应跟没有回答毫无差别,因为康德的意思无非是我不“知道”,作为人类认知的先天结构,纯粹直观形式与知性范畴是“不为我们所知”的。当然,不为所知(know),绝不等同于我们对它们的不可思议(think)。按照齐良骥先生的看法,纯粹直观形式与知性范畴是康德之“新生论”的主要内容,它是在反对既有之“预成论”和“自生论”的基础上提出来的。④ 首先是所谓的“预成论”,它的主张在于认定有机体在性细胞中就已经以现有的胚胎存在了,

① [德]康德:《纯然理性界限内的宗教》,李秋零译,北京:中国人民大学出版社,2011年,第9页。
② 同上。
③ [德]康德:《纯粹理性批判》,邓晓芒译,杨祖陶校,北京:人民出版社,2004年,第20-21页。
④ 齐良骥:《康德的知识学》,北京:商务印书馆,2000年,第129-136页。

有机体其后的发育不过是预先存在的各器官在量上的增长，这一主张在 17 到 18 世纪的西方生物学界占统治地位，当然它也是上帝创造世界的一种神学立场的变种。将这一立场用在康德的哲学语境中，无异于是说纯粹直观形式和知性范畴来源于上帝，康德肯定反对这一看法，因为它不过是康德早先就已经批判过的神学上的天赋学说。其次是“自生论”，它原本指生物体从无生命物质自然发生的一种主张，这一观点较早出现，亚里士多德在其所著的《动物史》中就已经提出鱼源自泥沙，而昆虫始自腐土的观点。在康德的思想语境中，“自生论”的哲学意涵等于主张纯粹直观形式和知性范畴来自经验，是经验使得概念得以可能。毋庸置疑，这一观点与康德的基本哲学立场，即概念使得经验成为可能的哲学立场相矛盾：毫无必然性和严格普遍性的经验怎么可能会产生具有必然性和严格普遍性的纯粹直观形式与知性范畴呢？最后是“新生论”，它断言性细胞中并不存在任何雏形，生物体原先并不存在的各种组织和器官都是在发育过程中逐渐形成的。以此作为参考和对照，康德认为，我们的纯粹直观形式和知性范畴既不是异类的过渡，也不是上帝的恩赐，而是同一种之内每一新的个体的发生、成长的结果，它是自然在发展过程中“每一个体有机物内在的能动性和创造活动，这种内在的能动性和创造活动完全合乎理性，是理性的要求”。① 也就是说，时空直观与知性范畴是人之理性自我产生、自我发展的结果，它们与自身之外的事物无关，亦不能向自身之外的事物求取。

按照阿里森的解读，与时空的直观形式和知性范畴一样，康德哲学中的意念学说也应该站在“新生论”的立场上来理解，我们不能将它的起源问题诉诸人的主体之外，意念的主观特征并不意味着肆意妄为，本质上它也是人之理性的先天结构，只不过与时空和范畴的先天结构不同的是，这一先天结构不是思辨的、认知的，而是道德的、行为的，它与我们作为道德行为者的本性不可分割，同时又是构成这一本性的要素，即它是我们的道德人格的构成要素。康德之所以一再重申它不是“在时间中”获得的，其目的只不过是想强调它是在道德和精神的发展进程中获得的而已，甚至可以说它是道德和精神之发展的先决条件，进而是那种可以在道德范畴内加以设想的生活之可能性的前提要件，正如时空以及范畴是经验之可能的先决条件一样。②

不难看出，康德通过主张一个人的意念必须被视为获得的，但又拒绝视为从时间中获得的这一看法，不过是给意念的起源问题一个理性或概念上的解决方案，其解决之道离不开对归因之可能性条件的反思，以及对道德主体人格的凸显。在某种程度上，康德认定，

① 齐良骥：《康德的知识学》，北京：商务印书馆，2000 年，第 133 页。

② 亨利·阿利森：《康德的自由理论》，陈虎平译，沈阳：辽宁教育出版社，2001 年，第 212 页。

是人自己要成为他自己,人在道德意义上的为善与为恶之因最终只能诉诸自身。作为理性的存在者,我们应该出于对道德法则的尊重而行动。关于这一原则,康德不仅将其贯彻于人们的具体行动中,还扩展到了对意志的普遍规定中,在此意义上,似乎可以说康德对意念之学说的论述是否成功完全取决于他对道德法则以及义务之奠基的处理是否稳固。当然,康德在《纯然理性界限内的宗教》中提出的意念学说,能否完全从《道德形而上学的奠基》与《实践理性批判》中的道德法则和义务学说中推导出来,或者说,前者的有效性是否要以后者的有效性为充分条件,依然是一个需要进一步商讨的议题。

五、结语

综括全文,我们可以看到,作为康德后期哲学中一个极为核心的范畴,意念不仅深化了意志与任性之间的复杂关系,而且还推动了道德与宗教之间的内在联动,某种程度上它甚至标识出了康德实践哲学的独特品格,并由此而与传统思想尤其是亚里士多德的道德哲学区别开来。关于意念所具备的理智性的品质、道德化的确信,虽然基于思辨理性的立场尚无法加以认知,但是这并不影响它的客观实在性(Realität),以及见之于经验世界的现实性(Wirklichkeit)。与作为纯粹的直观形式和知性范畴一样,意念也是先天的,稍微不同的是,它不是经验或知识得以可能的前提条件,而是人之道德行为的(善的或者恶的)先天结构和内在形式。诚然,康德对意念的这一论述未必人人认同,加之他对这一学说的阐释时间跨度较大,论点亦较为分散或模糊,这在某种程度上也加大了后世学者的梳理和解读难度,但无论如何,康德对人的道德之行为归因的反思,以及由此而形成的意念学说依然是值得我们认真汲取的学术资源,因为在某种层面上对康德之道德意念学说的否定,只能要么走向神义论的路数上去,要么堕入相对主义的深渊,而要想避免这两种命运,康德的研究工作还是不容忽视的,仅就这一点而言,康德的意念学说值得我们一再回顾和解读。

On Kant's Gesinnung

MA Biao

【Abstract】 It is well-know that the notion of the Gesinnung is an important concept in Kant's late philosophy. To analyze it has to involve a complex relationship between Wille and Willkür, to some extent, it affords an opportunity for scholars of later generation to estimate Kant's character of philosophy in moral thought and rational theology too. As far as the denotation of Gesinnung is concerned, for one thing, it is an intellectual character and a moralized faith, has nothing to do with an empirical character and an attitude of psychology. For another, it is, differencing from a prior form in knowledge, a moral model in rational agent and an attribution in human being's action, as to the connotation of Gesinnung. It is not hard to see that the Gesinnung has plenty of implication that sharply embody Kant's unique feature differencing from theodicy, determinism, and relativism in traditional moral theory. It is no wonder that Kant yet, in fact, found a new way to reflect moral guilt, so Kant's Gesinnung will be worth reviewing and interpreting in this.

【**Keywords**】 Gesinnung, Wille, Willkür, Intellectual Character, Moralized Conviction

【规范秩序研究】

再论伊拉斯谟与马丁·路德关于自由意志的辩论[①]

黄　丁[②]

【摘要】 针对在这场有关自由意志的辩论中，伊拉斯谟以意志自由为立场，认为路德在《海德堡辩论》中有关“意志被捆绑”之论有将罪归于上帝的嫌疑，并指责否定自由意志的路德是惟信主义者和路德以意志被捆绑为基础，认为对意志自由肯定的伊拉斯谟是伯拉纠主义者的现象，本文以时间为线索勾勒这场有关自由意志的辩论之全过程，在详细甄别伊拉斯谟和路德各自“自由意志”之内涵的基础上，将其置于两位思想家各自的宗教经验视域下考察，阐释伊拉斯谟所主张的意志之自由与恩典、救赎及其宗教经历之间的关系，并梳理路德所主张的意志之不自由与信、隐匿的上帝及其宗教经历之间的关系，从而尽可能准确地把握这一争论的实质，以回应伊拉斯谟将路德称作惟信主义者和路德将伊拉斯谟称作伯拉纠主义者的诘难。

【关键词】 伊拉斯谟，路德，自由意志，宗教经验

在《论自由意志》(*De Libero Arbitrio*，1524)中，伊拉斯谟对路德关于意志不自由的观点总结道“他们说人在接受恩典后除了罪之外，什么事都不能做”[③]，他认为路德这样的观点将导致上帝是恶的始作俑者的逻辑推论，并进而对路德的“唯独因信称义”思想批评道：“信仰被爱滋养，就如灯台上的火被油滋养一样。因为我们对那位我们爱得深沉的祂有着坚定的信仰。更准确地说，信是救赎的开始，而不是救赎的全部。”[④]面对伊拉斯谟的

① 本文为国家社科基金项目“17—18世纪德意志敬虔主义研究”(项目编号:19CZX038)和教育部人文社科项目“莱布尼茨宗教认识论思想研究”(项目编号:20YJC720012)的阶段性成果。

② 作者简介：黄丁，暨南大学哲学研究所副教授，主要研究方向为近现代德国哲学与敬虔主义。

③ Erasmus-Luther, *Discourse on Free Will*, Translated and Edited by Ernst F. Winter, Frederick Ungar Publishing Co., Inc, 1961, p.91.

④ Ibid., p.84.

批评，一年后，路德针锋相对地发表《论意志的捆绑》(*De Servo Arbitrio*，1525)，几乎对伊拉斯谟的批评逐条予以了驳斥。首先，路德提出，“自由意志纯粹只是一个虚构的观念，这是显而易见的”①；然后，分析伊拉斯谟此类认为意志是自由的思想在逻辑上将导致整个拯救过程无圣灵的参与，并使基督变得可有可无；最后，路德将秉持意志是自由观点的伊拉斯谟视作伯拉纠主义者。既如此，那路德确如伊拉斯谟所总结的那样，是一位完全否定人类道德实践和将恶归因于上帝的彻底的惟信主义者吗？伊拉斯谟是不是路德口中否定恩典，主张主体在救赎过程中居主导地位的伯拉纠主义者？以及是否确如某些研究者所断言的“这启发了随后的现代思想的发展”②，和路德的宗教改革是中世纪宗教性的最后一次高涨？③

一、研究综述

对这一有关自由意志辩论的学术公案，中外学界的研究大体可总结为如下。第一，以现代性视角切入，将伊拉斯谟与路德之间的辩论描述成一场“以人为中心的宗教思想与以神为中心的宗教思想”④的对垒，并将主张意志自由的伊拉斯谟视作开启现代性大潮的急先锋。因此，伊拉斯谟与路德这场关于自由意志的辩论被这一进路的研究者称作“前现代性的矛盾”⑤。面对这一进路的研究，当代文艺复兴研究之集大成者奥马利(John W. O'Malley，1915—1991)批评道：“以人文主义和宗教改革之间的对垒切入这一辩论，极易掩盖一些关于16世纪争论之性质的传统的、未经检验的假设。”⑥也就是说，将这一学术公案置于现代性视域下考察，虽然思路清晰，问题意识明确，但会将辩论双方的部分重要观点“格式化”⑦，从而得出伊拉斯谟是道德中心主义者和路德是恩典中心主义者的结论。

---

① [德]马丁·路德：《论意志的捆绑》，《路德文集》(卷二)，路德文集中文版编辑委员会编，上海：上海三联书店，2005年，第302-303页。

② Erasmus-Luther, *Discourse on Free Will*, Translated and Edited by Ernst F. Winter, Frederick Ungar Publishing Co., Inc, 1961, V.

③ [美]迈克尔·艾伦·吉莱斯皮：《现代性的神学起源》，张卜天译，长沙：湖南科学技术出版社，2019年，第45页。

④ 刘友古：《伊拉斯谟与路德的宗教改革思想比较研究》，上海：上海人民出版社，2009年，第436页。

⑤ [美]迈克尔·艾伦·吉莱斯皮：《现代性的神学起源》，张卜天译，长沙：湖南科学技术出版社，2019年，第170-220页。

⑥ John W. O'Malley, Erasmus and Luther, Continunity and Discontinuity as Key to Their Conflict, *The Sixteenth Century Journal*, vol.5, no.2, 1974, p.48.

⑦ 如Robert G. Kleinhans发现，除了辩论双方近乎剑拔弩张的观点分歧外，其实伊拉斯谟大量吸收了路德有关“福音的观念”“洗礼”和“意志”的思想。因此，我们不能简单地为了论述的方便，将参与这一辩论的双方区隔开来，而应当时刻谨记“文艺复兴思想与宗教改革神学之间的关系并不是一条单行道”。详见Robert G. Kleinhans, Luther and Erasmus, Another Perspective, *Church History*, vol.39, no.4, 1970, pp.459-469。

鉴于此,有关这场学术公案的第二类研究便是以奥马利为代表的思想史路径,从辩论双方的争论点入手,强调二者关于自由意志的辩论只不过是各自思想框架对立的产物。因此,他们将伊拉斯谟称作"连续性模式"(a pattern of continuity)①,而将路德称作"非连续性模式"(a pattern of discontinuity)②。

以格雷利什(B.A.Gerrish)撰著的《论自由意志:伊拉斯谟论敬虔,神学和路德的教义》为代表的历史考证法,即通过对史料的详细梳理和重要概念的比较,认为伊拉斯谟与路德关于自由意志的辩论虽看似势同水火,但实质上互有借鉴,如格雷利什所总结的,"伊拉斯谟知道路德的愿望就是想将自信从人类身上剔除,从而将其独归于上帝和祂的应许"③,因而这场关于自由意志的辩论,方才会出现"以路德分享伊拉斯谟对实践神学的关注为开端,而以伊拉斯谟试图表明自己比路德更擅长经院神学为结尾"④的局面。故而这场辩论的实质在格雷利什看来"与其说将二者区别开来的是敬虔神学所需的不同,不如说是敬虔本身所需要的要求不同"⑤,即格雷利什认为伊拉斯谟与路德关于"敬虔"的理解差异导致了该辩论。

透过上述分析,我们发现上述进路的研究既对理清这一辩论的历史处境、思想来源和思想史坐标有所裨益,又有助于澄清该辩论对人类社会发展进程的影响。然而,就如奥马利对将该辩论置于现代性视角下考察的研究进路所批评的一样,格雷利什套用"连续性"和"非连续性"的概念的研究实则与现代性视角的研究在本质上是一样的,即一种借助某一外在理论去辨析该学术公案,其结果自然会将辩论双方的部分重要观点"格式化"。鉴于此,笔者以时间为线索勾勒这场有关自由意志的辩论之全过程,在细致甄别伊拉斯谟和路德各自"自由意志"内涵的基础上,将其置于两位思想家各自的宗教经验视域下考察,阐释伊拉斯谟所主张的意志自由与恩典、救赎及其宗教经历之间的关系和梳理路德所主张的意志之不自由与信、隐匿的上帝及其宗教经历之间的关系,从而尽可能准确地把握这一争论的实质,以回应路德将伊拉斯谟称作伯拉纠主义者和伊拉斯谟将路德称作惟信主义者的诘难。

---

① 关于伊拉斯谟思想之"连续性",王涛教授以伊拉斯谟在弗莱堡六年的生活为切入点予以论证。面对路德在多个场合将伊拉斯谟批评为对宗教改革持"模棱两可"的态度,王涛教授借助详细的史实得出伊拉斯谟的立场是一以贯之的,而非路德口中所谓的"骑墙派"。详见王涛:《"心怀二意"的伊拉斯谟?——以六年的弗莱堡生活为例》,《历史研究》,2009年第6期,第125-126页。

② 在奥马利所提出的"连续性模式"基础上,许若容从三个方面阐释伊拉斯谟在自由意志论战中的"连续性"思想。详见许若容:《伊拉斯谟在自由意志论战中的连续性思想与基督教人文主义精神》,《道风》第52辑,第328-351页。

③ B.A.Gerrish, De Libero Arbitrio: Erasmus on Piety, Theology, and the Lutheran Dogma, *Essays on the Works of Erasmus*, edited by Richard L. DeMolen, Yale University Press, 1978, p.201.

④ Ibid., p.202.

⑤ Ibid.

二、伊拉斯谟与路德的辩论:意志自由 VS 意志捆绑

第一场关于意志是否自由的辩论发生在公元 5 世纪初的罗马帝国,辩论双方分别是主张意志自由的伯拉纠(Pelagius,354—418)和主张意志不自由的奥古斯丁(Augustine of Hippo,354—430),前者在以弗所大公会议上被判为异端。然而,伯拉纠主义并未因被教会判为异端而彻底消失,而是以半伯拉纠主义(Semipelagianism)的形式潜存于中世纪的西方社会,如卡西安主义(Cassianism)等。随着主张神的绝对权威和"神无法被人的理性所理解,而只能通过《圣经》的启示或神秘体验来理解"①的唯名论在中世纪晚期的西方社会逐渐兴起,意志是否自由的问题再次成为当时西方社会知识分子讨论的重要主题之一。率先加入这场讨论的是人文主义的代表思想家费希诺(Marsilio Ficino,1433—1499)和瓦拉(Lorenzo Valla,1407—1457),二者均主张人具有自由意志。正是在这样的思想史背景下,主张"唯独恩典、唯独圣经和唯独信仰"的路德挑起了与以伊拉斯谟为代表的人文主义者的这场有关自由意志的辩论。需要注意的是,伊拉斯谟与路德的这场关于自由意志的辩论不只包括 1524 年伊拉斯谟发表的《论自由意志》和 1525 年路德的回应作品《论意志的捆绑》,还涵盖着 1518 年路德在《海德堡辩论》中指出意志的不自由的系列论述和 1527 年伊拉斯谟回应路德之《论意志的捆绑》而作的《执盾手:关于自由意志的讨论,驳马丁・路德的被奴役的意志》(*Hyperaspistes: A Discussion of Free Will Against the Enslaved Will by Martin Luther*)。因此,这场辩论是路德挑起的,两回合的,而非如部分研究者所认为的是伊拉斯谟挑起的,单回合的。

为了论证意志是不自由的,路德在此次辩论一开始便严格区分"自由意志"(Libero Volutas)和"自由意志抉择"(Libero arbitrio voluntas)②,即如其所言:"我们所讲的意志的自由,是关乎有没有功德的问题;在这层次之下的,即无论是对立或矛盾的行为,我也不否

① [美]迈克尔・艾伦・吉莱斯皮:《现代性的神学起源》,张卜天译,长沙:湖南科学技术出版社,2019 年,第 22 页。

② 当然,对"自由意志"和"自由意志抉择"作出区分并非路德的原创,而是沿袭自奥古斯丁。据 John M.Rist 在其《奥古斯丁传》中的考察,他认为奥古斯丁的 *De Libero Arbitrio* 应当译作《论我们作为道德人所具有的外在不受约束的能力去选择》。也就是说,在奥古斯丁看来,自由意志与自由意志抉择是两个不同的概念。为更便于理解路德关于"自由意志"与"自由意志抉择"的区别,笔者在此简单梳理奥古斯丁关于"自由意志"与"自由意志抉择"之异同。关于"自由意志",奥古斯丁定义道:"简单地说,对于任何行动而言,我都是自由到这个程度(或者说这个行动在我的能力之内),即我执行这个行动的愿望和决定,强烈到足够让我去执行它。"也就是说,"自由意志"于奥古斯丁而言,意味着照着自己所想要做的去做。如此看来,在奥古斯丁的理论视野中,唯有上帝才有这种能力,即自由意志。至于"自由意志抉择",则是指人具有选择执行或者不执行的自由。但是,这在奥古斯丁看来,这种抉择的自由是不存在的。关于上述两概念的异同,详见刘友古:《伊拉斯谟与路德的宗教改革思想比较研究》,上海:上海人民出版社,2009 年,第 363 - 373 页。

认意志是自由的,或意志自以为是自由的。”[①]由于中文翻译的缘故,表面上看,路德在此只是笼统地指出“意志”在不关乎功德问题上是自由的。那何谓关乎功德的问题?他认为乃是有关救赎之事。也就是说,在他看来,在救赎问题上,意志是不自由的,即意志无助于人的拯救。然而,在救赎以外的事上,意志是自由的,即意志具有自由抉择的能力,也即路德所总结的“意愿必然是自由的,也必然有自由去定意愿”。[②] 如此看来,路德所言“功德问题之下”的内涵并非赖辉亮所认为的“日常生活行为”,而是意愿自由的领地。[③] 在此认识的基础上,路德方才对意志的不自由予以诠释:“自堕落以后,自由意志便徒负虚名;何时它发挥其作用产生行为,何时便会犯下致死的罪。自堕落后,自由意志仅仅能够被动地行善,然而却能够经常主动地去行恶。自由意志也不可能存留于纯真无邪的状态,更不会主动地行善,只可能被动地行善。”[④]在此,我们可以发现如下三点:第一,路德所言意志的不自由是在现实之人是完全的罪人的前提下说的,即人的“自由意志”因堕落而丧失独力行善的自由;第二,由于堕落后的人之“自由意志”只能做恶,无法主动行善,因此在本质上是不自由的;第三,自由于路德而言并非如部分研究者所认为的“是善的趋向及其爱的成就”[⑤],而是无约束的选择。如此,自由意志便成为一个“徒负虚名”的概念。通过上述分析,我们可以将路德的“意志是不自由”的命题总结如下:人的救赎只与上帝的恩典相关,与人的善功无关;人的“意志”因在拯救之事上无法“自由抉择”行善,故意志是不自由的。

针对路德在《海德堡辩论》中关于意志不自由的观点,伊拉斯谟在《论意志的自由》中总结道:“他们认为自由意志是一个空洞的概念,既不在天使中,也不在亚当和我们中,且在领受恩典之前或之后都无法完成任何事情;上帝在我们身上既造善也造恶,以及一切事情的发生都是出于纯粹的必然性。”[⑥]如此看来,伊拉斯谟认为路德“意志是不自由”的内涵包括:第一,自由意志既不是罪人的特性,也不是天使的禀赋,乃是上帝独有的特质;第二,于世人的救赎而言,意志不能发挥丝毫作用。面对这样的观点,伊拉斯谟认为这是相

---

① [德]马丁·路德:《海德堡辩论》,《路德文集》(卷一),路德文集中文版编辑委员会编,上海:上海三联书店,2005年,第47页。

② 同上。

③ 赖辉亮:《关于自由意志的争论——从古希腊到文艺复兴》,《中央青年政治学院学报》,2008年第1期。

④ [德]马丁·路德:《海德堡辩论》,《路德文集》(卷一),路德文集中文版编辑委员会编,上海:上海三联书店,2005年,第27页。

⑤ 刘友古:《伊拉斯谟与路德的宗教改革思想比较研究》,上海:上海人民出版社,2009年,第404页。否则,只能趋向于善的“意志”,同样不能被称作“自由意志”。因此,对“善的趋向”不是意志自由的本质。

⑥ Erasmus-Luther, *Discourse on Free Will*, Translated and Edited by Ernst F. Winter, Frederick Ungar Publishing Co., Inc, 1961, p.31.

比托马斯主义者、卡尔施塔特(Carlstadt)关于意志的看法“最糟糕”的观点。为此，伊拉斯谟在界定自由意志内涵的基础上，孜孜不倦地从《旧约》《新约》和教父论著中搜寻捍卫自由意志的论据，并对意志是不自由的论点提出质疑。

关于自由意志，伊拉斯谟定义道：“通过意志的自由，我们在如下方面理解了人意志的力量，即通过人类意志的力量，人或可以用其导致永恒救赎之事，或用其行背离永恒救赎之事。”①由上可知，伊拉斯谟认为的“自由意志”是人类意志的一种能力，其既可以行导致永恒救赎之事，又可以行背离永恒救赎之事。换言之，伊拉斯谟的自由意志不是如部分研究者所认为的那样可以直接通往救赎或悖逆，而是行“事”的能力，即一种“自由意志抉择”。以此认识为基础，伊拉斯谟对路德关于意志是不自由的观点质疑道：“如果人的意志也不能自由地选择善或恶，那么你常常听到的预备、拣选和预防都是无意义的话。这就好比对一个手被绑住只能往左伸的人说话：‘你的右手边是一杯美酒，而左手边则是毒药。选择你所喜欢的。’”②也就是说，伊拉斯谟对路德意志不自由的驳斥是基于其对基督教神学基本教义的理解，即若人无自由选择的能力，那么人便只是上帝的工具；若如此，则救赎、拣选和预备都将变得无意义，就如其所总结的：“如果人类无论是行善事，还是做恶事都只是上帝的一个工具，就如木匠手中的斧头一样，那顺服、无处不在的赞美有什么意义呢?”③还需注意的是，为形象地说明意志的不自由，伊拉斯谟以一个手只能往左伸的人只能选择左手边的毒药，而对右手边的美酒无能为力为例，自由意志指的是“自由意志抉择”，即选择毒药或美酒的实践。因此，在辩论之初，路德与伊拉斯谟对“自由意志”的理解出现了分歧。

虽然于伊拉斯谟而言，自由意志是指意志独力地自由抉择，但其并非如路德所攻讦的那样，认为自由意志能够完全脱离恩典而实现人的救赎，而是认为在救赎过程中“起主要作用的是恩典，起次要作用的是我们的意志”④。既如此，那起主要作用的恩典和起次要

---

① Erasmus-Luther, *Discourse on Free Will*, Translated and Edited by Ernst F. Winter, Frederick Ungar Publishing Co., Inc, 1961, p.20. 伊拉斯谟有关“自由意志”定义对应的英文为：“By freedom of the will we understand in this connection the power of the human will whereby man can apply to or turn away from that which leads unto eternal salvation.”关于伊拉斯谟的这一有关“自由意志”的定义之汉译，学界有不同版本，如廖元威便将其译作：“我们此处所谈的自由意志，指的是人类意志上的能力，借着这种能力，人能专心致力以致得救，或者对此事不屑一顾。”伊拉斯谟：《论自由意志》，《路德文集》(卷二)，路德文集中文版编辑委员会编，上海：上海三联书店，2005 年，第 581 页。显然，在此翻译中，很容易得出伊拉斯谟认为自由意志能直接导向或背离永恒救赎。但比较对应的英文，我们便会发现，伊拉斯谟的“意志自由”只能导致通往或背离永恒救赎的事，而不是直接导向背离永恒救赎。

② Erasmus-Luther, *Discourse on Free Will*, Translated and Edited by Ernst F. Winter, Frederick Ungar Publishing Co., Inc, 1961, p.33.

③ Ibid., p.44.

④ Ibid., p.71.

作用的意志又是如何在人之救赎过程中发挥各自的效用的呢？为此，首先，伊拉斯谟将每件事情分成开始、过程和结局三个阶段。其次，伊拉斯谟认为开始和结局两个阶段由恩典统辖，只有在过程之中，自由意志方才参与，就如其所言的："开始和结局由恩典统辖，只有在过程中，自由意志才发挥作用。上帝的恩典和人类的意志在同一件事中相遇，恩典是首要因，意志是次要因。"①也就是说，即便是自由意志参与的"过程"阶段，自由意志本身也不占主导地位。因此，在"过程"阶段，伊拉斯谟所认为的恩典与自由意志的关系，并非如格雷利什所认为的，"在中间阶段，伊拉斯谟明显地尽可能少地归功于恩典"②，而是认为即便人的意志都是上帝恩典的产物。最后，伊拉斯谟总结道："人必须把他的救赎归功于神的恩典，因为自由意志所能起的作用是微乎其微的，甚至神的恩典最初创造了自由意志，然后救赎和治愈了它。"③如此看来，伊拉斯谟并非像路德所攻讦的那样，是主张借助自由意志便能实现自我救赎的伯拉纠主义者，而是强调在整个救赎过程中的"上帝持续有效的恩典"的决定性地位，否则"一切都是徒劳无益的"。至于为何坚持在"过程"这一阶段必须有个体意志的参与，其原因在于伊拉斯谟必须将罪（恶）的根源归于人，而非上帝，不然便会颠覆伊拉斯谟神义论的大厦。

为驳斥伊拉斯谟有关自由意志的观点，路德在《论意志的捆绑》中遍寻《圣经》，从而得出"那么何处有自由选择的存身之地呢"④的结论。具体而言，路德一开始便考证意志有没有这样的能力，对伊拉斯谟所坚持的意志是自由的观点调侃道："他不考虑自己有什么天赋，或扪心自问自己是做什么的，自己有没有能力做，以及他所选择的主题需要什么……却只是一股脑儿地冲着去做。"⑤可知，路德认为在讨论意志是否可选择善事或恶事前，应当检查意志的能力，即辨识清楚意志"能做什么，不能做什么"，否则不仅是极端的鲁莽，而且是做无用功。既如此，那路德认为意志具有这样的能力吗？针对这一问题，路德提出世界的发展都是基于上帝的预知的观点，并对该观点阐释道："上帝从不偶然地预知任何事，祂是借着祂不变的、永恒的和绝无谬误的旨意（意志）来预知、计划和执行所

---

① Erasmus-Luther, *Discourse on Free Will*, Translated and Edited by Ernst F. Winter, Frederick Ungar Publishing Co., Inc, 1961, p.85.

② B.A.Gerrish, De Libero Arbitrio: Erasmus on Piety, Theology, and the Lutheran Dogma, *Essays on the Works of Erasmus*, edited by Richard L. DeMolen, Yale University Press, 1978, p.197.

③ Erasmus-Luther, *Discourse on Free Will*, Translated and Edited by Ernst F. Winter, Frederick Ungar Publishing Co., Inc, 1961, p.86.

④ ［德］马丁·路德：《论意志的捆绑》，《路德文集》（卷二），路德文集中文版编辑委员会编，上海：上海三联书店，2005 年，第 340 页。

⑤ 同上书，第 316 页。

有的事。”①可见，世界的发展只遵循上帝的自由意志，那个体的被拯救与否不是个体的意志“抉择”善或从恶之事能决定的。也就是说，唯有上帝才有自由意志，而人的意志抉择早在被造之初便已被上帝预知。因此，路德认为意志不像伊拉斯谟所理解的那样具有一种既可行善，又可行恶的“抉择”能力，而是一种因原罪而堕落使得其只能被“撒旦骑着”之“必然”。那这是否就意味着“意志”行善没有可能呢？

对此，路德将人的意志比作“一匹驮兽（a beast of burden）”，“如果上帝骑着它，它就会顺着上帝的意志而行；就如《诗篇》中讲道：‘我在你面前犹如负重的牲口’（《诗篇》72:22）。如果撒旦骑着它，那么它就会顺着撒旦的意志而行。它不能选择跑到哪边，找到哪边。但是，骑手们要争着去掌握它”。② 如此看来，路德认为人的意志无法独力行善，其行善的原因在于这是上帝意志驾驭人之意志的结果，即于个体存在者而言乃上帝恩典的注入，而于上帝而言便是“称义”。还需注意的是，路德认为人之意志并无自主性，而只能被上帝或撒旦掌控；如果将上帝掌握人之意志视作个体存在的被拯救，那么撒旦“骑着”人之意志便是背离救赎。也就是说，路德认为自由意志能直接通往或背离救赎，而不是如伊拉斯谟所认为的需借助善功或恶行。

既然路德强调唯有恩典才能救赎，而“自由意志”只能导致败坏，那路德是否如伊拉斯谟所攻讦的那样，是一位只强调恩典，而彻底摒弃人的尘世之行的惟信主义者？对此，路德写道：“所有这些事全都是来自上帝无所不能的能力与美善的唯一意志所完成的，祂创造并且保全我们，完全不需要我们帮忙。可是，祂却不可以没有我们，而在我们里面运行，因为祂创造，并且保全我们就是为了这个……祂都可以在我们里面运行，同时我们也可以与祂同工。”③可见，路德认为虽然人的“自由意志”在救赎问题上是无能的，但并不意味着就应当被取消，而是主张恩典与人的意志“同工”。在此，“同工”并非如某些研究者所认为的是“神人协作”，而是恩典驾驭人的意志，即恩典贯穿人尘世实践之始终以统领意志。由是观之，路德的救赎观并不意味着基督白白地将恩典恩赐给个体，从而使得个体瞬时的“飞升”，而是一个面向终末的过程。因此，在面向终末的过程中，个体仍需不懈地“仰望”基督和进行道德实践。这就意味着，路德并非伊拉斯谟笔下所说的惟信主义者，

① ［德］马丁·路德：《论意志的捆绑》，《路德文集》（卷二），路德文集中文版编辑委员会编，上海：上海三联书店，2005 年，第 320 页。

② Erasmus-Luther, *Discourse on Free Will*, Translated and Edited by Ernst F. Winter, Frederick Ungar Publishing Co., Inc, 1961, p.112.

③ ［德］马丁·路德：《论意志的捆绑》，《路德文集》（卷二），路德文集中文版编辑委员会编，上海：上海三联书店，2005 年，第 518 页。

而只是借助对“意志的不自由”的阐释来突出强调恩典对救赎的决定性作用。若如此,路德的“意志的被捆绑”论并不会割裂“恩典”与“意志”间的关系,故而不会出现李秋零教授所忧虑的路德的救赎学说所致的结果——“使人成为得救道路上的完全消极物,使得人自身的尘世努力和能动性完全失去意义”①。

通过上文的比较,我们可以清晰地发现:第一,关于“自由意志”的理解,伊拉斯谟与路德存在着较大差异。关于自由意志,伊拉斯谟认为其既可能指引人行有助于救恩的事,又可能促使人行背离救赎的事,即自由意志具有抉择的自由,以及自由意志不会直接导致或背离救赎,而是借着行导致或背离救恩之事来实现救恩。与此相对应的事,路德认为“自由意志”因人的堕落而使得“意志”本身丧失了“抉择”的自由——只能行恶,无法独力行善,故“意志是被捆绑的”——自由意志是一个虚构的概念。在意志与救赎的关系问题上,路德认为,“自由意志”就如一头没有自我意识的驮兽,或被上帝驾驭,或被撒旦驾驭。如此看来,路德认为“意志”直接通往或背离救赎,而无须伊拉斯谟所言的中介之物。正是因为两位思想家对自由意志理解的差异,方才使得即便路德清醒地认识到伊拉斯谟的自由意志是一种介乎意愿和行动之间的存在,依然将其直接与救赎与否相联系。具体而言,路德清醒地认识到伊拉斯谟的自由意志是指一种“意志抉择”,就如其在《论意志的捆绑》中所总结的,“我认为,伊拉斯谟所谓的‘人类意志的一种能力’所指的就是关乎愿意、不愿意、选择、忽视、赞成、拒绝,以及意志所表现出的任何一种才能、本能、能力或资质”②,并认为这种能力除非被理解成一种“意志的行动”,不然看不出这种能力“所指的是什么”。因此,路德认为,伊拉斯谟的“自由意志”是一种“介乎意志本身及行动之间的某种东西”③。即便如此,路德依然将伊拉斯谟的自由意志的内涵总结为“人能够借此使他自己专心一意地致力于通往永恒救赎之事,或是完全远离这些事情”。④ 也就是说,路德将伊拉斯谟的自由意志界定为一种或可引导或可背离永恒救赎的存在。

第二,除在“自由意志”的内涵上出现理解差异外,两位思想家的神学结构存在着质的差异性。具体而言,由于伊拉斯谟认为自由意志是存在的,因而作为禀赋自由意志的存在者便具有效仿基督完成伦理上的善行的现实性。既然个体存在者具有行善的禀赋,那么其便能完成自我的救赎,即便伊拉斯谟强调自由意志参与个体的救赎只是在“过程”阶

---

① 李秋零:《“因行称义”“因信称义”与“因德称义”》,《宗教与哲学》第 3 辑,第 23 页。

② [德]马丁·路德:《论意志的捆绑》,《路德文集》(卷二),路德文集中文版编辑委员会编,上海:上海三联书店,2005 年,第 382 页。

③ 同上书,第 383 页。

④ 同上书,第 381 页。

段，且不居主导位置，但由于对意志自由的认可，使得其被路德批评为伯拉纠主义者。就神人关系而言，伊拉斯谟的神学“维护神的善并提升人的负责”①，从而使伊拉斯谟在其基督哲学中极为强调道德与敬虔的重要性。与此相对应的是，由于路德认为意志是被捆绑的，因而只依靠个体存在者是无法实现救赎，且只能带来无穷的罪。既如此，那么完成个体存在者之救赎的重任只能单独由上帝承担，即路德所主张的“惟独恩典”。那么在路德的神学框架中，恩典如何获得呢？路德认为只能借助“信”，即个体存在者“信入”基督，从而实现个体存在者与基督成为一个联合体，完成人与基督“相互委身和联合”②方能实现。但是作为有限的存在者，其对基督的“仰望”由于是在尘世中的，因而“信入”基督必然是阶段性的。作为结果，个体完全地被救赎只有在生命结束后才能实现。也就是说，路德之救赎论并不意味着个体瞬时的“飞升”，而是一个面向终末的过程。因此，在面向终末的过程中，个体仍需不懈地“仰望”基督和道德实践。由是观之，从神人关系来看，路德的神学以上帝的公义开始，以人与神形成联合体完成救赎结束，从而使路德强调十字架神学的同时，极为重视借着“信”而实现人与基督的联合体。总之，正是伊拉斯谟与路德在“自由意志”之内涵的理解上出现偏差，方才使得他们在阐释意志、恩典与救赎的关系上出现结构性差异。正是这样的理解偏差和结构性差异，方才使得路德摆脱了沿袭自天主教的基督教人文主义之神学框架，开出了宗教改革之花。

三、意志是否自由辩论背后的历史与个人

无疑，伊拉斯谟与路德关于自由意志的辩论在人类发展史上产生了极为深远的影响。那究竟是何原因导致伊拉斯谟与路德在“自由意志”的理解上出现差异——前者主张意志有抉择的自由，并在“过程”阶段参与个体存在者的救赎；后者主张意志是彻底被罪捆绑的，无法独力行善，个体存在者的救赎只能借助基督的恩典？诚如笔者在《再论马丁·路德的称义观》中对路德称义观之形成原因所做的总结，“既然路德之‘称义’观具有体验性的和个体性的特征，那么必然与路德自身的信仰经验息息相关。加之个体的信仰经验并不是在真空中形成的，而是被具体的历史处境所形塑的。也就是说，正是具体的时代处境和路德独具特色的信仰经验，塑造了其具有体验性和个体性特征的‘称义’观”③。路德对自由意志的理解以及伊拉斯谟的自由意志观都与各自的宗教经验和历史处境息息相

① ［美］迈克尔·艾伦·吉莱斯皮：《现代性的神学起源》，张卜天译，长沙：湖南科学技术出版社，2019 年，第 194 页。

② ［英］阿利斯特·麦格拉斯：《宗教改革运动思潮》，蔡锦图，陈佐人译，北京：中国社会科学出版社，2009 年，第 108 页。

③ 拙文《再论马丁·路德的称义观》，《基督教文化学刊》第 44 辑，第 125 页。

关。既如此,那什么样的时代处境和何种宗教经验塑造了两位思想家的自由意志观呢?

就伊拉斯谟之“自由意志”论来看,这与其宗教经验息息相关。据伊拉斯谟的传记作者阿尔伯特·希莱玛(Albert Hyma, 1893—1978)考证,幼年的伊拉斯谟在德温特的奥古斯丁修道院学习,但伊拉斯谟十分厌倦修道院的生活,并认为修道院的生活是枯燥的,修道士是虚伪的。① 比如,伊拉斯谟在《〈新约〉第三版前言》中说道:“不知道他们在受洗仪式上那种宣誓的含义,他们甚至从未想过信条是如何要求他们的、星期日祈祷意味着什么,或者教堂圣礼的含义是什么。从常见的谈话中,从秘密的忏悔室里,我们知道这种事并不少见。然而更可悲的事,我们很多祭司居然也是这种人。”②如此看来,伊拉斯谟从年轻时代开始就认为中世纪晚期的基督教神学出现堕落的原因在于个体存在者未能理解《福音书》的教导以效仿基督,因而只是“在名义上、在习惯上、在仪式上我们成了基督徒,但不是在内心里”。③ 作为结果,伊拉斯谟认为若依照修道士的教导实践,只是把中世纪的神学理论视作教条,而不将其纳入自我的生活,则救赎将遥遥无期。鉴于此,伊拉斯谟为自我救赎指明了方向:“只要让自己愿意去学,你就已经在这门哲学中跨出了几大步。它给人提供了自己的教学精神,这种精神只有在简单的灵魂中才能找到更快乐的避身之所。”④他并劝诫世人“通过自己的举止和表情、眼神和自己一生的实践,而不是通过歪曲的推理来进行教学”⑤。总之,伊拉斯谟认为实现救赎需借助自我效仿基督的道德实践,即自我必须有意志的自由,否则将无法效仿基督,以实现救赎。

同样地,据麦格拉斯的研究,1508 年至 1514 年间,路德完全接受了中世纪基督教正统的“称义”理论⑥——“经院派人士是这样诠释救恩的:当一个人刚好做了一件善行,上帝就接纳了它,并且作为对此善行的奖赏,上帝将恩惠倾泻在这个人里面。”⑦然而,该称义观并不能平息路德内心的焦虑,反而使路德意识到自己能否被拯救始终是个疑问。对此,吉莱斯皮评论道:“路德进入修道院在一定程度上反映了他对死亡的恐惧,但更多体现了他对得救方式的绝望追寻。”⑧是故,路德写道:“我自己曾一度陷在这个错谬之中。我把

① Albert Hyma, *The Youth of Erasmus*, University of Michigan, 1959, p.109.

② [荷兰]伊拉斯谟:《〈新约〉第三版前言》,《愚人颂》,许崇信,李寅译,南京:译林出版社,2010 年,第 136 页。

③ 同上书,第 136 页。

④ [荷兰]伊拉斯谟:《劝世文一篇》,《愚人颂》,许崇信,李寅译,南京:译林出版社,2010 年,第 112 页。

⑤ 同上书,第 114 页。

⑥ Alister E.McGrath, *Iustitia Dei: A History of the Christian Doctrine of Justification*, Cambridge University Press, 1986, p.218.

⑦ [德]马丁·路德:《〈加拉太书〉注释》,李漫波译,北京:生活·新知·读书三联书店,2011 年,第 54 页。

⑧ [美]迈克尔·艾伦·吉莱斯皮:《现代性的神学起源》,张卜天译,长沙:湖南科学技术出版社,2019 年,第 139 页。

基督想成一个法官,而我必须通过严格执行我所在修会的规条来取悦他。"①为此,路德不断地通过自己的"行"来契合教义的标准,以期获得上帝的拯救,正如其所言:"当我还是一名修道士的时候,我竭尽全力要达到修道院设立的严格标准。我曾把我的罪列成一个清单,时时刻刻都在忏悔,若命令我遵守什么苦修,我都虔诚地履行。尽管如此,我的良心总在疑惑中翻腾不安。当我越想帮助我那可怜的良心,它就变得越糟糕。当我越专心于各样的规条,我就越是触犯它们。"②如此看来,在奥古斯丁修道院隐修期间的路德由于完全接受中世纪基督教正统的"称义"理论③,使得其愈是极尽所能地以"行"去"蒙上帝悦纳",反而愈是察觉到这样的"行"不仅无法获得上帝的拯救,反而会加重自己的罪,进而使路德愈加意识到自己远离上帝救恩的正道而无法获得拯救。因此,意志是被捆绑的,其无助于个体存在者的救赎。

为了使自己焦灼的内心得到慰藉,路德以自身的信仰经验为基础,转向了一种遭遇基督,并与基督联合来确保称义的进路。具体而言,路德认为,"首先,一个人必须意识到他是一个罪人,是那种生下来就不能行出任何好事的罪人"。④ 在路德看来,个体与基督联合的前提在于人承认自己的罪,且意识到自己所行无法赢得上帝的恩典,从而"认罪悔改"。其次,"抓住耶稣基督"。所谓"抓住耶稣基督"只是一个形象的譬喻,即个体与基督借着"信"形成一个联合体。在此,路德所用的"抓住"(Apprehend),从词源上来看,源于拉丁文"Apprehendere",其除了有"Seize"的意思外,还具有"Fear"的内涵。也就是说,路德所言的"抓住基督"是兼具畏惧和神往的行为,并借着这一"信"的行为,实现与基督的合一。然后,"操练你的良心,使它确知上帝接纳了你"⑤。由于路德认为,"我"与"基督"联合的过程是一个渐进的,而非瞬间完成的行为,因而需要在与基督联合的过程中,不断操练自己的良心,即如路德所提醒的:"我心中的小小信心之光不是一下子就能充满我的全身心的。这是一个逐渐充满的过程。"⑥最后,"借着信心,基督属于我们,我们属于基督"⑦。总之,关于路德所言的个体借着与"基督"合为一体来确保自身获得拯救的过程,

① [德]马丁·路德:《〈加拉太书〉注释》,李漫波译,北京:生活·新知·读书三联书店,2011年,第61页。

② 同上书,第178页。

③ 然而,天主教神学家 Heinrich Denifle 在 *Luther und Luthertum in der ersten Entwickelung* 中辩称:"路德要么是对天主教神学传统感到无知,要么是刻意地曲解了天主教的称义理论。"(Alister E. McGrath, *Iustitia Dei: A History of the Christian Doctrine of Justification*, Cambridge University Press, 1986, p.219)在此,本文坚持学界一贯的说法。

④ [德]马丁·路德:《〈加拉太书〉注释》,李漫波译,北京:生活·新知·读书三联书店,2011年,第53页。

⑤ 同上书,第141页。

⑥ 同上书,第129页。

⑦ 同上书,第132页。

奥托(Rudolf Otto, 1869—1937)补充道:“信仰是灵魂的一种独特力量即‘接近神’的力量,这种力量把人和上帝联结起来。‘联结’正是对于神秘的称号。所以,当路德说,信仰使人与上帝或者基督成为‘一块糕’,或说信仰‘像戒指嵌有一颗宝石’那样占有人时,他并不比陶勒尔关于爱所说的同样的话更具象征性……在路德看来,‘信仰’乃是灵魂——神秘主义者的‘灵魂的基础’——的核心,人与上帝的结合就是在此核心中得到完成的。”①由是观之,正是因为路德在奥古斯丁修道会严格遵循中世纪的“称义”理论而实践,反而愈发感觉到人之意志的无能和借着意志只会继续犯罪,而无法实现救赎。因此,为慰藉自己焦灼的内心,路德方才寻求一种遭遇基督,并与基督联合实现救赎的称义进路。也就是说,正是因为路德通过自身的宗教经验意识到人之意志不仅无法实现自我的救赎,反而会使自我深陷罪中,所以才主张“意志是被捆绑的”,实现救赎只能借着基督白白的恩典。

四、结语

综上所述,伊拉斯谟与路德关于自由意志的辩论,不是某些研究者所认为的以人为中心的宗教思想与以神为中心的宗教思想的对垒,也不是基督哲学与十字架神学的碰撞,更不是道德中心主义与神学中心主义的互搏,而是两位思想家借助语言、逻辑和文化传统而将各自的宗教经验系统化而形成的理论之间的碰撞。具体而言,伊拉斯谟根据其在奥古斯丁修道院学习的经历认为,中世纪晚期基督教世界乱象丛生的关键在于世人背离了《福音书》的教导,因而认为解决之道在于个体存在者效仿《福音书》中基督的教导,努力践行道德和培养敬虔。若如此,对意志自由的肯定势所必然;否则,无论是效仿基督,还是自我敬虔的培养都是空中楼阁。于路德而言,其由于在奥古斯丁修道院学习期间努力践行意志自由和善功学说,却发现不仅无法获得救赎,反而深陷罪中。为使无法得到救赎的焦躁心灵得到慰藉,路德借着自我的宗教经验转向基督,即个体存在者的救赎是基督恩典的产物,与自由意志毫不相关。因此,路德摒弃了意志是自由的观点,转而主张意志是被捆绑的。

还需赘言的是,虽然从表面上看伊拉斯谟与路德在自由意志问题上剑拔弩张,但深究各自理论的内涵便会发现:第一,伊拉斯谟限定了“自由意志”发挥效能的范围和作用,即伊拉斯谟认为“自由意志”只能在事件的“过程”阶段起作用,且相较于恩典的作用,其所

① [德]鲁道夫·奥托:《论“神圣”》,成穷,周邦宪译,成都:四川人民出版社,1995年,第124页。

发挥的作用是次要的。因此,路德将伊拉斯谟斥为伯拉纠主义者乃是武断的指责。第二,路德虽认为意志因罪而丧失了"抉择自由",但主张只要在恩典的持续帮助下,意志便会恢复行善的倾向。也就是说,只要有恩典的持续灌入,意志是能够行善的,即路德并不排斥人在道德实践上的努力。因此,伊拉斯谟将路德斥为惟信主义者亦为宗派之见。至于意志究竟是自由的,还是被捆绑的,无论伊拉斯谟还是路德都只是根据自身的宗教经验和对时代问题的诊断而做出自我的解答,因而是面向回答者本身开放的。第三,虽然伊拉斯谟调和恩典与自由意志之关系被路德斥为"中庸",但路德的恩典余荫下对个体道德实践的肯定也未尝不是一种妥协。

On the Debate of Freedom of Will between Erasmus and Luther

HUANG Ding

【**Abstract**】 In the debate on freedom of will, Erasmus, who took a firm stand on free will, considered Luther, who held to the bondage of will on *Heidelberg debate*, incline to lay the blame on God and accused Luther of Fideismist for his negation of free will, and vice versa, Luther considered Erasmus Pelagianism for his affirmation of free will. With the clue of time, this article completes the all-round process of this debate on free will and puts this debate into deep consideration in the background of Erasmus' and Luther's religious experience based on their interpretations regarding free will, to exposit the relation among freedom of will, grace and salvation basing upon the religious experience by Erasmus and the relation among non-freedom of will, reason and the hiddenness of God basing upon the religious experience by Luther, so that the substance of this academic debate will be clear and the question why Erasmus called Luther Fideismist and why Luther called Erasmus Pelagianism can be responsed.

【**Keywords**】 Erasmus, Luther, Freedom of Will, Religious Experience

普遍意志的两次建构:论“耶拿精神哲学”中的社会与国家

蒋 益①

【摘要】 耶拿早期由《自然法论文》和《伦理体系》阐发的“绝对伦理”体系学说,不仅在“绝对伦理”中蕴含着个体为整体牺牲的理论预设,而且,在为进入“绝对伦理”而设置的“否定伦理”中,同样蕴含着个体之间因互相争斗而导致牺牲的情况。针对这些问题,在耶拿晚期的“精神哲学”中,黑格尔以近代国民经济学内涵的个体意志为出发点,在对普遍意志的逻辑演绎中,较为系统地建构起了“市民社会”和“国家”既互相独立又辩证统一的法哲学体系框架,从而为成熟期的《法哲学原理》奠定了内在逻辑一致的理论基础。与此同时,面对国家与社会、政府实体与民众个体、官僚机构与市场制度日益分化、冲突的现实矛盾,黑格尔试图以在现实中身兼国家“公民”和社会“市民”的双重活动(经济生产和政治参与)的个人为中心,去重新弥合、统一领域分化、利益多元、阶级对立的现实世界。个体意志对“社会”和“国家”所代表的普遍意志的两次重建,正是“耶拿精神哲学”提出的近代“个体性”原则的重要体现。

【关键词】 黑格尔,耶拿精神哲学,普遍意志,国家,社会

耶拿早期由《自然法论文》②和《伦理体系》(System der Sittlichkeit)阐发的“绝对伦理”(Die absolute Sittlichkeit)体系学说,可谓黑格尔最早的实践哲学和法哲学的体系草案。研究者们非常关注耶拿早期体系的诸多理论创见及其重要价值。的确,对近代自然法之方法和内容的批判、基于古典伦理—政制精神的“绝对伦理”体系阐发、对作为“财产和法律体系”的近代工商社会的发现、三重式“伦理”因次体系的展开模式等,作为耶拿早期体系的核心内容,至今仍然影响和启发着人们对实践哲学和法哲学问题的思考。但如果深入辨析耶拿早期体系的总体立场,可以发现,由于彼时的黑格尔坚持个体与伦理总体、个体意志与普遍意志(der allgemeine Wille)直接同一的整体主义立场,固守公共政治

---

① 作者简介:蒋益,复旦大学哲学学院博士,研究方向为黑格尔法哲学、近代西方政治哲学。

② 《自然法论文》全名为《论自然法的科学处理方式,它在实践哲学中的地位及其与实定法学的关系》(Über die wissenschaftlichen Behandlungsarten des Naturrechts, seine Stelle on der praktischen Philosophic und sein Verhältnis zu den positiven Rechtswissenschaften),本文中简称《自然法论文》。

等级(军政贵族)与经济活动等级(有产者)上下有别的古典社会等级(Stände)结构,这不仅导致现代个体性原则(自由、平等)不能得到有效且普遍的落实,而且,基于"需求—劳动"和形式法权的交互关系被限制在有产者的等级内。更为关键的是,作为"绝对伦理"的"民族"(Volk)整体优先于个体的立场,隐含了个体必须以自我牺牲(Opfer)"成全"共同体之持存、发展的内在要求。与此同时,"自然伦理"中的家庭、族群由于害怕"否定伦理"下的争斗、牺牲而进入"绝对伦理"的体系展开逻辑,也并未超越由"自然状态"向"社会状态"过渡的近代自然法模型①。质言之,为批判近代自然法以个体意志为出发点的契约论国家方案,黑格尔提出的整体主义的"绝对伦理"方案,不仅在"绝对伦理"中蕴含着个体为整体牺牲的理论预设,而且,在为进入"绝对伦理"而设置的"否定伦理"中,同样蕴含着个体之间因互相争斗而导致牺牲的情况。

针对这些问题,在耶拿晚期的"精神哲学"体系中,黑格尔通过引入英国国民经济学的思想资源,将以"抽象物"(价值、货币)为中介的劳动、交换关系界定为"全民族"的普遍性定在,从而把基于个体性(Individualität)原则的"财产和法律体系"拓展为凝聚民族整体之公共性(Gemeinschaftlichkeit)的普遍体系。② 这样,以劳动、享受和财产占有为主要内容的个体性原则,成为解释"市民社会"之形成、运作的原理机制。以市民社会为中介,个体与国家成为一种"个体性"与"普遍物"辩证统一的关系结构:一方面,个体经过一系列"自我否定"的中介过程,实现与普遍国家的辩证统一;另一方面,由于个体兼具"市民"和"公民"的双重身份,使得其在国家内部的政治行动中,调节了特殊利益与普遍目的的关系。由此,黑格尔在耶拿晚期体系中阐发了"个体性"与"普遍物"有机统一的国家理论构想。

本文试图说明,正是在"耶拿精神哲学"中,黑格尔以近代国民经济学内涵的个体意志为出发点,在对普遍意志的逻辑演绎中,较为系统地建构起了"市民社会"和"国家"既互相独立又辩证统一的法哲学体系框架,从而为成熟期的《法哲学原理》奠定了内在逻辑一致的理论基础。同样重要的是,在"耶拿精神哲学"中,面对国家与社会、政府实体与民众个体、官僚机构与市场制度日益分化、冲突的现实矛盾,黑格尔试图以在现实中既劳动、享受,又参政、议政,更彼此交往、相互依赖的个人为中心,以他们身兼国家"公民"

---

① 参见[德]里德尔:《在传统与革命之间:黑格尔法哲学研究》,朱学平,黄钰洲译,北京:商务印书馆,2020 年,第 146 页;[美]马尔库塞:《理性和革命:黑格尔和社会理论的兴起》,程志民等译,上海:上海人民出版社,2007 年,第 79 页。

② 参见 Hegel, Jenaer Systementwürfe I, In: Gesammelte Werke, Bd. 6, Hamburg, Felix Meiner Verlag, 1975, S.324。

(citoyen)和社会“市民”(bourgeois)的双重活动(经济生产和政治参与),去重新弥合、统一领域分化、利益多元、阶级对立的现实世界。某种意义上而言,个体意志对“社会”和“国家”代表的两种普遍意志的两次重建,和通过不断地行动对两种普遍意志的整合与统一,是“耶拿精神哲学”提出的近代“个体性”原则的重要体现。

一、普遍意志的国民经济学建构

在“精神哲学草稿”中,不同于近代自然法学说将个体仅仅界定为抽象的权利和意志的主体,黑格尔将个体理解为“在自身中被决定”,“将自我当作自身对象”的“意志者”(das Wollende),这一个体意志既是共相、目的,又是个别者、自我、活动和现实,也是作为两者的中相和冲动。① 在黑格尔看来,个体意志实现“自我”“目的”的“冲动”首先体现为劳动:“劳动是此岸的自我物化,冲动存在者的自我的分化恰恰是自我的对象化。”②由此,黑格尔将个体意志界定为以满足自身需求为目的的、从事近代性劳动和生产的具体实践者。

这一具有国民经济学内涵的个体意志,既体现了黑格尔独特的个体性原则,也是“耶拿精神哲学”体系展开的出发点。与之相对,虽然耶拿早期体系已然提出了“需求和劳动”的交往关系与占有和财产的法权关系,具有社会化的普遍性的观点,③但并没有系统、深入地解释诸个体之间“需求和劳动”的交互、依赖关系缘何具有普遍规定性,以及“财产和法律体系”如何扩展为整体性秩序的关键问题。而在耶拿晚期体系中,黑格尔通过将近代国民经济学的核心范畴(如劳动、交换、价值、货币等)和社会运作理念(如“看不见的手”)全面地纳入实践哲学的系统解释中,通过将“物本身进入社会的中介化过程”,黑格尔发现了近代工商社会内在的、全面的秩序整合机制——即劳动和交换着的个体意志。进而言之,以劳动形成的“抽象物”为中介,在社会化的“劳动—交换”体系中,“自为存在”(das reine Fuersichsein)着的诸个体意志彼此“承认”,进而结成统一的普遍意志,由此财产和契约(Vertrag)的法权关系得以确立。在黑格尔这里,所谓“普遍意志”就是形式性与现实性相统一的伦理生活的法则。④ 可以说,在“耶拿精神哲学”的“现实精神”部分,通过解释个体意志如何形成普遍意志,黑格尔首次较为系统、深入地诠释了作为“市民社会”

---

① Hegel, Jenaer Systementwurfe III, In: Gesammelte Werke, Bd. 8, Hamburg, Felix Meiner Verlag, 1976, S.186.

② 同上书, S.189。

③ 参见 Hegel, Jenaer Schriften 1801-1807, Werke 2, Frankfurt a. M. 1986, S.482。

④ Hegel, Jenaer Systementwurfe III, In: Gesammelte Werke, Bd. 8, Hamburg, Felix Meiner Verlag, 1976, S.222.

之雏形的"财产和法律体系"的形成、运作机制。

(一) 劳动"物"的中介与普遍意志的形成机制

首先,在面向个体需要的个别劳动[①]中,劳动的普遍性本质蕴含于个体"自为存在"的"物化"活动中:

> 对于劳动本身同样在这时有一种要求:它想得到承认,想拥有普遍性的形式;这是一种普遍的方式,是一切劳动的一种规则,这种规则是某种自为存在着的东西,表现为外在东西、无机自然的东西,[人们]必须加以学习;但这种普遍物对于劳动是真正的本质……劳动不是一种本能,而是一种合理性,它在民族中使自身成为普遍物……[②]

在个体活动中,个别劳动的普遍性体现为个体"自为存在着"的"外化"(Entaüberung)活动,"外化"或是个体意识对无机自然的"物态化"(Dingverfassung)或是个体对自身意识的物化(Sich-zum-Dinge-machen)。通过这种"使自身对象化"(Sich-zum-Gegenstande-Machen)[③]的方式,个别劳动构成了个体与其自身以及与"物化"自然之间的中介,个体在劳动中直观到其自身能力和意识在"物"的要素、形态中形成的普遍性[④]。质言之,通过劳动,自然凝结了个体对客观规律的认识,个体在与自然"他者"的关系中形成了个别性(Einzelheit)意识。

其次,单一个体只有在诸个体构成的交往和承认关系的社会总体中,才能获得"个别性"作为直接现实性的普遍本质:

> 被承认的存在是直接的现实性,并且在其要素中,首先就是作为一般自为存在的个人;他享受着、劳动着。唯有这里欲望才有了出场的权利,因为它是现实的了。也就是说,它自身具有了普遍的、精神的存在。所有人为了所有人的劳动,以及享受——所有人的享受;人人服务于他人,帮助他人——或者说只有此时个体才有个别

---

① Hegel, Jenaer Systementwürfe I, In: Gesammelte Werke, Bd. 6, Hamburg, Felix Meiner Verlag, 1975, S.320.

② 同上书, S.320。中译文参见[德]黑格尔:《黑格尔全集》(第 6 卷),郭大为,梁志学译,北京:商务印书馆,2017 年,第 259 页,译文有改动。

③ Hegel, Jenaer Systementwurfe III, In: Gesammelte Werke, Bd. 8, S.207.

④ 参见[德]里德尔:《在传统与革命之间:黑格尔法哲学研究》,朱学平,黄钰洲译,北京:商务印书馆,2020 年,第 149 页。

化的存在。此前它只是抽象的、不真的存在。①

在这里,黑格尔首先提示我们,人性原则不是抽象、静态的理论预设,而是在劳动、享受的具体活动中实现的。无论个体"自为存在"着的劳动和享受,还是个体欲望通过劳动、享受得到满足,这些具体的人性现象,必须在个体间的承认关系中才得以实现,进而获得其普遍的规定性。更为重要的是,个体间的承认关系正是以劳动为中介:个体不仅为自己而劳动,也为满足他人享受而劳动;由此,个别劳动转变为社会劳动。正是在这种交互性的"劳动—享受"关系中,单一个体才真正实现其"个别性"的存在和本质。

最后,在上述交互性的"劳动—享受"关系中,个别劳动的产物不再是个体自身的特殊欲望的直接对象,而是一种满足越来越多人需求的交换产品。随着他人需求量和产品量之间双向的、无限的增长,两者之间的相互依赖最终形成一种享受者对劳动者之普遍性的普遍依赖。这其中隐含着三个重要推论,其一,虽然个别的劳动和需求都是具体的,但只有生产和分配的整体过程完成后,总体需求才能具体地表现出来,因此,社会总体的劳动和需求也是抽象的普遍物。② 如黑格尔所言,是"一般的、抽象的量"。③ 其二,社会总体对劳动的普遍规定导致了一种日益复杂的社会分工,一种日益增长的个别劳动的专门化(die Vereinzelung der Arbeit),也导致了个别劳动变得越来越抽象化。④ 换言之,个别劳动不再是对具体需求的直接满足,而是整体生产过程的一个可量化的、被分化的具体环节。其三,在享受者与劳动者的交互关系中,"交换"构成了"个别劳动—总体劳动—总体需求—个别需求"这一整体生产、消费链条的普遍性中介。由此可见,在社会分工的劳动、交换体系中,个别劳动具有了抽象化的普遍性:

因为劳动只是为了作为抽象的自为存在的需要而进行的,因此劳动也只是抽象的……普遍劳动[就是]劳动分工、储存……他(指"个体"——引者注)的劳动内容超出了他的需要;他为很多人的需要而劳动,人人皆然。因此,每个人都满足了许多人的需要,而且他的很多特殊需要的满足就是许多其他人的劳动。因为他的劳动就是

① Hegel, Jenaer Systementwurfe III, In: Gesammelte Werke, Bd. 8, S.223. 中译文参考[德]里德尔:《在传统与革命之间:黑格尔法哲学研究》,朱学平,黄钰洲译,北京:商务印书馆,2020 年,第 147 页。

② 参见[以]阿维纳瑞:《黑格尔的现代国家理论》,朱学平,王兴赛译,北京:知识产权出版社,2016 年,第 112 页。

③ 参见 Hegel, System der Sittlichkeit, Hamburg, Felix Meiner Verlag, 2002, S.20。

④ Lukács, Der Junger Hegel. Neuwied/Berlin, Hermann Luchterhand Verlag, 1967, S.409; Hegel, Jenaer Systementwürfe I, In: Gesammelte Werke, Bd. 6, S.324.

这种抽象劳动,所以他表现为一个抽象的自我,或按照物的方式表现……他没有具体的劳动:他的力量在于分析、抽象,在于把具体的东西肢解为很多抽象的方面。①

综上可见,由于个别劳动凝结着具有普遍规定性的外化"物",社会总体劳动是抽象化的普遍物,个别劳动在生产、分配的整体过程中形成抽象化的普遍性,个别劳动又处于整体生产、消费链条的普遍"交换"中介中;因而,在社会总体的"劳动—交换"体系中,也就存在着一种作为个别劳动之间的比较尺度的普遍物。这一普遍物,在黑格尔看来,正是在个别劳动的众多"加工物"(bearbeiten)之间存在的,一个超越所有"加工物"之具体形态的抽象普遍性,即"相等性"或"价值":

加工物的普遍性,就是加工物的相等性(Gleichheit)或价值(Wert)。在价值这一点上,加工物都是同一个东西。这种价值本身作为物,就是货币。回到具体,回到占有,就是交换。在交换中,这个抽象的物表现为其之所是,即从物性(Dingheit)回到自我的变化,并且是以这样的方式:它的物性在于,成为他人的占有……每个人都自动将自己的占有物放弃,扬弃了其定在(Dasein)。他们被承认。每个人从他者那里将他者的占有物占为己有……这种物的相等性,作为其内在物,就是它的价值,价值完全出自我的同意和他人的意见——我的积极主张,同样还有他的主张,我的意志和他的意志的统一,我的[意志]作为现实的意志、具体存在着的意志而有效;被承认的存在就是定在(指财产——引者注)。我占有,占有转化为财产。②

在这里,基于一种"抽象加工物"的普遍性(即"物性")原则,价值、货币、交换等经济学范畴,财产权和契约(体现为主体意志间的"承认"关系)等法律范畴都成为"劳动—交换"的社会化体系的构成性要素。质言之,正是基于"物性"的关键中介,政治经济学范畴的"劳动—交换"体系,在实践哲学层面,既被还原为一种主体间的意志关系,也由此被证成为一种承认的法权关系。

具体而言,因为"抽象物"的普遍相等性,个别劳动的产物可以互相交换,人们可以"放心"地放弃自己的占有物而达成物物转让。价值,由于在这种主体意志间的转让关系

① Hegel, Jenaer Systementwurfe III, In: Gesammelte Werke, Bd. 8, S.224 – 225. 中译文参考阿维纳瑞:《黑格尔的现代国家理论》,朱学平,王兴赛译,北京:知识产权出版社,第 113 页。

② Hegel, Jenaer Systementwurfe III, In: Gesammelte Werke, Bd. 8, S.225 – 226.

中的普遍的、抽象的中介性,形成货币:“这种物(指抽象物——引者注)代表一切劳动的普遍性。货币就是这种具有物性的、现实存在的概念,是满足需要的所有物的统一性或可能性的形式”①。与此同时,在个体意志间的占有物的交换中,“物”的中介作用,不仅在于其抽象化、形式化为价值和货币的普遍性②,也在于其作为具体劳动之外化和占有的“定在”。质言之,正是“物”在社会交换的“抽象”物性和个别劳动的“具体”物化之间的辩证运动,奠立了作为主体意志间的“承认”关系的财产权和契约的基础:

> 同一个普遍性构成财产权上的中介,作为认知的运动,因此就是直接占有,它经过了承认的中介,或者说它的定在就是精神的本质。这里,占有的偶然性被扬弃了:通过劳动和交换,我在被承认的存在中拥有了一切……这里,财产权的渊源和起源是劳动、我的活动本身的这种[普遍性]——直接的自我和被承认的存在和根据。③

由此,不是近代自然法意义上的先占原则,而是经过“占有物”之中介的劳动和交换关系,奠立了财产权的基础。质言之,只有在社会化的交换中,个体意志对彼此占有物的“承认”,才构成了财产作为一种“权利”的充分条件。这正如黑格尔所言:“我的财产的安全就是一切人的财产的安全,在我的财产中,一切人都有他们的财产。”④这种承认关系,必须要由个别的“我的意志”和“他的意志”统一、升华为普遍意志,进而形成“观念性交换”的契约,才具有概念层面的形式普遍性。

对此,一方面,如黑格尔所言,人作为纯粹的自为存在,是作为普遍意志而非个体意志受到尊重⑤;另一方面,如里德尔所言,由个体意志升华为普遍意志的“本源性承认”(Anerkanntsein)构成了契约的“社会”事实⑥。质言之,由于契约关系隐含了个体意志通过自由、平等的理性交往(主张的交换)而达成共识(普遍意志)的前提,因而契约保证了

---

① Hegel, Jenaer Systementwürfe I, In: Gesammelte Werke, Bd. 6, S.324.

② 参见 Hegel, Jenaer Systementwurfe III, In: Gesammelte Werke, Bd. 8, S.270。

③ 同上书, S.227。中译文参考[德]里德尔:《在传统与革命之间:黑格尔法哲学研究》,朱学平,黄钰洲译,北京:商务印书馆,2020 年,第 149 页。

④ Hegel, Jenaer Systementwürfe I, In: Gesammelte Werke, Bd. 6, S.325.

⑤ Hegel, Jenaer Systementwurfe III, In: Gesammelte Werke, Bd. 8, S.229 – 230.

⑥ 参见[德]里德尔:《在传统与革命之间:黑格尔法哲学研究》,朱学平,黄钰洲译,北京:商务印书馆,2020 年,第 150 页。

诸个体通过劳动和交换而获得的偶然承认，具有普遍必然的确定性和可预见性。[①] 需要指出的是，只有在个体意志真正统一为普遍意志，作为“观念性交换”的契约“概念”才能与其“定在”合一，从而在现实中真正履行约定。这也意味着，存在着因个体意志违约而导致普遍意志分裂的严峻情况。如前所述，“物”的中介作用确保了交换的普遍可度量性和公平性，与此同时，只有完成实际交换、现实地履行契约才是“普遍意志的存在”或“定在”；因此，契约中的普遍意志也同时“隐藏在特定的物中”[②]。从中可以发现，在由“物”的辩证运动不断中介的劳动、交换体系中，以财产权和契约为代表的法权关系，不再是近代自然法意义上权利主体之间直接的、静态的“同意”关系，而是劳动着的个体意志不断相互“承认”、达成“普遍意志”的具体的、动态的运作机制。

综上可见，通过劳动“物”的普遍中介作用，属于国民经济体系的劳动、交换、货币、价值等构成要素和属于法权正义体系的财产权、契约等重要范畴，构成了作为“财产和法律体系”的自发能动、普遍联系的有机统一体，近代工商社会的形成、运作机制得以明晰。在这种对近代国民经济学“实践哲学化”的解释视阈中，亚当·斯密所谓“看不见的手”的市场秩序整合机制，系统化、逻辑化为黑格尔解释具有自发性、统一性特征的“市民社会”的思想要素。这正如黑格尔所言：“在一个伟大的民族自身中，上升到这种普遍性的需求和劳动就形成了一个由公共性(Gemeinschaftlichkeit)和相互依赖构成的庞大体系”，劳动作为一种合理性“在民族中使自身成为一种普遍性”。[③] 质言之，普遍联系的社会劳动成为“民族”整体的能动性和统一性的生命力，经济—法权范畴的“社会”环节由局限于特定等级的“相对伦理”领域拓展为“民族”整体的公共性领域。

与此同时，个体性的“自我”(Selbst)也正是通过既自在自为又普遍依赖的社会化劳动，在相互承认的财产和契约关系中，被“教化”(Bildung)为自由的法律人格。由此，个体性和个别性真正确立为黑格尔的现代社会秩序的重要建构原则。这正如黑格尔所言：

> 这些是古人柏拉图也不知道的、近代的更高原则。在古代，美好的公共生活是所有人的伦常(Sitte)。普遍物和个别物(Allgemeinen und Einzelnen)的直接统一是美的，任何部分都是与整体不能分离的一件艺术品，是自知的“自己”和自己的表现之

① 参见[德]哈贝马斯：《劳动和相互作用》，见氏著：《作为“意识形态”的技术与科学》，李黎，郭官义译，上海：学林出版社，1999年，第24页；[德]里德尔：《在传统与革命之间：黑格尔法哲学研究》，朱学平，黄钰洲译，北京：商务印书馆，2020年，第150页。

② Hegel, Jenaer Systementwurfe III, In: Gesammelte Werke, Bd. 8, S.230.

③ Hegel, Jenaer Systementwürfe I, In: Gesammelte Werke, Bd. 6, S.324–325, S.320.

天才统一。然而，在他们那里，个别性的“绝对地知道自己”，即这种“绝对地在自己内部存在”的情形没有出现。柏拉图的共和国和斯巴达国家一样，都是这一自知的个体性的消灭。①

这段著名言论直观地呈现了黑格尔实践哲学的逻辑支点从耶拿早期到晚期的重大转变：在耶拿早期，为了批判“将个人的存在摆在首位和最高位置”的个体主义原则，黑格尔以古典伦理—政制的整体主义原则展开其“绝对伦理”的体系建构；但由于该伦理体系，既无法妥善解决近代国民经济活动和工商社会等级对古典伦理—政制精神的冲击和突破，也导致个体为“成全”共同体而自我牺牲的“伦理悲剧”，这使得黑格尔在耶拿晚期又从“绝对的个别性原则”（Prinzip der abosoluten Einzelnen）出发来构建新的公共性秩序。黑格尔理论出发点的个体，是生活在近代工商社会中、劳动和享受着的具体个体；通过劳动中的“物”的社会化中介机制，个体性的“需求—劳动”体系由特定的社会等级范围扩大到公共性的“民族”整体。由此，黑格尔既突破了个体与整体直接同一的古典共同体立场，也超越了近代自然法的抽象、静态的个体性预设，并且发现了社会化的劳动、生产对现代个体及其交互关系的塑造作用。而在成熟期的《法哲学原理》中，黑格尔正式将这一基于个体性原则的“需求体系”界定为“市民社会”。

（二）普遍意志的瓦解与秩序重建的要求

由上可知，虽然个体意志在“劳动—交换”关系中，通过相互承认形成了统一性的普遍意志，确立了“财产和法律体系”的根据，奠定了市民社会的存在、运行基础。但黑格尔在“耶拿精神哲学”中也指出，“社会”作为“需求—劳动”的普遍体系具有盲目性、偶然性等内在弊端，由此造成了严重的贫富差距和阶级矛盾，最终导致整体秩序瓦解、普遍意志分裂。因此，一种具有整合、规范“社会”功能的“国家”秩序的建构，就具有了逻辑必然性和存在合理性。

如前所述，黑格尔像斯密一样把“财产和法律体系”的社会视作自发能动、普遍联系的有机整体。但从耶拿早期的《伦理体系》开始，黑格尔就深刻地意识到该体系具有盲目运动的弊端：

在该体系占支配地位的事物表现为需求和需求满足的各种方式构成的无意识、

① Hegel, Jenaer Systementwurfe III, In: Gesammelte Werke, Bd. 8, S.263.

> 盲目的整体……该整体不是处于认识的可能性之外，而是处于重大的，亟须重新审视的关系之中……该体系基于其本质而自行运动着，它时而在微弱的波动下获得正确的平衡，时而遭受外部环境干扰而通过较大的波动重新恢复平衡。①

可见，由于"劳动—需求"的生产、消费体系是一种盲目的依赖关系，因而由此形成的社会整体也只是一种"形式的普遍物"，它"以一种盲目而根本的方式到处运动，并像一头野兽一样需要持久地强烈控制和约束"。② 而处于社会整体中的个别劳动者，不仅其劳动的无意识受制于社会"普遍物"的盲目的必然性，而且其精神和肉体的"生存还是毁灭"，也都取决于社会这一"根本的、盲目的运动"。③ 对此，黑格尔以产业社会中的贫富悬殊现象说明，当社会化的生产、消费为偶然性因素所支配时，不仅个体以劳动维持生存的方式具有不确定性，而且社会财富的集聚也愈发不平等，最终，社会整体更是因愈演愈烈的贫富矛盾而趋向瓦解：

> 由于时尚变化，或国外新发明造成的产品价值下滑，养活了一个庞大阶级(Klasse)的工业部门一夜之间便垮掉了，整个群体陷入无力自拔的贫困之中。赤贫与巨富之间的对立出现——万般无奈的贫困。
>
> 像每个庞然大物(Masse)一样，财产使自己成为一种力量。财富的聚集部分地是由于偶然性，部分地是由于生产与分配的普遍性。财富是一个引力中心……它把周围的一切都聚集起来，就像大物质吸引小物质一样……富裕与贫困之间的这种不平等，这种需求与必然性，变成了意志的极度撕裂(Zerrissenheit)，变成了内心的反抗与仇恨。④

这说明，在偶然性的社会需求的主导下，生产—消费的自发性活动，不仅导致个体的意识自身与其外化物和财产之间的分离、异化⑤，也导致了社会整体以财产的盲目增值、不平等集聚为排他性目标的异化；而由此引发的贫富差距和阶级矛盾的社会对立，最终导致社会的整体秩序瓦解、普遍意志分裂。面对这一情况，无论在《伦理体系》还是在《耶拿

---

① Hegel, System der Sittlichkeit, S.75. Lukács, Der Junger Hegel, S.414.

② 参见 Hegel, Jenaer Systementwürfe I, In: Gesammelte Werke, Bd. 6, S.324-325。

③ 参见 Hegel, Jenaer Systementwurfe III, In: Gesammelte Werke, Bd. 8, S.241。

④ 同上书，S.244。中译文参考[以]阿维纳瑞:《黑格尔的现代国家理论》，朱学平，王兴赛译，北京：知识产权出版社，2016年，第121页。

⑤ 参见 Hegel, Jenaer Systementwürfe I, In: Gesammelte Werke, Bd. 6, S.326。

精神哲学 II》的“现实精神”部分,黑格尔都表达了不少类似于“凯恩斯主义”的现代国家职能观;换言之,他希望通过政府力量干预市场秩序、发展海外贸易、调节税收分配、缓解贫富差距,从而解决工商社会的盲目性、无序性弊端及由此引发的阶级贫富问题。①

然而,相比于国家解决具体问题的工具性职能,黑格尔更看重国家基于自身本质和目的,在实践哲学意义上“扬弃”社会环节、解决社会问题。换言之,针对“意志的极度撕裂”和社会体系的异化、瓦解,黑格尔希望国家能够作为“普遍力量”和“绝对权力”②,重新促成“普遍意志”的和解、统一,进而建构一种“个体性”与“普遍物”辩证统一的有机共同体秩序。正是在“绝对精神”的“宪制”(Constitution)部分,黑格尔试图以个体意志通过“自我否定”而重建普遍意志的模式,阐发其国家学说。

二、普遍意志的国家政治学建构

在国家“宪制”及社会“等级”部分中,黑格尔试图基于其意识哲学的理论架构,遵循“历史与逻辑相一致”的解释方法,通过重构一种“个体性”与“普遍物”辩证统一的关系结构,阐发其容纳了个体性原则和社会领域的国家建构理论。正是在这一内涵丰富、意蕴深刻的诠释中,黑格尔不仅真正告别了古典城邦的伦理—政制精神,也彻底超越了近代自然法的契约论国家观,进而在对近代西欧国家和市场社会之历史形成的现实洞察中,打开了现代世界中国家与社会、公民与市民、强制权力与自由权利等“分”“合”不定的行动场域和理论视阈。

(一)个体意志的“自我否定”与普遍意志的重建过程

如前所述,新的政治体秩序构想,既要保证个体性原则的充分实现,使个体人格(Personen)的自为存在、自主意志、自由权利成为有机整体的原则和要素,又要以国家的“真正普遍物”整合、约束社会的“形式普遍性”,从而避免其毁灭个体、瓦解自身的盲目性运动。针对这一目标,黑格尔认为一种类似于古典城邦政制的,作为公共生活和治理体系的、自在自为的政治体权威是必须、必要的。③但在个体以何种方式与政治体相统一的构想上,黑格尔既反对个体存在与伦理—政制实体直接同一的城邦理想,也批判了自然法所谓通过个体意志的彼此同意、缔约形成普遍意志的社会契约论模式。首先,黑格尔指出,社会契约论是一种循环论证:一方面假定,只有通过个体意志的同意、缔约才能形成普遍

① 参见 Hegel, Jenaer Systementwurfe III, In: Gesammelte Werke, Bd. 8, S.244 - 245. Hegel, System der Sittlichkeit, S.75 - 76。

② 参见同上书, S.256 - 257。

③ 参见同上书, S.272。

意志;另一方面又预设,普遍意志作为政治体的构成性因素,在人们集会形成国家之前,即已存在他们心中。[①] 其次,黑格尔认为,社会契约论和古典共同体在本质上都是个体意志和普遍意志直接同一、形成国家的模式。质言之,“所有公民都参加集会,商议、投票,于是多数便形成了普遍意志”[②],这一卢梭提出的普遍意志构成理论,有着古典共和政制的模板。最后,在黑格尔看来,无论在理论逻辑上还是历史事实上,普遍意志都不是国家形成的前提,而是国家形成的产物。

在否定古典政治学和近代自然法的政治体建构模式后,黑格尔试图从“逻辑与历史相一致”的进路,基于其意识哲学框架,提出关于国家建构的演绎理论。质言之,从理想化的生成逻辑而言,国家是个体意志经过外化(Entaüberung)、教化(Bildung)和知识(Wissen)等中介过程而形成的普遍物,通过这些中介环节,个体在具体实践的历史性中形成的物质、制度、文化等成果,以及经济—法权范畴的“社会”领域,都被纳入国家整体的有机建构中。从历史现实而言,“耶拿精神哲学”的国家建构理论,既试图与近代世界中的绝对王权国家和法国大革命之后的共和制国家的创建史实相契合,[③]也试图将不断独立和扩张的市场经济与市民社会领域纳入其整体构想中。

这一国家建构理论,同样在个体意志如何形成普遍意志的论题中被提出:

> 普遍意志(der allgemeine Willen)就是所有人和每个人的意志……首先,它必须是由每个个人的意志出发而建构成的普遍意志,从而每个人的意志表现为原则和要素,然而,与此相反,只有普遍意志才是第一位的,是本质性的存在。与此同时,每个人的意志必须通过自我否定,即通过外化和教化来使自己成为普遍意志。普遍意志优先于每个人。对于个人而言,普遍意志就是绝对的定在。每个人绝不直接地就成为普遍意志。[④]

某种意义上,这段话从个体意志和普遍意志的关系角度,提纲挈领地表述了“耶拿精神哲学”的国家观的演绎构想。首先,从逻辑关系而言,作为普遍意志的国家整体优先于

---

① 参见[以]阿维纳瑞:《黑格尔的现代国家理论》,朱学平,王兴赛译,北京:知识产权出版社,2016 年,第 126 页。

② Hegel, Jenaer Systementwurfe III, In: Gesammelte Werke, Bd. 8, S.256. 参见[德]里德尔:《在传统与革命之间:黑格尔法哲学研究》,朱学平,黄钰洲译,北京:商务印书馆,2020 年,第 154 - 155 页。

③ 参见[德]里德尔:《在传统与革命之间:黑格尔法哲学研究》,朱学平,黄钰洲译,北京:商务印书馆,2020 年,第 155 页;[法]科维刚:《现实与理性——黑格尔与客观精神》,张大卫译,北京:华夏出版社,2018 年,第 272 - 273 页。

④ Hegel, Jenaer Systementwurfe III, In: Gesammelte Werke, Bd. 8, S.256 - 257.

每个个体。在这段话的页边注释中,黑格尔再一次援引亚里士多德"整体按本性优先于个体"的观点作为佐证。① 基于这一预设,个体趋向于整体普遍物的生成,以及国家作为普遍物的现实化,都是个体的内在本质(普遍形式)的自觉、自为的实现。② 当然,此时黑格尔已经放弃耶拿早期个体与整体直接同一的古典政治体构想,因而,"每个人绝非直接地就成为普遍意志"。其次,从内在本质而言,个体意志构成了普遍意志的"原则和要素"。如前所述,诸个体既自在自为又普遍依赖的劳动,形成了满足个体欲望、维护个体法权、塑造个体人格的现代"社会"环节。因而,最终作为普遍意志的现实性国家也必须将个体意志内化于精神③、外化于制度。最后,从形成过程而言,个体意志是普遍意志得以建构的起点,但不同于契约论由个体意志聚集、同意而形成普遍意志的直接模式,个体意志必须经过外化、教化、知识等"自我否定"的中介过程才能成为普遍意志。

需要指出的是,"精神哲学草稿"中的"自我否定"并非耶拿早期体系中个体"成全"共同体的自我牺牲,而是个体性由主观专断任意(Willkür)向作为自身目的之普遍物的生成④,进而个体性升华为与普遍物之辩证统一关系的过程。个体的自我否定过程,也是国家的建构过程,在该过程中,个体通过个别劳动、社会劳动而实现的自身本质和形成的"社会"领域,也作为有机环节纳入"国家"的整体性中。首先,"外化"指的是个体发挥自身能力、实现独特禀赋的活动。在该活动中,个体意志"使自身对象化"而占有外物,从而在"一个异于自我的事物"⑤中,既把握外物作为对象自然的客观规律性,又实现自我作为独立个体的个别规定性⑥。通过"外化",不仅个体承认其自身能力和劳动产物,而且个体之间也承认彼此的劳动产品,进而承认产品交换的活动。⑦ 基于"外化"的关键中介,个体与自身、个体与自然以及个体之间,形成了既自在自为又普遍依赖的社会化劳动、生产体系。可以说,"外化"环节代表了以劳动、生产为核心活动的经济领域。

其次,"教化"指的是"个别者从自身向普遍物的生成",个体以自觉的意识和自为的行动趋向于普遍物之生成的目的。⑧ "教化"不仅具有个体通过劳动、交换、契约等逐渐掌

---

① Hegel, Jenaer Systementwurfe III, In: Gesammelte Werke, Bd. 8, S.257.
② 同上书, S.255。
③ 同上书, S.254。
④ 同上书, S.255。
⑤ 同上书, S.228。
⑥ 参见 Lukács, Der Junger Hegel, Hermann Luchterhand Verlag, 1967, S.393, S.405。
⑦ Hegel, Jenaer Systementwurfe III, In: Gesammelte Werke, Bd. 8, S.208 - 209. 参见翁少龙:《黑格尔耶拿政治哲学的实践价值》,《哲学评论》,2020 年第 2 辑,第 140 页。
⑧ Hegel, Jenaer Systementwurfe III, In: Gesammelte Werke, Bd. 8, S.237.

握经济、法律领域普遍规律①的国民经济学内涵，更具有个体被塑造、形成国家认同的政治学内涵。换言之，"教化"不仅在"社会"环节塑造了个体之间普遍性的劳动关系和平等意识②，更在"国家"环节塑造了个体对律法权威、共同体归属、公民身份等的公共性认同。黑格尔以立法活动为例说明，正是立法者的外在权威塑造了统治—被统治的法律关系，由此"教化"公民形成对国家的自觉认同("信赖")：

> 法律的统治并非那种好像其他人不存在的立法活动：相反，他们是在那里的。关系就是将个体教化成服从共同体的运动……第二个环节就是信赖的出现，即个体知道他自己身处该环节，作为他的本质，发现自己在其中得到保存。③

基于"教化"的政治性内涵，黑格尔解释了国家从被创建到被认同的形成过程。与法律源于外在的立法权威一样，历史上的国家创立也源于外部力量："国家在他们(指诸个体——引者注)的自在的本质，换言之，是对他们进行强制的外部力量。因而，所有国家都由伟大人物的超凡力量所创建……"④由此可见，一方面，建国者、立法者的"强制"力量创建了国家、法律、统治关系等制度形态；另一方面，正是"教化"的长期过程，公民对共同体、统治权威和自我身份产生了"信任"的认同意识，并形成一种政治习性(hexis)。可以说，"教化"环节，承担着个体由"社会"关系向"国家"关系过渡的转换机制，"教化"的双重内涵也蕴含着个体作为"市民"和"公民"的双重身份维度。

最后，正是在"知道"(wissen)环节，国家作为普遍物由"教化"环节的习性认同升华为公民的普遍必然性"知识"(Wissen)。由于"知道"，个体向普遍物的生成不再是"一种盲目的必然性，而是一种以知识为中介的必然性"；"每个人对自己而言都是目的，也就是说，目的就是动力，每个人直接都是原因"。⑤ 以知识的普遍形式为中介，建构国家成为个体由其自觉意识推动的普遍目的和自为行动。最终，在个体目的与普遍物的完全一致中，普遍意志作为国家的"现实性"得以真正形成。⑥ 到此为止，个体性(个体意志)在"自我否定"的辩证运动中过渡到了"国家"的普遍物(普遍意志)：一方面，个体意志历经"外

① 参见韩立新：《从"人伦的悲剧"到"精神"的诞生》，《哲学动态》，2013 年第 11 期，第 12 页。

② 参见 Hegel, System der Sittlichkeit, Felix Meiner Verlag, 2002, S.12。

③ Hegel, Jenaer Systementwurfe III, In: Gesammelte Werke, Bd. 8, S.260.

④ 同上书, S.258。

⑤ 同上书, S.255。

⑥ 同上。

化”“教化”“知识”等一系列中介环节，把超越个人特殊利益的国家“普遍物”，确立为自身的本质、目的和自觉行动；另一方面，在近代历史中建立和运作的“现实性”国家，也必须把“基于个别者的完善的自由和自主的普遍性”确立为自身内在的原则、要素和“精神”，①把经济和法权关系的“社会”领域纳入其辩证统一的有机整体中。由此，“耶拿精神哲学”的国家建构的演绎过程大致完成。

（二）普遍意志在政治行动中的不断实现

在这种以个体意志为演绎起点和内在原则的国家理论中，个体性与普遍物所达成的辩证统一结构似乎呈现为两者的“分裂”关系：

> 在自身即为个体性的普遍物这一端，即政府，并非国家的一个抽象物，而是一个以普遍物自身为目的的个体性，以及以个人为目的另一端。②

的确，一方面，从前述“知识”环节即可发现，个体虽然以普遍物为自身目的，但不会放弃对自身特殊利益的追求；③换言之，在黑格尔的构思中，对私人经济利益、财产权利的保障正是普遍意志的个体性“原则和要素”所在。另一方面，在国家中，由于普遍意志将自身集合为一个作为权力机关的、独立且单一的“整体”，因而普遍意志以作为权力现实承载者的法人形式即“政府”实体而存在。④ 由此，在一些学者看来，对这两种个体性的阐发，不仅在逻辑上预示了《法哲学原理》中市民社会理论（个体作为“市民”）和国家理论（个体作为“公民”）的结构分离⑤，也顺理成章地过渡到“宪制”后半部分对具有“不同意向态度”的、分化的社会“等级”⑥的讨论，而且，更呈现了历史中市民制度（市场）与国家制度（如韦伯所谓的“官僚制”）⑦、民众个体与政府实体日益对立的重要现实。换言之，根据这样的解释，两种个体性的分立，既在逻辑建构上代表了黑格尔对现代个体性原则（自由、平等）的充分肯定，也在现实洞察上代表了他对现代世界日益分化为国家和社会、政府

---

① Hegel, Jenaer Systementwurfe III, In: Gesammelte Werke, Bd. 8, S.254－255.

② 同上书，S.261。

③ 同上书，S.255。

④ 同上书，S.257。参见［德］霍耐特：《为承认而斗争》，胡继华译，曹卫东校，上海：上海人民出版社，2006 年，第 65 页。

⑤ 参见［德］黑格尔：《法哲学原理》，第 190 节附释，邓安庆译，北京：人民出版社，2016 年，第 337 页；［德］里德尔：《在传统与革命之间：黑格尔法哲学研究》，朱学平，黄钰洲译，北京：商务印书馆，2020 年，第 155－157，177－178 页。

⑥ 参见 Hegel, Jenaer Systementwurfe III, In: Gesammelte Werke, Bd. 8, S.266－267。

⑦ 参见 Lukács, Der Junger Hegel, Hermann Luchterhand Verlag, 1967, S.476。

实体与民众个体、官僚机构与市场制度之历史事实的充分承认。的确,当黑格尔把近代世界的个体性伦理与经济活动、法权关系等都纳入国家建构的演绎逻辑中时,“以个人为目的”的个体性是无论如何也不可能在普遍物中被消解掉的。

然而,值得注意的是,黑格尔在紧接着的后文中就再次表达了对古希腊城邦生活之“美丽的幸福的自由”的歆羡①。笔者认为,此处的重点在于强调古希腊城邦实现了“民族既分裂为公民,又组成一个个体即政府”的民主政治活动。质言之,对古希腊城邦政制的肯定,并非如阿维纳瑞所言是倒退回耶拿早期个体性与普遍物直接同一的整体主义立场②,而是寄托了黑格尔以现实中人的政治行动(公民个体组成政府)弥合、统一两种个体性及相对应的两种制度实体的政治理想。这种以“普遍意志”为名的统一性理想,恰恰由于“公民”也具有“市民”身份而得以实现:

> 这两种个体性是相同的。同一个体既关心自己和家庭,他劳动、订立契约;同时他也为普遍物劳动,以普遍物为目的。按前者而论,他是市民(bourgeois);按后者而论,他是公民(citoyen)。所有人都要服从作为多数意志的普遍意志,普遍意志通过众多个人的特定发言和投票形成。③

在笔者看来,不同于“公民”与“市民”的双重身份对应于国家和市民社会之分立现实的相对简单解释④,黑格尔再度强调普遍意志,说明他没有放弃以普遍意志的整体性来整合、规范现代社会引发的目的多元、利益分化、阶级对立等现实问题。与此同时,对普遍意志的这一界定也并非退回到前述社会契约论的立场,毋宁说,通过参政议政、形成普遍意志的人们,正是经过“外化”等中介环节,同时将特殊利益内化为自身目的的个体意志的具体存在。因而,在个体意志的政治行动中,作为“普遍物”的国家具体化为“个体性”的政府机构,市民的特殊利益和市民社会的经济问题,也内化为公民的自由权利和国家的治理职能的应有之义。

在笔者看来,《德国宪制》(Die Verfassung Deutschlands)中对“无政府状态”的批判部

① Hegel, Jenaer Systementwurfe III, In: Gesammelte Werke, Bd. 8, S.262.

② 参见[以]阿维纳瑞:《黑格尔的现代国家理论》,朱学平,王兴赛译,北京:知识产权出版社,2016 年,第 139 - 140 页。

③ Hegel, Jenaer Systementwurfe III, In: Gesammelte Werke, Bd. 8, S.261.

④ Lukács, Der Junger Hegel, Hermann Luchterhand Verlag, 1967, S.476. 参见[法]科维刚:《现实与理性——黑格尔与客观精神》,张大卫译,北京:华夏出版社,2008 年,第 278 页;[日]植村邦彦:《何谓“市民社会”——基本概念的变迁史》,赵平等译,南京:南京大学出版社,2014 年,第 81 - 83 页。

分，直观而丰富地呈现了黑格尔试图在君主立宪政制的前提下，以个体的政治行动协调民众与政府关系、统一市民与公民身份的重要构想：

> 无政府状态已和自由区别开来；一个稳定的政府对自由[是]必不可少的，这一点已深入人心；但同样地，民众必须参与一个国家的立法和最重要的事务，这也已深入人心了。政府遵照法律行事，普遍意志活动参与涉及普遍物的最重要的事务，其保证民众是从代表自己的团体的组织中得到的。这种团体应准许君主征一部分税收，特别是非常规税收。正如过去最重要的事情即个人提供职役要靠自由同意一样，现在在金钱上也应这样。金钱本身对其他一切都有影响。没有这样一种代表团体就不能再设想什么自由……①

首先需要指出的是，这一政府构想以代议制理念为中介。一方面，基于代议制的理念中介，代表国家整体目的的“公民”，代表社会多元利益的“市民”，代表具体权力执行的“政府”，统一于“普遍意志”或“人民”的总体名义之下。另一方面，基于代议机构和代表团体的实际中介，公民得以参与到立法等大政方针制定的现实政治生活中来。通过这一双重中介，普遍意志既是公民集体的意志表达，也是政府建制和法律条文的具体体现。同时，诸如政府税收等涉及市民利益、影响市场运行②的经济事务，也由市民裁量和同意的自由权利所决定。由于个人兼有“公民”与“市民”的双重身份，而且作为市民活动的社会领域被纳入作为公民行动的国家整体领域中，因而，个体意志可以集合、升华为以普遍物（国家整体）为目的的普遍意志，普遍意志也可以在普遍物（代议制政府）内部讨论，保障个体的特殊利益。

以这种方式，或者说以现代世界中既劳动、享受，又参政、议政，更彼此交往、相互依赖的具体个人为中心，分化了的社会结构（国家与社会）、社会建制（政府与市场）、社会等级（低等等级和普遍等级③），基于一种公民与市民相同一的“个体间性”原则而被重新弥合、统一。值得注意的是，这种个体性原则，更预示了20世纪众多强调“公民政治参与”的公共行动理论。现代人在“劳动”“工作”之余，更要以积极的政治“行动”，去参与大政方针的决策、去捍卫公民共和的精神、去塑造理性爱国的激情。这或许也是“耶拿精神哲学”

① ［德］黑格尔：《德国宪制》，载《黑格尔政治著作选》，薛华译，北京：中国法制出版社，2008年，第105－106页。

② 参见Hegel, System der Sittlichkeit, S.75－76。

③ 参见Hegel, Jenaer Systementwurfe III, In: Gesammelte Werke, Bd. 8, S.267－273。

的国家学说留给现代处境中的人们非常重要的精神遗产之一。

三、小结

正是在“耶拿精神哲学”中，黑格尔以近代国民经济学内涵的个体意志为出发点，在对普遍意志的逻辑演绎中，较为系统地建构起了“市民社会”和“国家”既互相独立又辩证统一的法哲学体系框架，从而为成熟期的《法哲学原理》奠定了内在逻辑一致的理论基础。同样重要的是，在“耶拿精神哲学”中，面对国家与社会、政府实体与民众个体、官僚机构与市场制度日益分化、冲突的现实矛盾，黑格尔试图以在现实中既劳动、享受，又参政、议政，更彼此交往、相互依赖的个人为中心，以他们身兼国家“公民”和社会“市民”的双重活动（经济生产和政治参与），去重新弥合、统一领域分化、利益多元、阶级对立的现实世界。某种意义上而言，个体意志对“社会”和“国家”代表的两种普遍意志的两次重建，和通过不断地行动对两种普遍意志的整合与统一，是“耶拿精神哲学”提出的近代“个体性”原则的重要体现。

Two Constructions of Universal Will: on Society and State in “Jena Philosophy of Spirit”

JIANG Yi

【**Abstract**】 Jena early theory of “absolute ethics” system expounded by natural law papers and ethical system not only contains the theoretical presupposition of individual sacrifice for the whole in “absolute ethics”, but also contains the situation of sacrifice caused by mutual struggle between individuals in the “negative ethics” to enter “absolute ethics”. In response to these problems, in the late “Philosophy of Spirit” of Jena, Hegel took the individual will in the connotation of modern national economics as the starting point, and in the logical deduction of the universal will, he systematically constructed a legal philosophy system framework in which “civil society” and “state” are independent of each other and unified, thus laying a theoretical foundation of internal logic consistency for the mature “principles of legal philosophy”. At the same time, facing the realistic contradictions of the growing differentiation and conflict between the state and society, government entities and individual people, bureaucracy and market system, Hegel tried to take the dual activities (economic production and political participation) of individuals who are both national citizens" and social “citizens” in reality as the center to re bridge and unify the real world of domain differentiation, diverse interests and class antagonism. The two reconstruction of the general will represented by "society" and "country" by individual will is an important embodiment of the modern "individuality" principle proposed by "Jena spiritual philosophy".

【**Keywords**】 Hegel, Jena Spiritual Philosophy, Universal Will, State, Society

【比较伦理学研究】

20世纪下半叶以来西方汉学视野中的墨家伦理学书写[①]

刘　松　邹天雨[②]

【摘要】自19世纪墨家思想被译介到西方以降,墨家伦理学说便备受关注,尤其是20世纪以来,欧美汉学界发起了两场关于墨子是不是功利主义者的广泛讨论。欧美学界逐渐意识到墨家伦理思想的复杂性、深刻性和冲突性,不能简单以早前西方汉学界所谓的"功利主义"冠之。21世纪初,万百安和方克涛等西方汉学家对这一极具争议性议题进行了重新阐释,并提出新的观点——墨子是世界上最早的后果主义者。正是在长达半个多世纪众声喧哗的学术争鸣中,墨家伦理学引起了西方哲学界持续而广泛的关注,提升了墨家哲学乃至先秦哲学在世界哲学话语场的经典性。

【关键词】墨子,伦理学,功利主义,后果主义

自1861年《墨子》传入西方伊始,艾约瑟(Joseph Edkins, 1823—1905)、理雅各(James Legge, 1815—1897)等来华新教传教士就注意到墨家伦理学说"兼爱"与19世纪英国西方功利主义哲学存在某种共通之处。不过,彼时传教士最重要的任务是在华传播基督教,因此他们将墨家的"兼爱"译为"Universal love",与基督教的博爱相比附,试图从《墨子》中解读隐藏的宗教元素,证明上帝在先秦时期就业已存在。此时,传教士对《墨子》的认识基本上是一种宗教想象,而非哲学认知。这种刻板印象一直持续到20世纪20年代。西方汉学界对墨家伦理学说的阐释不再完全囿于传教士本位立场,而是由神学阐释转向

① 本文系湖南省教育厅科学研究项目(项目编号:21B0834)、湖南省普通高等学校教学改革研究项目(项目编号:HNJG-2021-1149)、湖南省哲学社会科学基金(项目编号:21YBQ111)的阶段性成果,同时得到广东外语外贸大学翻译学研究中心2021年度科研招标项目(项目编号:CTS202108)及成都大学文明互鉴与"一带一路"研究中心资助课题(项目编号:WMHJTF2022B17)资助。

② 作者简介:刘松,北京外国语大学英语学院博士后,湖南财政经济学院讲师,主要研究方向为典籍翻译与翻译出版。邹天雨,湖南财政经济学院讲师,主要研究方向为文学伦理学与英美诗歌研究。

哲学阐释,其表征是墨家伦理学说“兼爱”不再被作为基督教宗教伦理观加以阐发,而是被解释为功利主义哲学。此后,在很长一段时间里,无论是当时的中国学者还是西方汉学家似乎普遍倾向于将墨子称作功利主义者。譬如,冯友兰在《中国哲学简史》中称墨家伦理学是一种“极端的功利主义”;①美国汉学家华兹生(Burton Watson,1925—2017)在《墨子》译本中将之称为“bald utilitarianism”(彻底的功利主义)②;另一位美国汉学家牟复礼(Frederick Mote,1922—2005)的《中国思想之渊源》一书则将墨家伦理学思想概括为“宗教功利主义”(religious utilitarianism)③。

将墨家伦理学阐释为西方功利主义哲学在某种程度上有力证明了功利主义这一概念并非最早起源于西方,更不是西方所特有,而是在中国先秦时期就已发轫,这对于驳斥黑格尔等西方学者所谓“中国没有哲学”荒谬言论具有重要意义④,当然也提升了墨家伦理学在世界伦理学谱系中的地位。

一、问题的提出:关于墨子功利主义者身份论争的嚆矢

西方汉学界对墨子功利主义身份的质疑最早可以追溯到1976年美国哲学家埃亨(Dennis Ahern)发表的《墨子是不是功利主义者?》一文。埃亨认为,长期以来胡适、梁启超等中国本土学者以及西方汉学界都将墨子称作功利主义者,这一结论有待商榷。在他看来,墨子提出的“兼爱”“非攻”“节葬”“节用”等伦理学说的确存在明显的功利主义倾向。然而,结合墨子提出的“天志”和“明鬼”两大宗教主张,可以发现其功利主义动机的最终实现要依靠鬼神的力量和天的意志。因此,墨子功利主义思想与其宗教主张纠缠在一起,不能对“墨子是不是功利主义者”这一命题给出一个草率的答案⑤。

为了更好地解答这一问题,埃亨另辟蹊径,他首先对“功利主义”这个西方哲学经典概念进行了重释。他将功利主义分为“强式功利主义者”(Unitarianism in the strong sense)和“弱式功利主义者”(Unitarianism in the weak sense)。强式功利主义者往往也是道德义务论者。他们认为判断某一行为正确与否的最终且唯一标准是看其能否为最多数的人带来最大化的利益。弱式功利主义者则指出为最多数的人带来最大化的利益是判断行为对错的重要标准,但绝非唯一、最终标准。在埃亨看来,强式功利主义者便是绝大多

① Fung, Yulan, *A History of Chinese Philosophy*, Princeton: Princeton University Press, 1952, p.58.

② Burton, Watson, *Mo Tzu*, New York: Columbia University Press, 1963, p.168.

③ Frederick, Mote, *Intellectual Foundations of China*, New York: Alfred A. Knopf, 1971, p.87.

④ [德]黑格尔:《哲学史讲演录》,贺麟,王太庆译,北京:商务印书馆,2009年,第133页。

⑤ Ahern, Dennis, “Is Mo Tzu a Utilitarian?”, in *Journal of Chinese Philosophy*, 1976, S.186.

数西方哲学家著作中所描述的那种功利主义哲学,19 世纪英国功利主义哲学家边沁(Jeremy Bentham,1748—1832)和穆勒(John Mill,1806—1873)就明显属于典型的强式功利主义者①。

通过界定功利主义这一概念的内涵和外延,埃亨将“墨子是不是功利主义者”这一命题置换为:墨子究竟是强式功利主义者还是弱式功利主义者? 透过《墨子・非命》中的“三表法”,他将墨子功利主义哲学用公式表达出来:

> B_1:“x”是一种正确的行为,有且仅当“x 对世界带来益处”。
>
> B_2:“x”是一种错误的行为,有且仅当“x 对世界带来坏处”。

埃亨指出,以往研究者将《非命》中“三表法”的最后一表,即对国家和人民有益作为墨子判断个体行为和政府决策正确与否的最终标准,这种论断忽略了墨家伦理学说与其宗教思想的关联。墨子在《天志》中将天奉为至高无上(Super being)的存在,强调天主宰一切,凡是符合天意的做法便是对的。反之,一旦人类触犯天意必将遭到天谴。由此观之,天的意志本身就可以看作是一条伦理标准。由此,埃亨推断出对人民和国家是否有利固然是墨子判断行为和政策正确与否的重要标准,但绝非唯一标准。除此之外,还存在另外一个标准,那就是“天志”,即天的意志。因此,墨子的功利主义计算公式除了以上提及的 B_1和 B_2以外,还应表述为:

> B_3:“x”是一种正确的行为,有且仅当“x 符合天意”。
>
> B_4:“x”是一种错误的行为,有且仅当“x 不符合天意”。

既然墨子的功利主义哲学可以归纳出两套标准,即是否有利于国家和人民(B_1,B_2)与是否符合天意(B_3,B_4)。那么,墨子并非强式功利主义者,而是弱式功利主义者。这一结论又将引出另一个问题——究竟选择哪一种伦理准则来判断人们的言行举止呢?倘若选择前者,那么,对墨子来说,判断行为正确与否就看它是否能为最多数的人实现价值的最大化。倘若选择后者,那便是看行为是否顺应天意。带着这一疑问,埃亨以《非乐》为例进行分析:如果墨子主张废除音乐主要是为了能够使国家和人民受益,此时墨子

---

① Ahern, Dennis, “Is Mo Tzu a Utilitarian?”, in *Journal of Chinese Philosophy*, 1976, S.186.

便是强式功利主义者,倘若墨子认为废除音乐主要是顺天意而为之,而且这种行为也将使国家和人民受益,那么墨子便是强式功利主义者,反之,如果墨子认为判断废除音乐这一行为正确与否完全是遵照天意行事,那么,在这种情况下,废除音乐仅仅是按天的指令行事,此时墨子便是弱式功利主义者。①

最终,埃亨的结论是墨家伦理学不能与 19 世纪英国功利主义哲学画等号,因为边沁、穆勒等人是强式的功利主义者,而墨子则是弱式功利主义者。他并辅之以《天志》中的一段话进一步作出说明:

> 且夫天下盖有不仁不祥者,曰:当若子之不事父,弟之不事兄,臣之不事君也。故天下之君子,与谓之不祥者。今夫天兼天下而爱之,撽遂万物以利之,若豪之末,非天之所为也,而民得而利之,则可谓否矣。然独无报夫天,而不知其为不仁不祥也。此吾所谓君子明细而不明大也。

埃亨认为,从这段文字可以看出“天”孕育万物,以兼爱的胸怀关爱人类,而人们在获得上天庇佑的同时,必须加以回报,即按时按量提供祭天之用的祭品。质言之,尽管天总是造福于人类,但是人类有义务对上天怀有一颗感恩之心;一旦人们不能按时按量提供祭品,天就会惩罚人类。因此,埃亨认为,“天”虽关爱万民,为民谋利,但其至高无上的权威是透过人对天的感恩之情实现的。因此,“天”与民之间的关系本质上是一种宗教情感的交涉互动,而不是出于功利主义动机。②

埃亨该文一经发表便在欧美汉学界引发了轰动。他对墨家伦理学的阐释摆脱了以往冯友兰、华兹生等中外学者以西释中的窠臼,而是秉持和而不同的研究理念,在对西方功利主义哲学这一概念的重新界定下,透过分析墨家伦理学说与其宗教思想的关联,对墨家伦理学的基本内涵进行了新的解剖,尝试厘清墨家伦理学说和西方功利主义哲学的本质差异,不仅在研究范式上作出了巨大创新,而且为重新评价墨家伦理学说提供了新的方法路径。

二、游走在宗教和伦理之间:对墨家功利主义哲学的重新阐释

1979 年,美国汉学家、哲学家泰勒(Rodney Taylor)在《东西方哲学》杂志上发表论文

---

① Ahern, Dennis, “Is Mo Tzu a Utilitarian?”, in *Journal of Chinese Philosophy*, 1976, S.186.

② 林嘉新:《诗性原则与文献意识:美国汉学家华兹生英译杜甫诗歌研究》,《中南大学学报(社会科学版)》,2020 年第 4 期。

《宗教和功利主义:墨子对鬼神和葬礼的态度》,对埃亨一文进行了回应。泰勒没有直接回答"墨子是不是功利主义者"这一问题,他最关心的是功利主义思想究竟是不是墨子最核心的思想。

正如前文所言,埃亨在探讨墨子功利主义身份时,主要是分析墨家伦理学说与其宗教思想的关联。泰勒深以为然,指出以往西方学界对墨子功利主义动机的分析忽略了墨子的宗教世界观问题。在他看来,以往研究者仅仅是将墨子"天志""明鬼"等主张作为支撑墨子是有神论者的主要依据。这种研究范式实际上与西方汉学传统儒学研究并无二致。长期以来,西方汉学界热衷于对中国典籍采取神学化阐释,《墨子》也不例外。因此,很少有人尝试将《墨子》中的宗教元素与墨子其他学说联系起来,也未认真审视这些所谓的宗教元素是否真实反映了墨子的宗教世界观。①

泰勒将墨子比喻成一位精神分裂症患者,一面似乎是宗教的,另一面则完全是功利主义的。他还发现墨子的宗教观实际上与其功利主义动机相抵牾。墨子强调尊天侍鬼,却又提倡节葬短丧,殊不知一旦由于人们过于节俭导致给鬼神的贡品未能按时按量供应,将可能引发鬼神的怨恨,最终降下灾祸。在泰勒看来,这两张面孔并非完全对立冲突,而是存在一定的张力:墨子毕生目标是为了实现"兴天下之利,除天下之害",在《非命上》中这一目标进一步细化为"国家之富,人民之众,刑政之治"。墨家所有学说和一切主张都是围绕这三个目标的。实际上,墨子论证鬼神存在的依据便是向人们解释鬼神能够带来国家之富、人民之众、刑政之治。因此,功利主义始终是墨子思想的核心,宗教只不过是实现功利主义目标的工具罢了。不过,泰勒亦敏锐意识到功利主义的确能解释墨子宗教思想和伦理学说之间看似存在的冲突,但墨子也回避了灵魂和鬼神存在的本体论问题。换言之,支撑鬼神存在的理据非常单薄,不具备说服力。墨子仅仅是不厌其烦地宣传鬼神给人们带来的种种好处,却回避了两个最根本的问题:鬼神为何存在? 以怎样一种方式存在? 为此,泰勒提出了弥合冲突的思路,它既能将墨子功利主义立场考虑在内,又可以保留墨子的宗教世界观的完整性。在他看来,问题的关键不在于解释墨子究竟是有神论者还是功利主义者,而是阐明墨子如何将看似相互矛盾的不同观点糅合在一起。泰勒以墨子的"尚同"为出发点,以"天志""明鬼"为主线,将墨子的"尚贤""非命""兼爱""非攻"等伦理学说联系起来,试图揭示墨子宗教思想和功利主义哲学之间的内在关联。他指出,墨子在《尚同上》中提出古代人类刚刚诞生时还没有刑法政治,此时"盖其语,人异义"。人们

---

① Taylor, Rodney, "Religion and Utilitarianism: Mo Tzu On Spirits and Funerals", in *Philosophy East and West*, 1979, S.338.

常因为意见不同而相互攻击，从而导致天下混乱，应对方法是“天子唯能壹同天下之义，是以天下治也”，即建立统一的标准——依据人才能力大小分别担任从村长到天子的职位，同时下级必须服从上级，这样天下思想最终统一于天子，这便是墨子提出的“尚同”和“尚贤”思想。然而，墨子同时亦指出，即便天下思想统一于天子，自然灾害仍然会降临到人们头上，这是因为在天子之上还存在一个至高无上的存在——天。一旦天下人的思想与上天意志相悖，天势必会降下自然灾祸来惩罚人类。因此，墨子要求人们做到“尊天事鬼”①。

泰勒认为，在墨子的这套管理体制中，天子只是天在人间的代言人，必须遵循天意。在这里，天成为一种超自然的力量，拟人化的天。天能够干预世界，其干预的形式便是实施奖罚。遵从天意的人将会得到奖赏，反之，必会受到惩罚。这便是墨子所说的“天志”。天是万物的尺度，人人必须顺应天意。天意就像百工用矩来画方，用规来画圆，用绳墨来画直线，符合这些尺度的东西就是对的，不符合便是错的，这便是墨子所说的“法仪”。既然天乃法仪，那么人们的一切行事都必须以天意为准则，做到“天之所欲则为之，天所不欲则止”。那么，天到底喜欢什么，厌恶什么呢？“天之欲人之相爱相利，而不欲人之相恶相贼”（《法仪》）。这样就引出了墨子的核心主张“兼爱”和“非攻”。当然，遵循天意并不意味着人们凡事被动。墨子极力反对儒家的宿命论，提出了“非命”的主张。

泰勒认为《墨子》中功利主义最核心的体现便是“义”。首先，墨子认为天下混乱的根源在于“盖其语，人异义”（《尚同上》），“天下失义”（《节葬下》）。对于什么是“义”始终缺乏一个统一的标准，这是天下混乱的根源。基于这种考虑，墨子主张“尚同”，将“义”最终统一于至高无上的权威——天。天既然是至高无上的权威，那么人们就要遵循天意。那么天意到底是什么？墨子在《法仪》中给出的答案是“天之欲人之相爱相利，而不欲人之相恶相贼”，并在《天志上》中进一步阐释道：

> 然则天亦何欲何恶？天欲义而恶不义。然则率天下之百姓以从事于义，则我乃为天之所欲也。我为天之所欲，天亦为我所欲。然则我何欲何恶？我欲福禄而恶祸祟。若我不为天之所欲，而为天之所不欲，然则我率天下之百姓，以从事于祸祟中也。然则何以知天之欲义而恶不义？曰：天下有义则生，无义则死；有义则富，无义则贫；有义则治，无义则乱。然则天欲其生而恶其死，欲其富而恶其贫，欲其治而恶其乱，此

① Taylor, Rodney, “Religion and Utilitarianism: Mo Tzu On Spirits and Funerals”, in *Philosophy East and West*, 1979, S.338 – 339.

我所以知天欲义而恶不义也。

泰勒据此分析，天意可以简单用一个“义”字来概括，因为“天下有义则生，无义则死；有义则富，无义则贫；有义则治，无义则乱”。如果说功利主义在墨子思想中占据支配地位，那么功利主义的具体表征（生、富、治）则有赖于正义的存在。天意就是“义”，因此，人们必须顺从天意。不仅如此，“义”的维系还需要借助天的权威，因为天可以对人间实施奖励和惩罚。正因如此，当暴君当政时，天就会对其实施惩罚，维持正义。由此，泰勒认为墨子功利主义动机归根结底是借助天意实现的。①

墨子的“明鬼”和“节葬”主张也是如此。在泰勒看来，墨子对鬼神作用的强调也昭示了浓厚的功利主义色彩。墨子并不太关心鬼神是否真的存在，其真正的意图是使人们相信鬼神对于维持社会秩序的重要意义。墨子相信，对于人们而言，鬼神的重要性不在于它们究竟是否存在，而在于这种信仰是否会使他们受益。因此，泰勒认为鬼神和天在墨子思想中扮演了相同的角色，它们只不过是墨子实现功利主义动机的工具罢了。②

墨子对厚葬的批判也借助了天和鬼神的力量。对墨子而言，无论是精心安排的葬礼还是儒家提倡的三年守孝期都不能为人们带来实际好处，而是会劳民伤财，而且长此以往，这种行为反而会触犯天意，因为将大量财富浪费在丧葬上，致使人们不能按时按量为天和鬼神提供祭品。一旦触犯天意，就得不到鬼神庇佑，斩断了人与天和鬼神之间的联系，无异于走向自我毁灭。天的权威不再，人们的生命、财产和社会秩序就再也无法得到保障。③

泰勒指出，墨子主张节葬短丧，但并没有提出要完全废除丧葬，也不反对人们表达对逝者的悲痛，而是提倡葬礼从简，意在使人们坚信灵魂和鬼神的存在。在泰勒看来，墨子或许没有考虑到倘若丧礼过于简陋可能招致鬼神怨恨，最终降下灾祸。据此，泰勒指出，功利主义或许并非墨子思想的核心，但却是其最终目的。作出这种区分尤为重要，因为墨子功利主义实现的前提要借助“天志”，而其关键在于如何使人相信天是正义和最高权威的象征。墨子的做法本质上是将其功利主义动机假借天意来遮掩。这样，墨子的功利主

① Taylor, Rodney, “Religion and Utilitarianism: Mo Tzu On Spirits and Funerals”, in *Philosophy East and West*, 1979, S.339.

② 同上书，S.341。

③ 同上书，S.343。

义动机成为论证天和鬼神存在的重要依据,成为其宗教世界观的基础。①

1992年,美国哲学家沃伦坎普(Dirck Vorenkamp)在《中国哲学》杂志发表《墨子功利主义哲学之反思》一文,亦驳斥了埃亨认为墨子并非功利主义者的看法。沃氏认为墨子伦理学说是一种"规则功利主义"(rule utilitarianism)。"规则功利主义"是指"行为对错与否是根据某一规则所产生的结果好坏来判断"。与规则功利主义相对的是"行为功利主义"(act utilitarianism),是指"行为的对错是由行为本身的好坏来决定"。②

埃亨将功利主义划分为强式功利主义和弱式功利主义,继而将墨子是不是功利主义者这一问题转换为墨子究竟是强式功利主义者还是弱式功利主义者来分析墨子的功利主义身份。沃氏采取了类似的做法,用"行为功利主义"和"规则功利主义"来分析墨家伦理学说。他将"墨子是不是功利主义者"这一议题置换为:墨子伦理学说是行为功利主义还是规则功利主义?假设墨子是功利主义者,那么功利作为墨子判断行为的标准就不可能等同于其他标准(譬如天意),因为功利主义的前提是功利必须是判断行为最重要、最有效,也是唯一的标准。既然埃亨的结论是墨子是弱式功利主义者,那么就排除了墨子是强式功利主义者的可能性。如果得出相反结论,墨子便是功利主义者,那么就只需解释墨子究竟是行为功利主义者还是规则功利主义者。沃氏同意埃亨和泰勒的看法,认为要弄清墨子究竟是不是功利主义者,不能忽略墨子的宗教主张,因为墨子除了将兼爱作为维持社会秩序的一种手段以外,还强调人们要顺从"天志"和鬼神。③

沃氏从"天"这一概念着手,认为其最初是从周以前"上日"概念演变而来的。孔子将天看作一种物化的(non-anthropomorphic)道德主体。墨子明显把天看作人格化的意志体,要求人们依其意志行事。沃氏指出判断墨子是不是功利主义者,首先要解答天意和功利主义是否都是墨子评判行为对错的标准。为此,他以《天志上》中的一段文字驳斥埃亨认为墨子不是功利主义者的论断④:

> 然则天亦何欲何恶?天欲义而恶不义。然则率天下之百姓以从事于义,则我乃为天之所欲也。我为天之所欲,天亦为我所欲。然则我何欲何恶?我欲福禄而恶祸

---

① Taylor, Rodney, "Religion and Utilitarianism: Mo Tzu on Spirits and Funerals", in *Philosophy East and West*, 1979, S.342-343.

② Vorenkamp, Dirck, "Another Look at Utilitarianism in Mo-Tzu's Thought", in *Journal of Chinese Philosophy*, 1992, S.423.

③ 同上书,S.425。

④ 同上书,S.426。

祟。若我不为天之所欲,而为天之所不欲,然则我率天下之百姓,以从事于祸祟中也。

埃亨认为墨子在这里意欲说明人们行义是为了遵循天的意志,因为天是伦理问题的最终权威。换言之,人们依天意行事,不一定是出于功利动机,只是在执行天的旨意。什么应做、什么不应做完全由天来决定。倘若墨子的立场的确如此,那么埃亨的解释无疑是正确的,墨子并不把功利主义作为行为正确与否的唯一依据。不过,沃氏认为埃亨对该段文字理解明显有误。墨子在这里真正想告诉人们的是"义"本身并无好坏之分,它能够确保人们得到好处,正如《天志上》中所言:"天下有义则生,无义则死;有义则富,无义则贫;有义则治,无义则乱。""治"比"乱"重要,因此,"治"在本质上就是好的。既然天意就是"义",因为"义"会带来"生""富""治"。因此,沃氏认为天意最终服从于功利主义标准,因为天意存在的意义便是为人们带来"生""富""治"。可见,功利主义依然是墨子处理人、天、鬼神关系的唯一标准。沃氏总结出墨子功利主义标准和天意之间可能存在的多种对应关系:

(1) 人们应行义,此乃天意。天意造福于人。在这种情形下,人们行义的动机是专制的,也是功利的。天意和功利主义都可以用来判断行为是否正确。因此,墨子不是功利主义者。这是埃亨的观点。

(2) 人们应行义,此乃天意。在这种情况下,人们仅仅执行上天的指令罢了,因为人们笃定凡是上天下达的命令便是对的,此时,顺从天意作为人们行事的规则,墨子是规则功利主义者。

(3) 人们应行义,因为该行为将使其受益。在这种情形下,人们考虑的是该行为可能带来的好处,此时,墨子是行为功利主义者。

综上所述,沃氏认定墨子是功利主义者,主要是通过分析"义"和"利"在墨子伦理学说中的关系来把握的。在他看来,"天志"就是"义"。对墨子而言,"利"始终摆在第一位,"义"不过是墨子实现"利"的途径。因此,他的最终结论是:在墨子的伦理体系中,功利主义始终是第一位的,天意不过是实现功利主义的手段。沃氏的结论正好与泰勒吻合,而与埃亨相反。不过沃氏没有注意到《墨经》实际上对"义"和"利"的关系作出过明确的界定:"义,利也。"(《经上》)由此观之,在墨子的伦理学体系中,义和利同等重要。在沃氏的论断中,利始终摆在第一位,义不过是墨子实现利的途径,这明显颠倒了义和利的主次关系,因此,其驳倒埃亨的论据并不充分。

美国哲学家索尔斯(David Soles)在《墨子及其道德基础》一文中驳斥了沃氏的观点。在他看来,沃氏将功利主义作为墨子学说的核心,其主要依据是,人们必须遵循天意是因为天意能够为人们带来最大的利益。因此,沃氏认为天意本身就是功利主义的反映。在索尔斯看来,沃氏这一分析站不住脚,因为墨子在《天志》中反复强调判断人们行为正确与否是由天意来决定的:

> 曰:且夫义者政也,无从下之政上,必从上之政下。是故庶人竭力从事,未得次己而为政,有士政之;士竭力从事,未得次己而为政,有将军、大夫政之;将军、大夫竭力从事,未得次己而为政,有三公、诸侯政之;三公、诸侯竭力听治,未得次己而为政,有天子政之;天子未得次己而为政,有天政之。天子为政于三公、诸侯、士、庶人,天下之士君子固明知,天之为政于天子,天下百姓未得之明知也。(《天志上》)
>
> 子墨子言曰:"今天下之君子之欲为仁义者,则不可不察义之所从出。"既曰不可以不察义之所从出,然则义何从出?子墨子曰:"义不从愚且贱者出,必自贵且知者出。"何以知义之不从愚且贱者出,而必自贵且知者出也?曰:义者,善政也。何以知义之为善政也?曰:天下有义则治,无义则乱,是以知义之为善政也。夫愚且贱者,不得为政乎贵且知者,然后得为政乎愚且贱者,此吾所以知义之不从愚且贱者出,而必自贵且知者出也。然则孰为贵?孰为知?曰:天为贵,天为知而已矣。然则义果自天出矣。(《天志中》)

索尔斯指出,最后一句"天为贵,天为知而已矣。然则义果自天出矣"与沃氏的解释相反。遵从天意并非出于功利主义的考虑,而是一种"神圣意志权利"(Divine Will account of right)。墨子相信天意是正义的源泉,天决定什么是对的,什么是错的。换言之,行为的正确与否由天决定,因为天总是做有益于世界的事情。因此,墨子伦理学的基本原则是:凡是符合天意的行为都是正确的。显然,这并不符合功利主义哲学。①

索尔斯以《尚同》为例进一步说明《墨子》中蕴含的神圣意志权利。他指出,"尚同"的本质就是建立一种等级秩序分明、下级绝对服从上级的社会。村民服从村长,村长服从镇长,镇长服从区长……官员服从天子,天子最后服从于天。天统摄一切,拥有至高无上的

① Soles, David, "Mo Tzu and the Foundations of Morality", in *Journal of Chinese Philosophy*, 1999, S.133.

权威,因而人们最终服从的是天的意志。既然天旨在造福万民,那么凡是天作出的决定都是正确的,因此,人们只需完全遵照天意行事,无须知道自己的行为正确与否。正是作出了上述判断,索尔斯的结论是墨子并非功利主义者,墨子的立场如果用公式表达,应该是:

(1) 如果 x 符合天的意志,那么 x 便是正确的。

(2) 天希望(愿意)造福世界。

(3) 目的论的论据(the argument from teleology):天之所以存在就是为了造福于民。

(4) 神圣正义的论据(the argument from divine justice):天是正义的来源。

(5) 古代典籍的论据(the argument from ancient texts):古代历史典籍中的记载。

(6) 只要符合天意就是正确的,而天意就是为世界带来利益。因此,凡是对世界有益的行为都是正确的。①

显然,索尔斯的观点也经不起推敲,他将墨子所提出的"天志"看作是"神圣意志权利"的反映,其主要依据是人们遵循天意因为天意总是能够为人们带来最大的利益。然而,他没有意识到在某些情况下对国家和人民最有利的行为可能并不符合天意。反之亦然,符合天意的行为未必一定会使国家和人民受益。

综上所述,自 1976 年埃亨发表《墨子是不是功利主义者?》一文以来,欧美汉学界掀起了一场关于墨子功利主义哲学的大讨论。尽管对"墨子是不是功利主义者"这一问题仍然聚讼纷纭、各执一词,但研究者们对《墨子》中的功利主义阐释摆脱了以往以西释中的印象式的阐释方法,意识到了墨家伦理学说的独特性和复杂性,不能简单将墨家伦理学说与西方功利主义哲学画等号,而是转而采取一种和而不同的阐释方法,回归《墨子》文本本身,采取文本细读的方式,从《墨子》中伦理学说与宗教学说的关系着手,重新解读《墨子》中深邃的伦理学思想。有趣的是,后来这场讨论也吸引了中国本土学者的关注。30 年后,即 2006 年,武汉大学哲学系郝长墀教授同样以"墨子是不是功利主义者?"为题撰文,发表在埃亨曾经发表过同题论文的《中国哲学》杂志上,重启关于墨子功利主义哲学的讨论,再一次引发了欧美汉学界的热议②。

郝长墀开宗明义地表明了自己的立场——墨子不是功利主义者。他首先批评了冯友

① Soles, David, "Mo Tzu and the Foundations of Morality", in *Journal of Chinese Philosophy*, 1999, S.135.

② Hao, Changchi, "Is Mo Tzu a Utilitarian?", in *Journal of Chinese Philosophy*, 2006, S.86 – 87.

兰、李泽厚等中国本土哲学家将墨子伦理学视为西方功利主义哲学的做法。在他看来,这是对墨家哲学的误解。将墨子视为功利主义者与传统儒家批判墨子如出一辙。儒家伦理思想的核心是言义不言利,而墨子则言利。在儒家看来,君子言仁不言利。因此,儒家仁爱才是最纯粹的伦理学说。郝长墀认为,儒家的这一判断显然有误,其错误在于将义和利仅仅看成了抽象的概念。在他看来,探讨义和利问题必须追问谁的义、谁的利。也就是说,对这两个概念的把握必须放在实践中加以考察。基于这种考虑,郝长墀将墨子的义利观与西方功利主义哲学、儒家的仁爱学说进行对比,试图指出三者的差异①。

郝长墀指出,考察墨子到底是不是功利主义者,首先要厘清功利主义这一概念。他注意到边沁对功利主义的定义:"就功利而言,它指的是这样一种性质,靠它能在任何问题上给利益相关的当事人带来利益、好处、快乐、善或幸福,或阻止损害、痛苦、邪恶或不幸福的发生。"可见,西方功利主义的核心在于行为正确与否的标准取决于该行为产生的结果。正确的行为能够给人们带来快乐和幸福;反之,错误的行为会给人们带来痛苦。因此,功利主义者最关心的问题便是自己如何获得快乐。当然,为了给自己带来最大快乐,功利主义者非常乐意帮助他人获得幸福,因为这种做法能给自己带来幸福和快乐。但是,帮助他人主要是为自己的幸福和快乐考虑。倘若人人都只顾自己快乐,那么人与人之间的冲突将不可避免,这样反而会给自己带来痛苦。因此,功利主义的本质就是以自我为中心,在不危及自身快乐的前提下,帮助别人获得幸福,从而间接给自己带来快乐②。

接下来,郝长墀分析了《兼爱》中蕴含的伦理学思想。"墨子兼爱,摩顶放踵利天下,为之"彰显了墨子勇于牺牲自我,为他人谋幸福的可贵精神。可见,墨子的伦理思想是以他人为中心,不惜以牺牲自我来为他人谋得快乐和幸福。这与西方强调以自我为中心的功利主义思想截然不同。他继而指出,道德伦理从来都不是一个抽象的概念,而往往有具体所指。对墨子而言,道德伦理存在于实体关系之中(我和他人的关系),而且有实质性的内容,具体表现为痛苦与快乐、饥饿与贫穷等,正如墨子在《兼爱下》中所说:

> 仁人之事者,必务求兴天下之利,除天下之害。然当今之时,天下之害孰为大?曰:若大国之攻小国也,大家之乱小家也,强之劫弱,众之暴寡,诈之欺愚,贵之敖贱,此天下之大害也。又与为人君者之不惠也,臣之不忠也,父者之不慈也,子者之不孝也,此又天下之害也。又与今人之贱人,执其兵刃毒药水火,以交相亏贼,此又天下之

① Hao, Changchi, "Is Mo Tzu a Utilitarian?", in *Journal of Chinese Philosophy*, 2006,S.88.

② 同上。

害也。

他认为,这段话所提到的"惠""忠""慈""孝"等道德概念,主要体现的是君臣、父子之间的关系。墨子在这里将这些抽象的道德概念具体化了,例如"恶"具体指"执其兵刃毒药水火,以交相亏贼"。用功利主义者的话说,这就是给他人带来痛苦。同时,从这一段话也能窥见墨子与儒家伦理学说的最大不同在于儒家讲仁爱,而墨家谈利害,但这并不意味着墨家排斥仁义。实际上,墨家只是将仁义这一抽象的伦理概念具体化了。郝长墀指出,提倡道德伦理不能仅仅停留在对人们灌输抽象的概念,而是要在道德生活中去实践它们,因为满口仁义道德的人在实际生活中并不见得总是道德高尚。因此,墨子兼爱的伟大之处在于墨子不是仅仅在说教,而是亲身躬行。墨子用利害关系替代了抽象的仁爱概念,这是墨家伦理学说比儒家更高明的地方。可以说,墨子建立了一种以他者为中心的利他主义伦理学。①

由此观之,郝长墀主要分析了儒家和墨家伦理学说的区别——儒家言义不言利,墨家则不仅言义而且重利。也就是说,儒家关心的是行为本身的对错,透过制定一系列行为准则或道德标准来约束人们的行为,而墨家则更加关注行为所带来的后果。不仅如此,他还探讨了墨家伦理学和西方功利主义哲学的差异——墨家的伦理学和西方功利主义哲学都看重行为产生的结果,但是墨家主要考虑的是行为是否能够给他人带来好的结果,这是一种利他主义的伦理学,而西方功利主义哲学更多的是以自我为中心,更为看重的是行为是否会给自己带来快乐和幸福。②

综上所述,从埃亨到郝长墀,这 30 年来中外学者关于墨子伦理学的讨论主要集中在墨子是不是功利主义者这一问题上。如果说他们得出的结论是墨子不是功利主义者或者说墨子的伦理学说不能用西方功利主义哲学加以简单概括,那么他们并没有解答墨子的伦理学说到底是什么的问题,而首先回答这一问题的是美国汉学家万百安。

三、从功利主义到后果主义:21 世纪以来对墨子伦理思想的现代化阐释

2007 年,美国汉学家万百安(Bryan Norden)推出了西方第一部中国古代伦理学专著《中国早期哲学中的美德伦理学和后果主义》。万百安把儒家伦理学称为美德伦理学,将

① Hao, Cc, "Is Mo Tzu a Utilitarian?", in *Journal of Chinese philosophy*, 2006, S.88.
② 同上。

墨家伦理学则称为后果主义(consequentialism)。① 他认为,儒家热衷于道德伦理说教,鼓励人们成为道德高尚的人,奉行的是一种精英主义哲学。另外,正如《论语・卫灵公》所言,“行世之事,君子无利而不为之,只为义而为之”,儒家伦理学另一个重要倾向便是重义轻利。墨子批评儒家谈义不言利,是一种虚伪空洞的伦理体系,缺乏实践精神。墨家不仅谈义,而且明确将利作为最重要的伦理标准。因此,墨子的伦理标准便是“兼相爱,交相利”。墨子试图构建的伦理体系不是为了实现某个人、某个家族、某个诸侯国的利益,而是代表上天的意志。因此,墨子要求人们遵循天意,因为天意会给人们带来福利。万百安指出,墨子的伦理学说符合西方对后果主义者的定义:

> 后果主义者认为,最高的善是这样一种状态:它在力求公平的基础上将某些属性最大化,例如满足人们某些喜好或者为人们带来幸福。判断某一行为(个体行为或其他行为类型)、制度以及人的品性应该把它们是否将这些属性最大化来作为标准。早期的功利主义者(简单的)计算公式则是认为应从事那些能为大多数人带来最大幸福的事情。②

后果主义又可以分为“规则后果主义”(rule-consequentialism)和“行为后果主义”(act-consequentialism)。规则后果主义是指正确的行为是道德准则认可的行为,如果被社会采用,则能使功效最大化。

万百安认为墨子是后果主义者,不仅仅是因为墨家提倡兼爱,主张无差别的爱,还在于墨家试图建立一套明确的、能为人们广泛接受的行为伦理评价指标,即根据事物的结果来判断行为的好坏,这套标准就是“三表法”。例如,“衣服的目的是什么?”,墨家给出的答案是“为了保护我们免受冬天的寒冷和夏天的炎热”。“房子的用途是什么?”“为了保护我们免受冬天的风和冷,夏天的热和雨,并防止强盗和小偷。”在任何情况下,无论是墨家的提问方式还是他们给出的答案,都是基于一种后果主义的考虑:利用事物来获得好的结果,抑或是事物存在的意义就是为了给人们带来好处。③

香港大学哲学系方克涛(Chris Fraser)教授 2016 年出版了墨学研究专著《墨子哲学:最早的后果主义者》,亦否认墨子是功利主义者,赞成万百安提出的墨子是世界上最早的

① Norden, Bryan, *Virtue Ethics and Consequentialism in Early Chinese Philosophy*, New York: Cambridge University Press, 2012.

② 同上。

③ 同上。

后果主义者的说法。[①] 方克涛认为，墨家将世界混乱的根源归咎于人的自私以及人与人的不相爱。为了治愈这种社会顽疾，墨子提出“尚同”“兼爱”“非攻”等主张来维护社会秩序。对墨家而言，伦理危机的出现主要是在整个社会层面上形成的，而不是个体的行为。因此，墨家伦理学说的重点不在于像儒家那样教导一个个普通个体如何行事，抑或是如何提升自我，而是试图说服天子、诸侯、官员等社会上层人士接受其学说，进而改变整个社会的运作方式，创造良好的社会秩序。这是墨家与儒道两家伦理学说不同的地方。儒道两家虽然也关注政治议题，但他们更多的是将精力投身于个人言行的修养、品德的提升。相比之下，墨子侧重站在整个社会的角度来促进个人道德的提升，而不是关注某一个体如何成为一个品德高尚的人。因此，墨子所建立的伦理标准主要是面向集体或大众。墨家的伦理学是共产主义式的，而不是个人主义的，这与西方古典功利主义强调个人幸福截然相反。[②]

方克涛和万百安的分歧在于，方克涛认为墨家伦理学并不完全符合规则后果主义或行为后果主义。规则后果主义者将规则作为判断行为的依据，行为符合正确的规则就是正确的。行为后果主义者则将个体行为作为判断行为的标准——行为正确与否的标准是看它能否产生比其他选择更好的结果。在他看来，墨家伦理学有时的确使用规则来评价或指导行为，如《墨子》三表法中第一表反复提及的圣王、仁者、君子的言行似乎就是作为一种规则或典范来约束人们的行为。例如，《节葬下》中墨子以古代圣王去世时的葬礼细节来论证其节葬短丧的主张。然而，方克涛认为规则并不是墨家伦理学体系最主要的评判标准，因为墨家没有把对一切事物的评估都转换为具体规则，也没有将重点放在制定规则上，有时墨家甚至在评价行为对错时并不诉诸任何规则。因此，墨家的伦理学说是为了提供一系列可供人们效仿的行为模式，让人们自行选择，而不是制定一整套行为规则，告诉人们应当怎么做。因此，墨家的伦理学似乎不能被简单地描述为一种规则结果论。[③]

方克涛还指出，墨家伦理学也不完全符合行为后果主义。譬如，《墨经》中提到这样一种情况：当两种行为都带来不可避免的危害时，危害较小者便是正确的行为。从行为后果主义观点来看，凡是产生危害的行为都是错误的。由此观之，墨家的伦理学显然不符合行为功利主义的主张。[④]

---

① Fraser, Chris, *The Philosophy of the Mòzǐ: The First Consequentialists*, New York: Columbia University Press, 2016, p.32.

② 同上。

③ 同上书, p.37。

④ 同上书, pp.38－39。

四、结语

20世纪下半叶以来,西方汉学界围绕墨家伦理学说引发了激烈争议,论争的焦点逐渐由墨子是不是功利主义者发展到了墨子是不是后果主义论者的讨论,研究范式从以西释中转向和而不同。正如英国作家乔伊斯所言,一部巨著正是在不断的"对话"和"争论"过程中生成它的意义,"经典"应该是能不断受到争论、不断引起兴趣的可再生产性文本。① 因此,从这个意义上说,西方关于墨子功利主义者身份持续半个多世纪的讨论无疑也推动了墨家伦理学经典谱系的建构。可以说,《墨子》的伦理学说正是在西方汉学界众声喧哗的思想碰撞和论辩驳难中形成了基本共识,自20世纪90年代以来,墨子的伦理学思想先后出现在像 *Global Ethics*、*A Companion to Ethics*、*The World's Great Philosophers* 等西方17部重要伦理学著作中,这说明墨子的伦理学思想已经在世界伦理学谱系中占有了一席之地。

From Utilitarianism to Consequentialism: the Accpetion of Mohist Ethics in the West since the Second Half of the 20th Century

LIU Song　ZOU Tianyu

【**Abstract**】From the second half of the 20th century to the present, Western Sinologists has initiated two extensive discussions on whether Mozi was a utilitarian or not in 1976 and 2006 respectively. The vast majority of scholars have realized the complexity, profoundness and conflict of Mohist ethics. Therefore, Mozi's ethics cannot be simply summarized by the so-called "utilitarianism". At the beginning of this century, Sinologists such as Wan Bai'an and Fang Ketao continued to explore Mohist ethics, under the premise that Mozi was not a utilitarian. They reinterpreted this highly controversial issue and proposed the new viewpoint that Mozi was the earliest consequentialist in the world. It is in the academic debates that have lasted for more than half a century that Mohist ethics has aroused continuous and widespread attention in Western philosophical circles, and enhanced the presence of pre-Qin philosophy in the field of Western philosophy.

【**Keywords**】Mozi, Ethics, Utilitarianism, Consequentialism

① 杨建:《乔伊斯的"经典"观》,《外国文学研究》,2006年第6期。

布伦塔诺:伦理的自然约束和情感明察[①]

曾　云[②]

【摘要】布伦塔诺在伦理学史上主要有两个贡献:首先,他解决了伦理法和自然法之间的矛盾;其次,他首次揭示了伦理知识如何起源于情感的问题。对布伦塔诺而言,伦理法则的有效性并不意味着要切断伦理与自然法、伦理与情感的纽带,而在于我们能否采用科学的方法看待自然和情感。为此,布伦塔诺首次采用描述心理学的方法研究伦理知识的起源问题。他认为,"自然"并非指天赋的自然而然或任性的自然,而是指自在自为地,凭借其自身的本性是正确的和有约束力的。情感不只是感性的,它还包括高级的基于正确明察的情感。伦理知识正是起源于这种明察的情感体验。明察不仅是对本质善的直观能力,而且是科学伦理学的原则。由此,布伦塔诺首次确立了自然法和情感明察在伦理学中的基础地位。

【关键词】自然立法,伦理知识,明察,善,爱

当我们讨论感受现象学时候,我们把目光更多转向马克斯·舍勒,但对开创感受现象学的布伦塔诺(Franz Brentano)却较少涉及。实际上,就感受现象学这一主题而言,我们必须回溯到布伦塔诺。他的《伦理知识的起源》(*Vom Ursprung sittlicher Erkenntnis*)这本小书对20世纪的现象学伦理学和价值论以及英美的元伦理学等都产生了极其深远的影响。布伦塔诺不仅创立了情感意向性理论,而且解决了基于明察的科学伦理学如何奠基于情感这样的疑难问题。这体现在他首次采用描述心理学的方法对情感现象进行多层次的描述分析,并在情感活动与判断活动的类比中探讨善的概念起源。

国内对布伦塔诺的研究关注较多的是他的价值哲学和意向性理论,而较少关注布伦塔诺为伦理学的奠基所作的开创性贡献。这里我们主要立足于《伦理知识的起源》,通过讨论伦理和自然法之间的关系,描述心理学和情感明察等思想,揭示布伦塔诺如何开创了现代伦理学。

布伦塔诺首先把现象分为物理现象和心理现象,并采用描述心理学的方法对心理现

---

① 本文系2018年度河南省高校科技创新人才支持计划(人文社科类)(批号:2018—CX—016)资助成果。

② 作者简介:曾云,河南大学哲学与公共管理学院副教授,研究方向为现象学和西方伦理学。

象进行详细的区分,描述不同类型的意识经验。在意识领域内,他发现了一种新型经验论,这种经验不是外在的感觉经验,不是归纳经验,而是一种具有意向性特征的,能够自身显现的内经验。作为一个亚里士多德主义者,布伦塔诺不仅从经验立场开展他的描述心理学方法,而且充分发展了亚里士多德伦理学中的明察概念。他主张把意识的内经验与正确的明察统一起来。在布伦塔诺看来,明察不仅是一种实践智慧,而且是伦理学成为科学的基本原则。因为明察源于直接性经验,是对本质物的洞察。明察是科学的原则,没有明察就没有科学。伦理学的概念,如善、正义、价值正是源于正确明察的情感经验。由此,布伦塔诺主张在描述心理学的方法论基础上建立以明察为原则的科学伦理学。

一、伦理的"自然"约束

布伦塔诺在伦理学史上的贡献,首先体现在他解决了道德立法的普遍性和自然立法之间的矛盾。其次体现在他第一次真正澄清伦理知识的起源以及理智与情感之间的对立问题。

对布伦塔诺而言,道德法则的有效性并不意味着要切断道德与自然法之间的纽带,在这个问题上他强烈反对康德的做法。他在《伦理知识的起源》中指出,"在这里我们遇到了一个困难,它曾使哲学家们的探求徒劳无益。乃至康德认为,在他之前没人找到解开这个难题的恰当方法,是他在'绝对命令'中找到了恰当的方法。然而,'绝对命令'实际上就像亚历山大用来斩断'戈安迪之结'的利剑一样,是一个明显的虚构,而且它也并非解决这一难题之所需"①。布伦塔诺认为,康德在区分自然法和自由法前提下,撇开自然法,把道德的法则建立在纯粹理性自由法则之上,不仅切断了道德与情感的自然关联,而且切断了道德与自然法的一种内在联结,以致道德陷入空洞的形式主义的困境之中。实际上就自然法而言,并非所有的"自然"概念都不能为伦理立法,而且我们伦理知识的起源并非在纯粹理性的自由法之中。关键是我们如何理解自然法的问题。布伦塔诺应维也纳法学协会邀请做关于《伦理知识的起源》的演讲报告,其主题就是"关于法律和道德的自然立法"。他指出,"在此演讲中,我力图表达清楚的唯一观点是:我相信自然约束力(natural Sanction)的存在。'自然的'一词也许可以在两个完全不同的意义上使用:(1)它可以指自然赋予的,或天生的,以区别于通过经验获得的,或源于历史过程的。(2)它也可以指那样一些规则,我们能够知道它们是自在自为地,凭借其自身的本性是正确的和有

① 布伦塔诺:《伦理知识的起源》(上),许为勤译,《贵州大学学报(社会科学版)》,2003年第1期。

约束力的。在这个意义上,‘自然的’规则,区别于那些依靠权力而确定的武断的命令”。[①]

布伦塔诺在“自然的”第二层意义上理解道德的自然立法的有效性。这个意义上的自然是一种自在自为,它的正确性是凭借自己的本性是正确的。对于布伦塔诺来说,没有天赋的道德原则,“所有的道德的或者法律的戒条都不是‘自然而然’的,它们也不是天生地植根于我们之中的”[②],同时也没有为所有人的普遍协议而认可的理性的先天律法。由此可见,布伦塔诺否定了伦理原则的天赋自然论,否定了伦理和道德以及法律的自然主义立场。这一点类似于亚里士多德的德性论。亚氏在《尼各马可伦理学》中指出,“德性既非出于自然,又非反自然”。[③] 换言之,伦理德性既不是自然而然的,又不是与自然相悖的,也就是德性本身不违反自身正确的本性和自在自为的性质。但是,法和道德的自然立法也不是源于一种更强有力的外在的意志命令。如布伦塔诺指出的,“一个发现自己正在任由暴君或窃贼摆布的人,清楚地知道他是在屈从于一个更强有力的意志,而不是遵从他自己的愿望。不论他屈从与否,这个命令都不像良心那样,可以给行为立法。如果他屈从了这一命令,那不过是因为恐惧,而不是因为相信这个命令是正确的。……因此,我们不可能从外在的意志命令的思想中找到道德与法的自然立法。我们更不可能在被迫,或对回报的期待和对报复的恐惧中,找到法与道德的自然立法”。[④]

由此可见,道德的自然立法不是出于意志命令,不是出于人的自然主义人性论,而是出于事情本身的内在的正确性和正当性。道德法则是一种内在的命令,不是他律的,自然的先天律法并不意味着外在的意志命令。这一点康德也看到了,他排除了一切自然他律的因素。正是这种内在的正当性和正确性(自明性判断),“使得一个意志的行为优越于另一个意志的行为,也正是内在正确性,区分了道德与不道德”。[⑤]

那么,我们如何获得这种内在的正确性知识或自明性的判断呢?接下来,布伦塔诺指出,我们必须考虑描述心理学领域的最新成果。实际上,关于内在的正确性知识是关于善的知识。我们不能从外在的经验或意志命令中获得善的知识源泉,而是从心理现象的直观经验中获得,即从内经验中获得。因为这种内在的正确性知识能够通过内经验自身呈现,自身给予。

布伦塔诺对“自然”的第二种解释和强调,继承了亚里士多德的自然目的论的思想,

① 布伦塔诺:《伦理知识的起源》(上),许为勤译,《贵州大学学报(社会科学版)》,2003年第1期。

② 同上。

③ [古希腊]亚里士多德:《尼各马可伦理学》,邓安庆译,北京:人民出版社,2010年,第76页。

④ 布伦塔诺:《伦理知识的起源》(上),许为勤译,《贵州大学学报(社会科学版)》,2003年第1期。

⑤ 同上。

与同样发展亚里士多德自然目的论思想的黑格尔是一致的。正如邓安庆教授指出的：

> 黑格尔又因为改造了亚里士多德的“本体论”，把他的“潜能—实现”论作为“存在论”的逻辑学运用于精神哲学中，使得“精神现象学”成为一种“理念（道义）实存论”。于是，作为“客观精神”的法哲学，使得法不是简单地从“自然法（lex naturalis）”中推导出来，而是从法本身作为事物本质的规定规范着事物内在地、符合本性地朝向自身本质而实存。这样的法不是外在的命令，而是事物自身内在的生命。这一生命构成事物本质（本性）的生存发展，推动着事物“是其所是”地成就自身、完成自身自然的伟业，因而是作为自由的存在者而实存的东西。①

换言之，黑格尔意义上的自然法是指自在自为地是正当的东西。② 布伦塔诺虽然肯定伦理、道德和法应该建立在自在自为的自然（自由）之上，但是他在伦理知识起源问题上却不同于黑格尔。黑格尔的自然法是建立在绝对精神之上的理性自然法。布伦塔诺认为，伦理知识并不起源于理性的自然法，而是起源于自然明察的情感经验。没有基于明察基础上的情感体验，就没有合乎善的行为价值。正是发现了这种明察和先天的情感，关于善的知识和行为才有了根基。因此，布伦塔诺的伟大在于，他第一次把伦理学的奠基、伦理知识的起源与情感的自然明察联系在一起，由此开启了现代价值哲学和先天的科学伦理学。

虽然布伦塔诺认为伦理和自然之间存在一种不可分离的内在联结，但是这并不意味着他把伦理学建立在自然主义态度之上或自然主义人性论之上。因为他理解的自然不同于近代哲学家理解的自然，如自然天赋论，自然的感觉、本能、欲望，盲目的自然习惯等，而是一种自在自为的，凭借自己的本性是正确的和有约束的自然，如自然的明察。不同于康德和黑格尔的伦理思想，布伦塔诺认为，道德起源于情感，情感在伦理学的奠基中具有不可替代的地位。这种情感并不是一种感觉经验的低级阶段的情感。情感本身具有不同的层次，其中还包含着高级阶段的基于正确明察的先天普遍的情感。伦理知识正是起源于这种高级的情感体验。这种情感并不是一种感觉经验的情感，而是先天普遍性的情感，它能够为伦理奠定一个有效的基础。在布伦塔诺看来，伦理起源于正确性的情感体验，但是伦理的原则是理性的，理性与情感并不对立。基于正确性的情感经验就是一种正确性的

① 邓安庆：《自然法即自由法：理解黑格尔法哲学的前提和关键》，《哲学动态》，2019 年第 1 期。

② 参见邓安庆：《自然法即自由法：理解黑格尔法哲学的前提和关键》，《哲学动态》，2019 年第 1 期。

明察体验。这种明察本身并不是一种非理性的原则,而是一种与理性统一在一起的科学原则。伦理学的知识起源于明察的情感,伦理学可以成为一种建立在明察基础上的科学伦理学。布伦塔诺认为,康德并没有找到伦理知识的起源,他的伦理学并不是严格意义上的科学伦理学,因为建基于纯粹理性的道德法则排除了任何经验,不具有科学的明见性,相反它陷入了空洞的形式主义之中。

道德行为的"自然"立法一方面揭示了情感经验本身包含着先天的普遍性,另一方面揭示了情感经验具有自然的明察性特征。尤其是像爱与恨这样的情感,具有典型的自然明察性。正如布伦塔诺指出的,"'爱邻人'这条戒律既非从属于,也非以任何方式派生于'爱上帝'的戒律。按照基督教的教义,'爱邻人'是对的,并非因为上帝要求这样做;上帝要求这样做,是因为这么做自然就是对的,在以同样方式明晰地展示其正确性方面,这两条戒律是相似的,可以说,他们同样借助于对先天知识的领悟"。① 由此可见,根据布伦塔诺,"爱人如己"这条基督教伦理原则源于一种自然的明察,最初并不源于"爱上帝"的信仰戒律。上帝的律令源于这种律令自身本性的正确性,自在自为的约束力,这正是伦理"自然"立法的要义。

当然,就"自然"而言,有非理性的低层次的自然,也有高层次的理性和情感的自然。非理性的自然导致伦理的感觉主义和怀疑主义。布伦塔诺主张道德、伦理和法建立在高级层次的自然概念之上,而不是建立在那种盲目的任性的自然主义态度之上。这个意义上的自然概念不是感觉主义的自然,不是奴性的盲从,不是被动的本能服从,而是建立在明证性判断的知识基础上的自然概念。② 与明证性判断相类比,建立在明察性情感经验的伦理知识是在内感知经验中自身呈现,自身被给予的。这种明证性知识基础上的自然概念不同于近代哲学家主张的知识论上的自然概念,因为后者的知识论不是建立在明证性判断和明察的情感经验基础上,而是建立在对自然因果律的盲目服从上。但是这种自然因果律却是建立在不完全归纳的外感知经验和机械的物理主义的基础上。

布伦塔诺发现的这种基于明察的内感知经验在伦理学的奠基中具有重要的意义。这种新类型的经验不仅吸收了亚里士多德的明察思想,而且吸收了近代英国的情感经验论,如约翰·穆勒关于快乐情感中的质与量的划分,休谟的"道德起源于情感"的思想,以及功利主义者提出的追求最大多数人的最大善的思想,但布伦塔诺不是简单地接受这些思想,而是采用描述心理学的方法改造这些传统的伦理思想,在明见性原则基础上建立科学

---

① 布伦塔诺:《伦理知识的起源》(上),许为勤译,《贵州大学学报(社会科学版)》,2003 年第 1 期。

② 同上。

的伦理学。在《伦理知识的起源》中,他不仅揭示了伦理学的知识和概念,例如善如何起源于情感,而且回答了这样的基本问题:如果伦理学奠基在情感的基础上,其合法性依据是什么?这就涉及布伦塔诺对情感现象的描述分析。

二、情感描述理论和善的起源

在《伦理知识的起源》中,布伦塔诺首次采用描述分析的心理学方法对伦理知识的起源进行探讨。对此,他不仅批判了19世纪的心理学家如詹姆士、穆勒、冯特和洛采的心理学理论,认为他们缺乏科学性,而且创立了一种新的心理学,为哲学进行科学的奠基。这种新心理学不同于传统心理学之处在于,布伦塔诺将一种新型的内经验(Innere Erfahrung)与一种理想的直观及明察(Einsicht)结合在一起。这种内经验既不适用传统的归纳方法,也不适用理性的演绎方法,因为它是一种直接性经验。它包括两个主要部分:描述心理学和发生心理学。其中描述心理学是基本部分。在这种新心理学中,布伦塔诺发现了一种区分心理现象和物理现象的决定性因素,即意向性。心理现象所独有的意向性具有两个基本的特征:一是意向的内存在,二是与对象相关联。正如他在《从经验观点出发的心理学》中指出的:"物理现象没有显露出任何与此相似的东西。因此我们可以这样来规定心理现象,即把它们说成是通过意向性的方式把对象包含于自身之中。"①与"意向的内存在"这个特征相比,布伦塔诺认为"与对象相关联"是最重要且唯一持久的特征描述,也是心理现象不可缺少的特征:"没有某种被听到的东西,也就没有听;没有某种被相信的东西,也就没有相信;没有某种被希望的东西,也就没有希望;没有某种被渴求的东西,也就没有渴求;没有我们感到高兴的东西,也就没有高兴,如此等等。"②进而他把心理现象分为三个基本等级:表象、判断和广义上的情感活动。"情感活动包括从单纯一念之间产生的好感或厌恶的最简单的(心理倾向)形式到建立在我们信念基础上的愉悦和痛苦,以及有关目的和手段选择中的高度复杂的现象。"③

立足于内感知的直接性经验和心理现象的"意向性"特征,布伦塔诺的描述心理学具有极其重要的意义。甚至可以说,它直接催生了后来的现象学伦理学和现象学的情感价值论,对后来的现象学运动产生了深远影响。正如施皮格伯格指出的:"布伦塔诺的思想

① 转引自[美]赫伯特·施皮格伯格:《现象学运动》,王炳文,张金言译,北京:商务印书馆,2011年,第77页。
② 同上书,第78页。
③ Franz Brentano, *Vom Ursprung sittlicher Erkenntnis*, Felix Meiner Verlag, Hamburg,1969, p.18.

不经胡塞尔的中介而对现象学运动产生影响的一个领域就是伦理学。”①虽然布伦塔诺生前只发表了论述伦理学的一本小书即《伦理知识的起源》,但这本书却具有极其丰富的思想,在伦理学史上具有里程碑的意义。因为布伦塔诺不仅首次采用描述分析的心理学方法对伦理学的基本问题和基本原理进行了深刻的讨论,而且他首次采用一种科学的知性方法对情感活动进行细致描述。布伦塔诺认为,以往很多重要的思想家忽视了对情感活动的高级形式的探讨,而仅仅囿于情感活动的低层次的显现方式。如“休谟字字透露出他对更高层次的情感存在的无知”②。对布伦塔诺而言,情感具有不同的层次,不仅有低层次的情感活动,还有高层次的情感活动,不仅有盲目的出于本能和感觉的情感,还有明察的高级情感。我们对善本身的认识,正是基于高级形式的正确性的情感体验,即一种“明察”的情感活动。

自苏格拉底以来,西方伦理学一直未解决的根本问题就是善的起源问题。对于这一问题,布伦塔诺采用一种类比方法进行探讨,即将善与真进行类比。这种类比思想建立在布伦塔诺对外感知和内感知、明见性判断和盲目性判断进行区分的基础上。明见性判断和明察的情感体验都源于内感知。真与善的类比源于心理现象学中的第二等级的“判断”活动和第三等级的“情感活动”具有的相似性。因为“判断”涉及对真或假的同意或拒绝,要么肯定,要么否定,即在对立的判断活动中必须选其一。同样地,在“情感活动”中也涉及对善和恶、好与坏、愉快和伤心、爱和恨等对立的关系做出评价,因此它们也具有相似性。类比的基础还在于,它们都在内感知的经验活动中进行,都具有明察特征。**明察是对本质的一种直观能力,它不需要借助于归纳或推理活动,而是通过情感的直接经验获得。善的概念就源于这种正确明察的情感体验**。正如布伦塔诺指出的:“现在我们终于到达了我们一直在寻找的善和恶的概念源头,这也是真和假的概念源头。如果有关判断的肯定是正确的,我们称之为真,如果有关情感的爱是正确的,我们称之为善。这种用正确的爱去爱被爱的东西,即值得爱的东西,正是最广意义上的善。”③

相应于各种不同层次的情感活动,善也有不同的层次和等级,有本原的善,也有派生的善,有感性的善,也有高层次理性的善,有较高的善,也有最高的善。对布伦塔诺而言,不同等级的善可以相互比较。真正的善可以与真相提并论。如何选择善呢?布伦塔诺提出了一条著名的实践法则,即“做能实现的最高善!”。这一法则不仅发展了亚里士多德

① [美]赫伯特.施皮格伯格:《现象学运动》,王炳文,张金言译,北京:商务印书馆,2011年,第82页。

② Franz Brentano, *Vom Ursprung sittlicher Erkenntnis*, Felix Meiner Verlag, Hamburg, 1969, p.22.

③ 同上书, p.19。

的中庸思想，而且对后来胡塞尔的形式实践学也产生了直接的影响，成为胡塞尔形式实践学的法则。

那么，我们如何知道某物比另一物更善更好呢？对此，布伦塔诺采用描述心理学的方法讨论了与明察这种正确性的情感体验紧密相关的一种情感，即"偏爱"。偏爱是人的情感领域中一种特殊的现象，即一种选择性情感。但偏爱本身也有不同层次，不仅有高级形式的基于正确明察的偏爱，还有低级的盲目性偏爱。我们正是通过高层次的偏爱，从而选择更高的善和价值。

由此可见，布伦塔诺在第三等级的心理现象中不仅发现了情感的意向性特征，而且还发现了一种高层次的基于正确明察的情感。善本身正是起源于这种情感体验。布伦塔诺采用描述分析的方法对情感现象进行意向性的分析和不同层次的划分，把善的起源与正确明察的情感体验结合起来，并在善与真、判断活动与情感活动中进行类比，这些思想深刻地影响了胡塞尔的伦理学和感受现象学。胡塞尔在逻辑学和伦理学之间进行类比，建立科学的伦理学，并发展出形式实践学和形式价值论，以及对情感意向性行为采用静态和发生心理学的解释等，这些思想都受到布伦塔诺伦理学的深刻影响。

三、论爱与明察

在《伦理知识的起源》附录中，布伦塔诺专门讨论了"爱与恨"这两种情感。首先他立足于内感知来分析情感现象。在对内感知的心理现象进行描述时，他进一步深化了意向性的思想，不仅指出心理现象的意指特征，而且认为在心理现象的内感知活动中有一个本质性的统一结构。这种本质性统一结构既是明见性判断活动的基础，又是明察性情感体验的基础。正如布伦塔诺指出的："内感知的现象表明，我们有心理上偶发事件的本质(Substanz)。即作为像看，听，各种方式的概念思考，欲求、乐趣，愤怒等心理事件的本质。"①笛卡尔把它们称作广义上的"思"。但实际上它们都具有一个特征，即它们都有对象所指，不论以什么样的方式。② 本质会伴随着内感知活动，且不会因为感知对象的变化而变化。虽然我们从来没有感知到本质本身，但是它被包含在每一个内感知对象之中。如布伦塔诺指出的：

然而在我们感知自己的过程中，我们意识到只有一件事必须与所有其他事物区

---

① Franz Brentano, *Vom Ursprung sittlicher Erkenntnis*, Felix Meiner Verlag, Hamburg, 1969, p.142.

② 同上。

别开来。这种说法依据这样的事实:(1)每一个肯定判断都是具体的;(2)除非正在理解的事物与被理解的事物在本质上是统一的,否则明见性的理解是不可能的,但是多种多样的本质彼此就不能统一。因此,理解是明见的事实,要求客体是一种本质,而不是多种本质。即使有其他像它一样的客体(就外观而言),我们的理解只向我们呈现了其中一个。这一个本质,是我们内在感知的客体,与我们所感知的偶发事件形成一个真正的统一。①

由此可见,在内感知的意识活动中,明见性判断要求感知的客体是一种本质性的客体,而不是多种偶然的非本质性客体。这说明在心理现象中,内感知的意向性结构是一种本质性的统一结构。只有感知的对象和被感知的对象在本质上是统一的时候,才有明见性感知,即明见性体验建立在意向性体验的本质统一的基础上。

当然,内感知伴随着各种各样的偶然性的感觉体验,包括不断地增加一些新的偶发事件的体验,也就是说这些偶然性的感觉体验在不断地发生变化。在我们的直接性经验中,所有的偶发事件都可能变化或同时消失,但是本质作为感知的内核没有改变,且始终保留着内感知的活动中。

根据布伦塔诺,内感知活动中所指的对象可以区分为三种类型:思考的对象(表象)、判断,爱与恨。表象活动被排在第一位,"如果我们不能思考一种事物,那么我们将不能判断一事物,也不能肯定或否定一事物。如果我们不去考虑这个事物,那么我们也不会爱或恨一个事物"。② 因此,表象是最基本的和最普遍的所指类型,判断以及爱或恨建立在表象的基础上。但另一方面,爱与恨也具有相对的独立性,即使我们不能对这种事物是否存在做出判断,我们也能够爱或欲求一种事物。与此同时,我们也能够在没有爱或恨的情感参与下对一个事物做出正确的判断。也就是说,情感活动和判断活动彼此可以相互独立存在。但也有特殊的情感活动,如意志活动,它需要借助于判断。与判断相比,情感活动具有更大的复杂性和丰富性。

就爱或恨这种情感来说,不仅有正确的、值得肯定的爱,也有不正确的、应该被否定的爱。当我们思考知识的时候,我们会产生对知识的正确的爱。这种爱是和我们求知的渴望交织在一起的。当然爱也会和痛苦、错误以及怀疑等交织在一起。还有一些属于爱恨

---

① Franz Brentano, *Vom Ursprung sittlicher Erkenntnis*, Felix Meiner Verlag, Hamburg, 1969, p.144.

② Franz Brentano, *The Origin of our Knowledge of Right and Wrong*, Routledge Revals translation, Routledge &Routledge Paul Ltd, 1969, p.95.

范畴的情感,我们很难说它们是正确的还是错误的,很难对它们下定义,如恐惧、希望,焦虑,激动,愤怒,欲望和厌恶等,它们属于比较复杂的情感现象。

不仅有简单的爱,还有基于偏好的选择性的爱,也称为偏爱。爱或恨的情感不仅包括对人或事物的一种具有差别的爱,还同时伴随着对人或事物的不喜欢或称作恨的情感。在爱这种肯定的情感中包含着愉悦、乐趣、偏好、欲求等情感。在恨这种情感中包含着愤怒、厌恶、拒绝和排斥等情绪。当然,这两种情况都涉及盲目的、本能的情感和正确明察的爱。就偏好而言,也有正确和不正确的区分。判断中有明见性判断和盲目性的判断之分,在情感中也有明察性情感和盲目的错误情感,在判断中有肯定性判断和否定性判断,在情感中也有肯定性评价和否定性评价。有好的评价也有不好的评价,因此,情感活动与判断活动具有类似性。

由于爱属于心理现象的第三等级的情感感知,那么,当我们讨论爱这种感受活动的时候,必然涉及爱的意向性所指的对象。前面我们已经指出,真正的内感知的对象是一种本质性客体,那么爱的意向性客体是什么?爱指向的是偶然具体的,可变的实在对象吗?我们通过布伦塔诺对内感知的经验分析可知,真正的爱,或正确的爱朝向的是不变的本质。也就是说,真正的爱感知的是本质性的客体。盲目的爱可能指向的是偶然的对象。

那么,这种爱的本质对象究竟是什么?布伦塔诺并没有直接回答这个问题。直到最后,他通过引入亚里士多德的善概念指出,在亚氏那里善不是单一的,而是多种多样的。善既可以作为目标之善,也可以作为手段之善;既有内在的善,也有外在的善。爱作为情感和欲求能力也有不同的层次,有高级阶段的神圣的爱,对知识的爱、正确的爱,也有低级阶段的盲目的爱、错误的爱。“爱的情感与正确性相连,我们称之为善,就广义而言,所谓善是值得爱,亦即能够被正确的爱所爱。”①爱欲求不同层次的善,如爱上帝,爱知识,爱美德,爱身体,爱健康等。在此基础上,爱也分为不同层次,高级层次的爱、低层次的爱。换言之,不仅有因其善自身之故的爱,还有因他物之故的爱。真正的爱是源于对善自身的爱。

由此可见,善是爱指向的本质性对象。既然正确的爱产生善,那么,什么是正确的爱?布伦塔诺指出:“我们关于什么是真实的知识和不容置疑的善的知识,是从我们一直在讨论的这种经验类型中产生的,在这种经验类型中,在我们能够具有的这种知识情形中,爱是‘体验到正确性的情感’。”②可见,正确的爱产生于内感知的经验,在内感知经验基础

① 布伦塔诺:《伦理知识的起源》(上),许为勤译,《贵州大学学报(社会科学版)》,2003 年第 1 期。

② 同上。

上,通过正确的明察获得。与明证性判断①类似,正是爱的对象与被爱的对象在本质上是统一的时候,爱的明察才产生。在这种情况下,爱感知的对象是一种本质,这种本质性的对象实际上是善或价值。真正的爱不是对偶然性事物的爱,不是随意的主观的感受,而是对本质善的明察。因此,就情感明察而言,这里的“明察”实际上是对本质善的直观能力或洞察能力。后来胡塞尔和舍勒等现象学家也把明察作为一种本质直观的能力。正如倪梁康先生指出的:“伦常明察之所以叫作‘明察’,乃是因为它并不是对价值的一般感受,而是对价值先天的本质把握。确切地说,与胡塞尔所主张的对先天观念的本质直观相似,伦常明察是一种对先天价值的本质直观。”②

就明察问题而言,我们不仅可以通过布伦塔诺的内感知经验,以及在明证性判断和情感之间的类比思想来理解,也可以回到亚里士多德的德性论中来理解。亚里士多德在讨论理智德性和中庸问题时指出,明智就是灵魂命中真理的一种方式。在正确的逻格斯的支配下,命中,选中最为正确的东西(最高的善)。因此,在亚里士多德这里,我们发现,明察也称明智或实践智慧,是一种正确的理性行为,明察既追求真理,也追求实践的最高善,真理和善实现了统一。那么,回到布伦塔诺讨论的情感明察,实际上布伦塔诺也是在与正确性的判断类比的基础上,也就是讨论真的时候,讨论一种正确的明察情感,并认为善起源于这种明察性的情感。这说明,善与真、情感和理性知识在布伦塔诺这里实现了一种统一。

Brentano: Natural Sanction of Ethics and Insight of Emotion

ZENG Yun

【**Abstract**】 Brentano has two main contributions in the history of ethics. First, he solved the contradiction between ethical legislation and natural legislation. Second, he revealed for the first time how ethical knowledge originated from emotion. For Brentano, the validity of ethical laws does not mean cutting off the ties between ethics and natural law, ethics and emotion, but whether we can use a scientific method to look at nature and emotion. For this reason, Brentano used the method of describtive psychology to study the origin of ethical

① 参见 Franz Brentano, *The Origin of our Knowledge of Right and Wrong*, Routledge Revals translation, Routledge &Routledge Paul Ltd, 1969, p.94。

② 倪梁康:《“伦常明察”:舍勒现象学伦理学的方法支持》,《哲学研究》,2005 年第 1 期。

knowledge for the first time. He believes that nature does not refer to the natural or willful nature of talent, but refers to self-containedness, which is correct and binding by its own nature. Emotion is not just sensual, it also includes emotion based on correct insight. Ethical knowledge originated from this kind of emotional experience equipped with insight. Insight is not only the intuitive ability to be good to the essence, but also the principle of scientific ethics. As a result, Brentano established for the first time the ethical basic status of natural legislation and emotional insight.

【**Keywords**】 Natural Sanction, Ethical Knowledge, Insight, Good, Love

电影《阴谋》中的道德、法与政治

陈家琪[1]

这篇是对美国导演弗兰克·皮尔森(Frank Pierson)执导、2001 年上映的电影《阴谋》(*Conspiracy*)所做的道德哲学评论,写完之后,我又看了一遍德国人为同一题材拍摄的 2022 年上映的新电影,名为《万湖会议》(*Die Wannsee Konferenz*)。此名用"万湖会议"要比"阴谋"更好,更针对这次会议本身。德国人拍摄的这部电影很严谨,后面附有专门研究这次会议的专家名录,可见此事重大。我估计依据的原始"会议记录"是一样的,但会场的布置,艾希曼等围绕解决犹太人的毒气室方案的讨论方式,不同的导演有各自不同的理解和安排。美国电影显然更随意、"浪漫"一些,但道德与法律问题都谈到了。为了更尊重历史的真实,我对涉及的几个人物预先交代一下:第一,海德里希出场的头衔是"党卫队副总指挥",他依然是这次会议的主持者和最高领导人,而且他反复强调,这次战争是犹太人挑起的,捷克的抵抗这么强烈,就是因为背后有犹太人的支持;第二,会议的记录者是一位女性;第三,为维护关于犹太人的法律规定争辩了几句的斯图卡特博士(Dr. Stuckant)是前政府(魏玛政府)的遗留人员,因此我们才能准确地理解他对解决犹太人为什么是电影里的那种态度;第四,艾希曼提供的犹太人数据是 1100 万(其中德国 13 万,波兰 230 万,苏联 500 万,巴尔干地区 160 万,法国 100 万),当然还没有算上英国及斯堪的纳维亚地区的犹太人,海德里希说,就是乌拉尔山以内整个欧洲地区的犹太人,如何把如此众多的犹太人运输到集中营,就成为一个需要讨论的主要话题;第五,他们提到用毒气室解决犹太人的生命,类似安乐死,说"这是一种更为人道的方式"。如下就是我对这部电影做出的一种道德哲学解读。

《阴谋》的海报上写着这么几行字:在仅仅一个多小时的时间里,他们就犯下了灭绝人性的极端之罪;一个会议,600 万人的生命。电影依据的是 1947 年美国人在德国外交部所查获的,也许是在这个世界上仅存的一份会议记录拍摄而成。这份记录的完成者善于操办各种事务性工作,也就是这次会议的实录人,即那位因汉娜·阿伦特的"平庸之恶"而闻名于世的德国陆军上校阿道夫·艾希曼。他 1961 年在阿根廷被以色列特工捕获,在

---

[1] 作者简介:陈家琪,同济大学哲学系教授,博士生导师,研究方向为西方哲学史、政治哲学、法哲学和伦理学。

耶路撒冷受审并被判处绞刑。参加会议的有14个人,我们熟知名字的就是会议的发起人和主持者、党卫军上将、国家保安局总局长海德里希。会上提到的人名,自然有希特勒、戈林、鲍曼,他们似乎是各路与会者不同的后台,或者说,与会者想以他们的名字显示自己背后的靠山。会议召开的时间是1942年1月20日下午,地点在柏林南部的一个名叫万湖(wannsee)的民宅中。民宅原属一位犹太人,后来自然被收归国有。万湖周围环境优雅,风光秀丽,海德里希说他战后就想来此地居住。室内炉火熊熊,外面雪花飘飘。14个人坐在里面开会。他们来自各地,都是军政要员,来此之前并不知道要开一个什么样的会。大家猜测可能与巩固权力有关。对任何专制政权来说,如何巩固权力始终都会是最大的问题。但显然,会议中来了一些看似与巩固权力不相干的人。会议座位按每个人的姓名安排,刚好围坐14个人。室外备有丰盛的茶点,包括各种糕点和美酒。来自前线的一些将领,自然不乏有人借机大快朵颐,狂吃猛喝。短短不到两个小时的会,就集体吃喝两次,还不算有人自动到外面来走动一下。当然,也有些人出来并不是为了吃喝,而是为了转换或纾解一下心情,然后就说自己因喝杂了酒(同时喝了威士忌与红酒)或对雪茄过敏而略有不适。其实都是在掩饰自己的某种心境。有的甚至提出要喝镇静剂。我们感兴趣的,自然是他们在吃吃喝喝中私下里所交谈的内容。生存在这种环境里的人,每个人通常都有好几副面孔。

到底是德国人,会议主题的进展很有逻辑性,而且着重于概念的厘定。

海德里希恩威并重,始终面带微笑,有训斥,有道歉,掌控着与会者情感的节奏,适时放松,让大家自由交谈,同时又一直有条不紊地把对问题的讨论并形成共同决议向前推进着,直到每个人都表态赞成。真正在会议上表达出些许个性和发表一点不同意见的,就只有负责外事活动的科里森各博士(Dr. W. Kritzinger)和专门负责起草与犹太人问题有关的法律条文的斯图卡特博士。他们的名字有必要记录下来,因为在这么短的一次会议中,正在打仗的军人明显表现出有些看不起后方的行政人员。但正是科里森各博士1945年被捕后表达出了某种忏悔之意,这在纳粹上层人士中是很少见的。他1947年获释并死亡;而那位斯图卡特博士则在1949年刑满释放,1953年死于车祸(参加会议的还有两个人活到了1982年)。在会上,斯图卡特博士曾与另一位纳粹军官发生争执。他说,这位军官的问题就在于未能如他这样获得这么多文凭。那位军官说他会记住斯图卡特博士的。他的回答是:那很好,因为他很有些名气。这类对话都很精彩。但我们不要忘记,在与会的14个人中,很多人都有博士学位,而且大都是律师。所以什么叫"合法",纽伦堡公约又是如何规定的,就会成为一个需要争论的话题。在聊天时也有人会偶尔提到歌德的"理论是灰色的,生活之树常绿”,提到尼采的“享受生活就是享受冒险”。有一个人也小声说“听说海德里希有犹太血统”,另一个人则对艾希曼上校为什么会说希伯来语感到好奇或不解。当犹太人问题变得十分尖锐时,任何可能与犹太人有关的情况都可能引起人们的猜忌与疑虑。当然,也有一个人说到了他们所讨论的问题(清除犹太人)已经不再叫“战争”,到底应该叫什么,以后会有人想出新的名词的(当然就叫“种族灭绝”)。但会议的主导权并不由这些博士、律师们掌控,而在海德里希手中。他的目光、追问、直截了当的话语方式,以及私底下与斯图卡特博士交换意见时那种威逼的口气,都让人不能不感受到某种恐惧。

所以,看电影的时候我就想,如果整个国家总体上的方向是通向罪恶的,而大的理论框架又是确定的,那么当每个人都行纳粹礼,先高呼“希特勒万岁!”时,也就已经注定了无论你读了多少书,有着什么样的学术背景,预料中的结论其实早就已经可以大体上确定了。所以海德里希才会从头到尾都显得那么从容自在,彬彬有礼。

首先要讨论的一个问题就是“驱逐”“清除”与废除“移民法则”之间的关系。

如果“从我们的生活中彻底清除犹太人”这一点是确定的,那么有关的“移民法则”当然就自动废除了,而且不必顾及因此而涉及的国际关系准则。这一切都变得如此斩钉截铁,不容置疑。

这背后体现出纳粹的一个伟大理想:如何让人类的血统变得纯正。海德里希说,以后的人会记载下他们为此所做出的努力。他们的努力会让达尔文大吃一惊,因为他根本不会相信一个种族会如此干净利落地从地球上消失。他对总理府内阁总管马勒少将私下里说自己是一位梦想家。如何使人类血统纯正就是他的梦想。他也是一位和平主义者,希望世界和平,让德意志文化传遍全球。

剩下的一个问题就是谁是犹太人,他是怎么成为犹太人的。与此相关的一个问题就是如何设法让犹太人绝育。这样再过几十年,犹太人终将灭绝。

通过手术使犹太人绝育吗?手术时用不用麻药?有人说,用X光就行,而且让他们绝育也并不违反纽伦堡法案。也可以用化学试剂让女性无法怀孕。那位肥胖的、正在前线作战的军官还要借机说些下流的话,如因此也就不怕“泡妞”之类的言论。

但有的犹太人已经和德国人通婚了,对这些人怎么办?

于是需要把一等犹太人(祖父母都是犹太人)与二等犹太人(父母中有一个是犹太人)区分开来。在理论上,有四分之一血统的犹太人就还算犹太人。更加复杂的问题,如有的犹太人并不信犹太教而是受洗为基督徒,早就成了德国人,等等。海德里希直接说,这件事以后再说。其实就是不再讨论,都按犹太人处理。血统比信仰更根本。我此刻立即想起了专门讨论过犹太人问题的马克思。我也写文章分析过马克思的观点。反正无论怎样，幸好马克思未生活在 1933 年的德国。不过他一生的大部分时间都在英国。

海德里希说，"驱逐"这个概念是肯定不适用的。哪个国家会欢迎犹太人去？（那时的他可能还不知道辛德勒的名单和中国驻维也纳的公使何凤山）而且，也不能仅限于德国的犹太人。占领波兰，他们发现了 250 万犹太人，打到苏联，又发现 500 万犹太人。怎么办？

与驱逐、绝育有关，海德里希说，他们可以把犹太人的男人与女人分开，然后把所有的男人都流放到欧洲东部去当苦力。

马上有人说，现在看到的 500 万犹太人，75% 都只会动笔，其中记者与演员最多，达 33%，怎么让他们做苦力？

海德里希说，或死，或做苦力，他们选择什么？

那么逻辑上的结论就已经很清楚：是不是"驱逐""净化"就可以理解为死亡意义上的"消灭"？可能是香格斯少校吧，他说，他们在拉脱维亚的里加已经直接射杀了三万犹太人。这很干脆，也简单。海德里希强调说，死了的男人不会做爱，死了的女人不会怀孕，只有死亡才是最彻底的绝育。是啊，移民、离婚、驱逐都还要涉及复杂的遗产继承方面的法律问题。为什么要把问题搞得这么复杂呢？

有人表示出两点疑虑：一是"消灭犹太人"是不是元首的意思；二是直接射杀，这里有一个道德上的承受问题。

道德问题凸显了出来。

都已经在讨论驱逐、绝育、净化、消灭这些问题了，为什么又会提出道德问题？我们都知道，道德之所以会成为问题，因为它牵扯到这三个方面的认知：一是道德的主体一定是个体的人，二是这个主体具有只属于他个人的自由意志，三是他要为自己的行为承担道德责任。所谓道德责任，用康德的话来说，就是我的所为是不是所有的人都可以如此所为。道德所突出的是个体主体的主观性（主体性）原则，也就是我们通常所说的内在的"良心"。

会上有人说，犹太人是没有自由意志的，他们是下等人，是低等动物。

斯图卡特反驳了这种说法，告诉大家犹太人的指甲是很洁净的。刚才已经有数据证明，他们中的绝大多数人都是脑力劳动者。

海德里希则直接念了戈林元帅的一个批示，用的就是"消灭"，然后说，元首将继续否认一切人的说法，但他们都应该理解元首的愿望。他们的任务，就是如何把元首的愿望变成现实。于是，大家就都闭住了自己的嘴，因为这里涉及元首的愿望，而所有的人又都知道,海德里希是所有人中最接近元首,也最能理解元首愿望的人。而且海德里希说了,直接射杀是一种最下等的消灭方式,它确实会引起执行者道德上的不安。

为自己的所为承担道德责任,前提是要知道自己的所为及其后果。什么是中国人所谓的"眼不见为净"?就是不知道或装作不知道自己的所作所为,于是也就会免除掉道德上的不安。

"道德"所可能导致的"伪善"就体现在这里。黑格尔在《法哲学原理》第 140 节专门讨论了"伪善"这一概念。他说,倒恶为善,倒善为恶,"这是道德立场上的主观性的最高悬崖,它是我们时代的恶得以猖獗的形式"。[①] 这是什么意思?黑格尔引用《圣经》、巴斯卡和亚里士多德的话来分别加以论述。《圣经》中"路加福音"第 23 章 44 节这样记述了十字架上的基督对他的敌人所作的祈祷:"父啊!赦免他们,因为他们所做的,他们不晓得。"巴斯卡问道:如果因为他们不知道,他们的所为就不再是恶了吗?那么他们的行为为什么还需要祈祷和赦免?于是我们就要探讨一下什么叫"不知道"。巴斯卡说,"不知道"有两种情况,一种叫"无知",即谈不上"故意"的行为;因为"行动只有作为意志的过错才能归责",而他的行为又并没有其预先设定的"故意",比如俄狄浦斯就不知道他所杀死的人就是他的父亲,这就是一种典型的"无知";另一种"不知道"是行为的"出于不知",即不知道什么是善,什么是恶,什么应做,什么不该做。亚里士多德说,这种"不知道"或"不抉择"的行为,并不能因其"不知"而免责,恰恰相反,它只意味着行为本身的恶。如何免除这种"出于无知"的道德负担,这就是海德里希想在实践中解决的一个理论问题。然后他就让艾希曼拿出一个文件,念出下列的一系列数字:1940 年,他们曾在勃兰登堡对波兰的精神病患者进行过一次毒气杀灭,让他们进房间沐浴。当患者们赤裸着进去以后,从墙外直接往屋里注射一氧化碳,一次把里面的人全部杀死。1940 年初,以此种方式杀死犹太人 8765 个,1940 年末,杀死 26459 人,到 1941 年 8 月,杀死 35049 人。到这一年的 9 月停止了这一行为,共用毒气杀死犹太人 70273 人。现在他们已经制造出了 20 辆移动毒气罐车,每辆车可承载 40 到 60 人,在车上一次毒杀。然后又建了三个基地(也就是集中营),都远离市区,靠近铁路,运载方便(我们明白了,海德里希当时说运他们去做苦力,其实是运他们去集中营,艾希曼对海德里希的一切都心领神会,而且早做好了准备)。艾希曼说,他曾随希姆莱去过一个基地,就叫奥斯维茨,一切设施齐全。每小时杀死 250 人,一天 24 小时,就是 6 万人。每一天,就有 6 万人的生命随风而去。斯图卡特博士两次听不下去,

① [德]黑格尔:《法哲学原理》,邓安庆译,北京:人民出版社,2017 年,第 258 页。

站起来走到门口。海德里希让他坐下，说这是秘密，他们都是秘密的承载者。于是他又回来坐下。斯图卡特博士小声说，法律不过是冰淇淋而已，在高温下会自动融化。

当一个人说，毒气室里的尸体都变成了粉色时，有些人大笑了起来。人，已经变成了什么样子？这是一种怎样的氛围与环境，他们在谈论什么？海德里希、艾希曼、科里森各、斯图卡特这些人却始终未笑。

对人的行为，道德是一种主体性（主观性）上的要求，人可以以伪善的方式，自己说服自己，蒙混过去。斯图卡特博士把自己的一生都献给了如何给犹太人制定一套合适的法律，不是要“消灭”他们，而是为了“限制”他们。但所有来开会的人具有法的意识吗？

黑格尔的《法哲学原理》通篇想告诉我们的一个真理就是法与道德都具有各自的片面性。讲道德，强调的是善的主观性和规定性；讲法，突出的是善的本来存在着的客观性。善没有了主观性和规定性（道德）不行，而道德如果不是本来就存在着的东西（法）也不行。因为这种客观性“是在自我意识的反思中被规定为善的”①。这个作为主观性的道德与客观性的法的统一，就是黑格尔所谓的“伦理”。他说，“伦理之物是主观的心意，但又是自在存在着的法的心意”，“这一道理的演绎完全包含在下述事实中；即法和道德的自我意识在它们自身中都表明，这是一个要返回于作为其结论中的道理”。②

但现在的问题就是：当这种法与道德的自我意识都处于一种强大的政治需要中时，人，一个有自我意识的人，能够怎么办？

这也就是包括海德里希在内，会议上不断有人提醒所有的人都要面对现实和“现实一点看问题”的道理。

会议的最后，轮到每个人都要表态时，斯图卡特说：“这一切都是无可避免的，我明白现实是什么。”科里森各的回答是：“我还能说什么？”这就是现实。

“现实”是什么？就是政治或政治需要，政治需要压倒了一切。海德里希对兰格少校说，政治是龌龊的游戏，他们都身处这一游戏之中。就如只有当一个士兵明白了纪律时，才会达到空前的、不可思议的境界一样，政治就是需要别人为它做出不可思议的事的手段。他们离不开政治，所以也就离不开龌龊。一个士兵，是决定不了自己会在哪里作战的。所以，他们不需要讨论任何假设性的理论问题，只关注于政治，也就是元首的需要与愿望。

政治就是需要元首和服从元首。事情一下子变得如此简单明了，无论你是什么专业的博士，也无论你是哪一方面的律师，明白了政治，也就明白了一切。

---

① ［德］黑格尔：《法哲学原理》，邓安庆译，北京：人民出版社，2017年，第277页。

② 同上。

但"政治"到底是什么？它又是如何压倒一切的？英国思想家杰弗里 托马斯(Geoffrey Thomas)在《政治哲学导论》(*Introduction to Political Philosophy*)的"导言"中一开始就说，政治、政治学、政治的，都与希腊词"politike"有关，而这个词又来自城邦"polis"这个词。可见"政治"就是城邦事务，英国政治作家克里克(Bernard Crick)因此把政治定义为：它是一种活动，这种活动"把一个特定的统治单位内的不同利益调和起来，这些不同利益按照其对整个社区福利和生存的重要性的比例来得到一定的权力份额"。①。作者说，由此可见，纳粹德国并不是一种政治体制，因为它根本就不需要"利益""福利""一定的权力份额"的包装。其实纳粹德国还是一种政治体制，但应该对这些概念做另外的理解，或者说，如何理解倒善为恶，倒恶为善。作者于是补充了下面四种观点："目的论的"(按亚里士多德的说法，政治或是从城邦到公民，为了公民的幸福；或是从公民到城邦，因为人是政治的动物)，"预设前提的"(政治的基础在于某种意见的不一致，比如以自由、平等、正义或把别的什么作为目标，于是就有了"敌我之分")，"论坛"和"过程"(就是说，政治机构、文官体系、警察和武装力量在权力关系中都还需要一个决策过程和执行过程，在过程中体现出权力的主体、公共领域、决策形式等各方面的关系)。比如这次万湖会议，之所以可以被理解为一个政治会议，就在于它体现出了纳粹的种族与自我利益，敞开发言，欢迎不同意见和最后达成一致的整个过程。我们看到，尽管可能会有一些不同意见，但所有的人所使用的政治词汇都是高度一致的，比如对犹太人的"隔离""驱逐""清除"；于是一个原则就贯彻始终，这就是如何尽快、尽可能不为人所知(包括被执行者)和大规模地、尽可能让死亡者减少痛苦(有人甚至提到了"安乐死"的概念)地清除掉犹太人，其中X光、化学试剂、毒气、电刑都作为使用手段加以讨论，而其中所可能涉及的道德与法的问题，都在政治的大幕下缓缓闭合。

而道德与法的问题，又只有当政治把人当人，尊重人的生命权、财产权和自由表达的权力时才有意义。

电影的最后，就是艾希曼一个人离开了会场。他拿着厚厚的皮夹，里面就是这次会议的全部记录。两位纳粹士兵向他行礼，他连看都不看他们一眼就走向了自己的汽车。只有他一个人是自己开车离去的。身后的灯光随之熄灭。就如科里森各博士在离开前所说，黑暗也很快就会降临这里，他们不知道自己是否还能看到黎明，看到春天。那是1942年，还有三年时间。参加会议的14个人大都死于1945年。三年，很漫长，也很短暂。

---

① [英]杰弗里・托马斯：《政治哲学导论》，顾肃，刘雪梅译，北京：中国人民大学出版社，2006年，第4页。

图书在版编目（CIP）数据

伦理自然主义与规范伦理学 / 邓安庆主编. — 上海：上海教育出版社，2022.8
（伦理学术；12）
ISBN 978-7-5720-1632-5

Ⅰ. ①伦… Ⅱ. ①邓… Ⅲ. ①伦理学 – 研究 Ⅳ. ①B82

中国版本图书馆CIP数据核字(2022)第152683号

策　　划　王泓赓
封面题词　陈社旻
责任编辑　戴燕玲
助理编辑　张　娅
封面设计　周　亚

伦理自然主义与规范伦理学
邓安庆　主编

出版发行　上海教育出版社有限公司
官　　网　www.seph.com.cn
地　　址　上海市闵行区号景路159弄C座
邮　　编　201101
印　　刷　上海叶大印务发展有限公司
开　　本　787 × 1092　1/16　印张 18
字　　数　340 千字
版　　次　2022年10月第1版
印　　次　2022年10月第1次印刷
书　　号　ISBN 978-7-5720-1632-5/B·0038
定　　价　68.00 元